2014 上海服务业发展报告

上海市商务委员会

上海科学技术文献出版社
Shanghai Scientific and Technological Literature Press

图书在版编目（CIP）数据

2014上海服务业发展报告 / 上海市商务委员会编.
—上海：上海科学技术文献出版社，2014.11
（2014上海商务发展系列报告）
ISBN 978-7-5439-6343-6

Ⅰ.①2… Ⅱ.①上… Ⅲ.①服务业—经济发展—研究报告—上海市－2014 Ⅳ.①F719

中国版本图书馆CIP数据核字（2014）第166461号

责任编辑：忻静芬 祝静怡

2014上海服务业发展报告

上海市商务委员会

*

上海科学技术文献出版社出版发行
（上海市长乐路746号　邮政编码 200040）
全 国 新 华 书 店 经 销
上海市北印刷（集团）有限公司印刷

*

开本787×1092　1/16　　印张19.75　　字数374 000
2014年11月第1版　2014年11月第1次印刷
印数：1–1000
ISBN 978-7-5439-6343-6
定价：48.00元
http://www.sstlp.com

编审委员会

前言

2013年,是全面贯彻落实党的十八届三中全会精神的开局之年,也是启动建设中国(上海)自由贸易试验区和提升上海国际贸易中心功能的重要一年。为全面反映2013年度上海市商务发展情况,加快推进政府职能转变和信息公开,上海市商务委员会组织编写"2014上海商务发展系列报告"。本书作为上述系列报告之一,由上海市商务发展研究中心承担具体的编写工作,上海市商务委员会有关处室、上海各区(县)商务委员会、部分企业提供了基本素材。报告在分析2013年上海服务业发展状况与趋势的基础上,发布2014年上海推进服务业的政策支持重点,对生活性服务业、部分生产性服务业、服务业管理和创新、服务业规划布局和建设重点、上海17个区(县)服务业发展情况等进行了介绍。

2013年,上海服务业发展规模进一步扩大,以服务经济为主的产业结构实现新的发展,服务业引领、拉动全市经济转型升级的作用进一步凸显。

2013年,第三产业增加值达到13 445.07亿元,比上年增长8.8%,增速分别高出第二产业和全市经济2.7和1.1个百分点。第三产业增加值占上海市生产总值的比重达到62.2%,比上年提高1.8个百分点,为拉动全市经济平稳有序增长做出了重要贡献。2013年,上海服务业不断加快转型升级步伐,内部结构更趋优化。批发和零售业增加值平稳增长,金融业、信息传输、软件和信息技术服务业等增加值继续保持两位数的快速增长，现代服务业、战略性新兴服务业也呈现了良好的发展态势。全年实现商品销售总额6.05万亿元，比上年增长12.5%；关区进出口总额达8 121.37亿美元，占全国的比重为19.5%；以互联网为依托的新兴贸易模式快速发展，全年实现电子商务交易额10 560亿元，比上年增长35.1%；社会消费品零售总额达8 019.05亿元，增长8.6%。商业对经济增长的贡献继续保持领先，全年商业税收突破2 000亿元，商业固定资产投资突破450亿元，商业实到外资突破30亿美元，年末全市商业从业人员突破240万人。2013年，上海服务业深化改革、加强管理，发展环境不断优化。“营业税改增值税”的积极效应进一步显现，试点企业税负平均下降40%左右，有力促进了现代服务业发展；上海市发布《关于深化流通体制改革加快流通产业发展的实施意见》、《上海市加快流通产业发展的重点工作及分工(2013—2015年)》、《上海市商业网点布局规划(2013—2020)公众参与草案》，完善消费政策环境，优化商业网点布局，为加快流通产业发展、扩大消费需求创造良好条件。

2014年是全面贯彻落实党的十八届三中全会精神、全面深化改革的第一年，是实施“十二五”规划、推进创新驱动发展的关键一年。在外部经济发展环境趋于改善、宏观调控政策效应逐步显现、新一轮改革红利逐步释放以及电子商务对服务业影响日益深远的情况下，上海服务业发展进入新的战略机遇期。预计上海服务业将在新一轮制度创新、技术创新和管理创新等重大因素的驱动下进一步扩大开放、加快转型升级，产业规模和发展水平将更上一个台阶，迎来全新的发展格局。一是依托中国(上海)自由贸易试验区发展，“四个中心”建设进一步深化，金融、航运、贸易等核心功能不断拓展提升，相关服务领域对外开放度继续提高；二是以“平台经济”为引领，平台型企业快速壮大，上海服务业在全国的集聚力、辐射力、影响力将进一步扩大；三是服务业集聚区差别化、特色化发展，推动上海服务业加快转型升级；四是促进消费政策措施有序推进，新的消费热点逐步形成，消费升级趋势延续，消费市场仍有巨大的增长空间；五是生活性服务业产业化、市场化、品牌化发展，逐步形成高效便捷的服务保障体系和管理规范的服务品质；六是生产性服务业进一步扩大服务规模，拓展服务领域，品牌化、网络化经营水平显著提高，对外辐射能力进一步增强。

2014 年上海服务业发展将以中国（上海）自由贸易试验区建设为契机，更加注重提质增效，行稳致远。全力推进自贸试验区改革创新，研究制订新版负面清单，推进服务业进一步对外开放；围绕商圈转型、企业转型和业态转型，实施商业"转型提速、竞争力提升"计划，增强商业对经济社会发展的贡献度；规范提升生活性服务业，以满足高端需求、保障基本需求、促进消费增长为目标，完善国际化大都市服务功能；聚焦与投资、贸易、流通相关的各类新技术、新业态、新模式，加快培育新的增长点；按照统一开放、竞争有序的目标，培育和发展以商品市场、生产要素市场、专业性服务市场为重点的现代市场体系。

编者

2014 年 6 月

Preface

2013 is the start-up year of constructing Shanghai Free Trade Zone, as well as the crucial year of promoting Shanghai's feature as an international trade center. With the development scale of service industries being further expanded and the industrial structure based on service economy achieving new development, the impact of service industry on guiding and stimulating economic transformation in Shanghai has been further highlighted. In order to fully reflect the development of Shanghai commerce and trade service industry in 2013, to accelerate transformation of government functions and to promote government information disclosure, Shanghai Municipal Government of Commercial Development arranged to compile Annual Report Series On Shanghai Commercial Development, among which this report was compiled by Shanghai Municipal Commerce Development Research Center. Based on the development and trends of Shanghai service industry in 2013, the report issues key policies in support of Shanghai Service industry in 2014, and also gives an introduction of consumes service industry, part of producer service industry, management and innovation of service industry, layout of service industry and the development of service industry in 17 Districts or Counties respectively.

In 2013, the added value of Shanghai tertiary industry rose 8. 8% to 1 344. 51 billion Yuan, up 2. 7 and 1. 1 percentage points, compared with the city's economy and the secondary industry respectively. That is to say, the added value of the tertiary industry accounted for the proportion of Shanghai's GDP reached 62. 2%, which was 1. 8 percentage points higher than the previous year. In 2013, Shanghai service industry has not only accelerated its development but also increased the pace of transformation and upgrading to make the internal structure more optimized. The added value of wholesale and retail industry increased steadily, and the added value of sectors such as financial industry, information transmission and computer software service industry etc. has maintained double-digit growth level. Modern service industry and strategic new services have taken on a good trend of development. In 2013, the total sales of commodities of the whole year have reached 6 050 billion Yuan, which has increased by 12.5% over the previous year; Customs import and export volume reached $812.14 billion, which accounted for 19.5% of the whole country; The emerging trade mode on the basis of Internet developed rapidly, with e-commerce transactions achieving 1 056 billion Yuan, which got an increase of 35.1% over the previous year. Total social retail sales of consumer goods have risen by 8.6% over the previous year to 801.91 billion Yuan. The contribution of business to economic development maintained leading position, with business tax and business fixed-asset investment breaking 200 billion and 45 billion Yuan respectively, business FDI outflows breaking $3 billion and the number of employees in business surpassing 2.4 million.

In 2013, Shanghai service industry has intensified reform and strengthened the management, and the development environment has been continuously optimized. Positive effect of *Changing From Business Tax to Value-Added Tax* was further obvious and tax of pilot enterprises decreased by about 40% on average, promoting the development of modern service industry; Shanghai Government has issued *the Implementation Suggestions About Deepening the Reform of the Circulation System and Accelerating the Development of the circulation industry*, *the Key Work and Division to Accelerate the Development of the Circulation Industry* (2013—2015), and *the Draft about Public's Participating in Layout* (2013—2020) *of Shanghai's Commercial Network* to perfect the consumption policy environment, optimize the layout of commercial network and create favorable conditions for accelerating the development of circulation industry and expanding consumer demand.

2014 is the first year to comprehensively and thoroughly implement the spirit of the Third Plenary Session of the 18th National Congress of the Communist Party of China and comprehensively deepen reform, the key year of implementing the "Twelfth Five-Year Plan" and promoting innovation-driven development. Under the circumstances of external economic development environment being improved, effect of macro-control being increasingly clear, the new dividends of reform being released and the influence of e-commerce on service industry being far-reaching day by day, Shanghai service industry has entered into the fresh period of strategic opportunities. It is expected that Shanghai service industry will be driven by new institutional innovation, technological innovation and management innovation to further expand opening up, speed up transformation and upgrading to accelerate development, scale new heights in industrial scale, structure and development level, and receive a new pattern development.

There are several reasons which contribute to the new opportunities. Firstly, based on the construction of Shanghai Free Trade Zone, "Four Centers" construction has been further strengthened, the core functions of the service industries such as finance, shipping and trade have been elevated, and the degree of openness of relative service segments has continuously increased. Secondly, led by "Platform Economics", platform enterprises grew rapidly and aggregation, radiation and influence of Shanghai service industry in whole country will gain further expansion. Thirdly, the agglomeration of service industry has shown differentiated and characteristic development, thus promoting Shanghai service industry to speed up transformation and upgrading. Fourthly, policies to encourage consumption have been orderly pushed forward, consumption hot spots formed gradually, consumption continued upgrading, and consumer market still had plenty of room for growth. Fifthly, consumes service industry has shown industrialized, market-oriented and branding development, thus gradually forming efficient and convenient service guarantee system and management-standardized service. Sixthly, producer service industry has further expanded in size, extended service scopes, improved branding and networking management level remarkably and strengthened its external radiation ability.

It is expected that in 2014 the improvement on quality and efficiency and smooth running will be emphasized in shanghai service industry. Taking opportunity of China (Shanghai) Pilot Free Trade Zone construction, efforts will be put on formulating the Special Administrative Measures on Foreign Investment Access to the China (Shanghai) Pilot Free Trade Zone (2014) (the "Negative List") to impel Shanghai's Services Sector opening wider. Centering on transition of commercial district, enterprises and business model, a program focusing on speed-rising and competitiveness-enhancing will be implemented in an effort to increase the sector's contribution to economic growth and social advancement. Besides, more attention will be paid to normalizing and promoting consumer service industry to satisfy high-end and basic demand, to promote consumption growth, and to improve the service function as an international city. Focusing on various new technologies, new formats and new modes that are closely related to investment, trade and circulation, new economic growth points are evolving. As the goal sets, a unified, open, competitive and orderly modern market system comprising merchandise market, production factor market and professional service market is under construction.

目　录

第一篇　总　论

第一章　2013 年上海服务业发展总体概况 …… 2

第二章　2014 年上海服务业发展环境分析 …… 11

第三章　2014 年上海服务业发展趋势预测 …… 15

第四章　2014 年上海服务业政策关注重点 …… 24

第二篇　生活性服务业

第五章　商贸服务业 …… 30

第一节　零售业发展态势 …… 30

第二节　批发业发展态势 …… 38

第三节　餐饮业发展态势 …… 40

第六章　其他生活性服务业 …… 42

第七章　商业转型与创新发展 …… 53

第八章　生活性服务业管理 …… 60

第一节　2013 年度重大活动 …… 60

第二节　主副食品流通市场管理 …… 65

第三节　药品流通市场管理 …… 72

第九章　生活性服务业发展案例 …… 76

第三篇　生产性服务业(部分)

第十章　电子商务 …… 92
第十一章　现代物流业 …… 99
第十二章　商务服务业 …… 103
第一节　会展业发展态势 …… 103
第二节　拍卖业发展态势 …… 106
第三节　典当业发展态势 …… 109
第四节　融资租赁业发展态势 …… 111
第十三章　平台经济与创新发展 …… 113
第十四章　上海现代服务业综合试点 …… 118
第十五章　生产性服务业发展案例 …… 122

第四篇　服务业布局

第十六章　商业网点布局 …… 132
第一节　商业网点规划修编 …… 132
第二节　市级商业中心 …… 134
第三节　地区级商业中心 …… 148
第十七章　服务业功能区 …… 161
第一节　六大重点功能区域 …… 161
第二节　现代服务业集聚区 …… 168
第三节　电子商务园区 …… 187
第十八章　区(县)服务业发展 …… 198
第一节　浦东新区 …… 198
第二节　黄浦区 …… 202
第三节　徐汇区 …… 206

第四节　长宁区 …… 212

第五节　静安区 …… 216

第六节　普陀区 …… 219

第七节　闸北区 …… 222

第八节　虹口区 …… 227

第九节　杨浦区 …… 230

第十节　闵行区 …… 234

第十一节　宝山区 …… 239

第十二节　嘉定区 …… 248

第十三节　金山区 …… 253

第十四节　松江区 …… 255

第十五节　青浦区 …… 259

第十六节　奉贤区 …… 264

第十七节　崇明县 …… 267

附录

附录 1　2013 年上海服务业大事记 …… 272

附录 2　2013 年服务业主要政策法规一览表 …… 279

附录 3　2013 年上海服务业发展主要数据 …… 286

附录 4　案例索引 …… 296

Contents

Part One: General Introduction

Chapter One: General overview of the development of Shanghai service industry in 2013 ········· 2

Chapter Two: Analyses of the development environment of Shanghai service industry in 2014 ········· 11

Chapter Three: Prediction of the development trend of Shanghai service industry in 2014 ········· 15

Chapter Four: Policy focus on Shanghai service industry in 2014 ········· 24

Part Two: Consumer Service Industry

Chapter Five: Commerce and Trade Service Industry ········· 30

Section One: Development trend of retail industry ········· 30

Section Two: Development trend of wholesale market ········· 38

Section Three: Development trend of catering industry ········· 40

Chapter Six: Other Consumer Service Industries ········· 42

Chapter Seven: Transition and Innovation of Commerce and Trade Industry ········· 53

Chapter Eight: Management of Life Service Industry ········· 60

Section One: Major Events in 2013 ········· 60

Section Two: Management of Circulation Market of the Main Non-staple Foodstuff ········· 65

Section Three: Management of Drug Circulation Market ········· 72

Chapter Nine: Case Study on Consumer Service Industry Development ········· 76

Part Three: Producer Service Industry (not all-inclusive)

Chapter Ten: E-commerce Industry ······ 92

Chapter Eleven: Modern Logistics Industry ······ 99

Chapter Twelve: Commercial Service Industry ······ 103

Section One: Development Trend of Exhibition Industry ······ 103

Section Two: Development Trend of Auction Industry ······ 106

Section Three: Development Trend of Pawn Industry ······ 109

Section Four: Development Trend of Financial Leasing Industry ······ 111

Chapter Thirteen: Innovation of Platform Economics ······ 113

Chapter Fourteen: Comprehensive Pilot of Modern Service Industry ······ 118

Chapter Fifteen: Case Study onProducer Service Industry Development ······ 122

Part Four: Layout of Service Industry

Chapter Sixteen: Layout of Commercial Network ······ 132

Section One: Planning and Redaction of Commercial Network ······ 132

Section Two: Municipal-level Commercial Centers ······ 134

Section Three: Prefecture-level Commercial Centers ······ 148

Chapter Seventeen: Functional Areas of Service Industry ······ 161

Section One: Six Key Functional Areas ······ 161

Section Two: Modern service Industry agglomeration districts ······ 168

Section Three: E-commerce Park ······ 187

Chapter Eighteen: Development ofService Industry in Various Districts ······ 198

Section One: Pudong New District ······ 198

Section Two: Huangpu District ······ 202

Section Three: Xuhui District ······ 206

Section Four: Changning District ······ 212

Section Five: Jing'an District ······ 216

Section Six: Putuo District ······ 219

Section Seven: Zhabei District ······ 222

Section Eight: Hongkou District ······ 227

Section Nine: Yangpu District 230
Section Ten: Minhang District 234
Section Eleven: Baoshan District 239
Section Twelve: Jiading District 248
Section Thirteen: Jinshan District 253
Section Fourteen: Songjiang District 255
Section Fifteen: Qingpu District 259
Section Sixteen: Fengxian District 264
Section Seventeen: Chongming County 267

Appendix One: Significant Occurrences in 2013 272

Appendix Two: Chart of major policies and regulations for service industry in 2013 279

Appendix Three: Key data of Service industry in 2013 286

Appendix Four: Case Index 296

第一篇

总　论

第一章　2013 年上海服务业发展总体概况

2013 年是建设中国(上海)自由贸易试验区的启动年和提升上海国际贸易中心功能的重要年。面对复杂的内外环境,上海牢牢把握稳中求进的工作总基调,着力稳增长、调结构、促改革、惠民生,深入推进创新驱动发展、经济转型升级,服务业呈现出总体平稳、结构优化、稳中提质的良好态势,为全市经济社会发展做出了重要贡献。2013 年上海服务业发展呈现出以下主要特点:

一、服务业稳中有进,对总体经济的带动作用日益凸显

1. 服务业占比持续提高,成为引领经济增长的重要力量

2013 年,上海市服务业发展规模进一步扩大,上海以服务经济为主的产业结构实现新的发展,服务业引领、拉动全市经济转型升级的作用进一步凸显。2013 年,上海市第三产业增加值达到 13 445. 07 亿元,比上年增长 8. 8% ,增速分别高出第二产业和全市经济 2. 7 和 1. 1 个百分点。第三产业增加值占上海市生产总值的比重达到 62. 2% ,比上年提高 1. 8 个百分点(图 1. 1)。

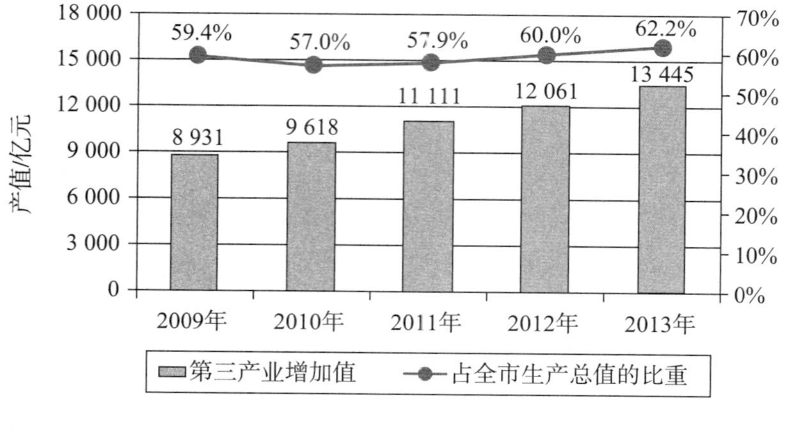

图 1. 1　2009—2013 年上海市第三产业增加值及占全市生产总值比重

2. 产业结构进一步优化,内生增长动力不断加强

2013 年,上海市服务业实现平稳较快发展,同时内部结构进一步优化,转型升级不断深化。批发和零售业增加值平稳增长,全年实现增加值 3 533. 1 亿元,比上年增长 7. 1%;金融业、信息传输、软件和信息技术服务业等增加值继续保持两位数的快速增长,增速均快于第三产业。金融业全年实现增加值 2 823. 29 亿元,比上年增长 13. 7%。信息传输、软件和信息技术服务业全年实现增加值 1 036. 62 亿元,比上年增长 12. 8%。同时,现代服务业、新型服务业也呈现了良好的发展态势。现代航运服务业实现营业收入 6 321. 85 亿元,比上年增长 2. 9%;战略性新兴服务业实现增加值 1 486. 36 亿元,比上年增长 10. 3%(图 1. 2)。

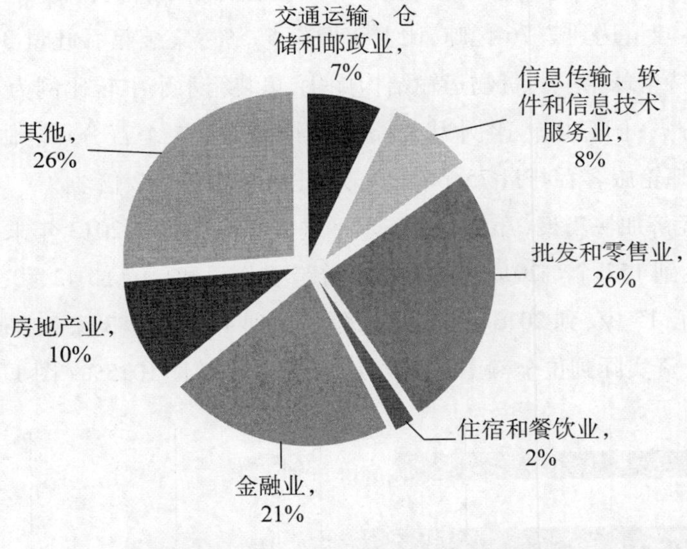

图 1. 2　2013 年上海市第三产业增加值构成

3. "四个中心"建设取得新进展,服务功能不断增强

(1) 国际贸易中心建设的深化推进,贸易投资能级继续提升。2013 年成功争取中国(上海)自由贸易试验区落地,是商务部与上海市部市合作的重大成果,也是国际贸易中心建设的重大进展。《上海市推进国际贸易中心建设条例》正式施行,跨境贸易电子商务试点率先开展,国家会展项目等一批重大功能性项目建设扎实推进,国家现代服务业综合试点深入实施。全年实现商品销售总额 6. 05 万亿元,比上年增长 12. 5%;关区进出口总额达 8 121. 37 亿美元,占全国的比重为 19. 5%;以互联网为依托的新兴贸易模式快速发展,全年实现电子商务交易额 10 560 亿元,增长 35. 1%。

(2) 国际金融中心建设取得新突破,金融创新、金融开放的红利进一步显现。金融

市场规模快速提升。2013 年,上海金融市场(不含外汇市场)交易总额达到 588.87 万亿元,比上年增长 20.9%。金融机构进一步集聚。全年新增各类金融单位 116 家,中国建设银行(上海)中心在沪揭牌,中国首家持牌的互联网保险公司众安在线财产保险公司正式开业。金融创新发展步伐加快。国债期货、沥青期货、黄金交易基金等一系列金融产品的成功推出,推进了上海金融市场国际化步伐,金融中心的国际影响力不断提升。中国(上海)自贸试验区金融服务取得突破。截至 2013 年末,累计 22 家银行业金融机构正式获批在试验区设立 25 家营业性网点。银监会已正式批复同意 4 家具备离岸业务资格的中资商业银行,可授权自贸试验区分行办理离岸业务。

(3) 国际航运中心建设扎实推进,航运服务功能持续提升。2013 年,启运港退税、期货保税仓单质押融资等试点顺利推进,浦东国际机场货邮中转集拼试点启动实施。全年上海港口货物吞吐量达到 7.76 亿吨,比上年增长 5.5%;集装箱吞吐量 3 361.68 万国际标准箱,继续保持全球第一。货物运输结构优化,集装箱水水中转比例为 45.4%,比上年提高 2.6 个百分点;国际中转比例为 7%,比上年提高 1.5 个百分点。邮轮经济加快发展,全年上海港邮轮旅客吞吐量 75.66 万人次,比上年增长 1.2 倍。

(4) 总部经济加快集聚,开放型经济水平进一步提高。至 2013 年末,在上海投资的国家和地区已达到 157 个。2013 年,上海新增跨国公司地区总部 42 家、投资性公司 18 家、外资研发中心 15 家,到 2013 年末,累计分别达到 445 家、283 家和 366 家。2013 年,上海外商直接投资实际到位金额 167.8 亿美元,比上年增长 10.5%(图 1.3)。

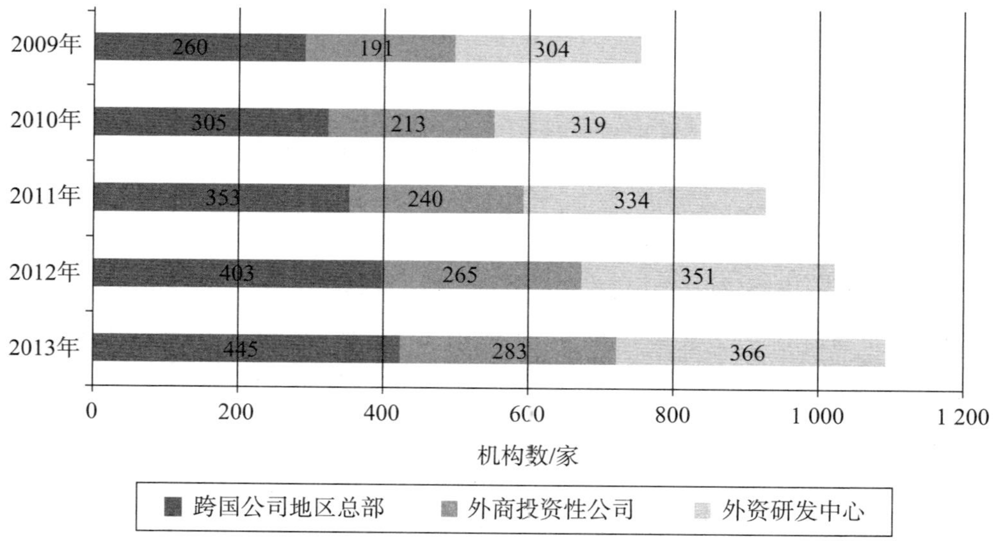

图 1.3　2009—2013 年上海市外资功能性机构数量

二、商贸业发展稳中向好，市场消费繁荣活跃

2013 年，上海商贸业呈现稳中向好、平稳有序的健康发展态势。全年实现商品销售总额 6.05 万亿元，比上年增长 12.5%，仍然保持 2003 年以来连续 11 年两位数增势，成为全市主要产业经济指标中唯一的两位数增长指标；实现社会消费品零售总额 8 019.05 亿元，比上年增长 8.6%，增速比上年回落 0.4 个百分点。

1. 商业产业规模不断扩大，消费拉动经济增长效应明显

2013 年，上海商业（包括批发零售业、住宿餐饮业，下同）完成增加值 3 847.44 亿元，比上年增长 6.7%。商业对第三产业和全市经济增长的贡献率分别达到 28.6%、15.6%；拉动第三产业和全市经济分别增长 1.7 个、1.2 个百分点。其中，上海批发零售业完成增加值 3 533.1 亿元，比上年增长 7.1%，在全市所有行业中，批发零售业增加值规模保持行业第一。

在拉动经济增长的“投资、出口、消费”这三大因素中，消费规模连续四年领先于固定资产投资，消费增速自 2006 年以来连续八年高于固定资产投资，“扩内需”成效显著。2013 年，上海社会消费品零售总额高于固定资产投资总额 1 739.53 亿元，增速高于固定资产投资 1.1 个百分点，高于出口 9.8 个百分点（图 1.4 和图 1.5）。

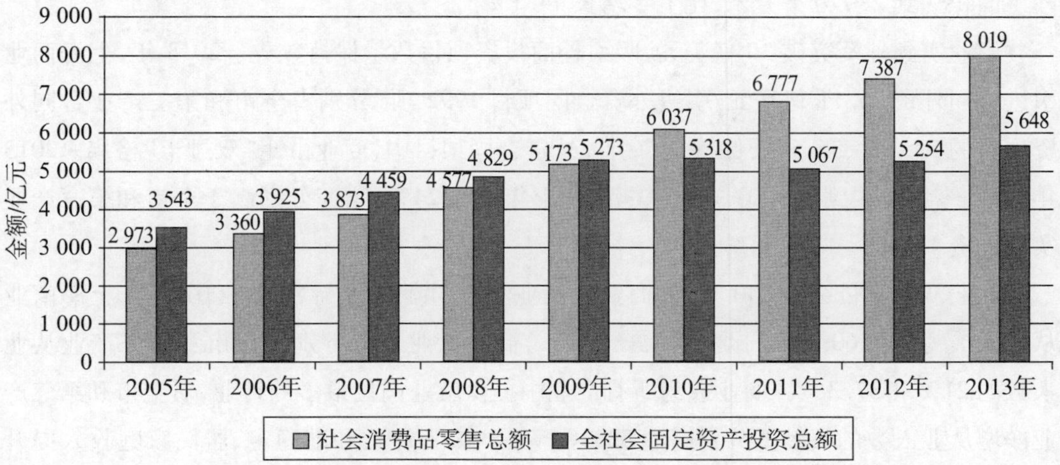

图 1.4　2005—2013 年上海市社会消费品零售总额与全社会固定资产投资总额

2. 商业对经济增长的贡献保持领先

商业税收突破 2 000 亿元，对全市税收增长贡献率保持领先。2013 年，上海商业税收总额完成 2 165.32 亿元，比上年增长 8.4%；增速分别超过全市和第二产业 3.5 个、10.4

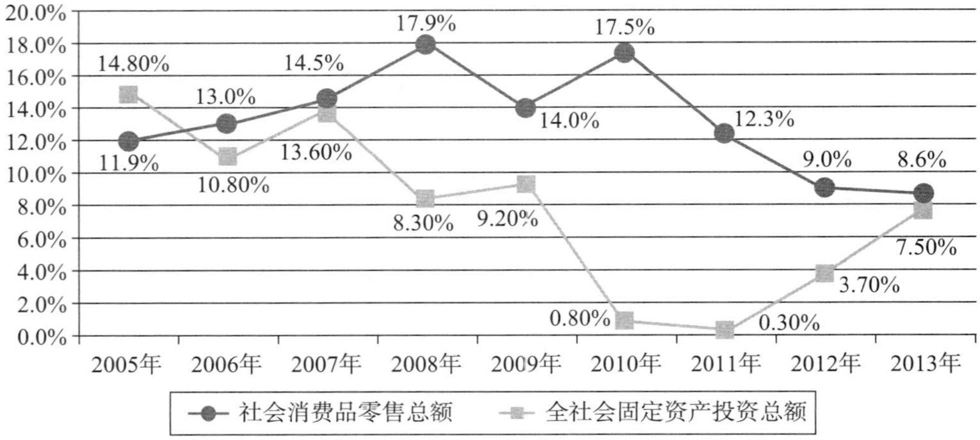

图 1.5　2005—2013 年上海市社会消费品零售总额与全社会固定资产投资总额比上年增速对比

个百分点;对全市税收增长的贡献率达到 32.8%。其中:上海批发零售业完成税收 2 094.83 亿元,比上年增长 9%,在全市所有行业中,税收规模保持第一。

商业固定资产投资突破 450 亿元,投资和建筑规模、增速保持全市领先。2013 年,上海商业固定资产投资完成 456.02 亿元,比上年增长 16.1%,增速分别高于全市和第三产业 8.6 个、5 个百分点。商业营业用房投资完成 370 亿元,比上年增长 26%,高于全市房地产投资增速 7.6 个百分点。随着城市物流配送发展、郊区城镇商业建设,2013 年商业竣工面积达到 270 万平方米,比上年增长 44.1%。

商业实到外资突破 30 亿美元,吸引外商投资项目数量保持领先。2013 年,上海商业引进合同外资 45.11 亿美元,引进外资合同项目 1992 项,分别占全市和第三产业合同外资项目的 53.3%、55.5%,保持全市引进外资合同项目中,商业占比“双过半”格局。2013 年,批发零售业实到外资 31.08 亿美元,比上年增长 24%,增速分别高于全市和第三产业实到外资 13.5 个、17 个百分点。

商业从业人员突破 240 万人,商业对就业增加贡献率保持领先。2013 年,上海商业从业人员为 240.60 万人,比上年增长 2.5%,商业从业人数分别占全市和第三产业从业人数的 21% 和 37.3%。商业成为所有产业中提供就业岗位最多的行业,对全市和第三产业净增从业人数的贡献率分别高达 52% 和 73.8%,为社会和谐稳定、居民家庭收入提升发挥了巨大作用。

3. 主要大类消费品全面增长,市场亮点凸显

2013 年,受节假日带动以及上半年国际金价“跳水”引发的投资热影响,上海金银珠宝类消费实现高速增长,全年实现限上零售额 223.35 亿元,比上年增长 41.0%,增速比上年大幅提升了 43.8 个百分点。继续受益于新款智能手机的更新换代提速影响,上海

通讯器材类商品销售持续快速增长，全年实现限上零售额140.34亿元，比上年增长35.2%，增幅比上年收窄20.4个百分点。受益于婚房、新房置换等影响，家电需求量增加，全年实现限上零售额353.27亿元，比上年增长13.0%，增幅比上年提升7.7个百分点。随着生活品质持续提高，化妆品类也实现两位数增长，全年实现限上零售额210.73亿元，比上年增长11.8%，增幅比上年提升3.7个百分点。在家庭消费升级等因素带动下，汽车、日用品、家具类销售增长平稳，分别实现限上零售额1 364.67亿元、323.71亿元与42.68亿元，比上年分别增长6.1%、6.5%与8.9%。受禽流感及雾霾天预防用品的销量大幅增长以及滋补药材价格继续上扬等因素影响，全年中西药品实现限额以上零售额278.53亿元，比上年增长5.5%。网络零售继续呈现爆发式增长，2013年电子商务交易额中，商品类网络购物交易额1 083亿元，比上年增长81.7%；另外在全市限额以上零售企业中，网上商店零售额465.38亿元，比上年增长52.4%。

三、重点行业全面推进，持续均衡稳定发展

1. 金融业平稳较快发展

2013年，上海市实现金融业增加值2 823.29亿元，比上年增长13.7%，占全市GDP的比重达13.1%，比上年提高0.9个百分点。至2013年末，全市各类金融单位达到1 240家，2013年新增116家。至2013年末，全市中外资金融机构本外币各项存款余额与贷款余额分别为69 256.32亿元与44 357.88亿元，分别比年初增加5 474.25亿元与3 297.46亿元；全年金融市场（不含外汇市场）交易总额达到588.87万亿元，比上年增长20.9%；上海证券交易所各类有价证券总成交金额86.51万亿元，比上年增长58%；上海期货交易所总成交金额120.83万亿元，比上年增长35.5%；中国金融期货交易所总成交金额141.01万亿元，比上年大幅增长85.9%；银行间货币和债券市场总成交金额235.3万亿元，下降10.7%。

2. 信息服务业健康快速发展

2013年，上海市信息服务业实现增加值1 387.88亿元，比上年增长15.1%；信息服务业增加值占第三产业增加值比重达到10.3%，占全市生产总值的比重达到6.4%。2013年，上海信息服务业实现经营收入4 317.29亿元，比上年增长19%；软件产业实现经营收入2 464.9亿元，比上年增长18.2%；互联网信息服务业实现经营收入835.72亿元，比上年增长30%；电信服务业实现经营收入700.01亿元，比上年增长5.6%。截至2013年底，上海规模以上信息服务企业近5 000家，从业人员达到47.8万人。

3. 交通运输、仓储业保持平稳发展

2013 年，上海交通运输、仓储业主要业务量指标继续稳居世界前列。2013 年全市交通运输、仓储和邮政业实现增加值 935.06 亿元，比上年增长 1%；全年完成货物运输总量 91 535.07 万吨，比上年下降 3%；旅客发送总量 15 932.52 万人次，比上年增长 9.5%。全年上海港口货物吞吐量达到 7.76 亿吨，比上年增长 5.5%，连续九年居全球第一；全年集装箱吞吐量 3 361.68 万国际标准箱，比上年增长 3.3%，连续四年居全球第一。2013 年，上海两大国际机场进出港旅客达到 8 279.18 万人次，比上年增长 5.2%；全年上海港接待邮轮靠泊 197 艘次，邮轮旅客吞吐量 75.66 万人次，比上年增长 1.2 倍。

4. 房地产业在调控中有序发展

2013 年，上海认真贯彻落实中央关于房地产市场的调控政策，有效促进了房地产业的平稳发展。2013 年，全市房地产业增加值实现 1 343.77 亿元，比上年增长 11.3%，房地产业增加值占第三产业增加值的比重为 9.9%。2013 年，全年房地产开发投资 2 819.59 亿元，比上年增长 18.4%。全年商品房销售面积 2 382.2 万平方米，比上年增长 25.5%；商品房销售额 3 911.57 亿元，比上年增长 46.5%。

5. 旅游业呈现小幅下降态势

2013 年，旅游产业实现增加值 1 400.8 亿元，比上年下降 7.3%。全年接待国际旅游入境者 757.4 万人次，比上年下降 5.4%；接待国内旅游者 25 990.68 万人次，比上年增长 3.6%。全年入境旅游外汇收入 53.37 亿美元，比上年下降 4.4%；国内旅游收入 2 968 亿元，比上年下降 8%。

四、发展基础进一步夯实，发展质量不断提升

1. 中国（上海）自由贸易试验区建设全面推开、进展顺利

2013 年，上海成功争取中国（上海）自由贸易试验区落地，在国家相关部委共同推动下，贯彻落实国务院批准的总体方案，保持区域经济持续发展，全力推动制度创新，中国（上海）自由贸易试验区建设全面推开，进展顺利。

2013 年，中国（上海）自由贸易试验区投资企业完成经营总收入 14 200 亿元，比上年增长 10.5%，其中商品销售额 12 260 亿元，比上年增长 11.5%。实现航运物流服务收入 1 000 亿元，比上年增长 17.6%；完成进出口总额 1 130 亿美元，与上年持平；完成工商税收 472 亿元，比上年增长 10%。工商税收和商品销售额在全国 111 个海关特殊监管区域中的比重分别达到 53.4% 和 51.6%。

推动投资便利化。实行准入前国民待遇和负面清单管理模式，将清单以外领域的外

商投资项目核准制、外商投资企业合同章程审批制全部改为备案制。改革境外投资管理制度,实施境外投资备案管理。实施工商"一口受理"制度。改革商事登记制度,推行工商登记注册资本认缴制、先照后证登记制。

推动贸易便利化。创新"一线放开、二线安全高效管住、区内自由"监管制度。推进建立货物状态分类监管制度,形成保税货物、非保税货物、口岸货物分类监管操作性方案。启动海关和检验检疫"一次申报、一次查验、一次放行"联动监管试点。

推动服务业开放。选择金融服务、航运服务、商贸服务、专业服务、文化服务以及社会服务等6个领域18个行业扩大开放,暂停或取消投资者资质要求、股比限制、经营范围限制等准入限制措施共23项。

2. 服务业固定资产投资快速增长

2013年,上海市完成服务业固定资产投资总额4 387. 32亿元,比上年增长11. 1%,继续快于全社会投资增速,占全社会固定资产投资总额的比重为77. 7%,占比比上年提高2. 5个百分点,连续六年超过70%。从投资额看,房地产业完成投资2 835. 09亿元,交通运输、仓储及邮政业完成投资499. 01亿元,信息传输、软件和信息技术服务业完成投资112. 43亿元,三个行业合计投资额3 446. 53亿元,分别占服务业固定资产投资及全社会固定资产投资的78. 6%和61%。

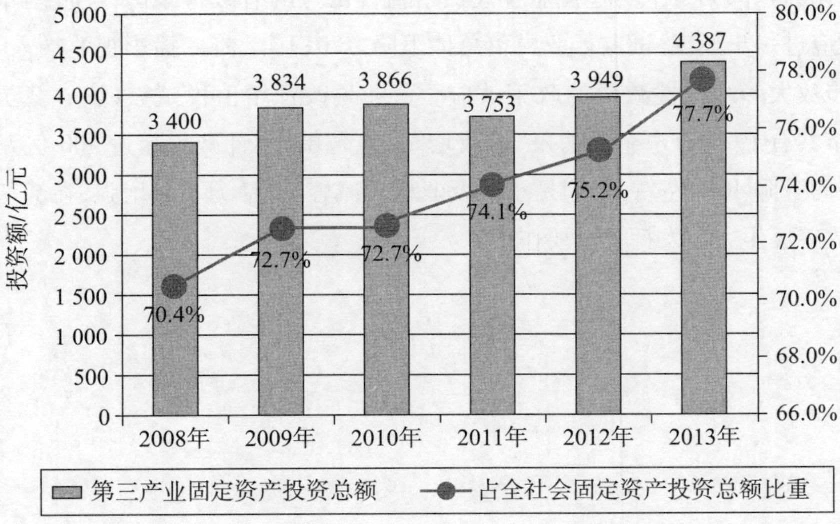

图1.6　2008—2013年上海市第三产业固定资产投资额与占全社会固定资产投资总额的比重情况

3. 服务业对外开放水平和质量不断提高

2013年,上海市服务业利用外资稳步增长,以服务经济为主的引资结构不断优化,第三产业实际利用外资135. 67亿美元,比上年增长7. 0%;第三产业实到外资占比超过

80%。其中,商贸业、租赁和商务服务业、物流服务业实到外资分别比上年增长 29.4%、23.3%和 37.6%。

2013 年,上海服务贸易继续保持平稳增长的势头,占上海对外贸易总额的比重提高到 28.1%,对上海开放型经济的贡献度进一步加强。2013 年,上海服务贸易进出口总额实现 1 725.4 亿美元,比上年增长 23.5%,占全国比重达到 30%。其中,出口 595.4 亿美元,比上年增长 26.6%,进口 1 130.0 亿美元,比上年增长 21.9%。

4. 服务业深化改革、加强管理

2013 年,上海市发布《关于深化流通体制改革加快流通产业发展的实施意见》以及《上海市加快流通产业发展的重点工作及分工(2013—2015 年)》,完善消费政策环境,为搞活流通、扩大消费创造良好条件。2013 年,上海市完成《上海市商业网点布局规划纲要(2009—2020)》修编,重点加快中心城区商业及传统商圈调整与升级,完善大型居住社区商业配套,优化商业网点布局,促进社区商业、市郊商业发展。2013 年,上海制定《本市贯彻〈国务院办公厅关于促进外贸稳增长、调结构若干意见〉的实施意见》,深化无纸化通关、两单一审、担保验放等试点,加大对企业海外参展、建设国际营销网络、中小外贸企业融资担保、出口信用保险等政策支持,扩大自主研发与自主品牌产品出口,推动外贸发展方式加快转变。

上海作为全国第一个实施营业税改征增值税试点的省级行政区,经过两年的改革,其积极效应进一步显现,试点行业税负总体下降。2013 年,将广播影视业纳入了试点范围,进一步放大了结构性减税的政策效应。营业税改征增值税试点以来,截至 2013 年底,上海市共有 19.5 万户企业纳入"营改增"试点范围,累计减税超过 400 亿元,试点企业税负平均下降 40%左右,特别是小微企业税负减轻后,活力不断增强,在活跃市场、创造就业、改善民生方面发挥了重要作用。

第二章　2014年上海服务业发展环境分析

2014年，全球经济温和复苏，国内经济进入增长速度换挡期，本届政府根据十八届三中全会精神全面深化改革，着力提质增效升级，内外宏观经济环境趋于改善；中国（上海）自由贸易试验区加快发展，成为我国推进改革和提高开放型经济水平的"试验田"，制度红利逐步显现。总体看，国内外因素对上海服务业发展总体有利，上海服务业发展将进入大有作为的战略机遇期。

一、宏观经济趋于改善成就上海服务业发展战略机遇期

2014年以来，全球经济继续温和复苏，主要经济体各项指标呈现好转趋势，国际服务贸易协定谈判逐步深入，尽管不确定、不稳定因素仍然存在，但整体外部环境趋于改善，我国服务业发展机遇大于挑战。根据国际货币基金组织（IMF）报告显示，全球经济复苏正逐步增强且范围不断扩大，预计2014—2015年将进一步改善，增长动力将主要来自发达经济体。美国经济数据显示经济不断走强，美联储退出量化宽松步伐逐步加快，并探索启动升息过程，表明美国经济复苏基础日益巩固；欧元区经济温和复苏，在金融监管体系建设等方面取得积极成果；日本经济也呈复苏态势，截至2014年一季度，日本经济增速已实现连续六个月扩张，经济形势趋于乐观。与此同时，新的地缘政治挑战、通胀压力等也带来新的风险，加剧了全球经济复苏的复杂性。国际服务贸易协定第六轮谈判进展顺利，发展中国家积极参与谈判，为多边贸易谈判注入活力，推动全球服务贸易向自由化、市场化、一体化方向发展，为我国服务业新一轮发展拓展新的空间。

经过多年高速增长，我国经济增速将逐步放缓，转入一个中高速增长的新阶段，适应经济增长的新常态，预计2014年全年增长率将维持在7.5%左右。期间，我国经济发展将更多地依靠内需特别是消费需求拉动，更多地依靠现代服务业和战略性新兴产业带动，不断优化产业结构，使服务业比重和能级不断提升，推动我国服务业发展进入战略转型和跨越式发展的新时代。

综合来看，国际国内宏观经济环境日趋改善，我国服务业发展处于新的战略机遇期。

上海作为全国服务业发展的领先城市，凭借良好的服务经济发展环境、雄厚的产业发展基础，以及中国(上海)自由贸易试验区、现代服务业综合试点等积累的宝贵经验，有望在全国率先承接全球服务业投资、探索新兴服务贸易规则和服务业投资体制，促进上海服务业开放创新、转型升级，从而代表我国参与全球服务业新竞争，更好地推动长三角及全国服务经济的发展。

二、深化经济体制改革为上海服务业带来巨大发展空间

2014 年是全面贯彻落实党的十八届三中全会精神、全面深化改革的第一年，是实施“十二五”规划、推进创新驱动发展的关键一年。新一届政府积极推动各项改革措施，在服务业扩大开放、管理体制创新、财税制度改革、促进生产性、生活性服务业发展等方面积极部署，预计年内部分改革成效将开始显现，并通过持续的制度红利效应，推动全国服务业创新转型，进而为上海服务业发展带来巨大的发展空间。

一是放宽投资准入。按照《中共中央关于全面深化改革若干重大问题的决定》中“构建开放型经济新体制”的要求，我国将放宽投资准入，逐步统一内外资法律法规，推进金融、教育、文化、医疗等服务领域的有序开放，放开育幼养老、建筑设计、会计审计、商贸物流、电子商务等服务领域外资准入限制。目前服务业中六大领域的开放已在中国(上海)自由贸易试验区进行试点，如在商贸服务业领域，在保障网络信息安全的前提下，允许外资企业经营特定形式的部分增值电信业务；允许外资企业从事游戏游艺设备的生产和销售等。2014 年将逐步推广至更多区域。二是管理体制创新。为进一步吸引服务业投资，商务部及工商部门将逐步简化外资行政审批，深化外商投资管理体制改革，为内外资营造公开透明的营商环境。三是财税制度改革。2014 年以来，“营改增”不断扩围，铁路运输、邮政服务、电信等行业陆续加入试点，预计年内将在全国范围内推广开来。四是大力发展生活性服务业。根据国务院常务会议要求，2014 年，我国将抓紧落实健康、养老服务和信息消费等方面的支持政策，丰富文化、医疗、旅游等服务供给，提高服务水平，使生活性、生产性服务业协同并进，为经济社会持续健康发展打造新引擎。五是促进生产性服务业发展。生产性服务业是二三产业过度的重要节点，未来，我国将加快生产性服务业重点和薄弱环节发展，促进产业结构调整升级。

三、自贸试验区建设对上海服务业的促进作用将进一步释放

2013 年 9 月 29 日，中国(上海)自由贸易试验区正式成立，标志着我国改革开放进入

了一个新的阶段。自贸试验区挂牌以来,在加快政府职能转变、扩大投资领域的开放、推进贸易发展方式转变、深化金融领域的开放创新、完善法制领域的制度保障等方面取得了积极进展。尤其是服务业扩大开放领域,按照自贸试验区总体方案的相关安排,目前,金融服务、航运服务、商贸服务、专业服务、文化服务以及社会服务等6个领域18个行业的扩大开放措施已全部落地,同时,各领域也形成了一批项目储备,如外资游戏游艺设备生产销售、外资工程设计、融资租赁等,为全市服务业开放和发展打下良好基础。从制度层面看,自贸试验区仍在加紧研究投资管理、贸易监管、金融监管等方面的制度创新,随着2014年新版负面清单的推出、事中事后监管体系的建设,自贸试验区的营商环境将更加便利、更加接近国际通行规则,并通过制度的溢出效应,为全国及全市各区县服务业发展和监管树立典范,带动全市服务业持续向好发展。从企业层面看,自贸试验区成立以来,凭借制度创新和深度开放,已初步形成了内外资企业集聚的新格局。截至2014年3月底,自贸试验区半年累计新设企业7 772家,其中外资企业661家,内资企业7 111家。未来,伴随制度红利逐步释放,外资企业的参与度和积极性将进一步提高,带动全市服务业投资总量扩张,助推服务业结构升级。

四、电子商务蓬勃发展为上海服务业转型注入新活力

近年来,上海电子商务保持高速增长态势,规模持续扩大。2013年,全市实现电子商务交易额10 560亿元,比上年增长35.1%,依此速度,全市电子商务有望率先实现“十二五”目标(1.2万亿元),为服务业发展和转型升级注入新活力。

一是电子商务应用领域不断扩展。近年来,电子商务蓬勃发展,应用领域不断拓宽。除传统的商贸服务业外,电子商务已渗透到生产、生活性服务业的各个领域,如金融、会展、教育、医疗、文化、旅游服务业等,深刻地影响着上海的商务模式和生活方式,在对传统服务企业产生冲击的同时,加快了服务业全面转型升级的进程。二是电子商务创新服务业发展模式。电子商务独有的平台化发展模式颠覆了原有的服务业产业组织模式,使服务业发展能够在大数据、云计算、物联网等新兴技术的支撑下,突破传统规模经济的理论框架,实现规模化和个性化、创造性和高效率的平衡,促进服务业进入跨越式发展的新阶段。三是电子商务发展促进产业链形成。电子商务的发展将直接带动物流、运营服务、网络营销、电子支付、认证服务等配套服务业的发展,促进本市电商服务产业链形成,推动电商服务业向集聚化、多元化发展。四是电子商务发展加速服务业细分行业产生。随着电子商务应用不断拓展,跨行业、跨领域、跨部门的合作不断增加,以大宗商品在线交易、跨境电子商务、第三方支付、数据服务等为代表的新兴服务业细分行业相继产生,

创新了服务业内部行业分类，同时极大地丰富了现代服务业的功能和内涵，促进了二三产业的有机融合，有效推动了上海经济的提质增效升级。

五、重点项目高标准推进引领上海服务业加快提质升级

2014 年，上海将继续按照“创新驱动发展、经济转型升级”要求，以上海国际旅游度假区、虹桥商务区、世博园区、黄浦江两岸、临港地区、前滩地区等六大重点功能区域为载体，高标准推进上海迪士尼乐园、世博园区后续开发、国家会展中心等现代服务业项目建设，加快形成“会商旅文体”联动发展的产业格局，引领全市服务业提质升级。

目前，各大重点项目进展顺利，部分已提前进入准备实施阶段，预计 2014—2015 年将重点推出，引领全市服务业持续向好发展。上海国际旅游度假区方面，其综合规划已正式推出，迪士尼项目也明确将增资扩容，相关市政公建配套项目按计划有序推进，年内将基本完成，为 2015 年开园做准备。虹桥商务区方面，核心区 31 幅地块已全部完成出让手续，部分项目已实现结构封顶，预计年中将迎来首批入驻企业。国家会展中心项目北部 A、B 展厅将于 2014 年 6 月底竣工，将于 10 月 19 日迎来首展——“2014 年中国国际汽车商品交易会和 2014 年中国国际摩托车及零部件交易会”，全部展馆也将于 2014 年年底竣工，2015 年起正式投入使用。世博园区方面，依托世博轴改建的“世博源”购物中心已正式对外营业，世博园 A 片区地块加快出让，B 片区央企总部基地全面开工，商飞总部 2014 年将基本建成，后续开发初显形态。黄浦江两岸地区，2014 年将加快推进前滩、南外滩、徐汇滨江等地区的开发建设，研究启动黄浦江两岸公共空间连通工程，完善两岸公共交通、慢行交通、公共服务等配套体系。此外，由商务部、科技部、知识产权局和上海市政府联合举办的第二届中国（上海）国际技术进出口交易会也顺利举行，成为承接全球技术转移、促进全市服务业创新提升的重要窗口。

第三章　2014 年上海服务业发展趋势预测

2014 年是全面贯彻落实党的十八届三中全会精神、全面深化改革的第一年，实施"十二五"规划、推进创新驱动发展的关键一年，更是中国(上海)自由贸易试验区建设的发力之年。上海服务业将在新一轮制度创新、技术创新和管理创新等重大因素的驱动下进一步扩大开放、加快转型升级，产业规模和发展水平将更上一个台阶，迎来全新的发展格局。

一、总体保持稳步较快发展

预计 2014 年，上海服务业具备平稳较快发展的内外部条件，总量规模进一步提升，增幅达 8.5% 左右，增加值占全市 GDP 比重将进一步提高；服务贸易进出口额增长 15% 左右，占全市进出口总额的比重进一步提高。

一是依托中国(上海)自由贸易试验区发展，"四个中心"建设进一步深化，金融、航运、贸易等核心功能不断拓展提升，相关服务领域对外开放度提高。商贸服务业方面，在国际投资贸易通用规则的引导下，将搭建面向国际、服务国内的大宗商品交易和资源配置平台、高端进口商品直销平台、保税展示交易平台和跨境电子商务服务平台，促进离岸贸易、文化贸易等服务贸易快速发展，贸易结构更趋协调；在法治化、国际化、市场化的营商环境下，跨国公司总部、营运中心将加快集聚，跨境电子商务、全球维修、服务外包等服务贸易功能进一步加强，上海在全球贸易网络中的枢纽地位进一步巩固；在新海关监管模式下，国际中转贸易、加工贸易更为便利，贸易效率将显著提高；负面清单制度下，育幼养老、电子商务等重点领域有望放开外资准入限制，将带动全市相关服务产品的供给能力显著增强。金融服务业方面，自贸试验区力推开放与创新，相对自由的市场环境将吸引各类金融机构加快入驻开展创新金融服务；人民币跨境使用、人民币资本项目可兑换、利率市场化和外汇管理等领域将实现重大突破；在国家金融管理部门的主导下，原油期货上市、保险交易所设立有望 2014 年年内推出；互联网金融等新业态、民营金融等新型机构将呈现蓬勃发展态势。航运服务业方面，自贸试验区将从腹地贸易货物、国际中转货物两方面提升港口货量，进一步夯实航运中心的贸易基础；港区仓储设施水平将有效提升，航运中心的基础设施建设进一步完善；“一线放开，二线管住”的进出境监管制度创新，将极大地提升货物流转效率；相关法律以及各项制度的逐步完善，也将吸引融资、仲裁、公估、咨询等高端航运服务企业入驻。文化服务业方面，自贸试验区内国家对外文化贸易基地将加快建设，文物拍卖、印刷、影视制作等领域将试点扩大开放，吸引外资龙头文化服务企业落户自贸试验区，吸引国内外顶级艺术机构和国际顶级大型艺术博览会落户上海，推动艺术品交易业态创新。

二是以“平台经济”为引领，平台型企业快速壮大，上海服务业在全国的集聚力、辐射力、影响力将进一步扩大。依托钢铁、有色金属、化工、石油天然气等领域的全国性大宗商品贸易平台发展壮大，跨地区、跨国境的各项服务需求包括支付、物流、仓储、融资、信息咨询等将迅速扩张，推动本市金融、物流、信息服务、专业服务等行业发展。个人消费领域，居于全国领先地位的消费品交易类平台企业（1 号店）、生活消费平台（大众点评）、线上旅游服务平台（携程）加快布局移动互联网客户端，高效对接供需资源，上海商贸业、旅游业在全国市场的地位进一步巩固，同时有效拉动上海本地生活服务需求增长，带动健康服务、养老服务、家庭服务等生活性服务业发展。伴随市场准入的试点放宽，上海还将率先引入一批具有较强影响力甚至国际影响力的龙头平台企业，教育、文化、医疗、多媒体等新兴服务领域的平台企业将步入快速成长阶段。在平台企业加快壮大的过程中，一方面与传统龙头企业的业务合作将更为密切，线上线下资源重组和业务流程再造将催生出新的服务模式和服务业态，助力上海服务业突破地域和国界限制，参与国际竞争，创造更高附加值；另一方面，高能级平台企业之间的资源整合将进一步加深，通过收购兼并强强联合，发挥乘数效应。

三是服务业集聚区差别化、特色化发展，推动上海服务业加快转型升级。2014 年，新一批高起点规划兴建的重点功能区将进入关键性建设阶段，新载体为上海服务业升级提供新空间。虹桥商务区核心区、临港地区建设和世博园区开发利用初具规模，成为上海会展业、航运业和商贸业新增长极。国际旅游度假区进入全面建设，迪士尼项目开业后预计为上海带来新增游客 300 万～500 万人次，大力推动旅游、住宿、零售、交通运输等服务业发展。黄浦江沿岸各区联动开发滨江高端服务业集聚带，互联网金融、新媒体、文化创意等产业链长、附加值高的新兴服务行业将获得集聚发展新空间。发展相对成熟的各类现代服务业集聚区将更加注重综合功能的完善和提升，加快布局商业、文化、教育、医疗、电信等综合配套设施，相关服务行业的布局体系更趋合理。有条件的集聚区将率先对接自贸试验区的创新管理理念和制度，通过提高投资和服务便利化水平，吸引更多产业链高端的外资服务企业入驻。在长三角区域经济一体化的背景下，上海的现代服务业集聚区还将建立与江苏、浙江等周边地区重点集聚区的合作机制，服务产业发展生态圈将逐渐形成，为上海服务产业链的不断延伸和升级创造更大空间。

二、消费市场运行稳中趋好

2014 年，宏观经济形势继续向好，促进消费政策措施有序推进，新的消费热点正逐步形成，消费市场仍有巨大的增长空间。预计 2014 年上海消费市场有望保持活跃和平稳增长的态势，社会消费品零售总额增长 8% 左右，六大发展趋势主导消费持续升级。

一是城乡居民收入持续增长促进居民消费信心趋强。2014 年，在《中国收入分配改革总体方案》的框架下，国家发改委将出台相关实施细则，这将有助于改善居民收入分配结构和提高居民收入水平，为扩大消费和消费升级奠定坚实的收入基础。

二是国家出台系列消费促进政策逐步发挥作用。2013 年国务院相继出台《关于促进信息消费扩大内需的若干意见》、《关于加快发展养老服务业的若干意见》、《关于促进健康服务业发展的若干意见》和《国民旅游休闲纲要（2013—2020 年）》，积极的政策环境将有力推动信息消费、老年消费、健康消费及旅游休闲消费进一步扩大。

三是经济社会转型提速为消费细分市场创造新空间。上海作为经济迅速发展的特大型城市，正经历社会转型重大的时期。建国后第一批生育高峰人群正逐步进入老年，老年人口将进入惯性快速增长期，预期平均每年新增老年人口 21.5 万人；为减缓人口老龄化水平，2014 年实施单独两孩政策后，预期每年新增婴幼儿 1 万～2 万人，“老龄化”和“多子化”趋势叠加将加快上海生活服务社会化进程，推动家庭服务、养老服务、健康服务等基本生活性服务需求快速增长。社会转型还表现在中产阶级规模扩大，中产阶级的消费升级将引领消费市场走势，集中体现为生活品质提升型消费需求全面增长。社会转型中生态环境治理的重要性日益突出，反映在消费市场上，理性节制、绿色低碳、健康安全的消费意识将形成广泛社会共识，新能源汽车、低碳智能家电等升级性产品消费将形成热点。

四是现代消费方式全面形成，激发巨大消费潜力。基于现代信息互联技术，以大数据、云平台等深化应用为基础，以消费者为核心的现代消费方式，渗透到消费服务的各个领域。新消费时代，消费内容突破了时间与空间、线上与线下、有形与无形、商品与服务的界限；消费终端由实体商店拓展到网上商店、交互电视、智能手机、电子阅读器等各种便捷的智能电子终端；支付手段除信用卡之外，网上支付、电话支付、移动支付等非现金支付手段日益普及，这些都将更好地满足消费者随时（anytime）、随地（anywhere）、任意方式（anyway）的“3A”消费需求，激发巨大消费潜力。

五是通信服务基础设施日趋完善，在线服务消费成本降低。上海在服务消费基础设施和相应人力资源的开发上已经具备了较为扎实的基础。2014年，全市家庭光纤到户覆盖率接近95%，家庭光纤用户普及率达到50%，TD-LTE网络基本覆盖中心城区和郊区城镇化地区并实现规模商用，信息资费将因此大幅下调，从而有利于降低以通信为基础的服务消费的价格，促进互动娱乐、数字出版、网络视听等数字文化消费，以及在线教育、远程医疗、智能社区服务、互联网金融服务等新兴消费增长。

六是体验化、专属化、社群化的主流消费模式动力强劲。主流消费群体的消费模式呈现体验化、专属化和社群化三大特征，体验化强调消费过程的个性满足和愉悦享受，具备相关属性的文化、旅游、休闲娱乐、体育健身、教育培训等领域将形成消费热点；专属化突出消费的尊崇感和自豪感，体现在各个服务领域的个性化、定制化消费需求日渐庞大；社群化强调社群认同，消费意见通过邻里圈、同事圈、亲友圈、粉丝圈等各类社交圈扩散传播达成消费新意向，引领消费新潮迭出。

除以上六方面积极因素推动外，2014年上海消费市场也面临若干制约因素：一是宏观经济环境仍具有一定不确定性，可能影响消费的稳定。二是反腐倡廉相关措施将进一步减少社会集团消费。高端商务餐饮、奢侈品牌消费进一步下降，单位团体发放职工福利也将减少，虽然部分集团消费需求会向居民消费转移，但居民消费的替代作用非常有限。三是互联网零售高速增长，对实体零售业造成的阶段性冲击较大。四是营商环境欠佳，商业成本高居不下，商业企业的盈利空间一再被挤压，运营困难持续加大，可能影响市场供给。

三、生活性服务业加快创新提升

生活性服务业是上海服务业的重要组成部分和国民经济的基础支柱产业，对于扩大和促进消费、引领消费升级、保障民生服务、提升生活品质、完善城市环境具有重要意义。2014年将是上海生活性服务业的“产业元年”，以正式出台的《上海生活性服务业发展若干指导意见》为纲领，全市将达成共识，推动生活性服务业产业化、市场化、信息化、品牌化发展，加快产业内部融合发展、持续提升创新能力。层次清晰、布局合理、功能完善、主体发达、管理规范、高效便捷的，具有健全服务保障体系和国际化服务品质的生活性服务业产业体系将逐渐形成。

随着互联网、物联网、移动通信、云数据等信息技术和网络技术的推广发展，电子商务、供应链管理、第三方物流等现代化流通方式加快创新，商贸服务业中新兴服务、新兴业态、新兴模式不断涌现，转型升级步伐加快。顺应消费需求持续升级和经济社会发展的总体趋势，基础性生活服务业将重点聚焦培育市场主体、提升行业标准规范、加强专业人才培养和加快新技术应用，更多依靠标准化制度建设、劳动者素质提高、技术进步、管理创新等要素驱动，加快迈向产业化、规模化、信息化发展新阶段。

1. 零售业发展趋势

(1) 网络零售持续高速发展。2014 年，信息网络、营销网络、物流网络“三网”将加快融合，为上海网络零售发展提供新的动力和重要支撑。跨境电子商务率先在上海试点也将为上海网络零售市场进一步吸引外来购买力、做大消费规模、强化竞争力创造了条件。预计 2014 年上海网络零售规模将持续扩大，网络零售商品的类别不断丰富，服务水平持续提高，预计增幅保持在 35% 左右。

(2) 网络零售引领零售业全面转型。一是网络零售发展开启了零售新渠道，线上线下双渠道平行推动零售资源的全面整合，将促进零售企业流程再造和服务功能提升，传统零售企业向“店商 + 电商 + 零售服务商”的全渠道企业转型，同时促进一批本土新型零售企业崛起，另有大批中小非连锁商业企业，将借助第三方电子商务平台以较低成本加快发展壮大。二是网络零售与实体零售融合加深，一方面零售行业触网将成为普遍趋势，传统零售企业的各项功能都将逐步网络化，网络零售与传统实体零售密切结合的模式将加速形成。另一方面，网络零售企业将依托实体网点，提供最后一公里一揽子服务，包括代购代发代收配送服务、精准营销 O2O 定制服务、商业信息分类应用服务、商业数据云服务等。三是网络零售发展推动传统商圈加快向体验化、智能化、服务化方向转型，通过优化业态结构、强化体验服务、搭建数字虚拟商圈等方式积极谋求突破。

(3) 业态布局持续调整优化。一方面，上海以市级商业中心、地区级商业中心、社区级商业中心、特色商业街为核心的实体零售布局体系将进一步优化。其中，市级和地区级商业中心将进一步调整结构、拓展功能、提升能级；市郊将加快建设和完善新城和新市镇商业布局，商业集聚度和便捷度进一步提高；世博园区、徐汇滨江、浦东前滩、临港地区、虹桥商务区、迪士尼园区等重点区域将加快商业建设，形成若干新兴地标性商业；社区商业中心将向集商业、事务、卫生、文化“四中心”合一的社区生活中心转型，购物、休闲、娱乐、文化等综合服务功能全面提升。另一方面，以“网络终端 + 网上商店 + 快递配送”为核心的网络零售布局体系将加快构建完善。未来，上海终将形成以消费者需求为中心的“多层级实体店 + 跨区域网店 + 高效率物流配送网络”的新型零售业布局体系。

2. 批发贸易业发展趋势

(1) 消费品领域，传统批发模式向新型批发模式转型。主要体现在四方面：一是大型批发贸易商将借助商品信息资讯优势，将业务拓展至研发、生产等前端环节；二是传统地区代理商将加快布局零售终端，通过降低流通成本，扩大销售规模。三是计算机、服装、数码产品等商品变化较快的行业批发贸易商，凭借市场开发、研发、资金或者品牌等方面的绝对优势，同时向产业链上下游拓展，向价值链组织者角色转型。四是传统消费品批发市场逐步向商品展示订货中心、采购中心、信息服务中心、商品配送中心等新型市场形式转变，管理模式由出租、出售摊位向商场化管理转型。

（2）生产资料领域，批发流通方式全面升级。主要体现在三方面：一是有色金属、钢材建材、精细化工、机电和装备器械等生产资料交易市场将建设电子交易平台，完善网络订单交易、产品展示、融资结算、区域交割、物流配送、信息管理等一体化功能，交易市场能级显著提升；二是大型批发企业将加强供应链管理创新，突破上游企业自产自销自购自储的传统格局，进一步增强对市场的掌控能力；三是批发商业组织化水平日益提高。一方面，大型批发企业通过联合、兼并、参股、控股等形式，逐步向大型化、综合化、集团化方向发展；另一方面，实力相对较弱、规模较小的地区性批发企业将向专业服务型贸易商和有限职能型批发商方向转型，形成专业性竞争优势。

3. 餐饮业发展趋势

（1）网络团购模式兴起推进餐厅信息化水平不断提高。越来越多的餐饮企业将通过微信、APP 等平台实现品牌宣传、营销推广，实现移动终端一站式查询、订位、点餐和支付服务。

（2）餐饮在购物中心业态组合中的比重提高。作为可迅速集聚人气的体验型业态，餐饮业态逐渐从过去的配套从属地位发展为购物中心定位和调整的重点内容，经营比重将进一步提高，同时以时尚化、特色化、品牌化为主要发展方向。

（3）白领午餐、大众化餐饮持续扩容升级。伴随生活节奏加快，居民外出就餐频率将增加，商务区的白领午餐规模持续扩大，大众化餐饮市场空间将不断延伸，大众餐饮品种开发更新提速。

（4）高端餐饮加快转型。为适应市场变化，高档餐饮业将加快服务经营转型，其中降低菜品价格、开发亲民项目、涉足团购以及提供餐饮服务以外的增值服务，成为高端餐饮转型的基本走势。

4. 家政服务业发展趋势

（1）产业化水平逐渐提高。随着市场开放度提高，多元社会资本将进入上海家政服务市场，家政服务主体将更加多元，连锁化、品牌化经营的规模企业将逐渐增多。

（2）职业化水平提升。中介制家政公司逐渐向员工制转型，针对家政从业人员的职业资质等级评定制制度和系统化的职业培训体系将逐步建立并完善。

（3）信息化应用日益加深。线上线下结合的新型服务模式在家政行业加快推广，家政企业利用各类互联网平台和移动互联网手机 APP 应用拓展服务市场将形成趋势。

（4）服务标准化、规范化进程加快。适应行业发展需求，家政服务行业将建立统一的服务标准体系，完善现有市场准入、退出和监管制度，针对不断扩展的服务类别，逐一建立服务标准或规范。

四、生产性服务业持续提质增效

生产性服务业囊括了交通运输、电子商务、现代物流，高技术服务、设计咨询、科技服务及商务服务等行业，尽管其本身并不向消费者提供直接的、独立的服务，但贯穿于整个产业链的各个环节，对引领产业链向高端提升，促进服务业与农业、工业等在更高水平上融合、推动经济提质增效升级具有重要作用。2014 年，围绕制造业转型升级，上海生产性服务业将进一步扩大服务规模，拓展服务领域，形成新业态、新热点，品牌化、网络化经营水平显著提高，对外辐射能力进一步增强。

1. 电子商务服务业的内生动力持续增强

2014 年预计上海电子商务交易额增长 25% 左右，电子商务服务业发展呈现以下趋势：

（1）产业发展的战略目标更加明确。2014 年上海将制订出台电子商务发展指导意见，进一步明确产业发展的战略目标和路径。未来，在产业规划、政策引导、法规建设和市场监管等方面，将助推上海的电子商务产业规模和综合竞争力加快提升。

（2）电子商务产业链体系更趋优化。围绕大宗商品交易、网络零售等核心环节，电子商务技术的发展一方面将继续深化与制造业、商贸业、农业等传统产业领域的融合，推动电子商务平台服务业持续壮大；另一方面将加快与咨询、广告、营销等新兴服务产业的创新协作，电子商务衍生服务业方兴未艾；再一方面，技术、物流、支付、认证、数据等电子商务支撑服务业也将逐步发展完善。平台服务业、衍生服务业和支撑服务业的协同优化发展，将促进电子商务产业链体系更趋成熟，推动整体电子商务服务产业健康协调可持续发展。

（3）电子商务的创新应用不断扩大。大宗商品、网络购物、跨境贸易、旅游等相对成熟的电子商务应用领域将持续较快发展，并在移动端全面发力；围绕居家养老、医疗保健、家政服务、家电维修、物业管理、废品回收等社区生活服务领域的电子商务应用将加快创新，形成市场热点；农产品与药品流通领域新建的电子商务 B2B 平台将不断完善和发展；金融保险、教育培训、展览展示等专业服务领域的电子商务应用将进一步深化，实现稳健发展。

（4）电子商务服务业布局愈加完善。电子商务示范园区建设进入成熟阶段，各类电子商务园区将开展错位竞争，实现差异化和个性化发展；依托实体服务网络，更多电子商务服务企业将探索设立实体示范店、服务基地、体验中心等实体业态，完善 O2O 布局；电子商务配套仓储物流配送基地将同步发展，城市配送网络进一步优化完善。

（5）进一步形成诚信、公平、规范的发展环境。2014 年，上海将加快推进电子商务标准化建设，发布实施《电子商务服务平台入驻商户管理规范》，制定《电子商务服务平台售后服务管理规范》，电子商务发展综合环境将不断完善；电子发票试点工作将深入推进，"企业报销凭证"等局部限制将有所突破；电子商务统计监测、行业标准、电子合同、人才服务等配套政策将陆续出台。

2. 现代物流业能级大幅提升

2014 年，上海物流业迎来重要政策机遇，市场需求持续旺盛，发展空间大，行业发展平稳向好。主要呈现以下发展趋势：

（1）自贸试验区建设带动口岸物流能级全面提升。中国（上海）自由贸易试验区整合四大保税区，全面覆盖了港口、海运、空运、仓储等领域的物流市场，在政策与需求强烈驱动下，自贸试验区将成为中国最大物流特区，直接推动上海现代物流业快速发展，尤其是在国际电商物流、国际航运中心、国际空港枢纽三个方面的口岸物流，将形成上海物流业的高增长点。

（2）制造业转型倒逼物流服务技术加快升级。为适应上海高端制造业向敏捷制造、柔性制造等智能发展模式变革的趋势，第三方物流企业在各制造业领域专业化服务的能力将显著提高，尤其是供应商管理库存（VMI）、及时生产（JIT）、电子数据交换（EDI）等物流服务将得到大力推广。

（3）民生需求促进城市配送物流进一步提升服务质量。居民消费需求持续扩大为城市配送物流发展带来巨大潜力，行业规模呈扩张趋势。为保障民生需求，由综合物流园区、大型分拨配送中心、社区末端配送节点组成的三级城市配送网络将进一步优化，冷链物流配送、医药物流配送和城市应急物流配送等物流服务的能力、效率和成本将进一步改善。

（4）电子商务助力智慧物流发展。通过构建更加信息化、便捷化、智能化的电子商务物流体系，上海物流业的现代化水平将加快提高，主要表现在：电子商务快递企业将普遍运用二维码、现代化立体仓库、自动分拣设备等技术设施，提高快速响应网络购物的配送能力；电子商务网站、快递企业与社区物业、便利店加强合作，电子商务配送的满意度逐步提高；大宗商品物流运行与电子商务结合更加密切，物流运输效率显著提高。

3. 会展业趋向从量变到质变的跃升

2014 年将是上海会展业的重要转折年，在硬件设施和软件环境两方面都将实现新突破。行业主要呈现以下发展趋势：

（1）场馆面积和办展规模将实现能级跃升。2014年，国家会展中心将基本建设完工，为上海新增近50万平方米的展览场馆面积。新馆预计下半年开馆，举办第二届中国（上海）国际技术进出口交易会、国际汽车商品交易会等大型会展，预计带动全市展览规模增长12%左右。

（2）会展业整体竞争力提升。2014年，上海将修订《上海市展览业管理办法》，以市场为主体，优秀展览集聚、市场竞争充分、产业健康发展的整体格局将逐步形成。伴随市场开放度扩大，更多上海会展企业将加强与国外会展公司合作，组建合作、合资会展企业，并在国内外共同举办展会，促进上海会展业整体水平不断提升。在电子商务、3G等新技术条件的支持下，上海会展业还突破传统固有模式，打造线上线下一体化的服务体系，增强营销力度，扩大对专业市场的辐射力。

（3）"会商旅文"联动发展提速。2014年，市商务部门将会同市旅游、文广等部门制定"联动发展计划"，加强会展、商业、旅游和文化等产业间互联、互动，按季或半年度汇总展会展览、商业营销、文化演出、大型体育赛事、景点及旅游线路等各类信息，定期发布"本市消费指南"，形成叠加效应。

第四章　2014 年上海服务业政策关注重点

2014 年，上海服务业的发展将以中国（上海）自由贸易试验区建设为契机，坚持稳中求进、改革创新，坚持创新驱动发展、经济转型升级，坚持问题导向、需求导向，着力构建开放型经济新体制和完善现代市场体系，注重提质增效，打造国际贸易中心“升级版”。

一、全面加快上海国际贸易中心建设

坚持以“市场”为核心，加强贸易功能、贸易要素、贸易主体、贸易政策和贸易环境建设，激发各类市场主体活力，促进各类要素自由流动，使市场在资源配置中起决定性作用。

全面落实《上海市推进国际贸易中心建设条例》。进一步完善国际贸易中心全方位多层次的共建体系，推动条例实施。强化上海市国际贸易中心建设工作推进小组的作用，明确重点推进领域和任务，加强全市各部门之间的协调和联动。深化部市合作框架，加强与商务部的沟通，围绕重大战略性全局性项目、商务领域重点配套项目和体制机制政策性突破等三个方面，制订新一轮部市合作的目标和任务。深化委区合作机制，以项目化方式着力推进各区县现代服务业转型升级、商业转型升级和服务业对外开放等。

继续深化自贸试验区改革创新。按照市政府 2014 年自贸试验区重点任务分工，全力推进修订自贸试验区负面清单、探索进一步扩大开放、完善境外投资备案管理、拓展贸易功能等重点工作。进一步加快推进服务业和一般制造业领域对外开放，加大与国家相关部委的沟通协调，尽快明确管理办法和操作细则。进一步探索对育幼养老、建筑设计、电子商务、商贸物流、航运经纪、监测检验、广播电视、新闻出版等服务业领域的扩大开放举措，降低海洋工程装备、航空航天制造、新能源等新兴制造业领域外资准入门槛，提出开放措施。探索加强事中事后监管的路径和方法，建立负面清单管理和协调机制，施行外资企业定期报告制度，建立健全安全审查和反垄断审查协助机制。按照可复制、可推广的要求，探索将“负面清单管理模式”以一定方式复制到区外，在相关区县试点实施外资审批“目录管理”，推行“告知承诺”与格式化审批，发挥自贸试验区“溢出效应”。

加快集聚一批贸易型总部。制定并发布《上海市集聚贸易型总部促进贸易发展的若干规定》,发挥各类总部政策的辐射和叠加效应,加快集聚一批具有采购、分拨、营销、结算、物流、品牌培育等功能的贸易主体,提升国际贸易中心功能。

持续推进现代服务业集聚区转型。积极寻求集聚区管理体制、模式业态、功能建设等领域的创新突破,加强分类指导,推动集聚区差别化发展。引导已建成集聚区优化产业结构,打造产业生态链,明确新建集聚区的产业定位和布局。引导和鼓励有条件的集聚区借鉴自贸试验区创新管理理念和制度,提升投资和服务便利化水平。

二、加快推进商业转型升级

围绕商圈转型、企业转型和业态转型,实施商业"转型提速、竞争力提升"计划,增强商业对经济社会发展的贡献度。

推动传统商圈功能转型。加快传统商圈向生态化、智能化、服务化转型,建设现代商圈。加强商业网点布局与规划,将其纳入城镇建设总体规划和土地利用总规划,落实新建社区商业和综合服务设施面积占社区总建筑面积比例不低于10%的政策。构建完善市级商业中心、地区级商业中心、社区级商业中心和特色功能商圈、特色商业街的布局体系。加快完善郊区新城、新市镇商业布局,形成商业发展新增长点。选择一批市级和地区级商业中心进一步调整结构、拓展功能、提升能级。探索培育发展1～2个具有示范引领作用的世界级商业街区。支持各级商圈依托移动互联网、大数据、云计算等技术建设新型数字商圈。加快发展特色现代商贸功能区。

鼓励商业企业转型发展。选择一批重点商业企业加快技术改造,提高现代信息技术应用水平,推动商业企业数字化、网络化发展。推广电子商务、连锁经营、统一配送等现代流通方式,着力引进一批品牌企业,培育一批龙头企业,提高产业集中度。出台支持商业企业转型发展的政策措施,鼓励和引导商业企业加大自主经营力度,加强企业管理,提升营销水平。鼓励商业企业发展自有品牌、直接采购、自营购销等新型经营模式。鼓励大型内贸流通企业通过兼并重组或组建战略联盟等方式做大做强。

支持商业业态创新。推进一批符合条件的大型商业集团业态、模式创新,促进传统商业与电子商务互联、互融,发展主题消费、体验消费、定制消费、无店铺消费,以及买手制、体验式、期间概念、自贸试验区概念、全渠道营销等各类新型商业模式。总结推广O2O等线上线下互动模式,推动零售商业由"渠道时代"走向"平台时代"。推进内外贸一体化,支持有条件的内贸流通企业走出去,提升全球采购销售能力。

三、规范提升生活性服务业

以满足高端需求、保障基本需求、促进消费增长为指导，保障民生、注重多元、规范提升，完善国际化大都市服务功能，建设"美好生活、宜居上海"。

坚持生活性服务业产业化推进。抓紧出台《关于促进本市生活性服务业发展的实施意见》，以新需求引领、新技术应用、新业态培育、新模式拓展为主线，加快完善上海国际大都市服务功能，建立布局合理、层次清晰、主体发达、功能完善、管理规范、便捷高质的生活性服务业体系。

促进生活性服务业规范提升。制定促进家政、餐饮等行业规范提升发展的实施意见，重点调整中低端劳动密集型行业和领域，提高行业准入标准，提升劳动生产率。建立重点企业联系制度，探索建立生活性服务业统计指标体系。办好上海国际美容美发节、上海婚博会等各类节会活动，推动行业能级提升。

做深做实重点工程。围绕商贸、健康、养老、家庭、文化、旅游、体育等领域实施服务业发展重点工程。继续推进市政府实事项目早餐工程，提升中央厨房的覆盖率和配送便利化。建立健全家电维修长效机制，出台《上海市家电维修实施意见》。稳步推进家政服务体系建设，继续做好来沪家政从业人员灵活就业证明办理工作。

四、重点培育新业态和新模式

聚焦与投资、贸易、流通相关的各类新技术、新业态、新模式，加快培育新的增长点。

大力发展平台经济。推进大宗商品、消费品及现代物流等领域的平台经济发展。进一步完善发展环境，探索制度创新和突破性机制，抓紧研究出台有针对性的支持政策，在新业态、新模式较为集中的重点区域建立联动机制，认定一批平台经济重点企业。实施"贸易倍增计划"，在自贸试验区内建设一批面向国际、服务国内的大宗商品现货交易平台。充分发挥现代服务业综合试点项目的示范引领作用，围绕钢铁、有色金属、化工、石油天然气等国内需求较大、上海具备优势的行业和领域，建设一批整合资源、集成服务、辐射全国、连通国际的大宗商品交易和资源配置平台，积极打造一批万亿元级平台。

加快发展电子商务。持续推进国家电子商务示范城市、示范基地和示范企业创建工作，召开电子商务发展联席会议，深化电子商务政策机制创新。推进电子商务标准化建设，发布实施《电子商务服务平台入驻商户管理规范》，制定《电子商务服务平台售后服务管理规范》。不断完善电子商务发展综合环境，深入推进电子发票试点，探索突破"企业报销凭证”限制，扩大应用企业数量和领域。提升电子商务扶持资金、统计监测、行业标准、电子合同、人才服务等配套服务能力。不断扩大电子商务的创新应用，大力支持大宗商品、网络购物、跨境贸易、旅游等领域电子商务发展，搭建面向中小型农业企业的第三方农产品网上交易与冷链物流服务平台。支持有条件的区县开展社区生活性服务业电子商务应用试点，建设家政服务电子商务平台。加大对大数据应用、移动互联网、互联网金融等新技术、新业态、新领域的创新型电子商务企业招商引资力度，培育龙头企业。

大力推动跨境电子商务发展。支持跨境电子商务公共服务平台建设，实现对外贸易全流程和全过程的无纸化。探索推进 B2B2C 的海外仓电子商务出口模式，扩大电子商务出口规模。按照“政府推动、企业参与、市场运作”的共建机制，筹划设立跨境电子商务示范园区。

五、着力完善市场体系建设

强化顶层设计，按照统一开放、竞争有序的目标，培育和发展以商品市场、生产要素市场、专业性服务市场为重点的现代市场体系。

强化商品市场体系建设。进一步贯彻国家与本市有关贸易流通体制改革的文件精神，明确商品市场的发展目标和主要任务，完善大宗商品、消费品和农产品等重点市场的空间布局，加快培育市场主体，健全市场功能，优化市场结构，提升金融、物流、信息等服务能力，打造国际性或区域性的商品交易中心和市场，努力构建与国际贸易中心相匹配的开放式、综合性、强辐射以及内外贸一体化的商品市场体系。

完善食用农产品市场体系。抓紧落实《上海市食用农产品批发和零售市场发展规划(2013—2020 年)》，研究制订实施意见。出台《上海市食用农产品市场管理办法》和《食用农产品安全信息追溯管理办法》。修订《上海市酒类商品产销管理条例》。落实公益性要求，整合食用农产品批发市场，支持重点食用农产品批发市场升级改造。总结推广产销对接、市外基地、平价菜专柜、自助售菜等有效模式和经验，保障全市主副食品市场供应和价格基本稳定。研究加强菜市场转型升级，开展菜市场环境专项整治，推进菜市场公司化、团队化经营，培育一批经营主副食品品牌企业。完成 2014 年市政府实事项目，建设活禽、冷鲜禽追溯系统，整合已建成的各类追溯系统。试点推进酒类流通追溯体系建设，搭建酒类流通信息平台。做好禽流感防控和冷鲜禽供应工作。

加强市场秩序建设。加强市场运行监测分析和行业统计，成立“上海大宗商品市场发展联盟”。完善大宗商品市场监测体系，编制和发布金属、能源、化工领域的价格指数、景气指数和风险指数。召开全市打击侵犯知识产权和制售假冒伪劣商品工作领导小组会议,开展整顿规范市场经济秩序系列专项行动。加强单用途商业预付卡管理和药品流通行业管理。推进商务诚信建设,建立信用记录征集制度和商务诚信电子档案,开展企业商务诚信等级评定试点。完善市场信息服务体系,深入开展中小商贸流通企业服务体系建设试点和“中小商贸流通企业服务年”活动,做好信息咨询、创业辅导、市场开拓、企业融资等各项服务工作。

第二篇 生活性服务业[1]

① 生活性服务业是直接满足人民群众物质文化生活需要的各类服务业的总称，是现代服务业的重要内容，涉及生活的各个方面，主要包括满足人民群众物质生活需要的商贸服务业，满足人民群众安居乐业需要的健康、家庭、养老、法律、房地产等服务业，满足人民群众提高生活品质需要的文化、旅游、体育等服务业，还有满足人民群众日常生活需要的大众化、必备的、高频次交易的如餐饮、家政、美容美发、婚庆、维修等其他生活服务业。

第五章 商贸服务业

第一节 零售业发展态势

2013 年,国内经济增长有所放缓、消费增长动力不足,零售业增速有所回落。上海零售市场限额以上消费品零售额达到 5401.29 亿元,比上年增长 6.9%,增速比上年回落 1 个百分点。面对错综复杂的国内外环境,上海零售企业加快调整转型,积极探索创新发展。

一、大型综合超市[①]

2013 年,上海大型综合超市实现销售额 1 051.6 亿元,比上年增长 6.8%。其中上海市内零售额为 412.8 亿元,比上年增长 3.2%。截至 2013 年末,全市共有大型综合超市门店 207 家,比上年末增长 4.6%。2013 年大型综合超市发展主要呈现四大特点:

1. 国内主要超市品牌加速进驻上海市场

2013 年,以华润万家、永辉超市为代表的国内主要大型综合超市连锁品牌加快布局上海市场,加剧了本地市场的竞争度。2013 年 8 月,华润万家母公司华润创业宣布,旗下华润万家超市与英国零售商 Tesco 签订“谅解备忘录”,双方将组建一家合资企业,在中国内地、香港特区及澳门特区经营大卖场、超级市场、便利店、现购自运及酒类专卖店业务,同时,Tesco 在内地的上百家“乐购”门店将统一更名为“华润万家”。其中,沪上 Tesco 门店共 25 家,更名后华润万家超市将正式进驻上海市场。2013 年底,主打生鲜品类的永辉超市成功在沪开出两家门店,完成了其对一线城市的覆盖。同时,永辉超市也联手上海蔬菜集团合作实施农改超项目,预计 2014 年将取得 5～8 家菜场网点,并力争在 2015 年底前,扩大至 100 家,从而实现其对上海市场的广泛覆盖。

① 数据来源:上海连锁经营协会。

2. 强化经营模式和品类调整

受电商冲击和租金成本上涨影响,2013 年,本市大型综合超市加快对经营模式和品类的调整。2013 年,麦德龙正式宣布向中国个人消费者全面开放,改变了其在欧洲市场上主要面向企业的经营模式,并持续扩大现购自运业务,以吸引更多消费者到店采购。同时,麦德龙也明确将采取租赁与自建相结合的方式,来增加企业利润、实现门店扩张。2013 年6 月,乐购环球港店全新开业,该店大幅提升生鲜产品的比重至30%,拟通过生鲜产品的销售带动其他品类增长,进一步吸引更多客流到店消费。

3. 加快布局线上渠道

2013 年,大型综合超市企业积极发展线上渠道,力争通过全渠道发展提升企业的核心竞争力。年内,以大润发、Tesco、沃尔玛山姆会员店为代表的传统综超纷纷进军网络零售,以自营、并购、合作等方式组建了各自的线上平台。2013 年 11 月,大润发与全球电商平台 Uitox 组建飞牛网,并在上海建设了独立的仓储中心(约4 万多平方米),保障了其线上业务的有序开展。

二、超市①

2013 年,上海标准超市实现销售额 251.0 亿元,比上年减少 1.2%。其中上海市内零售额为 143.8 亿元,比上年减少 4.8%。2013 年末,全市共有标准超市门店 2 414 家,比上年末减少 3.6%。2013 年超市发展主要呈现三大特点:

1. 标准超市加速调整转型

2013 年,面对电商冲击、租金成本上升、行业间竞争加剧等不利因素,本市多家标准超市企业加速调整转型,采取收缩网点、转型发展等方式积极应对,取得了初步成效。一方面,联华新标超、农工商超市、家得利等传统标超积极整合已有业务,通过关闭选址相近、经营欠佳的门店等方式减少企业亏损,逐步提升集团盈利。另一方面,捷强、屈臣氏等标准超市根据自身发展优势和目标群体特征,强化烟酒、个人用品等商品经营优势,并加大对市内网点的覆盖,为企业未来发展打下良好基础。

2. 精品超市蓬勃兴起

近年来,随着上海中高端消费群体规模日益扩大、居民对食品安全认知度不断提升,以高端化、个性化、体验化为特色的精品超市在沪蓬勃兴起,成为行业发展新亮点。2013 年,久光鲜品馆、Ole' 精品超市、Life by City'super 等相继在尚嘉中心、静安嘉里中心、

---

① 数据来源:上海连锁经营协会。

IAPM 开业，凭借多样化的进口商品、全球甄选的生鲜食品、本地特色产品等吸引了众多消费者关注，取得了良好的销售业绩。2014 年上半年，Life by city' super 来福士店、新世纪食品城世博源店也即将开业，预计将大幅提升标准超市的行业盈利能力，加速本市标准超市转型升级。

3. 标准超市扩张线上业务

2013 年，本市标准超市积极探索线上渠道，依托自身供应链、网点和服务等优势，不断加码生鲜宅配、快消品配送等业务，推动"线上线下"业务协同发展。2013 年 7 月，联华超市旗下电商平台——"联华易购"正式上线，经营食品饮料、生鲜食品、母婴产品、美容化妆、个人清洁、家庭护理等近 2 万种商品，并在沪推出生鲜宅配、2 小时快捷送、实物团购、蔬菜定制、购买电影票和手机充值等服务，初步形成了"民生商品一站式网购"的新布局。此外，屈臣氏超市也上线了官网商城，使其线上电商平台与线下实体店双线并行，同步扩张。

三、便利店[①]

2013 年，上海便利店实现销售额 110.0 亿元，比上年增长 6.6%。其中上海市内零售额 85.2 亿元，比上年增长 10%。2013 年末，全市共有便利店门店 4 889 家，比上年末减少 7.9%。2013 年便利店发展主要呈现三大特点：

1. 经营结构调整力度加大

2013 年，本市便利店加快经营调整步伐，通过收缩网点和门店升级等形式，逐步改善企业的经营状况。以联华快客为例，2013 年，联华快客累计关闭业绩欠佳的普通门店 60 余家，同时新增高端门店 30 余家，其中高端门店销售情况较好，毛利率较高，推高了联华快客的整体业绩，使其全年销售增长达到 30% 以上。

2. 谋求差异化发展

2013 年，面对行业内部竞争和成本上涨，本市便利店进一步谋求差异化发展，通过试水主题便利店、轨道交通便利店、园区便利店等模式，与传统便利店形成错位竞争，提升了企业的盈利空间。2013 年下半年，罗森在中心城区和部分旅游景区开设多家动漫主题便利店，如火影忍者、轻松小熊主题店等，吸引了大量年轻消费群体。全家便利店不断增加在轨交站点、商务区和产业园区内的网点分布，以适应新兴商务区、产业园区的服务配套需求。

---

① 数据来源：上海连锁经营协会。

3. 增值业务日趋多元化

为提升单店盈利、锁定目标客群,便利店精耕增值类服务,经营业务日趋多元化。一是开展生活便利性服务,包括代收代发快递寄存、全面开展公用事业费代收业务、信用卡自助还款、家电预约回收等。二是增加餐饮供应,包括自有品牌早餐、中餐、晚餐以及居家养老的餐饮服务等。三是发展电子商务配套服务,包括“网订店取”、“店取电付”等。2013 年上半年,农工商集团联合淘宝、京东、顺丰速运等电商、物流企业,在全市 3 000 多家“好德”、“可的”便利店、伍缘折扣店网点开展“网订店取”业务。百联集团旗下 300 家快客门店也开通了“网订店取”、“店取电付”等 O2O 业务。

四、百货店①

根据上海市商业信息中心对全市 54 家重点百货店的销售监测显示,2013 年全市 54 家百货店实现零售额 309. 93 亿元,比上年增长 0. 2% ,增速低于全国 100 强百货企业平均增速(3. 4%),但比上年提升 1. 3 个百分点,扭转了 2012 年负增长的局面,百货店销售逐步企稳回升(表 5. 1、5. 2)。2013 年上海百货店发展主要呈现三大特点:

1. 积极探索转型升级

2013 年,上海百货店面对经济增长趋缓、电子商务冲击、租金及人力成本上涨等不利因素,积极探索转型升级,在经营定位、租赁方式、销售渠道等方面勇于尝试,取得初步成效。一是经营定位调整升级。针对电商分流年轻化消费的现状,部分百货店开始对经营品牌和定位作出调整和升级。2013 年,百盛集团将旗下上海首家门店——淮海店的主力消费群体重新定位于 30 岁以上的女性顾客,并围绕该群体的消费需求和习惯进行了大范围的装修和品牌调整,改善了门店的销售情况;东方商厦南京东路店加大对“轻奢”品牌的引进力度,提升了商场定位。二是由“租”转“主”提升主动权。为应对租金成本大幅上涨,有实力的百货企业开始尝试购买商业地产,由承租方向出租方转变,以实现成本节约和租金收入的双赢。2013 年 4 月,香港新世界百货集团成功收购上海泓鑫时尚广场,为其在沪的第十二家分店——天山店购得产权。三是加速网络渠道布局。2013 年,上海百货店加速线上布局,力求通过自建官方商城、借助第三方平台等形式打通线上渠道,形成全渠道发展的新模式。2013 年 9 月,上海新世界城网上商城正式上线,有效整合了线上线下资源,扩展了企业的服务半径。

① 数据来源:上海市商业信息中心。

2. 营销活动积极创新

一是尝试新型营销模式。2013年4月的一天,第一八佰伴以“闭店销售”的方式,针对内部员工开展促销活动,当日共接待内部员工、VIP顾客等约7.5万人次,销售额达到1.1亿元。二是融合新兴技术集聚客流。2013年上海购物节期间,上海新世界城引进国内首款3D试衣镜,利用科技手段,将镜中存储的服装数据与实体捕捉的人像相结合,实现不用试穿即可观看模拟穿戴后的3D试衣效果,吸引了不少客流。三是试水O2O营销。2013年11月,上海太平洋百货举行20周年庆活动,与大众点评网、美团网等线上平台合作推出8万张团购券,有效引导线上顾客回流,促进消费。

3. 郊区百货增速领先

随着郊区人口大量导入、基础设施建设日益完善,郊区商业迎来快速发展的新阶段,为郊区百货提供了更大的发展空间,同时也为全市百货业增长注入新动力。据上海市商业信息中心监测数据显示,2013年,郊区百货零售额比上年增长10.3%,高于城区百货11.5个百分点,差距较上年扩大2.4个百分点(表5.1)。

表5.1　2013年上海百货销售20强排行(单体)

排　名	企　业　名　称	零售额/亿元
1	第一八佰伴	47.5
2	上海新世界城	36.8
3	久光百货	22.7
4	第一百货商店	18.6
5	东方商厦徐汇店	15.1
6	汇金百货徐汇店	10.9
7	置地广场商厦	9.4
8	东方商厦中环店	9.3
9	太平洋百货徐汇店	8.2
10	永安百货	7.9
11	东方商厦南京东路店	7.4
12	东方商厦奉贤店	6.8
13	上海六百	5.6
14	虹桥友谊商城	5.5
15	东方商厦青浦店	4.6

（续表）

排　名	企　业　名　称	零售额/亿元
16	浦东永安百货	4.5
17	东方商厦杨浦店	4.4
18	太平洋百货淮海店	4.0
19	黄金广场	3.9
20	东方商厦嘉定店	3.7

表 5.2　2013 年全国百货销售 20 强排行(单体)

序　号	商　场　名　称	零售额/亿元
1	杭州大厦购物城	60.5
2	苏州美罗商城	52.7
3	上海第一八佰伴	47.5
4	武汉广场管理有限公司	38.6
5	南京金鹰国际购物中心	36.9
6	上海新世界城	36.8
7	南京中央商场	34.2
8	石家庄市新百广场	33.4
9	南京新街口百货商店	32.5
10	杭州银泰百货武林店	29.7
11	苏州人民商场	26.5
12	青岛永旺东泰商业有限公司	25.5
13	大连商场	25.4
14	北京王府井百货大楼	22.4
15	武汉武商集团股份有限公司世贸广场购物中心	22.3
16	杭州解百集团股份有限公司	20.9
17	兰州国芳百货购物广场有限责任公司	20.1
18	北京新燕莎铜锣湾商业有限公司	19.3
19	天津一商发展有限公司友谊商厦	18.8
20	昆山商厦	18.8

五、购物中心[①]

2013 年,上海购物中心发展态势良好,销售额稳步上升,新开购物中心数量和规模全国领先。据上海市商业信息中心和上海购物中心协会监测数据显示,2013 年,全市 97 家购物中心总销售规模达 920.63 亿元,比上年增长 7.6%,增速较上年提高 0.2 个百分点。2013 年,上海购物中心发展主要呈现五大特点:

1. 新开购物中心数量规模全国领先

2013 年,上海共新开购物中心 16 家,累计开业门店突破 110 家,发展速度呈现"两个第一"。一是新开购物中心数量全国第一。2013 年,全国范围内包括北京、上海、广州等 20 个主要商业城市共计开业购物中心约 150 家,上海以 16 家居首。二是新开购物中心规模全国第一。据推算,全国新开业购物中心平均面积约 8 万平方米,上海达到 19 万平方米,是全国平均数的 2.4 倍。

2. 新开购物中心特色鲜明

2013 年,以尚嘉中心、K11、月星环球港、IAPM 等为代表的购物中心陆续在沪开业,形成一批特色鲜明、主题性强的购物中心,加速了全市商业转型升级的步伐。K11 购物艺术中心依托"艺术、人文、自然"三大核心元素,将商业零售与艺术欣赏、人文体验、自然环保相结合,形成独特的消费购物体验。IAPM 率先引入"夜间消费购物"理念,为沪上繁忙的白领群体和"夜游族"提供不限时段的全新购物体验。尚嘉中心依托 LVMH 集团雄厚的品牌基础,开设众多世界一线时尚、珠宝、家居品牌直营店,打造"奢华于心、品位生活"的高端购物中心。月星环球港以欧式建筑风格为载体,设置 4D 电影院、博物馆、美术馆、公共演艺空间的文化专区,实现商业、旅游、文化三位一体。

3. 体验式消费渐成主流

2013 年,全市购物中心加大对经营战略的调整力度,在科技应用、营销创新和业态调整等方面进行突破,使体验式消费成为购物中心的新潮流。凯德龙之梦虹口店推出"凯德未来商店 X STORE",利用 MOS(Mall Operation System,未来商场智能操作系统)帮助顾客定制个人菜单、完成游戏互动及虚拟试衣,形成"自由、智能、乐趣"的消费体验。K11 购物艺术中心自开业以来,持续在 B3 层的 chi K11 艺术空间内举办各类艺术展览,为消费者营造与众不同的视觉体验和休闲购物体验。日月光中心广场自年初以来,不断加大餐饮娱乐业态比重,由 50% 上调至 70%,更好地满足了消费者全方位的休闲消费需求,拉

---

① 数据来源:上海市商业信息中心、上海购物中心协会。

动了整体销售。

4. “双线融合”趋势显现

2013 年,随着大数据、云计算等科技应用不断深化,全市购物中心积极开辟线上渠道,通过建设网络商城、移动 APP、微店等形式,增强线上、线下商品与服务的互补性,提升购物中心的综合服务能力。2013 年,万达电商旗下“万汇网”及独立 APP 正式上线,为用户提供最新的商场活动、优惠折扣、礼品兑换等全方位资讯与服务,预计 2014 年全国所有万达广场将接入电商体系。

5. 郊区购物中心持续高速增长

2013 年,上海郊区购物中心营业收入继续保持高速增长态势,比上年增长 17.4%,增速高于中心城区 14.2 个百分点。金山、奉贤、嘉定三区排名居前,增幅超过两成。此外,五角场商圈及中环商圈近年来商业氛围日益浓郁,商圈内购物中心营收分别增长 19.0% 和 16.1%。

六、专业专卖店①

2013 年,上海连锁专业专卖店实现销售额 927.5 亿元,比上年减少 1.5%。其中,上海市内零售额为 512.2 亿元,比上年增长 7.7%。2013 年专业专卖店主要呈现三大特点:

1. 家电专业店调整加剧,逐步转向全渠道发展

2013 年,上海家电专业店实现市内零售额 165.8 亿元,比上年增长 4.4%,摆脱了上年负增长的局面,业态发展逐步向好。2013 年 3 月,万得城宣布退出中国市场,关闭本市 7 家网点,为内资企业进一步扩张提供了空间。2013 年,苏宁电器正式更名“苏宁云商”,全面转型“店商 + 电商 + 零售服务商”的发展模式,明确了以互联网零售为主体,打造全渠道经营和线上线下开放平台的“一体两翼互联网零售路线图”,同时积极拓展零售业经营范围,增加母婴、百货、图书、音像制品等品类销售,并在物流、金融、移动通信转售业务等服务领域取得迅猛发展,有效提升了品牌价值,为国内家电专业店转型发展树立了典范。

2. 医药专业店加速转型提升,销售增长强劲

2013 年,受门店扩张推动,上海医药专业店实现市内销售额 32.2 亿元,比上年增长 9.3%,其中复美大药房市内门店扩张达 30 家,增势强劲。上海医药专业店主要从两个方面加速转型提升:一是促进门店转型升级。2013 年,复美大药房宣布旗下 10 家零售药

① 数据来源:上海连锁经营协会。

店正式转型多元化经营，经营品类扩大到 8 000 余种，范围涵盖个人清洁用品、健康食品、保健品、女性护理用品、中药饮片等。新店以满足社区居民的“大健康”需求为目标，通过扩展经营品种、签约家庭药师、建立居民健康电子药历等方式深入发掘用户需求，全面提升了门店经营。二是加大新品引进力度。2013 年，第一医药商店先后引进新品近 1 700 个，新增高毛利品种 400 个多，OEM 单品数达 50 多个。同时，针对婴幼儿奶粉存在的安全问题，第一医药在上海市场上率先推出了婴幼儿奶粉专柜，形成了新的利润增长空间。

3. 书报专业店转向特色化发展，重塑文化价值

2013 年，上海书报专业店实现市内零售额 12.6 亿元，比上年增长 6.8%。面对电子商务冲击、消费者阅读习惯改变、租金成本上涨等不利因素，以新华书店为代表的实体书店积极转型，谋求特色化、多元化发展，取得初步成效。一是强化门店业态调整。2013 年 11 月，新华书店四川北路店进入闭店调整期，根据规划，1、2 楼业态将重新定位为国际书店和咖啡吧，与沪上时尚精致生活文化相契合，进一步引领都市阅读新风尚。二是推动门店升级。2013 年 11 月，新华书店主题店——Light&Salt 在外滩源正式开业，店内集书店、餐厅、酒吧与创意空间于一体，并提供印刷图书定制和私人设计等服务，使门店由传统的图书零售、阅读空间转型为文化休闲空间，为都市精英人群、广大读者提供了全新的社交活动场所。

第二节　批发业发展态势

2013 年，上海实现商品销售总额 60 496.05 亿元，比上年增长 12.5%，增速比上年回落 4.3 个百分点。其中，批发销售额 53 325.23 亿元，比上年增长 12.9%，增速比上年回落 5 个百分点，增速呈放缓态势。

一、2013 年发展概况

1. 行业总规模不断扩大

据上海市统计局初步统计，2013 年，上海批发业法人单位数量达到 9.88 万家，产业活动单位 10.25 万个，从业人员 115.96 万人。其中限额以上法人单位数量达到 5 704 家，产业活动单位 9 312 个，从业人员约 45 万人，分别比上年增长 12.4%、12.9%、16.9%。与零售业相比，2013 年，上海批发业法人单位、产业活动单位、从业人员数量分别高于零售业 1.7 倍、1.6 倍、0.9 倍。

2. 各行业全面增长

2013 年,上海批发业限额以上法人单位中,各个行业的法人单位、产业活动单位、从业人员数量实现全面增长。其中,文化、体育用品及器材批发业,医药、医疗器材批发业,纺织、服装和日用品批发业,食品、饮料及烟草批发业,农畜产品批发业快速发展,法人单位、产业活动单位和从业人员均实现两位数增长;贸易经纪与代理业,机械设备、五金交电及电子产品批发业法人单位、产业活动单位和从业人员均实现平稳增长。

3. 批发业税收贡献度增加

2013 年,上海批发业保持了在三次产业各行业中税收规模第一的优势,全年实现税收 1 823.7 亿元,比上年增长 12.5%,增速比上年提高 5.9 个百分点。全年新增税收 167.48 亿元,对全市和第三产业税收增长的贡献率分别达到 32.6%、27.4%,占全市和第三产业税收增长的比重分别达到 16.7%、30.3%。

4. 工业消费品批发增速领先

2013 年,限额以上商品批发销售中,工业消费品增速为 14.8%,分别领先于生产资料、主副食品 6.6 个、12.2 个百分点。同期,工业消费品对商品批发销售增长的贡献率达到 55.5%,超过生产资料、主副食品增长的贡献率,显示本市消费市场逐渐向好。

5. 新兴交易模式逐步兴起

近年来,集"多方信息、多方需求、多方交易、多方服务"为一体的平台型企业在沪发展迅猛,以钢铁、汽车、石化、煤炭、五金等大宗商品为主的交易平台逐渐壮大,成为全市批发销售的主要渠道之一。2013 年,全市实现电子商务交易额 10 560 亿元,比上年增长 35.1%,其中 B2B 交易占 81.7%,占有绝对优势。

二、2014 年发展展望

2014 年,在众多积极举措的推动下,上海批发业有望进入新一轮快速增长的机遇期。一是上海将继续以自贸试验区建设、上海国际贸易中心建设为契机,全力推进修订自贸试验区负面清单、探索进一步扩大开放、完善境外投资备案管理、拓展贸易功能等重点工作,并实施"贸易倍增计划",努力打造大宗商品交易平台、国际贸易中心公共平台等服务体系,重点培育具有市场影响力的大型贸易集团公司,加快推动大宗商品现代化流通体系建设。二是上海将加快推动电子商务等新技术手段在批发贸易中的应用,鼓励交易市场积极创新经营模式,不断扩大上海在长三角地区及全国、全球的贸易辐射力和影响力。三是上海将逐步完善大宗商品、消费品和农产品等重点市场的空间布局,完善食用农产品市场体系,并大力发展现代物流等配套产业,从而推动市场体系建设进一步提质,实现商品市场、生产要素市场、专业性服务市场的有序竞争和良性发展。

第三节　餐饮业发展态势

2013 年,上海实现限额以上餐饮业营业额 484.6 亿元,比上年增长 1.0%,增幅比上年回落 2.4 个百分点。

一、2013 年发展概况

1. 餐饮业全年营收"前低后高",下半年消费回暖

2013 年,受"三公"消费限制、H7N9 禽流感、假羊肉事件等影响,上海餐饮消费有所回落,行业占比、贡献率有所下滑,但下半年餐饮消费逐步回暖,拉动全年餐饮业营收实现低位增长。据上海市统计局对限额以上餐饮企业营业收入统计,2013 年 1～6 月,餐饮业单月营收均呈现负增长,累计降幅为 0.8%,7 月份市场开始逐渐回暖,8 月、10 月、11 月增幅分别达到 4.3%、3.9% 和 4.6%,全年累计增长率达到 1.0%,较上半年高出 1.8 个百分点。

2. 高端餐饮逐步减少,大众餐饮成为主流

2013 年,上海宾馆餐饮大幅下降,但大众餐饮依旧红火,成为市场消费的主流。据上海市商业信息中心对本市重点餐饮企业抽样监测,2013 年,宾馆餐饮营业额同比降幅最大,达到 11.3%。在高端餐饮遭受冲击的同时,大众餐饮依旧保持高人气。

3. 团购市场持续发展,O2O 快速兴起

2013 年,上海团购市场更为成熟,在线预订、在线支付等 O2O 服务模式快速兴起。据团 800 数据显示,2013 年,上海团购市场成交额累计达到 25.8 亿元,同比增长 43.7%,部分月份单月团购市场的交易规模更是突破 3 亿元。其中餐饮美食的交易规模不断扩大,占全部团购交易额中的比重从上年的 48.9% 上升为 58.9%,增幅明显。2013 年,上海餐饮企业加快试水 O2O,通过入驻第三方平台、开通微信公号、建设移动 APP 等,实现了移动终端的一站式查询、订位、点餐及支付服务,有效带动了门店的消费增长。

4. 餐饮对购物中心的贡献度不断提高,差异化发展趋势逐渐显现

2013 年,上海市商业信息中心重点监测的购物中心中,餐饮业营业收入占总营收的比重达到 19.9%,较上年增长 1 个百分点;餐饮业营业额比上年增长 11.9%,增长贡献率高达 36.0%。为适应不同购物中心的定位,部分餐饮企业推出了不同等级的门店,试图

通过差异化的产品和服务，更好地聚焦消费需求，提高市场占有率。2013 年，外婆家集团将旗下高端品牌"金牌外婆家"正式引入上海市场，入驻国际金融中心和 IAPM 购物中心，以精致的菜肴和优质的服务，抢占中高端餐饮市场。

5. 食品安全监管力度加大，刷卡费率实现下调

2013 年，上海市相关部门加大了对食品安全的监管力度，并调整了部分税率，为餐饮业健康发展打下了良好基础。2013 年，市食药局发布了《餐饮服务单位食品安全管理指导原则》、《调理肉制品和调理水产品》等食品安全地方标准，开展了《冷鲜鸡加工卫生规范》、《现制冷冻饮品》等紧急立项建议的审查，保障了上海市消费者的饮食安全。同时，自 2013 年 2 月起，上海市餐饮业的刷卡费率已由 2% 下降至 1. 25%，在一定程度上减轻了餐饮企业的负担，助力行业转型升级。

二、2014 年发展展望

2014 年，上海餐饮业将加大结构调整和转型升级，更好地满足本市居民日益增长的餐饮消费需求。一是大力发展大众化餐饮，通过调动社会资本积极性、丰富大众化餐饮产品、增加服务网点、提高大众化供应能力、发展健康餐饮、优化餐饮服务、强化餐饮服务安全等，加快餐饮业转型。二是创新服务模式，进一步促进实体店与互联网、移动通信以及微博、微信等社交媒体的合作，发展线上预订、营销、团购、外卖、餐厅索引和评价服务，并开发移动支付功能，加强线下与快递公司的合作，完善售后服务与在线服务模式，实现企业经营的网络化。三是加强食品安全监管，通过在本市餐饮企业内安装可追溯设备等方式，建立餐饮企业的食品可追溯体系，并建立惩罚机制，更好地保障消费者权益。

第六章　其他生活性服务业

一、养老服务业发展态势

随着经济社会发展及工业化、城市化水平的提高，城市社会化大生产的生产方式和工业社会导致家庭结构和功能、人们社会经济关系和价值观念等发生深刻变化，包括养老事业在内的社会福利事业出现了社会化的需求，各种社会化养老服务机构、设施和社区养老服务组织应运而生，社会化养老规模由小到大，逐渐成为家庭自我照顾养老模式的重要补充。

（一）2013 年发展概况

上海已基本形成了“9073”的养老服务格局，即全市 60 岁及以上户籍老年人中，90% 为家庭自我照顾，7% 接受社区居家养老服务，3% 入住机构养老。2013 年，全市共新增 5 155 张养老床位，新建 25 家老年人日间服务中心，新设 41 个社区老年人助餐服务点；共为 28.2 万名老年人提供了社区居家养老服务，为 6 万多名老年人提供了助餐服务，为 10 万名高龄独居老人提供家庭互助服务和为 1 000 个低保困难老年人提供居室适老改造服务，同时还新建 100 家、改建 200 家社区标准化老年活动室，在 40 个社区开展了老年宜居社区建设试点。

（二）2014 年发展重点

2014 年，上海将从深度老龄化的实际出发，充分发挥政府保障基本养老服务需求的主导性作用、市场配置养老服务资源的决定性作用和家庭养老的基础性作用，推动构建服务供给、社会保障、政策支撑、需求评估、行业监管等“五位一体”的社会养老服务体系。重点围绕以下六方面发展：一是全面落实本市发展养老服务业的实施意见。加快制订全市层面养老设施布局专项规划，并推动区县规划，确保养老机构设施在街镇层面落地；推动《上海市养老机构条例》出台，开展《上海市老年人权益保障条例》修订，进一步完善老年人优待政策。二是落实市政府养老实事项目。年内将新增5 000张养老床位，为29万老年人提供社区居家养老服务，新建20家老年人日间服务中心，新设40个社区老年人助餐服务点，为15万名高龄独居老年人提供家庭互助服务，新建、改建300家老年活动室；开展“老年宜居社区”建设。在40个宜居社区试点基础上，进一步梳理为社区老年人服务的需求、项目、设施、队伍、机制等五项清单，建立科技助老信息平台。继续加强社区各类养老服务和文化体育设施建设，积极实施“喘息式服务”、适老性改造、家庭成员护理培训等，为家庭照料提供支撑。三是加强养老机构建设和分类管理。探索建立统一的养老需求评估体系，建立基本养老服务第三方评估机制；完善养老服务政策机制，逐步完善“补需方”的补贴机制，提高居家养老服务补贴标准。四是建立激发各类主体活力的养老产业市场机制。进一步完善土地、税费、金融等政策措施，鼓励和引导民间资本参与养老产业运作；健全养老服务专业队伍稳定激励机制，逐步健全养老服务行业相对合理的薪酬体制和动态调整机制，加强养老服务行业人才培养。

二、家庭服务业发展态势

伴随着上海经济社会快速发展，居民生活水平日益提高，家庭服务业迅速崛起。家庭小型化、人口老龄化、生活现代化和服务社会化趋势明显，广大居民对家政服务的需求日益增加，特别是普通保姆、母婴护理、病患陪护、养老服务等逐渐成为家政服务需求的重点，高端需求的“专家管理型”家政服务（高级管家、家庭理财等）初露端倪。

（一）2013年发展概况

截至2013年底，上海市在工商、民政、人力资源和社会保障部门注册登记的家政服务机构共2 392家，其中实际经营的机构726家（仅占30%），企业关停现象频发。正常经营的机构中，民政工商登记485家、人力资源和社会保障局登记39家，其余61家为社区公益组织，服务资源的布局相对分散。从经营年限看，从业5年以上的机构占56%，不足2年的占20%，服务供给的新生力量充沛。从经营规模看，绝大多数服务网点规模较小，69%网点的经营面积低于40平方米。从管理模式看，多数机构采取中介制，通过管理软件对从业人员进行数字化管理，员工制企业占比低。

据不完全统计，截至2013年底，全市通过各正规家政服务机构登记在册的家政服务从业人员共26余万人，实际在岗的家政服务人员12.7万人（不包括非正规登记家政机构从业人员，也不包括自由择业的家政服务人员），行业从业者的流动性较强。从业人员中，女性占绝对多数，主要集中在30～50岁之间，文化水平整体较低，以初中学历为主，文盲率占 7%。从业者中持有健康证的占 56.4%,持有执业证的占 33.1%,从业资质管理欠缺规范。服务项目上,主要以保洁洗衣做饭等常规操持家务为主。雇佣方式上,钟点小时工居多,占 59%,全日制工占 13%。收入方面整体不高,月入 3 000~5 000 元的比重过半,超过 5 000 元的占 11%。社会保障方面,仅 15% 的从业者拥有社会保险。

自 2011 年起,商务部开展家政工程,上海市政府 2012 年、2013 年连续两年将家政工程纳入市政府实事工程,累计培训 4.3 万家政从业人员,培育了巾帼园、云家政、捷邻等龙头企业,并建立了上海家政服务网络中心,开设了 962512"上海家政热线"。

(二) 2014 年发展重点

2014 年,上海将进一步规范家庭服务业市场,积极培育各类市场主体,形成多层次、多形式共同发展的家庭服务市场格局,为居民提供规范、安全、便利的家庭服务,实现市场供给与需求的基本平衡。重点围绕以下四方面发展:一是加快提升产业化水平。重点培育龙头企业,打造一批具有服务特色和品牌影响力的知名家政企业;鼓励中小企业深耕细分市场,提供灵活、多元的服务,打造特色品牌服务项目与衍生产品;加快服务市场对内对外开放,鼓励多元主体参与家政服务业发展。二是大力提高职业化水平。加强校企合作,推动高校和职业学校开设家政教育专业,提高职业教育的针对行和有效性,将家政服务专业人才培养和经营管理人才培育纳入正规教育体系;加强从业人员职业培训,建立培训机构选择和认定机制,建立专业技能培训站和示范性培训基地,有效组织开展和开发培训项目。推进职业技能鉴定工作。制(修)订职业技能标准,开展从业人员专项能力考核和职业技能鉴定。搭建就业创业平台,为有意愿从事生活性服务行业的经营管理人才、自主创业型人才和技能型人才搭建就业创业公共服务平台。三是加快推广信息化应用。完善全市家政信息服务与共享网络,免费提供家政服务信息,健全企业、从业人员和家庭用户档案,提高信息服务能力,实现资源共享共用;建立统一的公益性信息服务平台,构建家政行业大数据系统;依托平台整合各类家政服务资源,实现家政服务中供需对接、人员调配、标准制定等方面的信息化管理;鼓励家政服务机构利用各类互联网平台和移动互联网手机 APP 应用,拓展线上线下结合新型服务模式。四是积极推动便利化发展。在推动建设家政服务网络中心、培育家政服务企业的基础上,加快布局示范性家政服务站;突出以家庭为核心,着力发展居家养老服务,规范发展婴幼儿服务,鼓励发展家庭理财、咨询服务,满足多元化、个性化的家庭服务需求;将家政服务站点纳入社区服务体系建设之中,鼓励在社区建设生活综合服务中心,整合服务资源,创新服务模式,丰富服务内容;鼓励大型家政服务企业和其他社会力量运用连锁经营等方式设立便民服务站点。

三、文化产业发展态势[①]

2013年,上海文化产业实现稳步增长,产业总体规模持续扩大,产业增速略有放缓,产业结构逐步优化,文化贸易继续保持增长和顺差,文化产业已成为引领和支撑上海新一轮发展的重要增长点。

(一) 2013年发展概况

1. 以创新为引领,增强产业发展活力

2013年,上海文化产业紧抓中国(上海)自由贸易试验区建设和深化国有资产管理体制改革的契机,聚焦重点文化领域开放发展,盘活国有文化资产和发挥国有资本主导作用,完善文化产业的财政、税收等政策扶持体系,进一步推进文化产业在政策创新方面的研究和探索。一是借力自贸试验区建设,勇当文化开放改革排头兵。上海文化产业借助自贸试验区建设的重大历史机遇,以开放谋共赢,以改革促发展,推动文化产业跨越式发展。结合自贸试验区实行负面清单创新管理体制的基础上,进一步扩大开放,成功推动外商独资演出经纪机构、外商独资娱乐场所、外资企业从事游戏游艺设备的生产和销售等三项文化领域扩大开放政策在自贸试验区内的实施落地。二是深化体制机制改革,优化文化国有资产管理。上海在宏观层面上,持续激发国有文化企业发展活力,发挥文化领域国有资本主导作用,继续深化体制和机制改革。2013年10月,解放日报报业集团和文汇新民联合报业集团整合重组,成立上海报业集团,汇集众多优质国有资源。三是加强资金扶持力度,推进营改增政策试点。2013年,上海出台和完善了一系列资金、财税等政策举措,通过财政资金的扶持撬动社会资本的投入,极大地推动上海文化企业特别是中小企业的发展。

2. 重大项目引领,提升产业发展能级

上海在推进文化产业发展过程中,主动对接国家文化产业战略布局,依照城市发展规划,以国家产业示范基地、重点发展区域和重大发展项目、产业公共服务平台、文化产业园区和重大文化设施建设为引领,提升全市文化产业的发展能级和辐射效应。一是推动国家文化产业基地项目建设。为推动上海文化产业在国家战略层面发挥更大作用,上海大力推进"部市合作",先后推动国家数字出版基地等功能定位明晰的国家级产业基地稳步发展。二是实施重点区域重大项目带动战略。上海以世博区域、上海国际旅游度假

① 资料来源:《2013:上海文化产业发展报告》。

区、徐汇滨江、虹桥商务区、临港新城等重点区域开发为契机，大力推动后世博场馆、迪士尼乐园、东方梦工厂、中国博览会会展综合体等一批重点项目建设。三是加强文化产业公共服务平台建设。上海高度重视文化产业建设中的“平台支点”作用，2013 年加快推进 70 余项文化产业平台项目建设，依托“市区联动”推进机制，一批功能性定位明确的服务平台应运而生，覆盖了上海文化产业的主要领域。四是加快市级文化产业园区能级提升。为提高上海文化产业规模化、集约化、专业化水平，上海依托“市区联动”，从产业和城市“双转型”的战略要求出发，推动市中心区、中心边缘区、近郊区和远郊区的文化产业园区实现梯度转移、特色发展。

3. 促进跨界融合，推进产业联动发展

2013 年，跨界融合已成为全球文化产业发展的新潮流。上海结合国际大都市的产业转型特色，以科技为支撑，以金融为纽带，加快文化与旅游、文化与教育、文化与体育跨界融合，积极实践上海产业结构和城市功能的双转型。一是利用科技手段，发展文化新兴产业。上海坚持实施科技带动战略，完善市级文化科技融合联席会议制度，落实《上海推进文化和科技融合发展行动计划（2012—2015）》，加快张江国家自主创新示范区发展，以科技为驱动，在三网融合、下一代广播电视网、数字付费电视、宽频网络电视、IPTV 等领域，推进文化新兴产业加速发展。二是发挥金融资本作用，助力产业布局发展。金融资本的有效注入为推动上海文化产业发展提供强劲动力。2013 年，我国文化传媒行业并购交易异常活跃，传媒类龙头企业通过并购、兼并等资本运作方式，实现对低成长性行业整合、高成长性行业布局的发展战略，上海龙头文化企业也积极参与其中。三是推进文化与旅游融合发展。上海贯彻《上海文化与旅游合作发展三年行动计划》，推出首批经典上海十大文化主题之旅，覆盖上海百个知名文化场馆以及旅游景点，全面体现了上海传统与时尚、民族与世界融合的文化旅游特色。依托文化产业园区、剧场、艺术馆、展览馆、特色建筑等重要地标，整合艺术、民俗、宗教、美食等特色资源，创新推出海派文化与都市旅游结合的产品与服务，刺激文化旅游市场需求。四是加强文化与体育融合发展。上海成功举办了世界游泳锦标赛、国际田联钻石联赛、ATP 网球大师赛、F1 等一系列国际性体育赛事，推动了媒体、广告、娱乐等文化业态与体育的融合发展。文化设施、体育设施相互联动、共同使用的趋势也越发明显。

4. 丰富文化产品生产，扩大文化消费市场

2013 年，上海文化产业为活跃的文化消费市场提供了大量的产品和服务，由上海文化企业和机构生产的文化“新品、优品、精品”迭出，显示了上海文化产业提供产品和服务的水平不断提高。一是文化产品市场进一步活跃。上海文化产品创作总量继续攀升，精品佳作不断涌现。优秀的文艺作品既为影视、动漫、艺术领域等提供了丰富的内容，也扩

大了上海文化影响力。二是多层次文化消费市场稳步发展。上海通过加强面向大众的多层次、多品种文化消费产品和服务的生产供给，鼓励文化影视、艺术产品创作，培育大众文化消费新业态、新方式。

（二）2014 年发展重点

展望2014 年，上海文化产业将进入“十二五”发展的收官阶段，上海文化产业将向更高层次的规模化、集约化、专业化发展水平迈出新的步伐。一是围绕加快国际文化大都市建设的战略部署，巩固文化产业作为全市经济支柱性产业之一的地位，加快产业“创新驱动、转型发展”步伐。二是紧抓自贸试验区建设契机，加快国家对外文化贸易基地建设，落实自贸试验区现有文化领域扩大开放的政策，研究制定和扩大新领域开放政策，引导文化企业利用自贸试验区政策释放改革红利，提高上海文化的对外开放水平。三是深化文化体制改革，以管资本为主加强国有资产监管，完善国有文化企业现代企业制度，发展混合所有制经济。四是结合国际大都市向集约型、智慧型、生态型发展的大趋势，优化“一轴、两河、沿海、多圈”的空间格局，形成空间生态、主要业态、集聚形态“三态统一”。五是结合城市向生态化、集约化、智能化的发展趋势，突出区县文化产业特色，推进重点区域建设。六是分类推进园区建设、提升园区能级，加快国家级产业基地重点项目建设，依托科技型园区发展文化新兴产业和培育创新企业，借力创意型园区提高市民品位和丰富市民文化生活。七是深化文化与相关产业融合发展，推动跨界合作、协同创新，以科技为支撑，以金融为纽带，大力发展新兴文化产业，加强专业人才队伍建设。八是鼓励文化贸易多元发展，推动重点项目与海内外优质资本有效对接，吸引国外高端企业集聚上海，推进国内文化资本对接国际市场、广泛参与国际竞争。九是创新文化产业扶持政策，贯彻落实国家政策，发挥市级产业扶持资金引导作用，加强资金使用和监管力度。十是完善产业研究和规划工作，加快产业统计制度建设，开展产业经济运行分析，加强重点区域、新兴业态、产业发展的研究规划，为全市实现“创新驱动、转型发展”，建设完成国际文化大都市做出应有的贡献。

四、旅游业发展态势①

2013 年，上海旅游业总体状况良好，假日旅游产品丰富，旅游市场繁荣有序。旅游市场整体上维持“一降两升”格局，旅游消费呈现大众化特点，旅游产业经济有所回调。

---

① 数据资料来源：上海市统计局《2013 年上海市旅游业发展特点》。

（一）2013年发展概况

1. 入境旅游持续低迷

近年来，欧洲、美国、日本等发达地区和国家的经济疲软开始波及发展中国家，国际旅游入境市场持续低迷。2013年，上海市接待国际旅游入境人数757.4万人次，比上年减少5.4%。其中，外国游客597.59万人次，减少5.6%；港澳同胞59.84万人次，减少5.5%；台胞99.97万人次，减少3.9%。

国际旅游外汇收入53.37亿美元，比上年下降4.4%。入境过夜旅游者在沪人均花费854.06美元，平均逗留天数为3.29天。

2. 出境旅游较快发展

随着人民币的不断升值、境外游客签证手续的不断简化，航空公司增开新的航班和航线，吸引了更多的游客出境旅游。2013年，上海市公民出境人数达686.85万人次，比上年增长25.1%。经旅行社组织出境人数达233.44万人次，比上年增长33.1%。出境旅游目的地前10位的国家和地区依次是：泰国、韩国、中国台湾和香港地区、日本、马来西亚、美国、印度尼西亚、柬埔寨、菲律宾。

3. 国内旅游增幅放缓

2013年末，上海市共有A级旅游景点88家，其中5A级景点3家，4A级景点44家。有红色旅游基地34个，其中全国红色旅游基地9个。国内旅游市场从靠高端消费、公务差旅和商务旅游拉动，逐步调整为依托常态化的国民旅游消费，大众旅游成为国内旅游市场平稳发展的基础。2013年，上海市接待国内旅游者25 990.68万人次，比上年增长3.6%。其中，外省市来沪旅游者11 368.66万人次，减少1.1%；上海本地旅游者14 622.02万人次，增长7.5%。全年实现国内旅游收入2 968亿元，减少8%。过夜旅游者在沪人均花费2 714.41元，比上年减少92.33元，在沪平均逗留天数为4.1天。

4. 旅游产业经济总量下降

受国际旅游入境市场低迷和国内旅游消费大众化的双重影响，上海市旅游产业实现经济总量下降。2013年，上海市实现旅游产业增加值1 400.8亿元，按可比价格计算，比上年下降7.3%，占全市GDP的比重为6.5%，比上年下降1个百分点；占第三产业增加值的比重为10.4%，比上年下降2个百分点。旅游产业各相关行业增加值中，旅游商业、旅游住宿和旅客运输比重居前，分别为39%、11.5%和11.1%。

5. 星级宾馆降价抢客

2013年末，上海市拥有星级宾馆271家。其中五星级宾馆60家、四星级宾馆70家、三星级宾馆99家、二星级宾馆41家、一星级宾馆1家。2013年，上海市星级宾馆平均客房出租率为59.2%,比上年上升2.3个百分点。各大星级宾馆为争夺有限客源,纷纷下调房价。全年星级宾馆实现营业收入183.94亿元,比上年增长1.7%。其中,客房收入85.78亿元,下降3.8%;餐饮收入69.02亿元,下降3%;商品收入2.94亿元,下降37.6%;其他收入26.2亿元,增长19.8%。实现利润总额12.62亿元,比上年下降7.7%。

6. 旅行社组织出境人数创新高

2013年末,上海市拥有旅行社1302家,其中具备经营出境旅游业务的旅行社46家。全年共接待境内外旅游者868.8万人次,比上年减少14.7%。经旅行社组织出境人数达到233.44万人次,比上年增长33.1%。得益于出境业务,全年上海市旅行社共实现营业收入612.43亿元,比上年增长6.6%;利润总额12.44亿元,比上年增长49.2%。46家具备经营出境旅游业务的旅行社共实现营业收入338.15亿元和利润总额12.05亿元,分别占全市旅行社相关指标的55.2%和96.9%。

(二) 2014年发展重点

2014年,上海旅游业将着力改革创新、奋发有为,打造旅游升级版,加快世界著名旅游城市建设。重点围绕以下六方面发展:一是进一步推动旅游业转型升级。全面贯彻实施《旅游法》;深化旅游业对外开放和管理创新;进一步调研制订《上海市民旅游休闲纲要》;启动"十三五"规划发展思路调研。二是进一步深化都市旅游功能。着力推进上海国际旅游度假区、佘山国家旅游度假区、世博园区等旅游重点区域、重点项目的建设;深化中国邮轮旅游发展实验区的建设;加快都市开放式景区建设;持续推进水上旅游发展;深化体旅融合发展;积极引导自驾车(房车)营地建设。三是进一步加大旅游市场开发力度。不断创新城市旅游形象推广;办好"2014年中国国际旅游交易会";办好上海旅游节等重点旅游节庆活动;加大对区县品牌旅游活动的支持;深化区域旅游合作。四是进一步加强旅游市场管理。开展旅行社专项整治行动;深化旅游诚信体系建设;抓好旅游市场安全管理;完善旅游诉调对接机制;扎实推进文明旅游工作。五是进一步完善旅游公共服务。推进上海智慧旅游的建设;建立旅游公共服务中心;加大旅游惠民力度。六是进一步优化产业发展环境。强化政策引导和资金扶持;提升旅游标准化工作;加强行业培训工作。

五、其他生活服务业发展态势

(一) 洗染业

随着经济社会快速发展和人民生活水平的不断提高,生活衣物和公用纺织品洗染需求不断扩大,洗衣业在提高人民生活质量、扩大消费、服务产业、吸纳就业等方面发挥着日益重要的作用。民营、外资、合资、个体等各类经济成分企业为上海洗染业的发展注入生机,行业品牌企业已成为排头兵。按照市府相关政策"扩内需、调结构、惠民生,创新驱动,转型发展"的要求,结合上海洗染消费市场的不断增长需求,上海洗涤网点将优化布局,适度发展,扩大洗涤消费市场,淘汰落后产能,提升行业整体素质,推动洗染业结构调整和产业升级,使上海洗染业健康、有序地发展。2014 年上海洗染业发展呈如下趋势:

1. 行业规范化发展水平不断提高

2010 年 10 月商务部颁发了《关于"十二五"期间进一步发展洗染业的指导意见》,进一步明确了在今后一个时期我国洗染业发展的指导思想和工作目标。在制度上作了明确的规定,这标志着洗染行业在法规上不断健全和完善,有利于进一步促进洗染业标准化建设,推动洗染业不断提高规范化发展水平,促使洗染业的有序快速发展。

2. 行业集约化发展,行业布局趋于合理

洗染业的发展逐步受到政府的重视,将统一纳入全市服务业发展总体规划之中,明确行业发展重点,优化洗染网点布局,逐步形成覆盖面广、结构合理、便利安全的洗染服务网络体系。在生活衣物洗涤方面应大力发展大众化、便利化(含自助式)的洗染服务,健全社区便民洗衣店(点),更好地满足中低收入群体的洗染需求。在公用纺织品洗涤方面应大力发展集中洗涤,积极推进现代化的洗涤工业园区建设和规模化的建设和发展。

3. 行业竞争力不断提升

重视发展品牌企业,提升行业竞争力,实施连锁经营、特许经营等现代经营方式将促进洗染设备改造与新技术应用步伐进一步加快。上海洗染业一方面要致力于"老字号"品牌内涵的重塑与外延的拓展,同时鼓励行业中有发展潜力竞争实力的品牌企业走向市场。目前上海已有十大优秀品牌企业,到 2015 年上海洗染业要培育、扶持、发展 20 个在上海领先的品牌企业,来满足日益增长的社会消费需求。

4. 服务领域延伸,服务更加便利化

随着奢侈品消费市场的持续升温和走高,高档皮具护理的服务项目异军突起,市场前景十分诱人。洗染业将进一步推进服务项目创新和开拓,尤其从奢侈品皮革护理、包具洗涤等专项服务延伸开发,以市场和消费者的需求就是企业发展的方向为业务定位,促进洗染业的发展。

(二) 美容美发业

美容美发产业发展迅速,经过不断变革,逐渐形成一个以美容、美发、美甲、形象设计、美体塑身、养生保健、化妆品、专业器材、教育培训、专业媒体、专业会展和市场营销等领域为主体的综合服务产业。2013 年,随着国民经济的稳步增长,美容美发行业运行总体呈平稳发展的态势。企业数量和人均营业收入均有所提高。2014 年上海美容美发行业主要发展趋势有:一是发展中医养生美容。依托中医学深厚的文化底蕴和消费者对传统中医养生理论的偏好,美容企业通过专业技术人员与中医的治疗方法相结合,借助现代科学仪器,有效地解决了许多长期困扰消费者健康的问题,使中医养生消费的前景不断看好。二是服务内容多元化。随着人们生活水平的提高,为适应快节奏的生活方式,大型企业为消费者提供多元化服务,将商务、休闲、形象设计、美容护肤、美甲、美体、生活化妆等各种项目结为一体,通过高品质细微化服务和优雅的消费环境,满足高端消费人群的需求。三是推广连锁经营模式。连锁企业具有组织、财力、人员等各方面竞争优势,通过建立标准化、规范化的门店和数据化、专业化的运营方式,为消费者提供优质服务。并通过并购和托管的方法,使连锁企业规模不断扩张,文峰、永琪、京世、美丽田园、思妍丽等已经成为沪上有影响力的企业。

(三) 沐浴业

上海沐浴行业共分为三大类,一是洗浴行业,二是足浴保健行业,三是桑拿 SPA 会所,沐浴业以民营企业为主,分布状况为市中心和市郊各占一半。2013 年,上海沐浴行业总体发展还是比较平稳,变化不大,但随着市场竞争的进一步加剧,企业面对经营的压力,将在发展战略上作出调整,2014 年上海沐浴业主要发展趋势:一是更注重服务质量的竞争。综合性浴场已由数量的扩张转向质量的竞争。大众便民浴室在市中心会逐年减少,市郊会基本维持在目前的水平。足浴具有保健养生和治疗脚病等功能,深受人民群众的欢迎。足浴保健在数量上会有所减少,连锁规模会有所发展。二是 SPA 会所稳步发展。SPA 会所是在综合性浴场的基础上转型发展的产物。SPA 会所兼有沐浴功能,也有餐饮服务,但同综合性浴场相比,它更注重休闲和保健养生功能,环境更舒适、更幽静,私密性更强,服务技师一般都经过严格培训,综合素质较高。因此,原先不少在综合性浴场消费的白领和金领群体逐步转向 SPA 会所,成为他们进行家庭朋友和商务聚会的理想场所。

(四) 家电维修服务业

2013 年,上海市家电维修服务业处于转型阶段,行业内企业经济效益分化较大,领先转型企业效益稳定,个别企业得益于销售业务和工程业务的大幅度发展,甚至有翻倍的增长,但更多小微企业包括一些大型企业基于资金业务渠道和人力所限以及转型不及时,营收和效益均处于大幅度滑坡的状况。2013 年,上海家电维修服务业整体仍处于小、散状态，但行业整合度比 2012 年略有提高，没有出现有影响力的企业并购重组事宜，小规模经营企业仍是行业的经营主体。2014 年行业发展呈现如下趋势：一是及时调整服务模式。从原来单一服务模式中转变成以修带卖、以卖促修的综合性经营，形成服务集成商的经营格局，促进一些大维修企业从单一的家电维修商向居家服务提供商转变，为消费者居家生活提供全方位、立体式的服务。二是实施服务产业化。以市场的力量，使上游的生产企业和下游的服务企业形成一种合力，以市场需求来调节生产和销售、服务之间的利益分配，打造产业资本和服务资本一体化的服务产业。更多地依靠产业资本重新诠释服务理念和服务规则，有助于促进服务商成为服务产业化中的主力军之一。三是建立行业资源调配机制。在行业协会的推动下，建立属于行业自己内部资源共享的零配件调剂平台、服务项目、合作平台、异业合作联盟等多种类型的内联外合的资源调配机制，使各个单个企业在这种合作平台上共享资源，从而起到节约资金和人力成本，扩大盈利空间的作用。

第七章　商业转型与创新发展

一、商业发展面临的环境

未来较长时期,上海商业发展处于可以大有作为的重要战略机遇期,内外部环境发生深刻变化,机遇与挑战并存,希望与困难同在。

1. 发展机遇

(1) 新技术应用催生商业发展新途径。随着互联网、物联网、移动通信、云数据等信息技术和网络技术的推广发展,电子商务、供应链管理、第三方物流等现代化流通方式加快创新,新兴服务、新兴业态、新兴模式不断涌现,为商业转型升级提供新的动力、新的方向和新的途径。

(2) 产业和城市转型开拓商业发展新空间。我国信息化、工业化、城镇化、农业现代化加快融合发展,信息、医疗、文化、旅游、养老等新兴消费不断增长,为商业转型升级提供良好的基础和发展潜力;上海市产业和城市转型不断提速,重点功能区和郊区新城加快建设,长三角跨区域交通体系、基础设施日益完善,为商业转型升级创造了广阔空间。

(3) 制度变革注入商业发展新动力。国务院明确流通产业作为基础性、先导性产业的地位和作用,商业发展将得到更加广泛的重视;上海市加快国际贸易中心和自由贸易试验区建设,为商业转型升级注入新的活力和动力。

2. 面临困难

(1) 宏观经济环境不确定性增加。国际经济复苏进程依然曲折,国内经济总体平稳但下行压力加大,外需不足,内需不振,商业转型升级面临严峻态势,长期低速增长趋势对商业转型升级形成倒逼又造成一定的制约效应。

(2) 城市消费需求快速转变。上海市人口总量和消费结构发生变化,对商业发展提出新的要求;随着网络消费、服务消费等不断增长,居民消费需求趋于升级,对商业服务化、特色化、体验化、精细化发展提出更高要求。

(3) 上海商业竞争压力巨大。上海土地资源紧缺,商务成本高企,商业网点日趋饱和,各类商圈竞争加剧,能源资源和生态环境约束更趋强化,商业亟须整合资源、调整规划、优化布局;国内各地区尤其是周边省市商业快速发展,上海市商业发展优势相对弱化,转型升级面临更大压力。

二、商业转型升级的原则和目标

为应对环境新变化、消费新趋势、技术新发展带来的机遇和挑战,2014 年 7 月 21 日,上海市出台了《关于加快上海商业转型升级提高商业综合竞争力的若干意见》,以提高商业综合竞争力和促进消费增长为出发点,发挥市场在资源配置中的决定作用,政府积极引导、企业自主转型,发展新业态、新模式、新技术,推动传统商业转型升级,提高商业在互联网时代的集聚力、辐射力和影响力,进一步发挥商业对全市产业结构调整和经济发展的带动作用,进一步发挥商业对繁荣繁华城市、保障安居乐业的重要作用,打造上海商业经济升级版。

坚持把扩大消费、培育新增长点作为转型升级的根本动力。增强商业发展内生动力,着力适应、引导和扩大消费,优化消费结构,提升消费质量和能级,正确处理规模增长与结构、质量、效益、环境等各方面重大关系,全面提升产业竞争力。

坚持把促进技术进步和业态模式创新作为转型升级的重要途径。发挥政府支持引导作用,激发企业市场主体活力,鼓励商业企业根据自身条件和外部环境,自主选择转型升级路径和方法,加快技术改造,推动商业向数字化、网络化、智能化、服务化转变,不断探索发展商业新模式新业态。

坚持把布局集约化、特色化发展作为转型升级的重要抓手。强化规划引导,科学配置资源,推动空间布局向集约高效、区域统筹协调转变,形成分工明确、布局合理、特色突出、集约生态的商业布局体系。

坚持把扩大开放、深化改革作为转型升级的重要保障。进一步扩大对内对外开放,充分利用"两种资源、两个市场",提高商业利月外资的质量和水平,提高商业企业境外投资的协同能力,实现内外贸融合发展。进一步深化改革,充分发挥市场配置资源的决定性作用。

围绕上海国际贸易中心建设目标,把握商业转型升级提速、竞争能力提升的"双提"要求,通过培育新业态,发展新模式,搭建新平台,拓展新空间,促进国际大都市商业发展。

形成"万商云集"的贸易汇聚地。汇聚全球商业资源,云集五洲客商,不断集聚国际先进商业理念和技术,不断集聚国内外著名贸易企业总部和高端贸易人才,不断集聚国内外时尚流行和知名品牌。

形成“商通天下”的流通集散地。现代流通技术得到广泛应用,电子商务、连锁经营、统一配送等成为主要流通方式,商品流通集散和辐射带动功能不断增强,二、三产业加快融合,内外贸一体化有效推进,上海市流通市场的价格话语权、国际影响力和辐射力显著提升。

形成“繁荣繁华”的消费目的地。规划调控和引导作用加强,商业网点配置合理,商业服务功能齐全完善,基本形成多中心、集聚型、超广域、网络状的大都市商业布局体系。消费内涵丰富,消费需求增长,消费能级提升,对国内外消费者的吸引力增强,国际大都市更加繁荣繁华。

形成“安居乐业”的生态宜居地。商业加快发展,便民利民服务功能健全完善,城市生活便利度和居民生活品质显著提高,安居乐业、宜商宜居的综合优势凸显。

到2017年底,上海市商品销售总额达到10万亿元,社会消费品零售总额达到1.2万亿元,电子商务交易额达到2.5万亿元,使商业的增加值、税收和就业对全市贡献率继续在各行业中保持领先,涌现一批个性化、差异化经营的特色商圈,一批自主经营能力、竞争能力强的商业企业,一批具有时代特征的新颖经营方式和商业模式。

三、商业转型升级的重点任务

1. 加强商业规划引领,推动形成大都市商业新格局

编制发布城市商业网点布局规划,加强商业规划与城市总体规划、区域分类规划、产业专项规划的衔接,组织推动各区县完善区域商业网点布局规划,发挥商业规划指导和调控作用,推动商业与人口、交通、市政、生态环境之间的协调发展。瞄准建设世界级商业城市的目标,统筹考虑实体商业和网络商业布局。构建完善以“市级商业中心、地区级商业中心、社区级商业中心、特色商业街”为核心的“3+1”的实体商业布局,推动发展以“网络终端+网上商店+快递配送”为核心的网络零售商业布局,引导优化“商贸物流园区+城市公共配送中心+末端物流配送点”的商贸物流网络布局,形成互联网时代以消费者需求为中心的“多层级实体店+跨区域网店+高效率物流配送网络”的新型商业布局体系。突破消费空间和时间限制,最大限度满足消费者体验消费、享受服务的需求,形成多中心、集聚型、超广域、网络状、高能级的国际大都市商业新格局。

2. 推动商圈功能转型,构筑体验式智慧化商圈

根据商业规划和各商圈发展基础和特点,推动商圈依据自身功能定位进行经营、业态、品牌的结构调整。支持南京东路加快改造大型百货商厦,形成都市型购物中心,引进

全球精品百货和新型经营管理模式，强化商旅文的联动发展。鼓励淮海路、南京西路按照国际大都市一流商业街区定位，引入买手制精品百货、购物与艺术紧密结合的体验主题购物中心、国际高端品牌旗舰店、潮流主题旗舰概念店等多种与时尚艺术相关的新型商业业态，打造错位发展、互补联动，具有国际影响力的时尚艺术商业街区。推动陆家嘴、中山公园、新虹桥等商圈形态改造，打造规模结构、业态组合、功能配套、环境空间、交通导流等各元素协调配置的生态商圈。选择徐家汇、四川北路、五角场、曹家渡等一批市级、地区级商圈，扩大商圈无线网络覆盖，引入智能交通引导、移动支付体系、商圈 VIP 移动服务平台等现代信息技术，打造线上线下协同发展的信息化智能型商业街区。引导郊区新城和重点区域新建商圈加强信息化和智能化建设，并注重商圈生态环境的打造，休闲娱乐等体验功能的完善，积极发展建设体验式智能化商圈。

3. 创新发展社区商业，提升社区商业服务品质

推动发展社区商业新模式，完善社区商业综合服务功能，促进扩大社区消费。深入推进社区商业连锁化、品牌化发展，推动更多国内外知名品牌进入社区。加快新建大型居住社区商业配套，明确商业业态设置规范，支持配置具有一定公益性质的必备业态。顺应社区消费群体多元化趋势，鼓励大型综合商业企业发展网上定制服务，针对高端社区消费人群，提供高品质、全方位网上购物、餐饮等个性化定制服务，进一步提高社区居民生活品质水平。鼓励专业型商业企业针对一般社区居民，开展水果、海鲜、时蔬等食品、快速消费品日常定制配送服务。鼓励企业依托物联网、大数据、云计算，搭建发展云服务智慧社区平台，整合小区周边各类商业网点和生活服务网点的相关信息，为居民提供一站式生活服务。顺应线上线下融合发展趋势，探索社区商业“电子商务平台 + 社区智能便利店 + 集成网络终端”的发展模式，推动社区实体店和网络零售商之间的优势互补，加快提升社区商业服务水平和质量。

4. 提高专业特色集聚度，做深特色商业街区

加快特色商业街区建设，进一步发展多元化、个性化特色经营。推动各区县充分挖掘商业街区历史和文化内涵，发挥自身的区位条件、历史传承、文化资源、建筑形态等优势，加强商业街区独特性和差异化塑造，形成一批有国内外影响力的特色商业街区。注重集聚效应、功能互补和宣传推广，进一步做特做深餐饮、服饰、古玩、文化、休闲、国别风情等特色商业街区，提高商业能级，扩大辐射范围。鼓励有实力有影响的商业地产开发商和商业企业采用现代时尚的形象设计、先进的经营方式和信息化手段，参与特色商业街区建设。重点培育一批定位明确、特色鲜明、消费便捷、服务优秀、管理完善的精品特色商业街区，发展夜市消费和假日消费，成为展示上海海派城市文化形象的标志性窗口。

5. 发展新型商业业态，培育新型消费需求

从满足需求向满足需求与创造需求并重转变，推动商业业态创新，培育新型消费需求。引导购物中心进行差异化主题定位，增加体验型、服务型业态，实现商旅文娱体融合发展。引导传统百货店提高自有品牌商品比例，向主题型自主经营百货发展。引导品牌专卖店通过创意改造，升级为旗舰店、品牌之家、沙龙等高端定制业态，营造体验式环境，增强与顾客互动，增加服务附加值。引导便利店增加服务内容、拓展服务品类、对接电子商务，发挥共同配送终端网点功能。探索发展买手制百货、体验型购物中心、品牌集成店、主题概念店、会员制商店、个人定制商店等具有市场潜力的体验化新型业态。

6. 创新商业发展模式，激发商业发展活力

推动商业技术创新，以技术创新推动商业模式创新。引导传统商业企业发展线上业务，网络零售企业拓展线下功能，实现线上线下业务、品牌、渠道、顾客等多方面资源整合，资源共享、优势互补。推动传统商业企业依托线下网点渠道资源、商品品牌和服务优势，自建线上平台或利用第三方平台发展电子商务。加快互联网支付、物联网信息智能处理等电子商务相关领域新技术创新应用，推动电子商务企业与线下便利店、超市合作，或自建线下服务中心，开展“网订店取”服务，形成区域配送中心—中转分拨中心—社区配送服务站的多层级配送网络，提升零售终端最后一公里的物流配送服务能力。引导商业企业拓展移动互联网和家庭物联网领域，实现门店端与PC端、手机端、TV端四大渠道的优势互补，探索全渠道融合发展的新模式，为上海商业发展注入新的活力。

7. 鼓励企业自主经营，打造新型零售经营模式

聚焦主业，回归零售本质，从品牌导向向品牌导向和模式导向并重转变，打造新型零售经营模式。适应多样化消费需求日益增长趋势，引导商业企业根据自身经营条件，不断提高自主经营能力。推动商业企业通过集中采购和买断经营，加强品类管理，提高商品毛利率。引导商业企业建立健全买手培训制度，培育形成高素质的买手队伍，拓展全球采购业务能力，扩大进口商品经营规模，丰富商品市场选择度，实现内外贸融合发展。进一步推动零售企业发展自有品牌，逐步提高自有品牌经营比重，掌握商品定价权，提升企业赢利能力。引导商业企业强化市场需求研究，加强商品设计创意和开发，发展订单制造加工和个性化经营，发挥商业满足消费、创造消费的作用。

8. 培育发展集成服务商，提高商业综合竞争能力

顺应商业流程再造趋势，引导龙头商贸企业逐步由单一贸易功能向集采供、货运、配送、贸易、金融、信息等服务功能拓展，形成一批控股生产基地、制造加工、物流配送、终端销售，集物流、商流、资金流和信息流于一体的商业集成服务商。针对消费者成为市场主导趋势，引导企业加快转变管理理念，逐步从价值链管理向价值链管理与供应链管理并

重转变。推广新型价值链管理模式,以消费者需求为起点实现产品创意设计、原材料采购、质量管理、生产控制、物流配送、分销促销联动、销售售后服务等供应链一体化管理。支持上海市大型商业企业利用国内外资本市场加快发展,进行跨地区、跨行业的收购兼并、资产重组,实现资源优化整合,提高上海商业综合竞争力。

9. 创新企业服务营销,探索会商旅文体联动新形式

推动商业企业从静态定位向动态定位转变,适应消费需求不断变化,创新营销模式,加快服务化转型。选择一批重点商业企业推行新型服务营销方式:提供消费需求解决方案的服务营销,研究建立有特点的服务体系,为顾客提供分级差异化服务。运用大数据、云计算、移动通讯等科技手段的精准服务营销,锁定和扩大忠诚客户群体,为顾客提供贵宾服务。不断优化全方位顾客体验的服务营销,打造声光色独特的建筑形态、商场环境和商品陈列,为顾客营造舒适愉悦的购物氛围。开展会商旅文体等产业联动服务营销,融合各类资源,形成叠加效应,带动综合消费不断增长。

10. 持续推进品牌战略,培育高品牌价值企业

引导商业企业实施品牌战略,加快建立品牌促进、评价、推广、保护等公共服务体系,健全完善商业企业品牌成长推进机制。推动商业企业培育品牌文化,制定品牌发展规划,确立品牌定位、品牌模式和品牌形象,提高品牌管理能力和经营水平,实施企业品牌、商品品牌、服务品牌和商业人才品牌等全方位品牌发展战略。发挥上海品牌各类传统优势,重点培育和扶持一批“专、精、特、新”品牌商品和具有高品牌价值的商业企业,扩大“上海品牌”在全国市场的影响力。

11. 发展新型贸易平台,提高资源配置效率

加快平台经济发展,推动发展新型贸易平台,提高资源配置效率,促进商业贸易倍增,提高上海商业辐射力和影响力。在有色金属、钢铁、化工等大宗商品交易领域,加快发展形成一批整合资源、集成服务、辐射全国、连接国际的大宗商品交易和资源配置平台。推动电子商务、大数据、移动互联网在个人消费领域的应用,形成一批特色鲜明、能级较高的消费品交易类平台和生活服务型平台。聚焦金融、物流、信息服务等贸易服务关键环节,培育一批新型专业服务平台,优化平台经济生态链。搭建跨境电子商务公共服务平台,对跨境贸易中的信息、交易、支付、物流等环节提供技术支持,培育壮大一批跨境电子商务平台企业,优化过境通关、外汇结算、退税等环节,推动跨境贸易规模和能级提升。

12. 提高对外开放水平,提升商业国际化水平

顺应全球经贸发展新趋势,进一步提升上海商业对外开放水平,引导商业企业拓展和利用国际国内两个市场、两种资源,开展包括资本合作、品牌共享、技术交流、管理创

新、网络互通等灵活多样的国际交流与合作,引进和消化吸收国际商业先进理念、新兴技术、新型业态、管理方式和运作模式,带动商业转型升级。推动有条件的商业企业"走出去",通过新建、并购、参股、增资等方式建立海外分销中心、展示中心等营销网络和物流服务网络,推进内外贸一体化,培育形成一批拥有自主品牌和开展国际经营的本土跨国商业企业集团。

第八章　生活性服务业管理

第一节　2013 年度重大活动

一、2013 上海购物节

2013 上海购物节于 2013 年 9 月 13 日至 10 月 7 日举行。本届购物节围绕“体验都市魅力，就从购物开始”的主题，深化“世界风”、“中华情”、“上海韵”三大主线，做精“品味、时尚、休闲、体验”四大板块，凸显线上线下互动、会商旅文结合、体验消费多元、智能消费纷呈、传播媒介新颖五大创新亮点，聚焦智能消费、绿色消费、品牌消费、体验消费、服务消费、主题消费六大消费。以缤纷多姿的魅力、精彩的系列活动、温馨的购物环境，展现上海国际时尚购物的魅力。

1. 2013 上海购物节主要特点

2013 上海购物节在传承历届经典的基础上，坚持了“突出重点，做精做特”，充分发挥了上海购物节的品牌优势、平台优势，以精彩的商业活动凝聚人气。是一届充满活动亮点、消费者广泛参与的购物盛会，呈现以下特点：

（1）聚焦“智能消费、绿色消费、品牌消费、体验消费、服务消费、主题消费”六大消费模式。六大消费模式紧跟结合当前商业发展步伐，符合消费者的购物习惯，激发了广大消费者参与购物节的热情，全市多家商场销售额大幅增长。开幕式前十天，部分商圈、商街实现销售同比增长 15% 以上，全市百余家大中型商业企业累计同比增长 11. 1% ，30 余家重点购物中心七成以上实现同比增长，百余家家电专业门店实现销售同比增长 28. 1% 。据抽样统计，购物节第一阶段 9 月 13—21 日徐汇区内 19 家主要商业企业共实现销售额 3. 51 亿元，同比增长 66. 47% ，如扣除上年尚未开业的高岛屋百货、新淮海坊、华宁弘基生活中心和去年同期闭店或部分闭店装修的苏宁云商长宁店、国美电器中山公园双子旗舰店，14 家企业同比增长 26. 32% 。百联西郊购物中心购物节第一阶段销售额同比增长 41. 52% ；龙之梦购物中心 9 月 13 日—21 日销售额突破 8500 万元，同比增长超三成；巴黎春天中山公园店和全年品牌折扣馆购物节第一阶段销售额分别同比增长

28.13%和14.08%。丰富多样的消费模式体现了"体验都市魅力,就从购物开始"这一主题,为市民创造了欢乐,便捷的消费体验。

(2) 顺应电子商务发展趋势,推出线上线下互动的消费模式。市商务委主办的上海网络购物节,联合1号店、百联E城、悠哉旅游、菜管家、锦江国旅、我爱我家、嘀嗒团、红酒客、徐家汇商城等知名电商企业,搭建了电子商务展示交流平台,联合新梅联合广场、96广场等线下实体商场开展联合营销活动。营销活动的前十天,1号店,京东商城、东方购物、百联e城等重点电商销售同比均实现大幅度提升。中国银联以银联卡为平台,以刷卡消费结合创新支付,为消费者带来缤纷好礼。苏宁云商"易购"嘉年华,整合线上线下渠道,打造"旗舰店+互联网"的"O2O"服务模式,实现线下随心选购,线上快速下单的购物体验。金山区联合浙商、淘宝网、阿里巴巴举办电商高峰论坛。电子商务的引入和线上线下互动消费的开展为上海2013年购物节注入了全新的活力。

(3) 拓展个性化、专业化的体验消费,提高消费品质。2013年上海消费节依托会商旅文交融互利的氛围优势,开展具有特色的购物活动。如老凤祥首饰文化节,豫园非遗项目传统技艺文化展,普陀区十条购物休闲游,宝山陶瓷、玻璃博物馆体验之旅,月星环球港推出的中国非遗精品展,首届长三角自驾游产业博览会。2013年中华老字号博览会汇集了二百多家参展商,百联、光明、良友、龙头、锦江等五大集团旗下众多老字号品牌精彩亮相。这些活动丰富了购物节内涵,提高了市民消费品质。郊区发挥自身优势组织了特色商旅活动,2013年青浦区品牌展销会暨两岸美食文化节把休闲购物与美食体验全方位结合,涵盖食品、服饰、日化、家居、汽车展示及销售等,为体验青浦优质品牌产品搭建了平台。松江区"游九峰三泖,品松江佳肴"美食系列活动和崇明县的2013年优质农副产品大联展等也演绎了商旅结合良性互动。

(4) 运用新媒体技术,激发全新信息消费需求。运用移动互联网等信息技术,优化消费模式成为2013上海购物节的一大亮点。2013上海购物节在继续运用传统媒介扩大宣传的同时,突出宣传方式创新,借助微博、微信、APP等新型媒介,通过"上海发布"、"上海购物"等知名微博账号,发布购物节重点活动,扩大购物节知名度,促进营销与宣传的紧密结合,增进消费者参与度。同时,黄浦区开通"玩购黄浦"官方微博,发布活动动态,推出微博有奖活动。浦东新区、黄浦区、虹口区、银联、新世界、苏宁、永乐等搭建微信公众平台,实时发布活动动态,开展签到有奖、无需消费赢轿车等相关活动,吸引消费者参与。黄浦、杨浦、虹口、普陀等区开发商业APP,集成本区商业优惠信息,打造智慧商圈,为消费者带来便利。浦东新区在国金中心、八佰伴等购物广场设置大型二维码立体浮雕,消费者可以通过扫描二维码,获取生活、娱乐、购物等各类优惠资讯。虹口区四川北路商业街推出智能手机应用平台,用户查看商场打折信息、美食秒杀、手机签到、免费停车等活动，增进消费者与商家的互动。杨浦区在商业网点 WiFi 覆盖范围，为消费者提供便捷服务。普陀区为消费者提供智慧商圈“一体式”购物体验。

（5）坚持便民利民活动、推进商务诚信建设　倡导绿色环保消费理念，立足便民利民是 2013 上海购物节的重要内容。不少商户纷纷开展公益活动，承担起企业的社会责任。医药行业协会开展了百家药店进社区惠民活动涵盖上海 18 家医药行业连锁公司和 1596 家药店，开展为社区居民免费用药咨询、量血压、测血糖等一般健康检测等服务，组织驻店药师深入社区，举办健康讲座，帮助清理家庭药箱，组织“平价药品进社区”，对部分常用药实行平价销售。友谊股份推出的青少年健康教育公益讲座，邀请复旦大学、华师大等青少年生理、心理专家，关注青少年健康，共同探讨青少年的教育成长话题。阿拉环保网在相关商圈的超市开设再生资源回收点和智能回收箱，推广阳光阿拉环保卡，实现环保积分账户与银行账户合二为一。

2013 上海购物节期间，所有参与的企业都认真遵守和履行商务诚信的承诺。杨浦区开展了“体验诚信五角场，畅享魅力中国梦”暨 2013 年五角场诚信惠众主题活动；徐汇区开展“长桥社区购物节系列活动”、宜山路建材街诚信月活动；静安区对购物节期间发挥媒体和市民的监督作用，对食品安全进行全程跟踪；虹口区开展了商务诚信系列活动。

2. 2013 上海购物节工作重点

上海购物节创办以来，形成了“政府搭台，企业唱戏，各方参与”的格局。随着办节理念的深化、更新和完善，购物节的影响范围不断扩大，促进和扩大消费的功能不断提升，逐渐成为融合会展、商业、旅游、文化为一体，互相拉动、相互促进、别具风格的大型商业经济和消费促进活动。2013 年上海购物节的组织推进工作注重抓了以下四个环节：

（1）统一思想认识，抓好推进落实。2013 年 5 月起，市商务委启动了上海购物节筹备工作，6 月 19 日召开各县商务委、各大企业集团参加的 2013 上海购物节推进工作会议，之后又多次召开工作推进会。8 月 21 日市政府召开 2013 上海购物节组委会全体会议，市政府副秘书长徐逸波主持会议，上海市副市长周波到会做了重要讲话。由于筹备细致，稳步推进，使各区商务委、行业协会、商业集团等高度重视购物节工作，从弘扬中华民族节庆文化，树立以文明、健康、可持续为核心的科学消费观，扩大消费，改善民生，促进经济社会和谐发展的高度提高认识，为 2013 上海购物节顺利举办打下了扎实的基础。

（2）注重资源整合，加强联合联动。黄浦区联合区内六十多家老字号企业积极参与“中华老字号博览会”，开幕式当晚南京路步行街灯光璀璨，呈现欢乐繁华的节日盛景；浦东新区联合 1 号店和中国银联开展“购物达人赛”；虹口区发行 5 000 张“中国银行福卡”主题信用卡，举办新西兰名优食品展示推介活动；长宁区利用尚嘉中心和高岛屋开展马来西亚节等活动；杨浦区组织商银结合满额赠礼、体验消费；宝山区发挥宝钢和汽销协会的资源优势，组织汽车销售展和大众汽车拍卖活动；奉贤区开展“买黄桃送黄金”活动。2013 年上海购物节在主办单位市商务委、市旅游局、市经信委、文广局等多个部门共同组成购物节组委会领导下，得到了市公安、消防、交通、工商、质检等部门的大力支持和配合。各行业协会和商业企业集团积极参与，市商联会发挥政府与行业、企业的桥梁作用，依靠各方联手、群策群力，确保了上海购物节的成功举办。

（3）运用各种载体，形成宣传氛围。借助电视、平面、广播、网络和新兴载体五大媒体为 2013 上海购物节宣传造势。电视媒体中，新闻综合频道、上视娱乐频道、生活时尚频道，外语频道的通过相关节目及时发布购物节动态信息，报道精彩活动。平面媒体中，《解放日报》、《新民晚报》、《新闻晨报》、《新闻晚报》、《时代报》刊登了专版宣传主要商圈、商街及重点企业购物节重点活动的内容和创新活动。广播媒体中，上广、东广分别报道“2013 上海购物节”的动态新闻和购物节广告语。网络媒体中“上海发布”微博发布购物节动态信息，上海市商务委官网开设专栏，发布购物节动态，介绍重点活动、热点活动和创新活动，上海购物节官方网站通过查询渠道、购物节日历、购物专线，为消费者提供全方位的信息服务，丁丁网开通上海购物节电子地图和购物节专题，新浪网通过新浪网首页、新浪上海首页、“新浪上海”微博、二维码等新颖宣传手法增进消费者参与度。其他新兴载体中，发挥商圈、商家的自媒体、户外大型 LED 彩屏、商场终端视频、橱窗、灯箱、道旗、服务台、立柱、造景等作用，滚动播放购物节活动。在地铁、公交车、出租车播放购物节宣传片、广告片，扩大购物节影响力。购物节组委会办公室还特制了购物节环保手提袋、重点活动导购册、纪念邮册、珍藏版交通卡、购物节明信片和首日封等。

（4）部分区县推出导购地图、导购手册等宣传品，为消费者购物提供便利。长宁区发布消费导购地图，网罗长宁区购物节重点活动和主要商场、宾馆酒店和餐饮网点等商业、住宿、休闲信息，通过主要商场、酒店、航空等途径发放；杨浦区商务委与杨浦邮局合作印制“五角场白领午餐地图”，罗列了五角场商圈餐饮企业为周边白领提供的各式午餐，并附有购物节主要活动明信片，在地铁 10 号线沿线楼盘免费发放；普陀区在新闻晨报、新普陀等报刊登“十全十美普陀区十大购物休闲游线路暨盖章有礼活动”，并将报刊派发到相关社区，宣传区域商旅文特色，促进消费者参与度；松江区、闸北区印制相关手册，宣传区域商业特色。

二、2013 上海时装周

2013 上海时装周于 2013 年 4 月 10 日至 4 月 16 日在新天地 · 太平湖公园和上海静

安800秀举行，共举办了35场异彩纷呈的2013秋冬流行趋势展示，有45个品牌、80余位中外时装设计师和设计新秀、600余位模特和超过200家中外媒体的共同参加，吸引了约2万人次的现场观众参与。

1. 2013上海时装周呈现三大亮点

（1）本土设计人才崭露头角。上海时装周始终坚持对国内原创品牌、本土设计师的扶持和推广，以实际行动为中国自主品牌的发展提供更多支持。2013上海时装周的最大亮点是中国设计力量的强势崛起。独具中国风格的国际化高端品牌“爱慕”，在新天地秀场以其最新的泳装系列拉开2013上海时装周的序幕。华人设计师王海震携其作品，在800秀压轴登场。吉承、邱昊、李鸿雁、王楚翘、上官喆、贾蓓、韩璐璐等本土设计师在活动中绽放光彩。OASIS、EY、THE THING、Zuo^｜等商业时尚品牌的加盟凸显了上海时装周创意与市场并重的战略导向。

（2）商贸展销，合力共赢。2013上海时装周致力于拓展市场平台价值，为创意设计与商业市场架设沟通桥梁。2013年，意大利国家鞋履制造商协会、意大利米兰展览公司、汉诺威米兰展览（上海）有限公司与上海时装周之间签署协议，确立上海国际鞋业展览会成为上海时装周的官方合作伙伴。首届上海国际鞋业展览会（MICAM Shanghai），将意大利MICAM展（世界三大鞋展之一）的成功和精华移植到中国时尚最前沿的城市——上海，展会吸引近350多家企业参展，并发布和展示2013—2014年秋冬最新的鞋类产品流行趋势。上海新天地作为上海时装周的长期战略合作伙伴和定点发布基地，为中外设计师构建了零距离对话交流的平台，助推中国设计力量走向世界舞台，从而进一步推进中国设计师时尚产业的发展。静安寺商圈的时尚“聚集地”则特别推出“上海时装周设计师展售体验馆”，通过静态展示和销售相结合的方式诠释设计的力量，并首次举办上海时装周设计师沙龙活动，以促进消费者与品牌的良性互动。

（3）学苑风采，展望未来。上海时装周始终坚持人才培养，为新生代时尚设计力量提供展示和交流的机会和平台。2013上海国际服装文化节国际时尚论坛于东华大学举行。主题从单一的“服装”视角拓展到含义更为广泛的“时尚”领域。围绕“时尚・创意、教育・产业、本土・国际”主论坛，同期开展七场平行论坛，汇聚国内外专家学者共话行业焦点话题。上海国际时尚教育中心以“青春梦想与跨文化交流”为主题，呈现了“2013上海时装周・首届国际设计学院学生服装设计作品展”，展览邀请了来自瑞典、英国、丹麦、芬兰、日本、美国等各国设计院校的学生参加，美国知名设计院校PARSONS学生作品首次在华参展。

2. 2013上海时装周实现三大突破

（1）举办水平不断提高。2013上海时装周从举办规模到活动水准，都开创了新的纪录，两季作品发布超过九十场，其中本土设计师品牌占到将近56%，海外设计师及时尚品牌占22%，国内商业品牌约18%，院校作品发布7%。上海时装周平台建设日趋成熟，品牌影响力、号召力不断增强，已经成为上海纺织服饰时尚的专业化、国际化展示推广平台。

(2) 展示平台更具表现力。上海时装周在秀场设计、秀场布置及模特的甄选等方面，皆展现了创意设计、引领前沿风尚的影响力和传播力，双子星的亲水式秀场、立体几何形的秀场大门，成为新天地的一道独特的风景线。

(3) 媒体宣传力度加大。2013上海时装周媒体宣传相较于往年有量的增长与质的飞跃，涵盖了时尚媒体、行业媒体、大众媒体、网络媒体、平面媒体、电视媒体和新兴媒体。自有媒体（上海时装周官网、微博、微信、上海时装周日刊）随时随地为专业人士和民众提供最新动态和专业讯息。StyleTV中文网对上海时装周每天所有场次作品发布进行了全程高清直播，第一时间将秀场盛况传递给公众。上海时装周的对旗遍布在本市南北高架、延安高架和秀场周边主要路段，吸引了广大市民的关注。时装周30秒宣传片也在市区新天地、淮海路、世纪广场，南京东路等十余处繁华路段的LED大屏幕滚动播放，使上海时装周的宣传范围进一步扩大，规格模式得到进一步提升。

第二节　主副食品流通市场管理

一、粮食市场流通管理

1. 2013年粮食市场流通管理基本情况

2013年，严格按照守住管好“天下粮仓”，以及广积粮、积好粮、好积粮的总要求，以“抓粮源、保供应、稳粮价”为中心，加强调控，强化监管，全力确保上海市粮食安全，各项重点工作取得新的成效。

(1) 有效组织粮源，夯实了粮食调控和安全保障基础。一是深化粮源基地建设和发展，进一步加大了产销合作力度，做强做优粮源基地合作企业，提高企业掌控粮源和经营运作能力，保障上海粮食供给。二是抓好本地粮源收购，为防止出现农民卖粮难，国有粮食企业充分发挥了市场主导作用，维护了收购市场稳定，保护了种粮农民利益。据统计，全市国有粮食企业共收购粮食31.34万吨，同比增加4%。

(2) 加强宏观调控，确保了粮食市场供应和价格基本稳定。一是提升储备运行效能，进一步完善储备轮换机制。二是启动实施了《上海市市级储备粮轮换实施细则》，首次推行轮入竞价采购，市场机制作用更加显现。三是提高保供稳价能力，通过指导经营企业组织粮油货源，安排市场投放，加强了粮油市场监测预警，深化了流通数据分析。四是开展全市粮油供需平衡调查，建立粮食应急保障体系，一方面落实帮困粮油供应，推进“副补”一门式发放，另一方面，优化军供粮源统筹和质量管理，保障了驻沪部队粮食需求。

（3）启动实施上海市“粮安工程”，初步研究编制了《上海“粮安工程”建设规划框架（2013—2020）》。重点规划建设粮源保障、市场流通、政策调控、仓储设施、质量安全和节粮减损等“六大体系”，为打造上海市“粮安工程”奠定了基础。重点项目取得阶段性成果，包括重点推进良友新港物流基地内外配套建设，规划建成了上海粮食中心批发市场，加强粮食质量卫生检验监测能力建设，推进设施改造和检测仪器更新升级等。

（4）加强粮食科技创新和信息支撑，提高了粮食流通现代化水平。一是积极推进粮食科技发展，鼓励粮食科研机构和粮食企业围绕产业发展需求，积极开展创新研究和技术服务。二是深入推进粮食信息化建设和应用，进一步完善“上海粮食网”、“长三角粮食网”，并建设另外市场监测预警预报子系统，推进了地方储备粮管理、原粮（储备粮）质量监测、粮食流通数据分析子系统建设，为服务粮食宏观调控和流通管理提供了技术支撑。

（5）扎实推进依法管粮，维护了粮食流通正常秩序。一是强化监督检查和质量监管，加强上海市收购粮食、政策性用粮和加工企业原粮质量卫生的监督检查，按季度进行上海市流通领域粮食质量卫生调查。二是严抓行业安全生产管理，并深化“打非治违”专项行动。通过完善安全生产应急预案，加强应急值守，促进粮食生产安全。

（6）加快管理创新和职能转变，促进了粮食行政管理简政增效。一是深化粮食管理法制建设；二是深入推进上海市粮食普法依法治理，认真开展粮食依法行政示范创建工作；三是深入开展职能转变和行政审批制度改革调研，面向全系统广泛征求转变职能意见，查找履职难点以及与其他部门职责交叉情况，并研究制定部门简政放权和批后监管工作方案，促进减政增效。

2. 2014 年粮食市场流通管理主要工作

2014 年是改革年，是贯彻实施中央确立的国家粮食安全新战略的第一年。上海粮食流通工作要围绕大局，改革创新，稳中求进，主动承担主销区粮食安全责任，全面深化上海市粮食流通领域改革，规划实施上海市“粮安工程”，不断提升供应保障能力，确保城市粮食安全。2014 年，将重点推进做好以下 5 个方面工作：

（1）主动承担主销区粮食安全责任，全力保障上海粮食供应安全稳定。一是坚持合作共赢，做大做强粮源基地。进一步深化粮源基地建设和发展，提高粮源基地总体规模。基地企业要积极发展一体化经营建设，提高掌控粮源和经营运作能力，增强基地辐射功能，促进搞活产地粮食流通。支持上海市更多的粮食产业化龙头企业走出去，探索利用自贸区优势平台，拓展国内外合作关系。二是完善物流体系，有效组织流通。进一步发挥上海市大流通的优势，以现有的大中型物流配送中心为支点，重点发挥外高桥物流园区枢纽节点作用，扩大上海粮食流通网络。发展多式联运，提高“北粮南运”的流通量。鼓励上海市大型粮油企业做大“东进西出”物流业务，成为承接国际粮食贸易长江主要中转口岸。积极推进粮食流通“四散化”、“四新技术”和信息技术应用，降低物流成本，提高流通现代化水平。三是发展市场体系，有序保障供应。大力推进上海中心粮食批发市场发展，做细做实政策性粮食竞价交易业务，与粮源基地、网上粮食交易平台进行对接，做大做强商品粮油贸易。积极推进完善骨干粮食批发市场建设，加强规范管理，提升市场能级。鼓励多种粮油零售业态和粮食电子商务健康发展，积极推进“农超对接”，满足市民消费。

（2）全面深化上海市粮食流通领域改革，发挥市场决定性作用，增强保障粮食安全的体制合力和行业活力。一是深化粮食市场运行机制改革，激发流通体制整体活力。营造公平竞争的市场环境，确保粮食市场有序运行。完善上海市粮食收购定价机制，探索市场形成和决定价格，发挥好粮食部门管理和调控作用。处理好国内、国际市场的关系，把握好上海市粮食进口的规模和节奏，科学合理调节粮食供求。二是深化粮食储备管理机制改革，提升宏观调控和保障粮食安全能力。科学安排储备吞吐和市场投放，切实发挥地方储备粮保应急、控粮价、稳市场的功能。落实市级储备粮运行新机制，加大储备轮换竞价销售和采购力度，规范推进市级储备粮“藏粮于企”。推进储备粮信息化管理，实现储备库动态数据报送网络化。调整落实地方储备粮规模结构，确保满足政策调控和应急保障需求。三是深化粮食行业国资国企改革，切实发挥市场主导作用。坚持面向市场，拓展主体产业链，提高市场经营能力和行业竞争力，进一步加强政策性业务管理，在粮食流通中积极发挥市场主导和示范作用，更好落实“保供稳价”责任。郊区县国有粮食企业切实承担粮食收购、储备等政策性业务，成为市场经营主体。同时，鼓励和推动其他多元市场主体与国有粮食企业合资合作，加快发展。

（3）推进实施“粮安工程”规划建设，提升上海市粮食安全保障基础能力。一是加强粮食收购能力建设。按照“种粮卖得出”的底线目标，发挥国有粮食企业市场主导作用，引导多元主体入市收购，拓展农民售粮渠道，提高收储能力和为农服务水平，减少农民产后损失。二是大力推进流通基础设施建设。根据上海市粮食生产实际，调整、改造粮食收纳库。继续协调推进外高桥物流园区配套设施建设，提高良友新港物流吞吐能力。三是完善粮食应急保障体系。进一步完善上海市应急粮源库点布局，调整充实粮食应急企业，提升应对突发事件的实战能力。加强骨干军供网点改造和军供管理信息系统升级，推进全天候军粮供应应急保障体系建设，提升军供综合保障能力。完善帮困粮油供应管理,试点开展帮困电子结算调研,提高困难群体供应保障能力。四是强化粮油统计和粮情监测预警。调整粮食流通统计口径,归口统计管理,精简统计指标,提高统计效率,改进粮油供需平衡调查工作。完善粮食价格监测体系,重点健全多层次、多方位预警分析机制,定期对上海市和国内国际粮食市场价格、贸易量等进行分析研判,实现先兆预警。五是加强粮食检验监测和节粮减损。加强粮食检验和监测能力建设,配合完善粮食流通追溯体系。深入开展爱粮节粮宣传活动,推广应用节粮减损新设施、新技术,促进减损节约。

(4) 进一步转变政府职能,提高粮食行政管理效能。一是加快粮食行政管理职能转变。坚持职能转变,深化上海市粮食行政审批制度改革,着重加强粮食市场调控、储备管理、市场监管、依法行政等方面职责。二是深入推进粮食依法行政。依法开展流通监督检查,抓好年度粮食和油脂库存检查,有针对性地开展粮食收购、政策性粮食购销、出库监督检查,维护流通秩序。进一步加强粮食法制建设,推进粮食普法依法治理,不断推动粮食行政执法重心下移。

(5) 不断加强自身建设,提升依法履职能力。一是加强行业人才队伍建设。大力实施人才兴粮战略,加强粮食行政执法培训和能力建设,提升依法管粮能力和水平。广泛开展干部教育培养和职工技能培训,充分发挥企业培养人才的主体作用,引导上海市粮食企业积极与知名院校开展校企合作,培养紧缺高端技能人才。二是抓好行业党风廉政建设。全面落实党风廉政建设责任制,抓好惩治和预防腐败体系工作规划落实,做好部门预算和“三公经费”预算等信息公开,推进廉洁从政。

二、肉类市场流通管理

1. 2013 年肉类市场流通管理基本情况

(1) 猪、牛屠宰量情况。2013 年上海市 17 个屠宰场年屠宰生猪屠宰 509.6 万头,与上年 451.4 万头上升 12.9%。上海清真牛羊肉公司,是上海市唯一活牛屠宰场。全年屠宰牛 2 100 头,与上年宰牛 3 000 头,相比下降 30%。

(2) 肉类消费增量情况。2013 年上海市肉类消费 140.1 万吨,与上年 137.76 万吨相比增幅 1.7%。其中猪肉消费 97.9 万吨,同比略增 2%。生猪和片猪肉来自外省市占 80%。鲜冻牛肉 9.9 万吨,同比上升 14%。羊肉 5.7 万吨,同比增幅 14%,禽肉 26.8 万吨,同比下降 4.6%。

(3) 2013 年牛肉价格走势。2013 年牛肉批发价振幅较大,一季度平均批发价为 42.06 元/公斤,同比上升 23%,同期下降 10%。二季度平均批发价 40.64 元/公斤,同比下降4.7%,同期下降3.3%。三季度平均批发价42.11元/公斤,同比下降2.8%,同期上升3.6%。四季度平均批发价50.22元/公斤,同比上升了7.4%,同期上升19%。全年鲜牛肉价格,2至5月份逐月走低,6至12月逐月走高。2013年月平均价最低为5月份为40.32元/公斤,月平均最高价是12月份为50.22元/公斤,二者相差9.90元/公斤升幅为25%。

(4) 2013年生猪及生猪产品价格走势。2013年上海市生猪及其产品价格走势基本与全国同步。1月份最高,2至4月份价格呈下跌趋势,4月已跌破盈亏平衡点,5月份开始,国家发改委两次启动冻猪肉收储工作,调控效果逐渐显现,6月份生猪价开始止跌回升,6月上旬重新回升至盈亏平衡点附近。7～8月迎来一波恢复性上涨行情,8月份上海市鲜猪肉平均批发价为20.21元/公斤;10月份以后,鲜猪肉平均批发价在19.50元/公斤波动。

2. 2014年肉类市场流通发展趋势

(1) 预期2014年猪肉价格将处于小幅波动范围。从国家宏观政策看,将持续加大生猪生产的扶持力度,政府对平稳市场价格高度重视,能繁母猪存栏较大,猪价不会出现大涨或大跌。但影响猪价的不确定性因素很多,除生猪疫病、自然灾害、养殖成本,饲养周期波动,消费习惯外,还受国际农产品价格波动及国家宏观对生猪产品市场供需调控政策力度的影响,预计短期内猪肉价仍处于小幅波动范围。

(2) 规模化养殖场呈增加趋势。养殖成本推动生猪价格逐年上升,而规模化养殖场有所增加,特别是品牌化的生猪定点屠宰企业,为了确保肉品品质,维护品牌声誉,延伸了产业链,增加了对生猪养殖场投入。此外,规模化养殖场相对而言抗风险能力较强。

(3) 鲜牛肉价格不断上升。一是市民饮食结构调整,牛羊肉需求量在增大。二是牛肉货源紧缺,养殖量降低。三是肉牛生长周期长,比较效益低,散养户养殖积极性不高。肉源的短缺和需求不断增长加剧了供需矛盾,2014年牛肉价格会小幅上涨。

三、食品流通安全信息追溯体系建设

2013年,上海市在不断完善肉类、蔬菜等流通安全信息追溯体系基础上,继续试点推进粮食、水产流通安全信息追溯体系建设。经过市、区(县)商务主管部门及各相关企业的不懈努力,食品流通安全信息追溯体系(以下简称“追溯体系”)建设项目顺利完成。

（一）2013 年工作回顾

1. 控流程，规范项目招标工作

一是明确工作方案。根据市政府实事项目的要求，下发《2013 年食品流通安全信息追溯体系建设工作方案》（沪商运行〔2013〕277 号）文件，进一步明确了项目建设工作目标，细化项目内容、进度安排及工作措施，确保项目落到实处。

二是制定技术需求。按照相关规定，采取招标方式委托上海信息投资咨询有限公司开展项目调研，根据城市平台及相关企业追溯系统建设实际需求，制定详细的技术需求，并通过专家评审，确保项目技术需求具有可操作性。

三是严格资金管理。市商务委、市财政局联合下发《关于加强 2013 年市政府实事项目食品流通安全信息追溯体系建设资金管理的通知》（沪商运行〔2013〕564 号），明确资金来源、资金用途、责任分工、组织实施、监管考核等要求，保证项目资金用足用好。

四是开展项目招投标。积极与市政府采购中心、市财政局有关部门沟通，按照相关规定，通过市财政局审批，采取单一来源方式，组织专家谈判，确定上海中信信息发展股份有限公司为项目承建方及项目标的金额，确保项目按时保质完成。

五是委托项目监理。按照相关规定，采取招标方式委托上海信息系统工程监理有限公司为项目监理单位，对项目开展全方位的监理工作，保障项目进度、质量不走样。

2. 把重点，确保项目按时保质完成

一是明确各方工作责任要求。市商委下发了《关于进一步推进本市食品流通安全信息追溯体系建设的通知》，要求各区（县）及相关企业认真落实项目建设资金、明确专人负责项目实施、抓紧项目建设进度、做好菜市场追溯系统贯通工作及落实运维工作措施等。召开项目推进大会，进一步明确工作责任，提高认识，实事实办。

二是加强对承建方的考核管理。要求承建方建立工作日志，制定工作计划表，明确加工、批发（配送）、超市、标准化菜市场项目负责人，由监理公司组织召开每周定期工作例会，形成监理周报和月报，定期解决项目存在的问题及安排下一步工作。

三是形成项目施工交接单制度。粮食、水产流通追溯系统建设重点和难点是标准化菜市场，涉及菜市场管理方、电子追溯秤厂方和系统集成方，通过建立项目施工交接单制度，明确三方责任，避免在施工中出现扯皮、推诿现象。

四是全面完成实事项目建设任务。在 5 家批发市场建设粮食追溯系统，为计划的 100%；在 5 家加工企业建设粮食追溯系统，为计划的 100%；在 13 家配送中心建设粮食追溯系统，为计划的 130%；在 225 家大卖场建设粮食追溯系统，为计划的 112.5%；在 600 家标准化菜市场建设粮食追溯系统，为计划的 100%；在 23 家配送中心建设水产追溯系统,为计划的115%;在223家大卖场建设水产追溯系统,为计划的111.5%;在470家标准化菜市场建设水产追溯系统,为计划的100%。

3. 求创新,提升追溯系统应用效能

一是提高城市追溯平台管理能力。根据实际工作需求,重点开发了标准化菜市场追溯电子秤应用监控管理系统,以及追溯信息管理、工作考核管理、问题发现管理、应急事件快速处置、设备管理等应用功能模块,进一步提升了平台应用发现能力。

二是建立粮食加工追溯新模式。重点以乐惠米业、光明米业等粮食加工企业原有业务流程和管理系统为基础,把追溯系统镶嵌其中,通过信息流及人力的集约化,提高粮食追溯系统可操作性,为系统的有效运行打下良好基础。通过开展粮食加工企业的追溯系统建设,有力探索了食品加工企业追溯系统建设工作。

三是完善水产流通追溯模式。在建立批发到零售追溯系统模式基础上,重点建立以鲨凌贸易、光明渔业等大中型配送企业为核心的追溯系统模式。根据企业自身需求,采用与企业经营管理模式紧密对接的追溯方式,既有利于追溯信息的上下游贯通,又便于企业追溯系统运行和管理,成为2014年追溯系统建设的一大亮点。

(二) 工作成效总结

(1) 促进流通行业信息化发展。信息化是农产品流通现代化的重要抓手,而追溯系统建设是农产品信息化主要载体。通过追溯系统建设,推动流通企业业务流程再造,优化交易和管理方式,加快农产品流通信息化、现代化建设步伐,促进流通发展方式转变。

(2) 提高食品安全保障能力。当市场发现相关食品质量安全问题时,通过追溯系统在几分钟之内即可查到源头及相关经营者信息,立即采取召回、封存等措施,及时控制食品安全事故的危害程度,保障市民食品安全。

(3) 落实经营主体责任。通过粮食、水产流通追溯系统建设,明确经营主体,保证为消费者提供安全的食品,强调经营者应承担的义务及法律法规责任,提高自我约束能力。

(4) 增强市场调控的准确性和及时性。通过追溯系统与价格监测、数量供应、产地来源、资金支付等信息结合,实时准确掌握市场供求和价格信息,为市场调控的准确和及时打下基础。

(5) 有利市民明白消费。由于鲜活食用农产品无包装、无标签,因此通过追溯系统建设,让消费者在购买食用农产品时,能通过在电子秤上打印的电子销售标签查询到所购买产品的来源地、经营户、生产日期等信息,让消费者明白消费、放心消费。

(三) 2014年工作重点

(1) 完成2014年市政府实事项目。在上农批、沪淮2家定点批发市场、100家定点零售交易点建立活禽流通安全信息追溯系统。在 2 家屠宰场，2 家配送中心（50 家冷鲜禽品牌专卖点）建立冷鲜禽流通安全信息追溯系统。

（2）提升追溯系统运行能级。选择 1 家农产品批发市场和 1 家水产配送企业试点推进电子化交易结算，实现资金卡和追溯卡合二为一。探索电子追溯秤升级，选择 1～2 家大型连锁超市在追溯小票上打印出二维码试点，并加贴至预包装食用农产品，通过手机扫描及时查询到来源信息。

（3）落实经营主体责任。积极会同市食安办等部门，抓紧出台《上海市食品安全信息追溯管理办法》，明确各方职责。完善电子秤网上监管平台，强化市、区（县）两级考核、运维管理工作，建立商务行业主管部门与食品安全监管部门联合机制，加强日常监管力度，确保追溯系统有效运行。

（4）加强宣传培训工作。充分利用基层社区，通过发放宣传册、购物袋等形式，加强市民对食品流通安全信息追溯系统的认识。试点探索追溯小票积分奖励制度，鼓励老百姓索取追溯小票。建立标准化菜市场追溯系统管理员、信息员、操作员三级队伍，指导区县加大培训力度。试点建立追溯系统运行示范点、示范区，以点带面推进全市追溯系统运维工作。

第三节　药品流通市场管理

一、2013 年药品流通行业发展情况

2013 年上海医药商业继续保持平稳的发展势头，在政策和市场等诸多因素影响下，上海的医药商业企业不断调整经营对策，创新业务和服务模式，呈现转型发展的较好的态势。

1. 药品流通市场规模不断扩大

2013 年，上海市药品流通销售总额实现 1 100 亿元，比上年增长 8%，全年药品流通电子商务实现销售 4.49 亿元，比上年增长 228%。全市有药品批发企业 128 家，药品零售连锁经营企业 43 家，药品零售经营网点 3 567 个，药品零售连锁经营率达到 85% 以上，上海 14 家企业集中了行业 90% 利润。目前已形成 1 家年销售超 1 000 亿元、1 家年销售超 400 亿元的全国性药品流通企业，1 家年销售超 70 亿元以上的区域性药品流通企业，1 家年销售 20 亿元以上的区域性药品零售企业。

2. 多种经营模式共同发展

行业经营以业态分类主要有商业批发、零售连锁、门店、开架式药店、店中店、电子商

务、物流配送等模式。以企业性质结构分类主要有国有企业、有限责任公司、股份有限、中外合资、私营企业等。截至2013年底上海药品零售3 375家,分布在主要中心城区有930家零售门店,比上年减少43家,分布在次中心城区1 246家零售门店,城郊结合部1 199家零售门店。

3. 行业集中度不断提高

医药流通行业集中度稳步提高。上海药品批发企业数量保持在128家(包括法人和非法人),其中三分之一分别由上海医药(集团)股份有限公司和国药控股股份有限公司等上市企业控股,行业集中相对较高。华润集团2013年进军上海市医药流通,控股原上海申威医药和上海京卫医药两家批发企业。上海医药(集团)股份有限公司和国药控股股份有限公司占本市药品流通销售总额比重为47.4%和32.08%,比上年提高了2个百分点。上海医药(集团)控股本市批发、零售连锁和门店比重约25%,国药控股股份控股本市医药批发、零售连锁比重为6.6%。

4. 行业现代化进程加快

互联网药品销售(电子商务)药品零售电子商务的步伐不断加快,2013年底获上海具有互联网药品交易许可的有12家企业,比上年增加6家,另有1家专门经营保健品销售,共13家。2013年实际开展电子商务业务7家企业销售额共达4.49亿元,同比增长228%,药品零售连锁经营程度不断提高。截至2013年底,上海药品零售连锁经营企业已有43家,连锁经营网点从2011年的2 798家发展到2013年的2 864家,上海药品零售连锁网数占本市零售药店总数的84.4%。2013年,承担国家基本药物省级集中采购配送任务的药品批发企业已占医药流通企业的70%。开展物流延伸服务的涉及医院4家,设立在保税区的药品批发企业1家。

二、2013年药品流通行业管理工作成效

1. 继续完善药品流通行业布局

根据上海经济发展水平、医疗资源配置状况、城乡建设规划、人口增长与年龄结构变化的实际,进一步完善上海药品流通行业的合理布局。将是否符合行业发展规划作为行业准入的重要依据,严格控制药品流通企业数量。坚持做到行业布局与上海城乡发展规划相适应、与人口数量与结构变化相适应、与医疗卫生体制改革相适应、与药品流通行业发展水平相适应。

进一步优化药品零售网点布局,构建满足居民需求的药品零售网络体系。均衡上海零售药店分布,结合中心城区人口与消费特点合理安排新开零售药店数量;支持在新建

居住区、偏远郊区和农村地区增设零售药店;鼓励在大型超市和其他商场内设置乙类非处方药专柜和品牌专卖店。支持药品零售连锁企业吸纳单体零售药店加盟,支持有实力和管理规范的大型药品零售连锁企业拓展全国性连锁经营网络。支持老字号药店在保持特色优势的基础上创新发展,发挥品牌效应。发展"中医门诊"、"中医坐堂"等服务,形成各具特色、优势互补的药品零售格局。

2. 努力优化药品流通行业结构

进一步优化以全国性、区域性药品流通企业为主体、区县药品流通企业为辅助、专业型药品流通企业为配套的上海药品流通行业结构,为上海药品流通行业快速、健康、稳定发展奠定基础。充分发挥市场机制在配置药品流通资源中的基础性作用,鼓励公平竞争,实现优胜劣汰,促进上海药品流通资源整合,进一步提高行业集中度。发挥中小企业的基层渠道供应配送优势,提高社区和农村药品的供应保障能力。鼓励有专业特色的中小企业加快创新转型,发展成为在个别领域具有独特优势的专业或专科型药品流通企业,做精、做细、做强自身优势业务。支持药品流通企业逐步融入国际市场,提升上海药品流通行业的国际化程度,形成多层次药品流通行业结构。

3. 加快推进药品流通业态创新和医药分开

加快推进上海药品流通行业的经营转型和业态创新,探索大型药品批发企业依托信息技术系统和现代物流基础,构建和完善药品供应链集成系统,开展药品供应链增值服务。

在上海医疗机构"5+3+1"试点"医药分开"的基础上,鼓励有条件的药品流通企业进一步与医疗机构合作,扩大药品供应链一体化管理服务,包括为医疗机构提供药事服务、SPD(医院内部物流)服务等。支持药品零售企业开展处方药、非处方药、中成药、中药饮片、保健品、个人护理品、家庭健康用品等与健康服务相关的多元化经营。

把握药品流通领域电子商务发展的机遇,加快推进药品流通领域电子商务应用,积极、稳妥地发展网上药店。充分利用互联网技术,改善和丰富药品零售模式,适应现代生活网络发展的新形势。

4. 重视发展医药现代物流和集约经营

加快发展医药物流,鼓励企业使用先进信息技术,完善标准化、信息化、自动化、社会化的现代医药物流体系,逐步做到全过程信息共享和及时响应,对药品生产企业、流通企业和医疗机构等药品流通涉及的各个环节探索实行流程再造,增强上海地区医药物流对全国药品流通的辐射能力和保障能力。高度重视发展医药冷链物流,提高冷链商品、防冻商品配送专业能力,确保药品质量稳定、安全储存和安全配送。推动医药物流服务专业化发展,实施医药物流服务延伸示范工程,引导有实力的医药物流企业向医疗机构和生产企业延伸医药物流服务。充分利用社会分工协作机制和社会资源,支持发展第三方医药物流,提高经济社会效益。统筹各区县药品物流基础设施与装备的规划建设,适应上海药品流通发展需要。

5. 深入推进商务诚信建设和企业分级管理

继续深化推进药品流通行业商务诚信体系建设,支持行业协会开展企业资信评级活动,引导药品流通企业不断提高社会责任,自觉诚信守法经营。建立企业资信档案,公示诚信创建企业和资信评级情况,弘扬信用企业品牌。贯彻落实商务部关于开展物流服务能力和零售等级评比活动的要求,以零售评级试点先行逐步扩大到全部企业。加大贯标力度,为全市行业规范化、标准化建设奠定基础,引领行业发展。

6. 加强与相关部门的协调与配合

统筹扩大有关政府部门之间在药品流通管理方面的信息共享范围,在提升政府监管能力的同时,提高为企业服务的水平。积极参与药品招标、药品零售企业布点规划制定等事宜,解决药品零售企业"在郊区特别是农村地区的分布相对不足(包括医保定点药店),在郊区和部分新城新建大型居住社区的网点布局速度相对缓慢"的问题。监督医保定点零售药店加强自律,协调政府部门和行业协会强化"监督机制"和"进退机制",已会商医保部门逐步放开医保的自负段和共负段,方便了参保人员就医。协同药品监管部门,重点抓好药品购销管理,通过整顿和规范药品流通市场秩序,加大执法检查和行业管理力度。

7. 加强促进行业发展政策的协调与落实

通过座谈会、现场调研等方式了解市民患者诉求,主动协调政府部门加大政策落实推动。由于上海市现有医保定点药店490家,其中具备经营中药饮片资质的药品零售网点212家,中药饮片进入医保的仅26家,市商务委建议有关部门将符合准入条件的定点药店都纳入饮片医保范畴,同时建议增加了中医座堂门诊部进入医保的数量,在解决参保人员"看病难、看名中医更难"困难的同时,进一步促进中药商业的发展,促进中医药事业的发展。在政策层面继续加强了对药品流通业发展的引导,并积极向商务部反映、争取在中药材储备、电子商务发展等方面给予企业政策支持。

8. 加强药品流通行业自律与人才培养

充分发挥行业协会在行业发展指导、行业标准建设、行业统计、行业培训等方面的重要作用。支持行业协会强化沟通、协调、服务功能,推进行业创新发展,促进国内外交流合作。通过建立上海药品流通人才培养机制,实施人才培训工程,支持行业协会、中高等院校和大型药品流通企业开展职业培训和继续教育,形成多层次的人才培养与职业培训体系。

第九章　生活性服务业发展案例

2013 年，上海生活性服务业聚焦商圈转型、业态转型和企业转型三大方向，涌现出一批在“新产业、新技术、新业态、新模式、新载体”等领域具有代表性和成长性的优秀企业，作为上海服务业创新发展的探路者和先行者，为行业发展增添了一抹亮色，探索了新的道路。

案例 1　上海首家艺术主题购物中心——K11

上海 K11 购物艺术中心位于黄浦区淮海中路 300 号香港新世界大厦内，由香港新世界集团开发，建筑地下三层地上 6 层，总商业面积近 4 万平方米。K11 将自身定位为购物艺术中心和艺术舞台，目标客户定位于 25～50 岁追求现代生活的社会消费群体。自 2013 年 5 月正式营运起，K11 充分融合艺术 · 人文 · 自然三大核心元素，在环境及功能设计上融汇艺术欣赏、人文体验及自然情感的创举，使其在众多商业地产项目中脱颖而出。

一、K11 的特点与优势

1. 区位和交通条件优越

上海 K11 购物艺术中心坐落在淮海中路商圈东段，西邻马当路，东靠黄陂南路，北依金陵路，周围有超过 15 家甲级写字楼及数十家五星级酒店，毗邻爱马仕之家（在建）、LV、卡地亚、苹果等高端品牌旗舰店，地下二层直接与轨道交通 1 号线黄陂南路站地下通道相连，地理位置得天独厚。

2. 品牌引进与定位理念相契合

上海 K11 购物艺术中心一共引进了 78 家品牌，其中近 20% 的零售及餐饮品牌系首次入驻上海。整体以国际品牌为主,结合 K11 艺术、人文、自然的理念,将它们打造成为独一无二的概念体验店。例如,入驻一楼的 DOLCE&GABBANA 门店,是专门为 K11 设计的,Bubbery 虽不是旗舰店,却张扬了品牌个性,MAXMARA 的 K11 门店里增设了来自意大利米兰的艺术品,这是其他门店从未有的。此外,B2 层专设了一些价位较低的创意品牌店,使 K11 成功吸引周边写字楼普通白领。

3. 绿色建筑环保设计引领时尚

K11 在规划之初便以 LEED 认证为标准,这种绿色建筑行动将包括挑选降低对汽车依赖的地点开发新项目,并提供大量公共集会空间,增加社区氛围;保护栖息地或湿地的场地设计,减少城市热岛效应,并且保护动植物的生态环境;同时鼓励高密度紧凑社区。作为节能建筑单体,K11 还增加了现场可再生资源的使用,选种本地植物,收集雨水,减少水资源浪费。

4. 独特艺术人文空间吸引消费人气

K11 秉承"艺术、人文、自然"三大核心元素相融合的核心价值,全力打造最大的互动艺术乐园、最具舞台感的购物体验、最潮的多元文化社区枢纽,令艺术欣赏、人文体验、自然绿化以及购物消费之间产生一体化而微妙的互动作用,给予消费者前所未有的独特五官享受。

除了 3 000 平方米的艺术交流、互动及展示空间,可以定期举行免费的艺术展览、艺术家沙龙等活动,K11 还有 300 平方米的市内生态互动体验种植区,采用多种高科技种植技术在市内模拟蔬菜的室外生长环境,以及中空的中庭采用大面积垂直绿化墙,可以有效隔热、降低能耗,还有 33 米高飞泻而下的人工水景瀑布,到处弥漫着逼真的水流声、鸟叫声以及清新香气。此外,K11 各个楼层还分布了精选国内外知名当代艺术家的 14 组作品,每个楼层都有专业的艺术导赏员来讲解艺术品本身的意义及背后的创作理念,帮助消费者获得独特的艺术体验。

2014 年 3 月至 6 月中旬,K11 举办莫奈特展,共展出 40 幅莫奈真迹、12 幅雷诺阿等印象派画家的作品,以及莫奈生前使用的眼镜等物件,吸引观展总数 34 万人次,单日最高 6 000 人次,莫奈展期间营业额增长 20%。莫奈特展的成功举办,不仅为 K11 带来了消费客流和业绩增长,更重要的是,大幅提升了 K11 的品牌影响力。

5. 多样化增值服务增强消费体验

K11 在打造有文化内涵的购物中心的同时,还为顾客提供个性化的定制服务,即为每一位 VIP 顾客,根据其爱好、消费习惯、购物习惯而为其定制特别的服务模式。由于这些服务信息存储于客户服务终端的电脑上,客服专员可以在第一时间为顾客提供最贴心的服务。

除此之外，K11 还为客户提供各类增值服务，包括待客提货上车、代召的士、地图提供、简便针线包、急救医药箱、轮椅车借用、量体温、手机充电、文档处理、物件寄存、卫生口罩出售、无线 WiFi、婴儿车借用等服务。这些增值服务都在一定程度上增强了顾客的消费体验，也增加了其消费黏性。

二、K11 的经验借鉴

在新建购物中心普遍趋向“大而全”的发展态势下，K11 创造了一个“小而精”、“小而美”的成功案例。它充分把“艺术、人文、自然”三大核心元素融合，利用其独特的优势脱颖而出，成为同行业的佼佼者。K11 的成功对商业地产开发的启示至少有四个方面：

一是注重细节，精益求精。K11 注重对每个细节的把握和处理，都体现出开发商对高品质的追求，运营过程中，更是将艺术、人文和自然三大元素贯穿始终。

二是注重体验式消费。K11 引进“都市农庄”、“ABC COOKING STUDIO”等类似业态，大幅提高了消费者的参与度。

三是注重品牌差异化。K11 地处淮海路商圈，周边香港广场和力宝广场奢侈品林立，K11 在已有文化艺术品牌的基础上，引入了少量奢侈品牌，包括 DOLCE&GABBANA、Maxmara、Bubbery、Chloé、Bally、EA 等，既与周边商业氛围相协调，又体现独特个性。

四是注重对会员的服务创新。K11 专设 VIP 独立试衣间，配专人服务，并提供专有特色项目。K11 特别打造“手机会员卡”，集手机会员卡、导购指南、无线预约、艺术品导览、活动介绍等功能于一身，将 K11 的品牌优势延续到移动端。

案例 2　上海首家时尚设计概念商店
——10 Corso Como

10 Corso Como 在中国的首家门店，坐落于上海市静安区南京西路上一座占地 2 500 平方米的独栋玻璃建筑中。该店于 2013 年 9 月 19 日正式开业，是赫基国际(香港)有限公司与意大利奢侈品概念店 10 Corso Como 合作开发的国内首家集时尚、艺术和设计于一体的概念商店。前者，赫基国际(香港)有限公司是一家注重艺术与商业结合的零售企业，目前旗下拥有 7 大品牌，包含了国内知名时装品牌 Ochirly(女装)、Five Plus(年轻女装)、TRENDIANO(男装)、LoveYsabel(童装)及意大利知名 Sixty 时尚集团中的 Miss Sixty、Energie 和 Killah 品牌。后者，意大利奢侈品概念店 10 Corso Como，由画廊创办人及出版人 Carla Sozzani 于 1990 年创立,囊括艺术、时尚、设计等多种元素,这一特质在 10 Corso Como 上海门店中得以延承。

一、独特的空间设计和品牌组合

上海 10 Corso Como 的室内装潢由美国艺术家 Kris Ruhs 亲自设计与描绘。从地板到天窗,黑白相间的绘图点缀着每层楼的空间。室内光线充足,顾客们能在此将附近的静安寺、静安公园以及上海鳞次栉比的高楼坐收眼底。

上海 10 Corso Como 门店传承意大利 10 Corso Como 概念店的基因,以权威与时髦为标杆。门店精心挑选的品牌类型丰富,有 Alaia、Maison Martin Margiela 等备受时尚达人钟爱的小众品牌,也有 Fendi、Chloé、Jil Sander 等顶尖大牌,另外还有 Carven 等新晋热门品牌。此外,注重自主采购具有独特设计的家居用品也是该店的特色,其中最受市场关注的是 Fornasetti 和 Alessi 两个意大利品牌。

二、跨行业、跨业态的创新布局

上海 10 Corso Como 一层是一个多功能空间,其设计构想是使之成为展示 10 Corso Como 一系列不同体验的中心,给予顾客感受"悠闲购物"(Slow Shopping)理念的机会。该层设有设计区、美妆区、10 Corso Como 品牌产品区、书店以及甜品咖啡店。其中,设计区拥有众多在上海独一无二的品牌,包括 Eclectic by Tom Dixon、Fornasetti、Ligne Blanche、Bosa 等;美妆区云集了一系列精心挑选的独特品牌,如 Dyptique、Mad et Len、Atelier Cologne、Christian Tortu 等。

门店二层,集中布局了世界各地著名设计师和新兴设计师的作品,以面向男性的时髦服饰和配件为主。"sumisura"(意大利语定制之意)一角则专为顾客提供一流的手工定制服务。二层还专门开辟了一块区域,用来举办活动、特别企划以及 10 Corso Como 与国内外艺术家们的合作项目。

门店三层是女性的时尚家园,网罗了全球最尖端的女装品牌,陈列着顶尖设计师或经典或前卫的时尚设计作品。宽敞的试衣间、舒适的沙发和座椅,为女性顾客提供最悠闲、惬意的购物空间。该楼层还引入了巴黎手工饰品品牌 Benoit Missolin 和新晋珠宝设计师 Tom Binns 的作品,独特趣味与奢华并存的布局特色使三层女装区备受市场欢迎。

四层是门店的顶层,10 Corso Como 的餐厅与酒廊位于该楼层,餐厅供应意大利美食,设 50 人就餐位。毗邻的休闲区域,提供饮料和酒水,同样也可容纳宾客 50 位。该楼层还设有 10 Corso Como 的画廊,这部分空间兼具实用性和功能性,可以灵活用于不同场合、迎合不同活动的场地需求。

三、未来展望

自 10 Corso Como 开业以来,已举办过各类艺术展和大型活动,如 Carla Sozzani 珍藏照片回顾展、Tony Viramontes 时装插画展、Marcel Wanders 设计作品展、ECAL 摄影作品展等。活动期间,10 Corso Como 不仅吸引了大量时尚潮人和高端人士,也通过与品牌合作推出了众多限量版和纪念版产品。

未来,随着消费者从名牌崇拜向彰显个性和品位的消费方式过渡,10 Corso Como 将加快国际化战略部署,将更多世界级品牌带入中国;商业模式也将从现在的多品牌零售店,向更多元化、国际化的方向发展。10 Corso Como 的整体概念将不断进化,但核心支柱仍将是创新和体验。从画廊到书店,从设计及时装精品店到餐厅与咖啡店,10 Corso Como 将打造更富有生命力与创造力的艺术空间。

案例 3　专注生鲜的零售业界新秀
——永辉超市

永辉超市成立于 2001 年,是中国大陆首批将生鲜农产品引进现代超市的流通企业之一。截至 2014 年 5 月,永辉在福建、浙江、广东、重庆、贵州、四川、北京、上海、天津、河北、安徽、江苏、河南、陕西、黑龙江、吉林、辽宁等 17 个省市已发展 452 家连锁超市,经营面积超过 350 万平方米。2013 年,永辉实现营业总收入 305.43 亿元,实现营业利润 8.01 亿元。永辉超市通过其生鲜优势与其他超市展开差异化竞争,走出了自己的一条新路。

一、全国市场发展经验

1. 主打生鲜农产品,打造高端"农贸市场"

永辉超市以经营生鲜农产品为主,努力打造高端的"农贸市场",希望为顾客提供所有在农贸市场可以买到的生鲜产品,而且价格和品质更优于农贸市场。事实上,永辉超市中商品品种远比农贸市场丰富,有机果菜、精品果菜、普通果菜应有尽有,除了满足顾客对品种的需求外,也照顾到不同消费层次的需求。永辉超市中,生鲜部门的员工占比近45%，生鲜商品的销售额占比一般达到55%～60%，生鲜品类达到4 000到6 000个，毛利平均达16%，远超业内平均水平。专注于生鲜的战略规划带来了大量客流，由此带动企业食品部、服装事业部、加工事业部等其他商品的发展。

2. 落实“农超对接”战略，整合产业链上游

永辉超市通过整合农副产品上游产地资源，采用源头采购的做法，把住“新鲜”第一关，同时，凭借“大批量低进价”为后期经营争取最好的获利空间。经过十多年的发展和积累，从零售终端向上游反向拓展到整个产业链，永辉已经形成一套完善的供应链管理体系。首先，永辉配备了一支高专业素质的全国采购团队，对全国主要生鲜产品集散地都有非常深入的了解。其次，永辉与部分产地合作，承包果园、菜地作为自己的供应基地，进一步降低交易成本。再次，永辉建立“超市＋农户”模式，在全国建立了20个农业种植合作基地，结合本土农产品特色，大力扶持农民，最终实现整合供应链上游的目标。

3. 建设信息化管理系统，优化供应链管理

永辉超市的供应链管理依托ERP管理系统。在实践操作中，这套系统可以记录商品采购入库到门店下单再到仓库配货转出、进店的全过程。在库存管理，采购计划，门店分拣等程序之间建立起实时的信息共享机制，最终实现上游供应商的后台进行无缝对接，实现智能补货。在永辉超市的福建仓库，存货周转时间平均不超过10天，而业内平均要花费相当于永辉超市3倍的周转时间。通过信息管理机制，永辉超市的运营效率大幅提高。

4. 统筹、集约化管理，控制物流配送成本

永辉超市建立了先进的物流配送方式，将分散的重复交易集中于一个部门。使“各分店—诸多供应商”的复杂关系转变为“配送中心—供应商”关系，各分店间的外部关系也因此转变为连锁企业内部之间的业务关系。通过这样的方式，大大提高了每次交易的效率，简化了治理结构，同时也降低了流通成本。

5. 灵活高效的门店销售管理

永辉超市非常注重商品陈列，确保随时清理货架上变质或破损的商品，从而打造光鲜靓丽的产品形象。根据生鲜商品鲜活程度的变化，永辉超市灵活地将商品分类为鲜活、冰鲜、熟食和打折等多层次，保证了商品在每一阶段卖相都是最好的，提高了商品周转速度。永辉超市的库存商品损耗率仅0.27%，存活周转天数为29.7天。

6. 立足于社区，实施稳健扩张的发展战略

“打造家门口的永辉”是永辉超市的经营理念之一。永辉超市始终以社区作为首要立足点，目标为现代城市上班族、家庭主妇提供门对门的便捷服务，最大程度满足快速的生活节奏和高品质的生活追求，也使乡镇农村百姓享受城市化的物质生活和购物体验。

企业坚持“区域领先、稳健扩张”的发展战略，稳扎稳打，逐步扩张。立足社区战略不仅为永辉超市带来了大量居民的消费，同时大量的客流成为永辉超市与房地产商建立良好合作关系的资本。

7. 严控食品安全，打造优质品牌形象

永辉超市还建立了农产品检验监测系统，逐步从“新鲜的永辉”转向“放心的永辉”。永辉通过加强对供应链各个环节的管控，尤其是上游供应链的合作与控制保障食品的安全。永辉与科研机构或学校联合，对基地农户进行关于化肥农药及杀虫灭害的生产培训。对于蔬菜货品和生肉货品都采取反复的安全检验才完成验收。在永辉超市的配送中心和部分超市，甚至现场配置了快捷检验设备。

二、上海市场拓展计划

永辉超市目前在上海开有三家店，分别是 2013 年 12 月 28 日在宝山区红太阳商业广场开业的大卖场（总面积 1.5 万平方米，外租面积 3 千平方米）、2014 年 1 月 1 日在黄浦区汇暻生活广场开业的 BravoYH 精致超市（总面积 1.4 万平方米，外租面积 4 千平方米）。两家店日均销售额在 70 ～80 万元左右，黄浦 Bravo 店的单店日均客流达到 7 000～9 000 人，客单价达 80～90 元，宝山店客单价 70～80 元。目前，两家门店的生鲜销售额占比约 45%，即单店日销售额 30 万元。永辉超市通过向供应商让利减免费用，及运用全国采购的优势，生鲜产品价格比竞争对手低 20% 以上。集客效果明显，生鲜区域消费者众多。此外，这两家门店均有半年至一年的免租金期，员工工资相比同行具有吸引力。永辉超市按品类柜台划分小组考核，用合伙人分红制激励员工，提升效率。另外，永辉超市还将在上海储备三家大卖场，未来通过与上蔬集团合作实施农改超项目，预计 2014 年将再开几十家农改超门店。

案例 4　网订店取，连锁店变身全天候邮局
——农工商城市共同配送

农工商城市共同配送项目开创了大规模社会化的网订店取业务，辅助以点对点的社区物流，通过信息技术平台，将农工商超市集团旗下遍布上海、浙江、江苏等地的 3 000 多家直营连锁门店、物流中心和客服中心进行整合，为电子商务等企业提供整合物流服务。

一、项目背景

近年来,实体连锁零售受到非常大的压力竞争、整体经济环境不佳、经营成本大幅上升、电子商务的冲击,并且快递物流受通行难、停靠难、装卸难、收费高、罚款多等因素叠加影响,物流配送"最后一公里"成本偏高,迫使连锁零售企业必须寻找到新的方向和增长点。在此形势下,以降低物流成本、提高物流效率的共同配送模式破冰而出。作为试水企业之一的农工商超市集团,在借鉴国际经验和进行市场可行性研究后,尝试利用实体网点资源扩展城市共同配送服务。

二、项目主要内容

相对于普通快递,农工商城市共同配送平台的优势主要体现在以下三个方面:

1. 搭建现代化信息技术平台,增强末端配送能力

农工商城市共同配送平台是通过搭建一个现代化的信息技术平台,整合现有连锁零售配送中心、商业网点、车辆、人员等物流资源,为电子商务企业、快递等社会方提供共同配送,通过增强末端配送能力的社区物流共同配送平台来解决现有城市社区物流配送的问题。城市共同配送包括网订店取和送货上门两种方式,实现的主要功能是通过系统的连接,将农工商超市集团的门店(农工商超市、好德便利、可的便利、伍缘折扣)提供给各电子商务企业等社会方作为自提点和送货点,顾客在网上订购商品之后,可以在附近的便利店、折扣店、社区超市等店铺取货,也可以由这些店铺的人员送货上门。

2. 创新配送服务模式,保证配送质量稳定性和可靠性

这一城市共同配送平台,通过虚拟系统将农工商超市集团几千家实体网点、顾客、电子商务商家、物流这些环节有机地结合起来,这是一种创新的配送服务模式。这种模式利用了现代化的大型商业连锁企业的配送网络和实体门店的区域覆盖,空间分布全面,先进的信息技术,大规模商品营运的经验,可以有效保证城市社区共同配送的质量稳定性和可控性。

3. 提高资源利用效率,降低全社会物流成本

通过公共平台,连锁商业公司以物流综合服务商的姿态,去支持新兴网络商家日常的电子商务活动,各方的优势结合,将促使商业流通领域的新格局的形成。将为营造更加可靠、更加便利、更加经济的电子商务生态环境发挥积极作用。对于公司来说提高了单个门店的服务功能和设备利用率,聚集了人气;对于社会来说提高城市道路、设施等物

流资源的利用率,发展低碳物流,实现节能减排,推进物流规模化、集约化、标准化运作,降低全社会物流成本。

三、项目成效

农工商城市共同配送平台项目从开始建设至今,已初步完成信息平台建设、物流中心和3 000多家网点的改造,主要的合作客户是天猫、淘宝和农工商超市集团所属的便利通网,每日稳定在5 000单。其中便利通网使用了上海地区近2 000个网点,天猫、淘宝使用了好德、可的便利2 000多个网点,包括杭州、苏州、无锡等地区。此外,平台还阶段性地承接了中国移动、中国联通的活动配送活动,日配送量最高达到了5万单。

未来,农工商超市集团将继续和天猫、淘宝等国内大规模购物网站合作,开放更多的网点作为服务网点,并在城市共同配送平台上增加到店支付、到店转送等功能。

案例5　以互联网信息技术再造传统家政服务业——云家政

云家政是目前上海最大的实名制家政服务预订平台。创始之初,云家政即确立发展目标:以互联网信息技术改变传统家政服务业,通过建立全新的家政服务行业生态系统,使用户便捷、安心地按需选择最合适的家政人员,使家政公司通过电子化手段实现高效管理,提高绩效,使政府通过大数据掌握家政服务业动态,为政府决策咨询提供支持,最终使三方面获得共赢,协力推动整体行业健康、有序发展。

一、云家政的发展历程

2009年,上海家庭服务业协会提出建立"两个数据库",即家政机构数据库和家政人员数据库的设想。值此时机,云家政的创始团队从开发"单机版"的家政门店管理系统起步,到搭建基于数百家门店数据的云端平台,再到建立面向用户,整合Web、APP、微信的一站式家庭生活服务入口。4年时间,云家政不断用快速迭代的互联网思维改造传统家政行业。从2013年7月正式运营至今,平台已累积超过10万名实名制家政人员,合作门店达1 000家,服务超过40 000户上海市家庭,成为上海最大的实名制家政预订平台。2014年7月,云家政还将开通广州和深圳两地服务,9月份完成北京市场覆盖,届时将成为全国最大的实名制家政预订平台。

二、商业模式和服务模式创新

1. 以互联网思维再造传统服务流程,以便捷为服务核心

云家政平台通过整合电脑、手机(APP、微信)、PAD 和电视等不同媒介入口,为用户提供便捷、可靠的服务信息。无论何时何地,用户均能根据自身需求,迅速找到匹配的家政人员。云家政平台上提供的工种包括临时钟点工、长期钟点工、住家保姆、早出晚归、月嫂、育儿嫂、老人看护等七种,几乎涵盖了所有的家庭服务需求。用户下单以后,订单将直接在家政公司管理系统中提示,家政公司通过系统处理订单、处理合同,整个过程轻松、便捷。

2. 严把诚信关,提供全程放心服务

云家政平台与"全国个人诚信综合管理平台"合作,并与上海市人社局、卫生局联网提供"家政服务员背景检查报告",平台上拥有超过 10 万名 100% 实名认证的家政人员,查询信息包括家政服务人员的身份信息、健康信息、培训信息以及违规记录等。对平台系统内的合作家政服务公司,云家政以收取保证金形式,对用户作出"先行赔付"承诺,用户在享受服务过程中,凡因家政公司或者家政人员的原因利益受到损失,均可获得相应赔偿。同时,云家政还与中国平安保险合作,推出行业首份按月购买的家政综合保险,切实保障了用户利益。

3. 大数据支撑,通过互联网精准对接供需

在运营过程中,云家政已经积累了大量数据,基于家政服务机构和家政从业人员这两大数据库信息,云家政率先提出利用大数据分析,以互联网手段解决市场供需失衡矛盾。云家政按季度召开发布会,对上海市家政公司经营数据情况、从业人员年龄、文化、技能、工种、意愿薪资情况、雇主订单占比、工种要求、工资支出、家庭情况、区域分布、移动端比例等进行分析,为政府管理部门和行业协会提供信息支撑。在 2014 年春节保姆荒期间,云家政利用大数据分析,为 1 500 个上海家庭提供了替工服务,广受媒体和用户的认可。

4. 借力互联网巨头,进一步完善服务平台

2013 年,云家政获得了百度、阿里巴巴、腾讯公司三家互联网巨头的青睐,成为业内首家与 BAT 同时对接的家政互联网平台。首先,云家政与百度的轻应用对接,每天为几万名用户提供全工种家政服务咨询和预订服务。其次,云家政与阿里巴巴淘宝生活服务频道建立了上海市场的唯一合作伙伴关系。再次,云家政与腾讯微信合作,共建了家政

服务行业的移动端入口。

三、未来发展展望

依托云计算大数据技术，推动传统服务业向现代服务业转型，云家政快速扩张壮大，在服务民生、促进就业、助力商务发展有重要意义。到 2014 年底，云家政预计在全国范围内拥有家政门店 3 000 家，其中上海 1 500 家，实名制家政人员 50 万名，日均订单达 3 000 单，月交易流水 2 亿元。未来，云家政将从上海家政服务入口，升级为中国家庭生活服务入口，并助力一线城市的商业发展和服务业转型。

案例 6　科技引领传统商圈蝶变新生
——四川北路智慧商圈建设

四川北路智慧商圈建设是由虹口区商务委员会牵头重点打造的区现代服务业发展重点项目，2012 年上海购物节虹口区"畅享无线生活时尚消费在虹口"系列活动为建设智慧商圈奠定了良好的基础。

一、建设背景

四川北路拥有良好的商业商务发展环境，作为现今上海最长的商业街，四川北路海派文化底蕴依然深厚，以高品位、中低价的消费，以及利用周边人文景观建设起来的现代文化旅游和娱乐设施的特色，加上进驻四川北路的一批著名的商贸企业，吸引着越来越多的市民和国内外的游客。随着移动互联网和电子商务的飞速发展，四川北路传统商业模式受到了巨大冲击，同时也带来了新的转型升级发展的巨大机会，于是这条老牌商街决定依托信息化技术打造智慧商圈，旨在通过移动、线上、线下的有机结合（O2O/O2M），整合电商和商家的优势资源，促进信息消费，推动四川北路商业发展。

二、建设内容

1. 建设基础设施，奠定良好基础

2012 年上海购物节期间，由虹口区商务委员会牵头，会同中国电信股份有限公司上海北区电信局，率先在四川北路 3.7 公里沿线的全程户外公共区域铺设 65 个“HongKouFree”WiFi 热点设备。在全市率先实现市级商业街户外“全覆盖、全免费、全天候”的无线网络环境，并推动中信广场、壹丰广场、盛邦国际大厦、东宝百货、巴黎春天虹口店、凯德龙之梦虹口广场等主要商业设施完善室内 WiFi 环境，覆盖 20 余万平方米室内面积。2013 年全年，“HongKouFree”登录 40 万余人次，累计产生流量 40 余万 GB，为四川北路电商体验示范商街的建设奠定了网络环境基础。

2. 开发虹口商街 APP，形成“一站式”服务

随着四川北路沿线无线网络环境的建立，虹口区携手丁丁网首创适用于手机等移动设备的“虹口商街 APP”，开设欢乐购物、食荟虹口、停车诱导、商场信息、福卡专享、网友小报、购物拼图，以及原有的每日 E 餐、白领特惠午餐等栏目，营造交互性的网络购物体验。截至 2013 年，“虹口商街 APP”累计装机量达 6 万人次，实现了四川北路商业信息实时化、营销活动多样化、公共信息实用化和体验消费时尚化。此外，虹口区商务委还与中国银行合作，发行了首张以地域命名的信用卡——“虹口福卡”，为各类消费提供金融支付载体。

3. 构建营销平台，便于推广与传播信息

2013 年 9 月，“福在虹口”微信平台正式开通。该平台运作半年内，共发布原创商旅文体娱等各类信息 600 余条，并被众多其他平台频繁转推，活跃度领先，已成为上海成熟度较高的综合性移动网上营销信息推送系统。

4. 推动四川北路线上线下联动消费

以 WiFi 热点覆盖为基础，利用“福在虹口”微信、微博平台的信息宣传和发布功能，通过“虹口商街 APP”，整合市场资源，引入更多市场主体参与，鼓励“号百商旅”、“翼积分”等企业推动四川北路线上线下联动消费。同时，发挥中国银行“虹口福卡”信用卡的支付功能，打造集微信营销、移动应用、积分通兑、金融支付等功能集成的智慧商圈。

三、发展成效和未来展望

通过智慧商圈项目建设，2013 年四川北路商业街的百货业销售同比增长 46%，增幅在 8 个中心城区排名第一。未来，四川北路智慧商圈将继续推广线上线下联动的 O2O 模式，在四川北路原有的约 100 万平方米商业载体的基础上，继续深入挖掘四川北路沿线海派建筑文化特性，通过开设电商体验店，提升网购的体验性，增加与传统商圈黏性。充分挖掘四川北路支马路资源，积极将四川北路和周边支马路建成集购物、休闲文娱、商务、居住、交通等功能于一体，相互支撑、有机结合的特色综合功能街区。

案例7　会商旅文联动,探索服务业融合创新
——上海玻璃博物馆

一、上海玻璃博物馆概况

上海玻璃博物馆是经上海市民政局审批(民政字第 0359 号),由上海文物管理委员会主管的市级专业博物馆,是非盈利的私立博物馆,由上海轻工玻璃有限公司发起并资助建立。2010 年初开始项目规划设计,2010 年 6 月份开始建设施工,2011 年 4 月完成一期项目建设。

博物馆主体建筑分为两个区域,建筑面积约 5 000 平方米,主场馆面积 3 750 平方米,配备接待门厅、常设展厅、临时展厅、藏品室、办公区、博物馆商店、图书馆、咖啡馆和热玻璃演示。项目一期的完成时间节点为 2011 年 4 月;项目二期和三期完成时间节点在 2012 年年底;四期的商业园区完成时间节点预计在 2014 年年底。

上海玻璃博物馆总展示面积约 5 000 平方米,主馆展览区域 2 100 平方米,科普展项面积 1 450 平方米。上海玻璃博物馆的主馆展览区域分为四个单元,分别为:什么是玻璃、技术和工艺的发展、从日常生活到科技前沿、艺术创造力的证明。

上海玻璃博物馆旨在以丰富的历史知识,精美的玻璃作品,开放的交流空间和社区化的传播方式,给参观者全新的参观体验,拉近中国与世界,玻璃艺术和其他艺术形式,历史与作品,文化与产业,玻璃艺术和人的距离。

二、2013 年发展情况

2013 年度,上海玻璃博物馆累计参观人数为 109 738 人。博物馆门票和讲解收入近 219 万元,政府及社会团体捐赠金额 230 万元,博物馆资助方资助金额 35 万元,博物馆收入共计 484 万元。

截至 2013 年底,上海玻璃博物馆自有藏品 813 件,其中购买藏品 252 件,捐赠 561 件;中国古玻璃藏品 26 件,西方古玻璃藏品 33 件,当代玻璃艺术品 276 件,纸质藏品 18 件;上海玻璃博物馆另有租赁藏品 272 件,其中中国古玻璃作品 264 件,当代艺术品 8 件。

随着上海玻璃博物馆日益提升的知名度,参观人数呈直线上升态势。为不断满足观

众对于博物馆参观内容和物质精神多方面的要求，上海玻璃博物馆在2013年对场馆进行了大幅度的扩大改造，于2013年3月在主场馆外的23号楼内举办了跨年的大型国际创意玻璃设计展“Keep it Glassy”，使得这片废旧的老厂房焕发新的生机和功用，23号楼成为博物馆又一可供参观的展示厅；博物馆纪念品商店由原场馆入口左侧的位置移至博物馆票务中心背后，原一楼临展厅区域，商店面积增加了近4倍；博物馆园区一家有着近60年历史的玻璃仪器工厂于11月开放参观，这里展示的是被时光保留下来的吹制、加工、抛光、打磨等手工制作技艺。11月，博物馆咖啡店开业，为观众提供休息场所。

三、2013年办展情况

1. “墨语凝器”展

2013年3月23日，上海玻璃博物馆举办了“墨语凝器”展。此次展览由上海玻璃博物馆作为主策展人，联合复旦大学上海视觉艺术学院玻璃工作室和薛吕个人工作室，通过四个系列作品“凝墨”、“凝霜”、“凝器”和“凝景”，展示薛吕十年来在学术和艺术领域坚持不懈、系统努力的研究成果。此次展览，共展出薛吕的作品共16组。展出的作品中，2004年至2006年的“凝墨”系列从工艺的角度探索了中国学院玻璃工作室实践新的可能性，2006年至2008年创作的“凝霜”系列从材料的角度拓展了人们对于玻璃的认知，2008年至2010年的“凝器”及近期的“凝景”系列丰富了玻璃艺术的应用范围，将其延伸至建筑及室内领域。

2. Keep it Glassy——国际创意玻璃设计展

2013年3月28日，上海玻璃博物馆举办了“Keep it Glassy”特展。这场展览展示出玻璃设计好玩与有趣的一面，采用如梦如幻的镜面和水池设计，呈现出令人惊叹的视觉体验。展览上涵盖了世界各地50多位设计师的作品，包括著名设计师Droog（荷兰）、Fabrica（意大利）、Campana Brothers（巴西）和Tadao Ando（日本）等，总共200多件作品。这些作品的共通之处：用爱设计、用心呵护。

3. 灵蛇献瑞——战国蜻蜓眼珠饰展

2013年5月18日，上海玻璃博物馆迎来了开馆两周年庆典。此次庆典，适逢国际博物馆日，上海玻璃博物馆继2013年推出古玻璃系列展Ⅰ——“明月华光”古玻璃耳饰展后，再度推出该系列展Ⅱ——“灵蛇献瑞”蜻蜓眼珠展览，以庆贺全世界博物馆的节日。

4. 当上海遇见布拉格——捷克国际新锐玻璃设计大赛作品展

2013年12月11日，一场别具特色的捷克国际新锐玻璃设计大赛作品展“当上海遇见布拉格”在上海玻璃博物馆拉开帷幕。此展览由上海玻璃博物馆和捷克宝仕奥莎品牌主办，捷克共和国驻上海领事馆、布拉格装饰艺术博物馆、捷克 Qubus 设计工作室协办。汇集展出了从捷克新锐玻璃艺术家竞赛中脱颖而出的20件精选作品，该系列中每一件与众不同的玻璃作品背后都有着独一无二的故事，同时也反映出这批捷克年轻艺术家在与玻璃这种材质对话时的不同表达方式。此作品选亦展现了广泛的玻璃制作工艺，呈现出玻璃与其他材质相结合时所蕴藏的无限可能，以及如何融入现代的工艺技术创造精彩绝伦的艺术形式。

三、未来展望

未来，上海玻璃博物馆一方面将以多元、开放的形式更新丰富展品，另一方面也以玻璃为媒介展示、发现和创新自身乃至城市文脉的各种可能，继续打造与玻璃有关的垂直产业链，从而建立全新的现代服务业模式。

1. 建立国内最高规格的玻璃艺术工作室

上海玻璃博物馆将和国际的玻璃艺术家合作，建立国内最高规格的玻璃艺术工作室，吸引国内外顶级艺术家来做交流访问、作品制作、艺术讲座等，从而成为一个玻璃艺术家的交流平台。玻璃艺术工作室同时也走出去与国际同行交流，打造玻璃艺术品画廊、玻璃艺术的收藏等一系列链条产业，将成为中国乃至世界的玻璃艺术的又一个聚集园区。

2. 玻璃和婚庆嫁接，打造顶级水晶玻璃婚礼殿堂和婚庆中心

为让高雅的玻璃艺术在最为神圣的婚礼中大放异彩，上海玻璃博物馆将打造顶级水晶玻璃婚礼殿堂和婚庆中心，改变传统的婚礼模式，成为年轻人的一种全新的婚庆方式，这个婚礼殿堂和婚庆中心，也将带动相关产业链的诞生，包括婚庆礼品、婚庆摄影、婚庆餐饮等相关企业入驻，创造园区又一个经济增长点。

3. 与休闲产业对接，建设玻璃和海洋的水族馆

玻璃和海洋水族馆将创造一个无与伦比的玻璃与海洋的空间，有别于传统的水族馆，将以假乱真的玻璃海洋生物与真的海洋生物有机结合，制造出梦幻般的效果。在这里，人们将看到美妙绝伦的玻璃海洋生物与真的海洋生物一起，充满艺术气息和梦幻感觉，必将成为孩子们学习海洋知识的课堂，年轻人休闲浪漫以及旅游者的首选之地。

第三篇

生产性服务业[①]（部分）

① 生产性服务业是从企业内部生产服务部门分离和独立发展起来的，主要为生产经营主体而非直接向消费者提供服务，其本质上是一种中间投入。随着我国社会主义市场经济不断发展和逐渐规模化生产，以金融服务、信息服务和专业服务等为主要内容并具有现代经济特征的生产性服务业迅速发展，成为推动经济发展的重要动力。依据我国《服务业发展"十二五"规划》，生产性服务业包括金融服务业、交通运输业、现代物流业、高技术服务业、设计咨询、科技服务业、商务服务业、电子商务、工程咨询服务业、人力资源服务业、节能环保服务业及新型业态和新兴产业，本书根据国家和上海市商务部门管理的领域和范围，主要关注电子商务、现代物流业、商务服务业等产业。

第十章 电 子 商 务

2013 年,上海市电子商务呈现蓬勃发展的良好态势,应用领域不断扩大,渗透程度不断提高,交易总额占市场比重持续增长,对全市经济增长与服务经济发展起到了积极的带动作用。

一、2013 年电子商务发展概况

2013 年,上海电子商务交易额达到 10 560 亿元,比上年增长 35.1%,首次突破了万亿元大关,约占全国电子商务交易总额的 9.9%。其中,B2B 交易额 8 632 亿元,比上年增长 28.6%;网络购物交易额 1 928 亿元,比上年增长 74.5%,网络购物中的商品交易额相当于社会消费品零售总额的 13.5%。上海电子商务整体规模和发展速度继续处于全国各省市领先行列。

(一) 2013 年上海电子商务发展主要特点

1. B2B 交易优势明显

近年来,B2B 交易额占到上海市电子商务交易额的 85% 左右,成为上海电子商务的最大亮点。随着制造业服务化进程的加快,制造业 B2B 成为上海电子商务应用的最大行业,其中,钢铁、有色金属、化工、汽车等大宗商品电子商务交易平台贡献度较高。上海钢铁电子商务交易量占全国的交易量 60% 以上,2013 年 5 月上海钢铁交易中心成立,标志着钢铁生产性服务业进入高端化、平台化和网络化时代。

2. 网络购物高速发展

2013 年,上海网络购物交易中商品类网络购物交易额达到 1 083 亿元,比上年增长 81.7%。同时电子商务的应用加快在商贸领域的渗透。以 1 号店、齐家网、易迅等为代表的新兴电商企业蓬勃发展,2013 年以来比上年增长均超过 60%。传统商贸业加快转型步伐,百联集团、光明集团、锦江集团等积极发展网上销售业务。麦德龙、大润发等外资大型连锁超市也开始进军电子商务。除自营平台和第三方平台模式外,O2O(线上线下结合模式)、C2B(消费定制模式)和 B2B2C(跨境电商模式)等混合型平台模式不断涌现。

3. 电子商务推动服务业加快创新

一批专业电子商务服务企业的迅速成长,加快电子商务应用在上海服务业领域的渗透与拓展,成为推动上海现代服务业加快创新与增长的重要动力。如大众点评、携程、驴妈妈、悠哉网等企业加快在餐饮、娱乐、旅游等领域的电子商务应用,引领生活性服务加快创新发展。又如上海春宇供应链管理公司、上海陆上货运交易中心、艾瑞(iResearsh)市场咨询公司和万得(Wind)咨询公司等电子商务服务企业加快外贸代理、交通运输和咨询服务等领域的电子商务应用,引领专业服务创新发展。

4. 第三方支付全国领先

2013 年,上海 8 家第三方支付企业获首批跨境支付牌照(全国 17 家)。截至 2013 年底,上海市获得央行颁发的非金融机构支付业务许可证的企业达到 53 家,占全国的四分之一。这些电子支付企业经营特色明显,在金融支付与产业链支付、海关税费支付等方面处于行业领先地位,有效促进了上海贸易与金融的协调发展。

5. 移动电子商务市场规模不断增大

2013 年,国务院出台《关于促进信息消费扩大内需的若干意见》,电子商务企业大力发展移动电子商务,推动上海移动电子商务市场规模不断扩大。如大众点评移动终端浏览量占网站总浏览量(网站及移动终端)比重超过 70%,移动终端用户数超 7 500 万。又如 1 号店移动终端用户数超 700 万,移动端销售额实现飞速增长。

(二) 2013 年上海市电子商务发展的主要推进措施

顺应电子商务发展趋势,聚焦提升电子商务示范效应和加快电子商务创新应用,立足完善支撑体系建设,上海市相关部门加快完善工作机制、创新管理制度与模式,积极引导上海电子商务健康快速发展。

1. 完善机制和政策保障

一是完善工作机制,为电子商务发展提供保障。形成电子商务发展联席会议制度。联席会议成员单位包括上海市发展和改革委员会、上海市经济和信息化委员会等 20 个部门,联席会议办公室设在上海市商务委员会。二是加强规划设计,引导电子商务健康发展。发布《上海市电子商务发展“十二五”规划》,制订实施《上海创建国家电子商务示范城市实施方案》。推动出台《战略性新兴产业发展专项资金电子商务和新型贸易现代化专项工程实施管理细则》、《电子商务示范园区创建工作指导意见》、《支付机构支付业务监督管理暂行办法》等一系列相关配套政策。

2. 实施电子商务示范工程

加快实施电子商务示范工程,促进上海电子商务集聚效应不断提升。目前,上海已形成了国家和地方“两级示范”,示范城市、示范园区(基地)和示范企业“三个层面”的示范工程体系,拥有浦东唐镇等7个国家和市级示范基地,东方钢铁、百联电商等35家国家和市级示范企业,其中嘉定电子商务产业园、浦东唐镇电子商务创新港被评为国家级电子商务示范基地,1号店、携程、钢联等7家重点企业被评为国家电子商务示范企业。

3. 大力推动电子商务的创新应用

鼓励电子商务创新应用,促进上海电子商务应用领域持续扩大。一是鼓励发展跨境电子商务。建立跨境电子商务协调推进机制,在全市范围内基本形成了跨境电子商务一般进出口监管体制和服务程序;起草完成推进本市跨境电商发展工作方案;结合中国(上海)自由贸易试验区建设,推动有关试点平台落地和业务拓展。二是鼓励发展移动电子商务。支持大众点评、1号店、携程等重点企业加快发展移动电子商务。三是鼓励发展农产品电子商务。支持菜管家、1号店等企业大力发展生鲜电商;搭建线上平台,拓展马陆葡萄、南汇蜜桃等上海特色农产品网上销售渠道。四是鼓励发展医药电子商务。支持国药、上药等企业建立B2B医药电子商务平台,支持1号店、“818”发展网上药店。五是推动大型国有企业发展电子商务。支持东方国际收购服装电商企业,推进内外贸融合发展。支持百联集团加大对百联E城电商平台的投入,做强电商板块。

4. 推动物流配送体系不断完善

结合上海现代服务业综合试点,推动连锁商业门店加快向快递业开放,突破城市末端配送物流设施不足等瓶颈,优化整合城市配送运力。依照相关政策法规,由上海市商务委员会联合上海市邮政局对投递、签收环节的信息管理和行为进行规范,探索建立快递准时率通报机制和旺季电商配送保障机制,促进快递资源的整合和服务水平的提高。

5. 加快诚信体系建设

针对网络购物纠纷较多、网络交易诚信缺失的问题,上海市商务委员会与上海市工商局、上海市通信管理局、上海市消费者权益保护委员会等相关职能部门以“加快电子商务诚信建设,加强消费者权益保护”为目标,建立联动保障机制,进一步规范网络购物秩序。支持行业协会建立“电子商务第三方信用服务示范平台”,支持浦东电子商务协会建设“浦东新区网购纠纷协调服务平台”。此外,积极发挥电子商务示范企业和园区的诚信示范作用,建立电子商务企业诚信联盟,净化网络购物环境,目前已有40多家电子商务重点企业参加。

6. 加强政府管理制度和管理模式创新

一是积极推动电子发票应用试点。上海市商务委联合上海市地方税务局、上海市发展和改革委员会等部门启动B2C领域的典型电商企业试点,实现电子发票的在线领购、在线开具、在线传递和在线验证,提升电商企业运营效率,推进税控管理现代化。二是加强对全市电子商务的统计监测,在全国率先建立了全口径电子商务统计制度,目前近500家规模以上的企业纳入统计样本,每月对电子商务的交易情况进行统计分析,准确、全面反映全市电子商务的发展现状。三是加强电子商务标准建设。上海市商务委员会会同上海市质量技术监督局,研究制定了电子商务标准框架体系和电子商务标准研制三年规划,研究制定了《电子商务服务平台入驻商户管理规范》,形成初稿征求意见。四是注重电子商务人才培养和引进。将"电子商务师"纳入本市基础人才培训系列目录,支持电子商务园区建设电商人才实训基地,围绕人才居住证办理、居住证转办常住户口、直接落户等工作基本建成电商人才引进体系。

二、2014年电子商务发展重点

(一) 加快发展电子商务重点领域

1. 对接中国(上海)自贸试验区发展大宗商品电子商务

推进铁矿石交易中心、液体化工品交易中心、石油天然气交易中心等8个功能性平台入驻自贸试验区,发展净价交易和保税交割,探索实现现货与期货的联动机制,推动大宗商品交易方式创新。发布价格指数和景气指数,提升上海在大宗商品市场的话语权和影响力。防范大宗商品市场可能出现的潜在风险,加强部门协调,联合制定出台相关管理办法。

2. 深入开展跨境电子商务试点

深化本市跨境电子商务试点平台建设,鼓励外贸企业运用电子商务开展跨境贸易。完善一般进口和保税进口的业务模式,推出一般出口业务模式,探索建立规范便利的结汇和退税渠道,推进出口海外仓建设,扩大出口贸易规模。支持邮政系统开展进口快递业务,支持进一步优化商品检验检疫工作。在嘉定区和浦东新区探索建立跨境电子商务集聚区,放大跨境电子商务的集聚效应。

3. 探索开展社区电子商务示范试点

重视服务民生,创新社区电子商务发展。选择虹口、闵行等区的几个街道,搭建社区电子商务服务平台。聚焦居家养老、医疗保健、家政服务、家电维修、物业管理、废品回收等行业,提高网络化、规范化服务水平,构建集客户呼叫、上门服务、网络监管等多种功能于一体的"家庭百事一键通"模式。鼓励社区电子商务与社区网格化管理相结合,开展多种形式的便民利民服务工作。

4. 支持互联网金融与电子商务融合发展

深化电子商务在金融服务领域的应用。鼓励第三方平台在数据发掘和增值服务的基础上，开展小额贷款和供应链融资服务。鼓励金融产品销售电子商务平台整合交易支付、理财和保险等业务，运用互联网渠道扩大销售规模。鼓励第三方支付机构与银行开展跨境电子商务深度合作，扩大跨境外汇和人民币支付业务规模。建立有效的风险防范机制，加强金融运行监测系统建设。

5. 积极推进农产品电子商务发展

进一步完善农产品安全追溯系统，实现可视化管理可跟踪监控，提高农产品生产与流通的安全水平。推广“电子商务+生产基地”和“电子商务+超市便利店”的农产品营销模式，加强冷链配送系统建设，推动电商企业和实体门店开展O2O经营。鼓励农产品批发市场建设电子商务，进一步发挥集散效应，推进农商对接和农超对接，让更多的农产品通过电子商务平台进入千家万户，保障民生供应。

6. 大力发展旅游餐饮电子商务

结合“上海旅游卡”升级、新型手机导游等载体，促进在线旅游服务。整合景点信息、机票酒店预定、行程安排、后期评价等功能，提升旅游业信息化水平。鼓励餐饮电子商务发展，进一步优化餐馆信息搜索、电子优惠券、社会点评等项目。确保上海在旅游、餐饮等方面的电子商务始终走在全国前列。

（二）积极把握电子商务主要抓手

1. 深化电子商务示范园区建设

按照“市场运作、企业主体、政府推动”的共建机制，深化电子商务示范园区建设，引导和鼓励各类电子商务园区差异化和个性化发展。支持唐镇电子商务创新港、嘉定电子商务产业园开展国家级电子商务示范基地建设；支持3131电子商务创新园、宝山智力产业园、虹桥临空经济园、天地软件园加强基础设施建设，创新公共服务平台；支持金桥经济技术开发区和张江高新技术开发区深化转型升级，建立电子商务孵化基地。

2. 推进智慧商圈建设

把握建设智慧城市的契机，支持徐家汇商城、四川北路商业街等商圈推进经营结构调整，增强新的服务功能，强化信息化和智能化服务功能，开展体验式和一站式服务，努力保持市级商业中心的繁荣繁华。

3. 加快电子商务企业发展

加快大数据、物联网、4G网络等技术的推广应用，支持企业集团、专业服务公司等企业提高信息化运用能力,积极开展平台化、网络化经营。结合“供应链整合”、“价值链延伸”以及“网订店取”等模式应用,推动传统企业与新型电子商务企业对接,实行线上与线下的有效融合。深入实施“双推”工程,鼓励中小企业提高电子商务应用水平,促进中小企业对接第三方平台或专业平台,为中小企业开拓国内外市场提供服务。

4. 提高电子商务开放水平

集聚海外跨国公司和全国排行前十位的电子商务企业及功能性机构,在仓储用地、人才引进、物流配送、财税政策等方面给予积极支持,加快“引进来”步伐。支持上海有实力、有影响力的电子商务企业通过兼并收购、控股参股、战略合作等多种形式“走出去”,实施全国布局和开展国际化经营。

(三) 深化完善电子商务支撑体系

1. 优化电子商务物流体系

研究制定电子商务物流专项规划,合理布局物流配送基地,推动物流的标准化和组织化建设,提升物流的服务质量水平。重点发展生鲜冷链物流配送、药品专业物流配送,实现物流配送的可视化和可跟踪化,鼓励中小物流企业与电商企业对接开展城市共同配送服务,推广“电商+快递+便利店”模式,解决“最后一公里”的瓶颈问题。

2. 加快电子商务人才队伍建设

研究制定电子商务人才培养计划,建立分类分层的评价标准体系,着力引进高端电商人才和领军型人才。建立校企联动的电子商务人才培养机制,推动电子商务人才实训基地建设,争取商务部电子商务人才继续教育分基地,开展职业教育、岗位技能培训、资格认证、中高级管理等多层次电子商务人才培训。组建电子商务专家智库,为电子商务发展提供理论和智力支撑。

3. 大力推进电子商务诚信建设

支持建设电子商务信用服务示范平台,推动电子商务信用信息资源开发利用,指导电子商务企业建立完善上下游客户的信用管理和信用评估机制,促进线上交易信用评价与线下交易信用评价的联动互补。开展网络交易信用评价规则和网络可信交易公共服务平台调研,探索运用信息共享、信息公示、信用约束、信用监管等手段,督促、引导网络经营主体诚信自律。

4. 加强信息基础设施和信息安全建设

研究制定《上海市信息基础设施布局专项规划(2012—2020)》,支持建设容量大、应急能力强、服务等级高的互联网数据中心,积极推进APG海底光缆建设,推进本市重大工程和重点区域的4G网络同步建设,优化完善公共场所WLAN覆盖和“i-Shanghai”公益服务。加强信息安全，深化网络信任体系建设，推广身份认证、网站认证、电子签名等网络信任服务，构建互联网环境下统一个人身份认证平台，并在第三方支付、网络购物、网上办事等领域推广应用。

（四）大力优化电子商务制度环境

1. 加强对电子商务发展的规划引导

以上海已有的促进电子商务发展的地方性法规和“十二五”专项发展规划为基础，研究制订促进上海电子商务发展的指导性文件，进一步明确发展目标、工作重点和保障措施，破解制约电子商务发展的瓶颈。深化国家电子商务示范城市建设，按照行政审批制度改革要求，认真梳理和整合一批相关政策，修改和废止不符合电子商务发展的规定。

2. 加强对电子商务市场的监督管理

加快制订“第三方网络交易平台经营管理办法”，修改“网上巡查办法”，完善网络交易的工商执法相关制度。建立完善网络违法行为特征语义库，开展网络交易信息监测，提升“以网管网”效能。建立网络商品质量检测工作机制、健全工商与购物网站联系人制度。加强打击销售假冒伪劣和侵犯知识产权等网络违法犯罪行为，优化网络环境。建立长三角支付机构监管工作联合协调沟通机制，加强支付机构法人监管与属地监管相结合，制订“上海市支付机构支付业务综合评价办法”，建立支付目标管理和绩效考核机制。

3. 推进电子商务标准化建设

开展电子商务主客体的信息描述、交易过程监管、电子支付等关键环节的标准研制、验证、完善和试点推广工作，研究制订《电子商务服务平台售后服务规范》等一批管理和服务标准。吸收行业组织、企事业单位参与制订、推广应用电子商务相关标准，开展电子商务标准化示范试点。研究制订适应电子商务特征的合同示范文本，推动行业应用示范建设，推广电子合同谈判签约系统。

4. 完善电子发票和统计监测制度

进一步深化电子发票试点，扩大试点范围，制订相关管理办法，探索建立电子发票作为报销凭证的配套措施。完善电子商务统计监测制度，构建统计信息网络，加强对区县和园区的电子商务统计指导和服务。对接电子商务平台大数据，拓展政府统计的数据来源。健全网络经营主体数据库，提升数据质量。加快建设上海市第三方支付机构监测信息系统，提高管理和服务效率。建立统计数据共享机制和信息发布制度，建立电子商务发展评估体系，定期发布电子商务发展报告。

第十一章　现代物流业

2013年,上海物流业加快信息技术的集成应用,推进创新性物流项目建设,深化落实上海现代服务业综合试点任务,实现平稳较快发展,对经济社会的发展做出积极贡献。

一、2013年物流业发展概况

2013年,上海现代物流业规模不断扩大,货物运输总量达到9.15亿吨,港口货物吞吐量达到7.76亿吨,集装箱吞吐量3 361.68万TEU。同时,重点物流领域加快发展,对上海市经济社会发展的贡献度不断提升。

(一) 加快发展口岸物流,提升通关效能。

1. 完善平台建设,丰富通关物流应用

立足"大通关"平台基础,升级建设"上海电子口岸平台",对上海口岸海港、空港的进出口物流及通关业务以及保税加工、保税物流等海关特殊监管区域的物流及通关业务实现全面覆盖。通关全程实现无纸化和电子化,通关时间由原来的"天"缩短到"小时",再由"小时"缩短到"秒",服务企业超过10万家,年均处理单证230余万份。

2. 加强信息共享,提升物流服务功能

依托信息化技术的应用,平台订舱、集装箱管理、船舶定位、船舶装卸与进出门动态等业务已拓展至长三角、长江流域及沿海主要港口和口岸。通过实施"车联网"、"船联网"等联合运输体系,为监管单位和企业提供便利化的物流服务,降低了进出口企业物流成本,提升了上海口岸的枢纽与集疏运功能。

3. 加快标准输出,拓宽物流服务范围

上海电子口岸平台特殊区域监管与物流服务信息化系统经中央监管部门批准,已在武汉、新疆、长春、银川、曹妃甸等地应用。同时,该平台还是全国唯一的关税电子支付平台,覆盖全国全部42个海关关区,2013年该平台完成支付交易额1.14万亿元,占关税支付总额67%。

4. 推进业务创新,丰富物流服务内容

依托中国(上海)自由贸易试验区建设,上海电子口岸平台积极探索和实施跨境电子商务试点,创新优化保税仓储、海关监管与纳税、检验检疫监管等环节服务,确保跨境电子商务物流安全通行。

(二)大力发展产业物流,加快产业升级。

1. 物流业与制造业的融合日趋紧密

随着钢铁、化工等传统重化工业逐渐向市外转移,专业性、行业性物流开始在全国布局。华冶钢铁、天原化工物流通过建设服务全国的物流加工配送中心,经营规模大幅提高。上海电气借助供应链等技术,再造制造流程、优化物流方案,大大降低经营成本。同时,随着供应链的集成与嵌入,产业链上下游之间实现跨行业端到端的信息对接,推动简单的物流外包或第三方物流向行业间的"无缝服务"演化。宝钢集团"上海钢铁交易中心"将钢材在线交易与物流服务相结合,为国内90%的汽车制造商提供可视化的汽车用钢管控服务,实现汽车制造"低库存、高协同、快响应"的管理。上汽安吉汽车物流通过建立覆盖全国的汽车供应链物流网络平台,实现从原材料采购,到生产制造、产品销售,再到在途运输、客户验收等各环节的可视化跟踪管理,从源头上支持了汽车产业链各环节业务的整合与协同,整车物流业务占全国的三分之一。

2. 物流业与商贸业的融合日趋深入

现代物流的推广应用促进商贸业转变盈利模式,提高经营效率。国药集团"赛飞"智慧供应链物流服务平台覆盖全国6个物流枢纽、40个省级物流中心、60个地市级配送中心、225个县级配送站,与国内医药供应商、分销商、终端(医院、药店等)医药流通平台实现联网,从而减少20%的医药流通库存,提高20%的订单效率,主要盈利模式也将由"进销差价"逐步转向物流等"增值服务"。

(三)重点发展城市共同配送体系,服务保障民生。

1. 解决网络购物配送难题,凸显取(送)货便利

线上线下优势互补,提升配送功能。农工商超市与天猫商城开展合作,有效整合连锁商业配送中心、连锁网点、车辆和人员等资源,积极搭建集成化城市共同配送平台,使3 000多家农工商超市和便利店实现"网订店取(送货)"功能。

2. 配送全程可追溯,保障城市运行安全

上下游信息有效对接,提高监管能力。都市菜园一方面与上游20万亩种植基地对接,一方面与下游800多家超市、标准化菜场及社区直供点对接,实现年35万吨蔬菜的集

中配送与可追溯。上海医药冷链监管信息平台与全市29家医院实现应用数据对接，每年配送一类疫苗300万支，与全市65%以上的区县接种点建立了对接，有效保障了用药安全。

3. 共用社会资源，促进绿色环保

依托上海城市公共配送服务平台，以配送龙头企业为引领，整合货源市场和配送服务资源，合理规划和使用城市道路资源，增强城市配送运能力。搭建托盘社会化共用平台，在松江、徐汇、宝山、嘉定等区域建立托盘营运中心，实现托盘集中管理、统一购置、市场化租赁和就近取送，使物流运作效率提高近5倍，使托盘使用成本节约18%。

(四) 加快发展区域物流，推动“长三角”地区一体化。

1. 开展市场共建，促进区域联动

积极探索以互联网为载体的物流服务平台，降低物流成本，提高物流服务效率。上海陆上货运交易中心(“56135”平台)集聚了10万多家物流企业，每天发布100多万条服务信息，提供撮合、竞价、担保等交易服务，成功解决物流信息不对称和社会物流成本高等问题，有效实现了长三角和长江流域乃至全国的物流企业区域联动。

2. 服务小微企业，降低运营成本

探索搭建“物流汇”公共服务平台，集聚国内4万多家中小微物流企业，通过提供物流软件、油品采购、资金结算等47项服务，切实推动中小微物流企业实现管理创新，有效降低运营成本降低。2013年，平台累计为中小微物流企业降低运营成本2 727.3万元。

3. 多项措施并举，推动协同管理

通过增强协同管理水平，提升长三角物流品牌的竞争力和影响力。一是建设诚信联盟，对长三角地区的物流企业进行诚信资质互认。二是落实安全联控，对长三角区地区的危险品运输车辆进行无间断GPS定位与监控。三是制订共同标准，为长三角地区的药品配送流程建立统一标准。

4. 搭建交流平台，促进信息沟通。

召开2013长三角地区现代物流联动发展大会。来自苏浙沪物流牵头部门、行业协会、物流企业和高校研究机构的代表300余人参加了会议，以“聚焦最后一公里”为主题，围绕电子商务的最新发展、电子商务对物流配送的依存度、创新物流运作模式支持电子商务发展、惠及社会经济和居民生活等内容，以主旨演讲、分组交流等形式进行了充分的探讨与交流。

二、2014 年物流业发展重点

2014 年,上海物流业将更加注重高端物流资源集聚和高端物流功能塑造,聚焦关键领域、推进重点项目、延伸产业链条,增强上海参与国际国内物流资源配置的能力,为上海国际经济、金融、贸易、航运中心的核心功能提供坚实的物流支撑。一是推进京东"亚洲一号"云物流平台、联华江桥全温带配送中心、顺丰 SSS 自动化分拣中心等一批现代化、智能化大型配送中心建设运营。二是推进农工商城市共同配送平台、全家便利现代商贸物流服务平台进一步向社会开放末端服务功能。三是推进陆交中心 56135 平台对接有关省市物流公共信息平台,共同建设国内物流服务体系。四是拓展市内冷链配送和宅配、直配送功能。五是推进标准化托盘社会化循环共用体系建设和城市配送物流车辆标准化推广应用。

第十二章 商务服务业

第一节 会展业发展态势

一、2013 年会展业发展概况

2013 年,上海围绕国际会展中心城市建设目标,推动会展硬件设施日臻完善、会展环境日趋优化。具体看来,2013 年上海会展业发展呈现出以下特点:

(一) 规模稳步扩大、态势健康有序

1. 会展面积持续增加

2013 年,上海共举办展览会 798 个,比上年减少 8 个;总展出面积 1 200. 8 万平方米,比上年扩大 8. 25%。其中:举办国际展览会项目 247 个,比上年减少 14 个;展出面积 874. 5 万平方米,比上年扩大 7. 57%;国际展览会平均单项面积达到 3. 54 万平方米。举办国内展览会项目 551 个,比上年增加 6 个;展出面积 326. 3 万平方米,比上年扩大 10. 10%;国内展览会平均单项面积为 0. 59 万平方米。

2. 规模化程度进一步提高

2013 年,上海举办 3 万平方米以上的展会达 85 个,比上年增加 8 个,增长 10. 4%,总展出总面积 684 万平方米,比上年扩大 13. 3%。其中 3 万~5 万平方米的展会 35 个,比上年增加 5 个;5~10 万平方米的展会 26 个,与上年持平;10 万~20 万平方米的展会 17 个,比上年增加 3 个;20 万平方米以上的展会 7 个,与上年持平。

3. 国际展会的国际化、市场化、专业化、品牌化特征凸显

2013 年,上海国际展览会境外参展面积占比为 26%,比上年增长 7%。2013 年,上海国际展览会项目市场化运作率达到 97%,比上年增加 1%。2013 年,上海国际展览会项目的专业化程度达到 92%,比上年增加 2%。2013 年,上海国际展览会中确认品牌展、优秀展数量为 53 个,展出面积达 340 万平方米,占国际展览会总规模的 40%左右。

4. 本土企业办展能力进一步增强

2013 年,上海共举办 1 万平方米以上展览会项目 218 个,总展出面积 917 万平方米。其中:在本土注册的会展企业办展 155 个,占比 71.1%;办展面积 631.6 万平方米,占比 68.9%,比上年增长 2.46 个百分点。本土企业办展能力较上年进一步提升。

5. 场馆面积持续增加

截至 2013 年底,上海已有主要展览场馆 13 个,可供展览面积 55 万平方米(其中室内 45 万平方米),到 2014 年底中博会会展综合体建成后,上海将有超过 100 万平方米的场馆可供使用(其中室内超过 80 万平方米),届时上海将成为全球会展场馆规模总量最大的城市。

(二) 会展企业服务质量不断提升

1. 自主办展领域集中度提高,服务水平提升

2013 年,上海自主办展领域的集中度不断提高。博华、国展、现代国际、法兰克福、贸促会纺织分会、万耀企龙、汉诺威、环球等 8 家公司展出项目的总面积占全市国际展览会总面积的三分之一以上。同时自主办展企业在项目的主题演绎、活动创意等方面不断深化和提升。百文会展公司的国际美容展开幕式与客户联谊活动相结合,整个活动就像一个奥斯卡颁奖盛典。协升公司的国际自行车展连续多年对展台进行评定,极大地提升了展会质量。海事学会的海事展,通过展商与专业观众有效配对服务,提高了企业参展的效益。

2. 展示工程企业创意及创新水平不断提高

一是提升原创设计能力。风语筑、龙展、复旦上科、上美、笔克、点意空间、汇展、亿品等展示企业为中国的博物馆、展示厅建设提供个性化的设计创意。二是加强技术手段应用。现代国际、安宝示、协合、德马吉、金明等展示企业为上海展览会高科技应用提供了支撑。三是推广绿色环保展具、材料的应用。灵通集团在上海乃至全国推广节能、环保展具,促进绿色会展发展。四是加强与国际化项目合作。形家、汇展、创信、点意空间、协合、笔克、乃村等展示企业已成为上海迪士尼乐园第一批服务供应商。五是加快国际化步伐。点意空间已成功地承接了 2015 年意大利米兰世博会中国企业联合馆的建设任务。

(三) 会展环境进一步优化

1. 综合服务水平不断提升

自 2011 年对新博、展览中心、光大、国展中心、世贸等 5 家场馆进行综合服务能力测

评试点以来,2013 年又扩展到了世博展览馆、世博会展中心、浦东展览馆、东亚、汽车会展中心等 10 家场馆,有力推动了场馆提高综合服务水平。

2. 配套服务日益完善

一是展会物流业务领域不断拓展。上海国际展览运输公司、欣越物流、罗杰斯展运公司、保昌货运公司等企业的展会物流业务从场内扩至场外,开始与国际接轨。二是会展企业加快信息技术应用。澳龙信息科技(上海)有限公司、上海奋泰国际贸易有限公司等企业应用互联网信息技术,积极开展线上招展招商、展商与客商的配对等工作。三是服务范围深化拓展。华丽达视听设备服务有限公司从一般的设备提供服务,延伸到提供录影棚、视听系统等专业化服务。

3. 规范化程度不断提高

2013 年,上海市政府对上海市展览业管理办法进一步修订,并加快创建公共服务平台,同时,规范合同文本、便捷备案方法、项目评级等也即将出台,相应的会展专项资金等鼓励政策也在拟定中,上海会展业发展的规范化程度不断提高。

4. 人才培养加快推进

2013 年,上海市会展行业协会以校企合作为契机,结合高校会展经济与管理的专业教育,大力推进会展人才的培养。同时认真开展会展管理专业技术水平认证工作,并开办了第一期高级展示设计师的培训和认证,加强会展人才队伍的建设。

二、2014 年会展业发展重点

2014 年,上海会展业将深入贯彻落实党的十八届三中全会精神,优化会展业发展环境、完善会展业功能布局,进一步推动行业健康发展。

1. 发挥中国博览会会展综合体示范引领效应

2014 年,大虹桥中国博览会会展综合体北片展厅将投入运营,以高品质载体建设和专业化团队运营为重要依托,将吸引一大批规模大、质量高、成效好、影响广、辐射强的国内外展会,推动上海会展业的提升能级,扩大上海会展业的辐射范围,提高上海会展业在全球会展业中的地位。

2. 促进会展企业与上海迪士尼项目对接

借鉴展示工程企业参与世博会建设的成功经验,以汇展、形家、创信、点意空间、协合等 5 家企业成为第一批上海迪士尼项目供应商为引领,发挥笔克、乃村等企业参与迪士尼乐园项目建设的示范效应,鼓励更多展示工程企业参与到迪士尼项目的建设中。

3. 进一步提高会展业规范化程度

完成展览业管理办法修订，完成《展览经营与服务规范》中关于展览主(承)办机构、展示工程企业、场馆经营单位的服务规范，展览项目等级评估等标准的制定，继续开展对上海市国际展览会的评估和复评，促进上海市会展业的规范化发展。

4. 进一步加强会展业人才培养

深化"上海会展创意设计人才建设专项服务平台"项目，探索开展展示设计、会展管理、会展活动策划等创意人才初级培训的网络教育模式，创新会展人才培养模式，扩大会展人才培养范围。筹备会展活动策划和会展英语的培训认证，提高会展人才的专业化水平。

5. 深化会展业公共服务平台建设

继续推进上海会展产业发展公共服务平台建设，结合网络信息技术的应用，开展会展信息发布，汇聚与整合会展产业链各个环节的信息与资源，为会展产业链上的企业实行网上配对服务。

6. 推进长三角城市会展共同发展

进一步加强上海会展业与长三角会展城市的合作，通过开设专业培训班、制定会展发展战略等工作争取在人才培训、城市会展发展研究、项目交流等方面实现新的突破。

第二节　拍卖业发展态势

一、2013 年拍卖业发展概况

2013 年，在市场环境和政策环境错综复杂的情况下，上海拍卖行业坚持改革创新，以扎实的业务能力、优质的服务水平赢得市场，保持了稳健发展的态势。

(一) 行业总体实现平稳增长

1. 行业经营企稳回升

2013 年，上海拍卖行业拍卖成交总额达 388 亿元，比上年增长了 21 亿元，涨幅为 6%。全年拍卖场次为 2 368 场，比上年增加了 374 场。拍卖成交额 5 000 万元以上的企业有 47 家，比上年增加 11 家；合计成交额达 382 亿元，占行业总成交额的 98%；拍卖成交额 1 亿元以上的企业有 42 家，合计成交额达 379 亿元，占行业总成交额的 97%。成交额 1 亿元以上的文物艺术品拍卖企业 8 家，成交额达 27 亿元，占全年文物艺术品成交总额 42 亿元的 66%。

2. 拍卖企业综合实力全国领先

截至2013年底,上海市共有拍卖企业202家,其中AAA级企业14家、AA级企业20家、A级企业10家,AAA级企业继续居全国省市第一位。截至2013年底,上海市共有文物拍卖资质企业66家,其中一、二、三类文物拍卖企业21家。此外,具有公物罚没物资拍卖资质的企业有32家;承担上海市司法委托拍卖的企业有34家。2013年,上海市共有拍卖从业人员3 106人,拍卖师310人,比上一年度略有增加。从业人员中,85%以上具有专业拍卖资格证书。

3. 行业效益保持良好

2013年,上海拍卖行业实现佣金收入超过6.98亿元,占全国佣金收入94亿元的7.4%,佣金率为1.8%。就各业务板块而言,房地产业务佣金率为1.5%,比上年下降0.7个百分点;文物艺术品业务佣金率为10.1%,在各业务类别中继续保持领先;机动车拍卖业务佣金率为4.4%,比上年提高0.3%。就业务委托来源而言,个人委托拍卖业务占行业成交额的11%,为行业贡献了超过1/3的佣金收入,而政府,法院委托的佣金较低。

(二) 主要标的类型业务各有升降

1. 房地产、股权拍卖显著上升

随着国家对于房地产市场的调控杠杆日趋市场化及上海市公共资源拍卖中心的成熟运行,上海房地产拍卖增长较快。2013年,上海房地产拍卖成交109.1亿元,比上年增加了33.8亿元,增长45%,占到行业成交总额的28%。2013年,股权拍卖成交11.7亿元,比上年增长一倍。

2. 文物艺术品拍卖继续理性回调

2013年,上海市文物艺术品拍卖市场继续回落,成交额为41.6亿元,比上年下降了4.5亿元。2013年,上海文物艺术品拍卖市场并不缺乏热点,佳士得落户上海并举行首拍,"自贸区首拍"等,都引起了舆论的热情关注。

3. 机动车拍卖稳步拓展

2013年,上海机动车拍卖成交8.8亿元,受政府公务车处置量减少等客观因素影响,比上年略有下降。2012年以来连续两年,上海机动车拍卖成交额保持在9亿元左右,相比两年前翻了一番。上海机动车拍卖企业的专业能力、服务水平正在逐步提升,网络拍卖在机动车拍卖市场中已基本普及,同时机动车拍卖也逐步成为上海市民购置二手车的重要途径之一。

4. 公共资源拍卖实现增长

2013 年,上海市公共资源拍卖中心举行拍卖会 870 场,比上年增加了 220 场,增长 34%,平均每天拍卖 4.4 场。2013 年,上海市公共资源拍卖中心各类拍卖总成交额实现 79 亿元,比上年增加了 37.3 亿元,增长 89%。

(三) 不同业务委托渠道成交额有涨有跌

2013 年,政府部门、法院、执法部门委托拍卖的成交额均有不同程度的增长,特别是法院和政府部门委托业务增长幅度较大。全年政府部门委托拍卖成交 91.9 亿元,比上年增加 21.3 亿元,增长 30%;法院委托拍卖成交 61.1 亿元,比上年增加 23.2 亿元,增长 61%。而机构委托、个人委托、金融机构委托的拍卖成交额却出现了不同程度的下滑。

二、2014 年拍卖业发展趋势

2014 年,上海拍卖业将贯彻落实十八届三中全会全面深化改革的要求,加快行业模式管理创新,推进信息技术应用,实现健康持续发展。

(一) 行业局部加快调整

2014 年,市场改革政策的集中出台和技术竞争带来的压力将集中出现:以政策主导的司法拍卖和国有资产拍卖仍存在诸多不确定因素,模式变革的压力、平台和技术的竞争将成为这一时期的主导;以市场主导的艺术品拍卖等业务,将在艺术品市场建设、行业规范管理、参与艺术品投资的引导等方面提出很多具体要求。上海拍卖业需要重点突破政策的局部调整,加强市场的拓展和规范运行。

(二) 技术创新与服务方式日趋融合

技术创新将推动拍卖这一传统行业加速与信息化融合,网络拍卖及信息技术将继续深入拍卖行业。以“互联网技术”为手段,以“统一平台”为载体,以“信息数据”为商业价值的公开透明的新模式将对拍卖行业的发展带来新的挑战。上海拍卖业需发挥专业服务优势,实现“线下线上”的融合,在移动互联网时代实现“O2O”服务方式,为行业持续发展提供支撑。

(三) 公共资源拍卖的示范效应将进一步显现

上海市公共资源拍卖中心成立两年多来,运行成效显著,受到政府部门和社会各界的一致肯定,中心年交易额已接近百亿元,并且积累了大量实践经验,为进一步探索公共资源的市场化处置起到了示范作用。2014 年,十多个政府监管部门将研究进一步扩大公拍平台的服务范畴,争取将适合拍卖交易的公共资源项目的拍卖实现法制化、固定化。因此,公共资源拍卖交易的范围将进一步扩大,公拍平台的示范效应也将进一步显现。

(四) 文物艺术品拍卖将迎来新一轮的起步

上海市政府部门已经将振兴上海文化艺术品市场提升到了战略高度,随着《上海文物艺术品发展三年规划(2014—2016)》的出台,将分别从政府、协会、企业各个层面提出多项具体措施。2014 年作为规划实施的元年,政府、企业及协会等各方将在规划的指导下共同推进市场建设,缩短与发达地区的差距,在市场调整中找到新的增长点。

(五) 机动车拍卖机遇和挑战并存

近年来,上海机动车拍卖量维持在较高的水平,机动车拍卖企业的专业团队运营及网络技术应用等也都较为成熟。但是上海机动车拍卖还是以政府公务车处置业务为主要支撑,机动车拍卖企业的市场化程度还有待提高。

第三节 典当业发展态势

一、2013 年典当业发展概况

由于受到生产资料业务下滑、银监会加强行业监管等因素影响,2013 年上海典当行业总体典当量出现下滑。

(一) 行业总体发展情况

2013 年,上海典当业完成典当总额 488. 57 亿元,比上年下降 11. 46%,占全国典当总额的 14. 65%。典当业务笔数总计 393 148 笔(其中新当 139 677 笔,续当 253 471 笔),比上年下降 9. 43%。典当业务总费收入为 11. 14 亿元(其中息费收入 10. 75 亿元),比上年下降 17. 67%,占全国典当业务总费收入的 8. 31%。应交税金为 1. 62 亿元,比上年下降 12. 69%。

截至 2013 年底,全市典当企业为 251 家,分支机构 63 家,共计 314 家典当经营网点,其中新设典当企业 23 家,占全国 7577 家经营网点的 4. 14%。全市注册资本金为 56. 86 亿元。

（二）行业各项业务发展特点

1. 房地产业务成为行业重要支撑

2013 年，房地产抵押业务完成 289.89 亿元，与上年同比下跌 1.6%，所占业务比重升至 59.47%，占全国份额 16.61%。这与典当业充分发挥自己短期、小额、灵活、快捷经营特性优势密不可分。

2. 民品业务增加迅速

2013 年民品业务快速增长，完成 77.49 亿元，比上年增长 19.42%。2013 年民品业务在典当行业中占比达到 15.9%，比上年增长 4.1%。民品业务回报率高，风险分散，周转速度快，为行业转型发展注入不少活力。

3. 机动车业务规模有所突破

经过对业务操作流程优化的宣传，为机动车典当业务带来机遇，带动机动车业务规模实现突破。2013 年，机动车业务完成 9.06 亿元，比上年大幅增长 21.6%。但机动车业务所占比重仍然较低，仅占 1.9%。

4. 生产资料业务受重挫

受 2012 年钢材质押业务影响及业务操作上缺陷的制约，2013 年生产资料业务发展受挫。2013 年生产资料业务仅完成 55.81 亿元，比上年大幅下滑 115.28%。

5. 财产权利业务需寻新亮点

受政策打压影响，财产权利业务尤其是证券质押业务发展受限。2013 年完成 56.31 亿元，比上年下跌 2.03%。行业需寻找新的业务增长点，随着国内保理业务的兴起，可探索开展应收账款业务，推动典当行实现转型、保持竞争力和可持续发展。

二、2014 年典当业发展重点

1. 加快发展民品典当业务

民品业务是典当业的传统业务，也是典当业有别于其他行业的根本性业务，加快发展民品业务，有利于推动典当业转型发展。一方面可以推动建立企业间联动互助机制，鼓励搭建艺术品鉴赏评估沙龙，促使有限的人才为更多有需求的典当企业服务。另一方面可以积极开拓奢侈品典当业务等新民品典当业务品种，培养一批相关鉴定人才，扩大从业队伍。

2. 挖掘典当企业潜力，提高经营水平

鼓励典当企业深入挖掘自身优势和资源，多方寻求发展机会，同时立足自身擅长的业务做大做强,积极开展差异化经营。如国盛典当开设“宝贷通”业务、泰优汇典当精于机动车业务,都实现良好发展。

3. 寻求与互联网金融的合作

抓住互联网金融快速发展的趋势,加快信息化技术的吸收与应用,积极寻求传统典当业务与互联网金融的融合与合作,拓宽典当业务发展的空间。

4. 财产权利业务在突破中求新生

探索发展上市公司非流通股质押、一般企业的股权质押等财产权利业务,鼓励尝试拓展应收账款业务等新业务品种,推动财产权利业务领域健康发展。

5. 开拓创新融资新业务品种

发挥鉴定评估及咨询服务等新兴业务发展良好的带动效应,鼓励合规合法且有专业技术能力的企业积极挖掘新业务品种。发挥典当业期限灵活、物品规格较为宽泛等优势,鼓励代保管业务进一步加快发展。

6. 建立现代化管理机制

以解决中小微企业融资难和解决城市一般居民资金急需为出发点,加强内部管理,建立健全各项科学的现代企业制度,完善培训机制,提高业务水平和服务质量,推动典当企业良性发展。

第四节　融资租赁业发展态势

一、2013年融资租赁业发展概况

2013年,上海融资租赁业仍然保持较快增长,行业规模持续扩大,同时随着利好政策的不断推出,为融资租赁行业的发展注入了新的动力。

1. 行业集聚度持续提高

截至2013年底,上海市已经成立了将近250家融资租赁企业,其90%以上是外资租赁公司,还有少量金融租赁公司和内资租赁企业,上海已经成为国内最主要的融资租赁企业集聚地。

2. 自贸试验区建设促进行业创新发展

中国(上海)自由贸易试验区挂牌以来,区内融资租赁试点政策效应逐步显现。2013年,国家外管局上海分局发布外汇支持自贸区建设实施细则,放宽了对外债的债权债务管理,取消了境外融资租赁债权审批,允许境内融资租赁业务收取外币租金。2013年,自贸试验区内新设融资租赁企业38家,占同期全市新设融资租赁企业总数的81%。一大

批境内外企业投资设立母体公司、子公司和项目公司。例如,交银租赁、上海电气、中航租赁都抢抓自贸区机遇,纷纷在自贸试验区设立了子公司或 SPV,积极开拓创新境内外租赁业务。

3. 政策利好推动行业健康发展

2013 年,商务部颁布《融资租赁企业监督管理办法》,进一步规范和强化了对融资租赁企业的管理,避免了融资租赁业在调整发展中可能发生的乱象,支持了行业的健康发展。财政部和国家税务总局下发《关于将铁路运输和邮政业纳入营业税改征增值税试点的通知》(106 号文),使几乎处于停滞状态的售后回租业务重新回归到正常发展的轨道。最高人民法院《融资租赁合同纠纷司法解释》正式实施,使困扰行业发展的诸多法律困局得以解决。国家外管局上海分局发布外汇支持自贸区建设实施细则,放宽了对外债的债权债务管理,取消了境外融资租赁债权审批,允许境内融资租赁业务收取外币租金。上海市商务部门会同相关方面积极贯彻落实国家相关政策,重点研究本市融资租赁业发展的特点和瓶颈,着力推进自贸试验区飞机、船舶和重大装备的租赁业务发展,促使本市融资租赁发展跃上新台阶。

二、2014 年融资租赁业发展重点

1. 探索行业转型路径

鼓励融资租赁企业立足自身资源和条件,进行差异化市场定位和寻找合适的业务模式,推动行业发展方式从“数量发展”向“数量和质量并重”转变,重视融入实体经济,在发展中不断提升服务价值。鼓励企业从资金提供方向专业的资产管理人转变,坚持国际和国内两个市场并重,积极拓展新的发展空间,丰富和拓展多元化的盈利模式。

2. 优化行业发展环境

依托上海市租赁行业综合信息与服务平台,整合政府、企业及行业协会等各方资源,形成合力,推动各项政策和制度的完善,共同推动租赁经营环境的改善,营造良性的行业生态系统和发展环境,维护整个行业健康发展。

3. 加强行业立法与监管

融资租赁是跨界于金融与实体的服务行业,是经营和管理风险的行业,建议在立法层面建立动产登记或公示系统,进一步保障物权和善意第三人的利益。建立租赁资产的退出机制,打通企业资产退出的通道,使资产随时具备好的流动性,增强企业处理设备残值的能力。

第十三章　平台经济与创新发展

一、上海平台经济发展现状

平台经济是以经济全球化和互联网技术发展为基础的全新商业模式，以需求为导向，以核心企业为主导，以信息技术为驱动力，通过搭建集多方信息、多方服务、多方交易于一体的平台，紧密结合实体经济发展，整合产业链要素与资源，云集各类服务功能，促进产业链各环节更好的分工与协作，进而降低成本，带来规模经济效应。

上海牢牢抓住部市合作、国家现代服务业综合试点契机，着力推进平台经济发展，已在大宗商品贸易、消费品交易与生活服务、专业服务和跨境电子商务等领域培育和涌现出一批优秀的平台企业，在统筹"两个市场"、"两种资源"，推动上海商品市场转型升级，带动金融、物流、信息等配套服务体系建设，促进贸易转型升级和贸易倍增等方面发挥了巨大的能量。

（一）大宗商品贸易平台蓬勃发展

大宗商品贸易平台主要以供应链为基础，提高交易透明度，而且形成价格发现机制，并逐步演变为订单中心、定价中心，为推动上海实现贸易倍增起到了重要作用。上海大宗商品贸易平台目前主要有 3 种形式：

（1）纵向交易平台。主要源于大型企业集团，以自身产品优势来连接整合上下游产业。上海钢铁交易中心依托宝钢将全国超过 2 万家上下游企业集聚在同一平台上，提供交易、资金、物流、加工、技术、信息等全流程、一站式服务。上海钢联、斯迪尔钢铁交易平台、西本新干线以及上海有色金属交易中心等依托平台的搭建与发展，已成为国内冶金和有色金属行业创新转型的领军企业。

（2）横向交易平台。主要作为第三方来整合相关资源、撮合交易并提供相关增值服务。易贸集团通过 O2O 服务交易平台为超过 20 万的优质客户提供洽谈，成交、支付、融资和配送等方面的商机。春宇"快贸通"平台延伸出线上线下交易撮合、金融、物流等一站式服务，形成千亿元级交易规模，引起国际市场关注。上海石油交易所是国内首个获国家能源局支持的天然气交易平台，将应对日本、新加坡市场的竞争，确立中国在天然气行业的定价权和话语权，填补了亚洲天然气交易中心的空白。

（3）交易资讯平台。主要提供市场行情、基准价格、咨询服务等。上海钢联电子商务股份有限公司通过提供大宗商品的基准交易报价、产能产线数据、交易变化等信息，引导钢铁企业进行采购和销售。

（二）消费品交易与生活服务平台繁荣发展

消费品交易与生活服务平台主要为个人消费者集聚大批商品和提供便利化服务，在促消费、扩内需、惠民生等方面发挥了重要的示范作用，同时为促进传统商业模式转型升级做出了积极贡献。上海消费品交易与生活服务平台目前主要有 3 种形式：

（1）商品交易平台。1 号店作为国内电子商务行业"网上超市"的开创者，为消费者提供了数十万种的商品选择以及 24 小时送达的配送服务。上汽集团的"车享网"是中国汽车市场首个 O2O 电子商务平台，整合集团旗下 2 000 家的经销商、四大乘用车企业和八大乘用车品牌。

（2）农产品交易平台。上农批农产品进出口交易平台、辉展果蔬交易平台、菜管家、都市菜园等平台企业将传统农产品交易从线下搬到了线上，为平台上的固定商户、郊区菜农、物流车辆建立了电子档案跟踪服务，保证了农产品交易可追溯、全流程可监控，从而引领上海农产品流通方式创新，降低流通成本，提高流通效率。

（3）生活服务平台。携程旅行网将传统旅游业与互联网无缝结合，向超过 6 000 万会员提供集酒店机票预订、美食订餐及旅游资讯等在内的全方位旅行服务。大众点评网通过连接后台成千上万家餐饮企业，为消费者提供电子优惠券和点评互动平台，形成"要就餐先上网"的局面。

（三）专业配套服务平台完善发展

作为平台经济的重要组成部分，支付、物流、代理等配套服务也已出现电子化、网络化发展趋势，为形成完善的平台经济生态链贡献了重要力量。上海专业配套服务平台目前主要有 3 种形式：

（1）金融服务平台。快钱公司和汇付天下等第三方支付企业，借助互联网为平台型企业提供网上结算、支付及融资服务，不断创新金融服务产品。

（2）第三方物流平台。上海陆上货运交易中心建设的"56135 平台"是国内首家物流资源交易平台，拥有 15 万家企业会员，在原有物流资源信息发布撮合的基础上，拓展冷链宅配、港口和供应链金融服务，形成了以物流公共信息平台、智慧物流资源交易和全程供应链管理为核心竞争力的发展模式。

(3) 信息服务平台。上海钢联上海大宗商品信息中心被国家统计局授予"国家统计局大数据合作平台企业"称号,通过提供钢铁、矿石、有色金属等9大行业指数信息,成为全球最大的大宗商品信息采集基地,服务的国内外客户超过百万家。好耶集团、分众传媒等通过挖掘大数据背后蕴藏的商机,成为电商时代互联网营销专家。

(四) 跨境电子商务平台在探索中发展

跨境电子商务平台通过搭建电子商务平台集聚不同关境的交易主体,推动完成交易、支付结算等功能,并通过跨境物流送达商品、完成交易的国际交易平台。"跨境通"电子商务平台,作为上海唯一的国家级跨境贸易电子交易试点项目,为国内消费者提供一条阳光、便利、快捷的跨境网购新渠道。

二、平台经济的发展环境

随着"创新驱动,转型发展"的不断深化,上海发展平台经济既具备优势也存在一些问题与瓶颈。

一方面,上海改革开放的先发优势、完善的基础设施和发达的市场体系为发展平台经济奠定了坚实的基础。多年来上海为各类平台集聚跨国机构、培育新模式和新业态、参与全球资源配置创造了独一无二的有利条件。同时,上海在金融、贸易、航运等领域汇集而成的"大数据"的资源优势已经成为众多有影响力的平台型企业集聚上海的关键因素。上海智慧城市建设推动了信息化水平大幅提升,"光纤到户"、WLAN、城域网出口带宽等硬件水平全国领先,为平台型企业提供了强有力的支撑。另外,上海改革开放以来逐步形成的门类齐全的商品市场、要素市场、服务市场等,为平台经济发展提供了良好的基础环境。

另一方面,现行管理体制的滞后、缺乏龙头企业、与传统产业缺乏深度融合已经成为上海发展平台经济的最大瓶颈。平台经济快速发展对现行政府管理方式造成了很大的冲击,特别是在信息、诚信、监管、税收等关键环节亟待转变。比如,有的平台交易市场未纳入营改增范围,还存在营业税重复征收问题;有的平台网站因为信息不对称、诚信机制的缺失,商业纠纷、消费投诉屡有发生。另外,尽管上海平台型企业起步较早,数量较多,门类也较全,但与北京、深圳、杭州等城市比较,在平台的体量、集聚程度等方面没有明显优势,缺乏诸如淘宝、京东等龙头企业。同时,上海的平台型企业大部分源自贸易商或资讯服务供应商,这些以服务经济为主的平台型企业与制造经济为主的传统产业的互动不够,特别是在信息和交易、线上和线下、现货和期货、商流和物流以及贸易和金融等方面,仍缺乏深度的融合。

三、平台经济的发展方向

平台经济作为创造和聚集价值的桥梁，在提高资源配置效率、扩大服务半径、增强影响力和话语权等方面发挥着举足轻重的作用。加快发展平台经济是上海国际贸易中心建设的重要抓手和主要实现方式，是完善现代市场体系，实现创新驱动发展、经济转型升级的有效途径，对于全面提升上海市场配置全球资源能力，具有重要的现实意义。上海应进一步将优势转化为实力，加快推进平台经济的发展。

1. 加强规划引导，完善市场体系

制定上海平台经济发展规划，在支持上海商品市场升级改造的基础上，探索平台经济发展的新业态、新模式，提升平台整合集成能力，拓展综合服务功能；对涉及国计民生、城市公共安全的重要平台，编制专项规划，明确目标任务和具体措施，逐步形成结构优化的现代市场体系。

2. 聚焦重点领域，促进产业融合

聚焦金属、能源、化工等领域，打造集采购、制造、加工、销售和服务于一体的大宗商品现货交易中心；聚焦黄金珠宝、服装服饰、家居建材等消费品领域，建设集采购交易、创意研发、信息发布、展览展示、时尚消费等功能于一体的消费品平台；聚焦农产品领域，建设高效率、低损耗，辐射全国、面向国际的农产品集散中心。健全各类平台物流、金融、信息等服务功能，促进商品、要素、服务市场融合发展。

3. 加强示范引领，培育龙头企业

扶持有优势有潜力的平台企业做大做强，跨地区、跨行业、跨所有制开展资源整合，示范一批、培育一批在国内外有一定影响力的平台企业。鼓励有行业影响力的贸易商、制造企业内部贸易平台、资讯服务商等，拓展服务领域，建设具有总集成能力的平台。

4. 抓住试验契机，打造国际平台

在自贸试验区内，率先聚焦国内进出口量大的能源产品、基本工业原料和大宗农产品等大宗商品，开展净价交易、保税交割，打造大宗商品现货市场“国际版”，进一步增强上海市场配置全球资源的能力。

5. 加强各方协同，营造良好环境

引导社会各方深化对平台经济价值和作用的认识，形成推动平台经济发展的有效合力；加强法规建设，明确平台运行规则、监管制度、准入标准等；广泛开展诚信经营和平台信用评价，形成诚信激励、失信惩戒机制，营造公开、公正、公平的平台经济发展环境。

6. 加快职能转变,创新管理方式

建立平台经济联合推进机制,加强部门协同,推动平台经济健康有序发展。健全各类平台运营的规则和标准,完善平台企业准入、管理制度和服务标准,探索适应平台经济发展的管理模式。加强平台运行监测和统计,全面掌握行业发展状况。加大平台经济政策扶持力度,为各类平台发展创造条件。加快各类平台行业组织建设,培养和引进一批懂产业、懂技术的复合型人才,为平台经济发展提供坚实的人才保障。

第十四章　上海现代服务业综合试点

上海现代服务业综合试点是商务部、财政部与上海市政府合作推动现代服务业发展的新尝试，力争通过试点，推动服务业现代化、网络化、标准化、品牌化发展，促进上海服务业的跨越式发展，同时探索突破现代服务业发展的体制机制瓶颈，为全国服务业发展积累经验。2011 年，经商务部、财政部批准，上海在浦东新区、虹桥商务区及浦江沿岸，选择有基础、有优势的城市共同配送、现代商贸功能区、国际贸易中心公共平台等领域，开展现代服务业综合试点（以下简称“试点”）。截至 2013 年底，列入上海市现代服务业综合试点的项目共 140 个。其中 2011 年、2012 年的 105 个项目已全面启动，共拉动社会资本投入 125 亿元，2013 年新增的 35 个项目也已通过初审，基本完成了《上海现代服务业综合试点方案》的阶段性目标。

一、2013 年现代服务业综合试点进展情况

（一）主要领域试点工作顺利推进

1. 城市共同配送服务模式愈加完善

随着消费需求升级和电子商务发展，建设城市配送三级网络，完善“最后一公里”配送，已成为现代物流业发展的重要内容。上海依托相关企业，通过建设城市共同配送信息服务平台，打造“全社会物流资源配置平台”、“全温带配送中心”、“全天候邮局”等服务载体，在快速消费品、冷链食品、药品等专业领域，完善城市配送中心和配送网络设施建设，引导建立统一的城市共同配送服务标准。其中，百联城市共同配送项目建立的“托盘社会化共用模式”，破解了托盘社会化共用难题，实现提升物流工作效率 6～10 倍，平均节约托盘使用成本 18%。通过城市共同配送模式的推广，使社会物流成本明显下降，城市道路、运力资源利用率不断提高。

2. 现代商贸功能区建设深化推进

依托龙头企业转型，强化商贸服务功能集聚，推动上海产业转型升级。上海在试点

过程中,依托宝钢集团和上汽集团,分别培育了上海钢铁服务业综合试点区和上海现代汽车服务产业集聚区,建设了上海钢铁交易中心、上海大宗商品信息中心、安吉汽车物流可视化平台等产贸结合的服务载体,推动制造业基地转为服务业高地。通过商贸功能区的建设,使产业深度融合,贸易集聚度提升,贸易倍增效应凸显。

3. 国际贸易中心公共平台优势凸显

围绕国际贸易中心建设,充分发挥上海在对外开放、商品市场和国内外商品集散能力等方面的优势,建设服务全国、连接国际的平台是上海服务业参与国际竞争的重要载体。上海成功举办首届中国(上海)国际技术进出口交易会,吸引了来自31个国家或地区的近千家知名企业与机构参展,累计达成交易或意向项目183项,开启我国技术进出口交易先河,成为全球技术交易的新节点。重点打造中国(上海)技术进出口促进平台、中国(上海)国际贸易中心平台、国家级对外经济政策研究咨询平台、"跨境通"电子商务支付平台等公共服务平台,以及易贸化工大宗商品交易服务平台、上海有色金属交易中心、春宇"快贸通"等大宗贸易专业服务平台。通过国际贸易中心平台的建设,促进了要素集聚、服务集成和信息共享,为上海配置国内外市场资源奠定基础。

(二) 2013年上海现代服务业综合试点主要做法

在试点过程中,上海不断进行机制、模式等方面的创新,初步形成了具有推广基础和借鉴意义的创新经验。

1. 建立多部门协调机制,增强试点工作的协作性

试点工作涉及发改、财政、经信、国资、交通、公安等相关部门以及区县政府,在推进试点的过程中,为进一步强化各部门的协同性,全市专门成立了现代服务业综合试点工作领导小组,先后制订实施方案,出台管理办法,强化跨部门合作推进试点。全市相关政策出台后,各区县也出台了配套政策。

2. 建立部市会商机制,强化创新政策的可行性

在试点过程中,商务部、财政部领导多次来沪调研指导,保证了试点工作的顺利推进。通过建立部市会商制度,强化了上海与国家部委的沟通和交流。将上海试点过程中取得的经验及时汇报;并积极争取国家相关部门对模式创新的支持,为试点营造更为宽松的环境和更大的创新空间。

3. 边试点边总结经验,发挥引领示范作用

在试点过程中,联合高校、科研机构对各领域涌现出的新模式、新做法进行总结推广。目前,根据10个试点典型案例编写的"新模式、新路径、新发展"在业界引起广泛讨论;通过制定"城市共同配送服务标准"、"仓储业动产质押管理标准"等,将一些试点经

验转化成行业标准，提升了行业整体服务水平；基于上海经验编制的《城市配送发展指引》、《商贸功能区发展指引》也经商务部批复在全国推广。

4. 以大型企业为依托，推进现代服务业持续创新

在试点过程中，依托宝钢、上汽、百联等大企业推进二三产业融合，打造服务功能平台，促进业态创新。做到“三个充分利用”：充分利用上海大企业现有的雄厚基础，推进制造企业向服务业延伸，加快二三产业的融合发展；充分利用上海大企业的行业影响力，推进企业内部服务向行业开放，实现其服务部门向服务平台的转变；充分利用上海大企业的资本实力，促进现代服务业的功能拓展，打造服务业的功能集群，提升综合服务功能。

5. 以构筑网络为支撑，促进服务功能深化和拓展

在试点过程中，为增强现代服务业的辐射力和影响力，强化网络体系的建设，将现代服务业发展与网络建设紧密结合。比如，围绕现代服务业打造电子商务网络平台，延伸服务触角，拓展服务半径，提升辐射力。同时，引导服务水平向精细化发展，构筑一个个各具特色的功能平台，进一步提升服务的个性化，增强综合服务水平。

6. 以人才培养为抓手，构筑试点的重要支撑。

在试点过程中，特别重视试点企业高层管理人员的教育培训。一方面，强化服务业人才培养，组织试点企业高管在国内外一流大学培训学习，实地考察美国互联网、物流业、金融业、零售业中的典型平台企业，感受国外现代服务业发展的新技术、新趋势；另一方面，定期组织企业开展交流，将好的经验和做法在行业内推广，增强试点成效的扩散效应。

二、2014年现代服务业综合试点工作重点

2014年，上海将以中国(上海)自由贸易试验区建设为契机，全面贯彻落实党的十八大和十八届三中全会精神，按照国家对试点工作的总体要求，以及《上海现代服务业综合试点方案》提出的具体目标，主要做好以下几方面工作：

1. 进一步总结已有创新模式，强化示范带动作用

在前一阶段总结、宣传试点项目进展情况的基础上，对已经形成影响力，发展相对成熟的项目，会同高校、科研机构等对试点领域涌现出的新模式、新做法进一步提炼总结，将试点经验由点带面推广，指导和带动行业发展。

2. 进一步放大试点效应，加快发展平台经济

抓住中国(上海)自由贸易试验区建设契机，加快发展平台经济，网聚市场资源，网络市场需求，集成各种服务，提高市场资源配置能力。继续依托产业、市场等优势，加快发

展钢铁、汽车、化工、酒类、黄金珠宝等特色商贸功能区,强化交易、物流、金融、资讯等服务功能集聚;创新流通模式,重点聚焦金属、能源、化工等领域,培育一批线上线下结合、二三产业融合、期货现货联动、国内国外连接的万亿元级大宗商品交易平台,进一步提升"上海价格"、"上海指数"话语权与影响力,实现"贸易倍增"。

3. 进一步加强宣传报道,引导服务业转型发展

根据商务部《关于开展现代服务业综合试点宣传工作的通知》要求,按照上海试点工作宣传方案,组织新闻媒体通过播放专题宣传片、组织网络宣传和成果展览等形式,更好地反映试点工作进展情况及成效,多层次、全方位扩大影响力。

4. 进一步强化创新政策体系建设,营造良好发展环境

在已有的试点项目创新政策的基础上,进一步完善政策创新体系,建立适应服务业新业态发展的管理制度。同时,将创新政策的覆盖面从聚焦项目向整个行业拓展,充分利用项目的示范效应,最大限度地发挥政策的激发效应。

第十五章　生产性服务业发展案例

2013 年,在上海生产性服务业的多个领域涌现出一批准确把握市场需求,结合现代化信息技术应用,加快模式创新的优秀企业,在实现自身快速成长的同时引领行业发展趋势,为上海生产性服务业提升集聚效应、加快创新发展树立了典范。

案例 8　瞄准终端需求,打造钢铁交易网上 CBD
——上海钢铁交易中心

上海钢铁交易中心由宝钢集团牵头组建,是国内领先的第三方钢铁 B2B 电子商务平台,为钢铁行业上下游企业提供交易、资金、物流、加工、技术、信息等全流程、一站式服务。2013 年 5 月 31 日,上海钢铁交易中心正式揭牌,揭牌仪式当日实现成交 16 382 吨,最高在线客户数达到 5 896 家。经过两个月运行,上海钢铁交易中心累计实现交易量 30. 39 万吨,注册客户数达 25 836 家。

上海钢铁交易中心平台的专业性服务主要包括:在钢材领域,提供精密剪切、仓储配送、供应链金融等一系列的增值服务;在汽车领域,提供包括汽车物流在内的汽车服务产业链上的各类服务形态;在会展领域,为国内产业“转方式,调结构”提供市场风向标。上海钢铁交易中心平台将形成现代化钢铁供应链服务体系,引领钢铁流通变革,为推动二三产业联动、提升我国钢铁行业在国际市场上的定价权和话语权发挥积极的示范带动作用。

1. 以多样的商业模式,汇聚需求

上海钢铁交易中心通过搭建范达城、宝时达和来客圈三个服务平台,为行业供应链上下游客户提供在线交易、融资支付、物流配送以及技术咨询等一站式服务。范达城(自营产品品牌店)作为网上交易平台和销售渠道,已集聚了全国 120 家大中型钢铁生产企业和 1 万家大中型贸易商,主要销售由上海钢铁交易中心向其他供应商买断货权后的产品,并对所售产品进行定价和挂牌,已经成为钢铁供应链上下游客户的销售顾问和采购助理。来客圈(自由贸易区)主要汇集市场上的钢材尾货资源并进行撮合交易,主要运营模式为:经上海钢铁交易中心认证通过的供应商可自由上传资源、自行定价,并与客户达成销售合约。宝时达(宝钢股份现货产品网上销售平台)从2003年创立至今完成了由车载移动系统到双盲议价系统再到行业智慧平台的转型与升级,始终引领行业电子商业的发展。目前主要采用系统智能定价、智能议价、自动补货等领先的模型设计,为用户提供在线交易及物流、金融、用材指导等服务,产品范围涵盖了包括热轧、普冷、涂镀、电工钢等在内的宝钢碳钢板材全系列产品。

2. 以创新的集成产品,聚集服务

一是钢材产品电子交易业务。以钢厂、贸易流通商和终端客户为目标客户,为钢铁产品提供挂牌、竞价、团购等多种电子交易模式及在线支付结算、物流配送等一站式服务。二是面向中小企业的供应链融资业务。引入银行、第三方支付等服务机构的金融产品,面向在线交易,为用户特别是中小企业提供全流程的供应链融资、质押融资、在线支付等金融服务。三是以交易价格指数为核心的信息咨询业务。交易中心以真实有效的交易数据为基础形成钢铁行业的网上交易指数,同时基于指数提供市场分析、行业研究等信息资讯服务,为企业实施高效的网上交易业务提供决策参考和支撑。四是一站式仓储、加工及物流业务。交易中心打造上海物流网,通过标准化的技术手段和物流管理平台,为客户一站式交易提供标准化的物流服务,包括仓储、运输、加工等。五是为电子支付和融资平台相关资源进行第三方监管,通过第三方支付平台提供运费代收代付服务,利用仓库库存信息为商情认证信息服务提供保障。

3. 以高效的运营机制,转型升级

上海钢铁交易中心依托宝钢的营销服务网络、电子商务发展的技术能力及品牌影响力,打造新型贸易流通形态,优化行业资源配置,构建立足华东、服务全国、面向世界的国际化综合性要素市场。作为宝钢新一轮规划发展思路"一体两翼"中的"电子商务",上海钢铁交易中心聚合了宝钢的电子商务体系,与物流、加工、金融等配套服务相结合,直接沟通了钢铁生产、消费、物流、支付等从生产到服务的链条,实现了制造业与服务业融合。在电子商务与上下游的资源积累打通后,可以衍生出全方位服务,形成宝钢利润增长点的来源之一。

案例9　服务小微企业,零散需求汇聚成大订单
——"快贸通"进出口代理服务平台

"快贸通"进出口代理服务平台项目是上海春宇供应链管理有限公司(以下简称"春宇")自主创新并研发设计的一个服务平台。主要以中小微进出口企业为服务对象,为中

小微进出口企业提供免费或少量收费服务，整合零散需求形成大订单，利用手中真实业务信息和信用记录为银行带来大量的贷款、结汇等业务，通过规模效应提升议价能力，从服务提供商那里获取返利或差价盈利，由此与中小微企业客户共享规模效应带来的红利，致力于为中小微进出口企业拓宽业务渠道，提供融资平台，提升业务能力。

"快贸通"进出口代理服务平台的主要业务有：为中小微进出口企业提供"一站式"报关通关服务，提升报关通关效率；为中小微进出口企业提供丰富的优质资源，并通过规模效应提升中小微进出口企业获取优质资源的可能性；通过平台的风控能力以及规模效应增加中小微企业的风险抵抗力；通过规模效应降低融资门槛。

（1）技术创新提供支持。春宇通过特有的方案整合计算技术，根据可以需求自动匹配服务资源，整合服务能力，提供服务方案。

（2）服务创新凸显特色。春宇整合进出口代理、国际物流、供应链金融等服务，提供一站式进出口代理服务的整合解决方案。

（3）盈利模式创新促进发展。春宇利用规模效应，为服务客户提供免费或少量收费服务，但是从服务提供商那获取返利或差价的方式盈利，为客户提供便利服务。

春宇依托"快贸通"进出口代理服务平台进行资源整合，通过标准化的工作流程，为客户提供规模化服务，实现了减少中小微进出口企业在报关通关环节的操作步骤、为中小微进出口企业提供更多的优质资源、降低中小微进出口企业的融资门槛、提升中小微进出口企业的抗风险能力等目标，切实解决了中小微企业在资源、融资、效率等方面的问题。是积极响应上海及浦东新区促进中小微企业发展要求的重要实践，也为推动上海及浦东新区产业结构优化，产业能级提升具有重要的示范意义。

案例10　绿色技术，打造大型智能会展平台
——国家会展中心（上海）新技术应用项目

国家会展中心（上海）是商务部和上海市政府合作共建项目，项目占地面积约85.6公顷，总建筑面积147万平方米，项目总投资约120亿元。自2011年11月26日开工以来，工程建设和各项运营准备工作全面推进，计划于2014年北面展厅竣工并承办展会，2014年12月底全部展厅竣工，2015年6月项目全面竣工并投入使用。

项目紧邻上海虹桥综合交通枢纽，从概念规划开始就不拘泥于传统单一的展览功能，注重体制创新、模式创新、设计创新和功能创新，致力于成为引导中国产业转型升级、优化资源配置、促进创新发展、推动国内消费，加强国际国内互利合作、服务经济社会又

好又快发展的大平台。

1. 依托体制创新加快项目推进

本项目采取政府指导,企业作为投资主体的市场化运作方式,把政府的服务功能与企业的市场资源紧密结合起来。商务部和上海市政府成立项目共建领导小组,负责项目重大事项的决策和项目筹建过程中的指导及协调工作;中国对外贸易中心(集团)和上海东浩国际服务贸易(集团)有限公司,分别代表部、市,按60%、40%比例出资成立上海博览会有限责任公司,承担项目建设和运营工作,同时负责中国博览会的承办工作。

2. 依托模式创新丰富现代会展功能

项目将在组织形式、展览内容和设施配套等方面实现创新。一是组织形式创新。坚持政府支持与指导,以市场化为导向,联合国内外大型行业组织、商协会以及专业展览机构,不断提升专业化、国际化水平。二是展览内容创新。坚持"人无我有,人有我新,人小我大"的办展理念,努力打造具有国际竞争力和影响力的中国品牌展会,加快形成全球汇展功能,不断展示最新的国内外科技成果和产品,着力构建服务贸易、技术贸易、国内外投资的对接交易平台。三是设施配套创新。率先将会展、商业、办公、酒店四大业态融合发展,成为配套完善、服务一流、贸易驱动力强的综合性项目,打造以展览、会议、文化、商务活动为主的现代服务业聚集区。

3. 依托设计创新提升现代会展形象

项目突破了以往单元行列式布局,形成更具标志和视觉冲击力的集中式构图,通过会展配套功能合理布局,充分体现出功能性、标志性、经济性和科技性的设计宗旨。项目造型以世界性的幸运象征——"四叶草"的对称图形与展览空间完美契合;60米宽阔的会展大道与108米直径的中央广场和圆环形商业中心,形成独立的立体空间,达到实用性、均好性、可达性和灵活性的统一。

4. 依托技术创新优化现代会展体验

为提升项目功能和服务水平,项目从设计、建设到运营完成多项技术创新,以满足超大规模、超大人流的办展要求和人性化的参展体验。通过对多条既有或新建城市轨道交通线路衔接转乘系统的建设和改造,满足日均参观人数20万人次,极端高峰40万人次的客流量需求。采用可满足植物生长要求的轻质混凝土置换土壤、主动式透水路面、喷雾系统及垂直绿化等技术打造场馆宜人的微生态环境。通过地基处理技术提高展厅地坪的承载力,以满足大型机床、船舶、钢铁、化工等先进制造业特种装备、超重展品的办展需求。通过冷热电三联供能源中心、太阳能光伏发电和红线范围内110千伏电站建设,建成会展专用、间歇式复杂能源及自适应控制系统,可实现年节约标煤1.5万吨,年减少二氧化碳排放7万吨,成为首个大型会展中心节能示范案例。

案例 11　集成新技术，建设智能化汽车物流指挥中心
——安吉汽车物流有限公司

安吉汽车物流有限公司（以下简称“安吉物流”）于 2009 年初重组成立，是上汽集团投资的专业从事汽车物流的全资子公司，隶属于上汽服务贸易板块。

安吉物流运力资源丰富，综合运作能力较强：公路自有运力 3 000 多辆，可控运力 9 000 多辆，可同时装载超过 10 万辆商品车；铁路自有专用车皮 348 节，可同时装载超过 3 000 辆商品车；水路海轮 10 艘、江轮 5 艘，可同时装载近 10 700 辆商品车。仓储整车仓库 30 余个，总面积超过 400 万平方米，仓储能力超过 12 万辆商品车；入厂物流 420 辆运输车辆，7 个仓库，总计 26 万平方米；售后物流 9 个仓库，总计 9.6 万平方米。

安吉物流依托公路、铁路、沿江沿海运力资源和运作能力，发挥仓储和配送网络遍布全国的优势，通过汽车物流技术研发中心、整车调度及可视化中心、零部件物流信息技术平台、零部件物流网络建设等项目，提供专业的汽车物流服务，约占国内整车物流市场 33% 的份额，已成为中国最大的专业汽车物流企业。

1. 加快汽车物流技术研发

安吉物流技术中心以前沿科技的应用转化为目标，以信息技术、装备技术和管理技术等三类物流技术为重点，加快在汽车物流及非汽车物流领域进行技术储备、产学研合作、技术成果转化和知识管理，通过运输工作的轻量化、技术化等手段，在降低成本的同时，探索发展绿色物流，实现节能减排，为公司实现可持续发展提供动力。

2. 建设整车调度及可视化中心

安吉物流通过建设整车调度系统及可视化中心实现对物流的全方位监控。主要包括：建设集成分级数据处理系统，提高动态实时决策及快速反应能力；建成数据中心，搜集整车物流和仓库管理信息；运用计算机自动调度系统，大规模降低成本；建立物流可视化展示屏，实时展示整车物流信息；建立整车物流管理层的业务看板，通过多屏幕、多角度连续监控物流运行状态。同时加快物联网技术的应用与实践，建设整合移动通讯技术、GPS 技术、ID 识别技术的实时电子签收系统，提升服务效率和服务水平，推动物流企业与汽车企业（客户）之间的业务整合与高效协同。

3. 搭建零部件物流信息技术平台

安吉物流致力于打造可视化零部件物流信息集成平台，主要包括建设入厂物流、售后物流，运输网络的信息技术系统，运用先进的信息技术和完善的手段来协调资源，提供

一体化汽车供应链解决方案，通过提高汽车供应链的可视化及可跟踪化程度，提高零部件物流企业的运作效率，提升零部件物流企业的核心竞争力。

案例12　整合价值链资源，构筑家装行业门户网站——我爱我家网

我爱我家网(www.525j.com.cn)成立于2003年，由上海鸿洋电子商务有限公司经营并管理，是上海首家家装行业门户网站，是国内首屈一指的家装资讯平台。我爱我家网通过网上分享平台，集家装资讯发布、家居产品及服务提供、家装社区讨论等功能于一体，实现对家装行业的全覆盖，同时结合线下体验中心建设，实现线上线下的交付互动、融合发展。

我爱我家网来访独立IP达到34.8万，日均PV达到264.6万，发帖数日均4 992贴，同时在线人数高达13 650余人，被中国互联网权威机构“艾瑞网”评为家装类专业网站第一名，Alexa全球最高排名为999名，成为中国家装建材类电子商务领域的领头羊。2014年初荣获“CCTV中国2013年度品牌”，同时连续两届荣获“上海名牌”、“高新技术企业”，2005—2007年连续三年入围“中国电子商务100强”，是“上海市电子商务示范企业”、“上海市小巨人培育企业”、“上海品牌服务企业”、“中小企业信息化应用示范单位”、“上海市电子商务领先示范企业”、“上海市A级安全网站”。

我爱我家网主要通过打造特色业务板块、加强精准营销、推进模式创新等实现快速发展。

1. 积极打造线上特色业务板块

我爱我家网主要包括家装资讯发布平台、家装产品及服务提供平台及互动讨论社区等线上特色业务板块。家装资讯发布平台主要拥有装修指南、家装案例、产品导购、装修风水、装修公司等频道，内容涵盖家装领域的各个方面，提供海量实用文章及信息，同时还提供装修问答和自主预算功能，其中自主预算功能通过与我爱我家建材超市3万余种商品的数据库实时关联，保证预算的准确性。我爱我家网已经成为立足上海、服务长三角、辐射全国的家装资讯发布平台。家装产品及服务提供平台主要依托网上商城，提供涵盖家装领域的300种品牌供共计3万余种商品，同时整合设计师、装修公司等资源，提供家装设计、装修施工、售后服务、全网比价、装修监理等服务。我爱我家网已成为上海最受欢迎的网上建材超市。互动讨论社区主要包括装修大讨论、装修日记、我家样板房、爱家装修、爱家团购、爱家设计交流、八卦杂谈、企业专区等频道，实现最高同时在线人数

高达 13 850 人，日发帖量 1 438 个，为网站集聚人气、提升知名度起到了积极的推动作用。

2. 强化精准营销

“我爱我家网”在电子商务行业深耕了十多年，积累了上百万的精准家装客户数据，建立了一个庞大的数据库。通过对数据库内购买记录、商品浏览记录等数据的分析，能够准确计算出消费者的层次、品牌维度、消费习性乃至装修进度，并可据此进行促销信息推送，大大提高了营销的精准度。同时，还可以实现对家装产业链的全线贯穿，涵盖客户整个装修前后包括家具、家居、家电等一切与家庭装修相关的消费需求。

3. 持续推进模式创新

我爱我家网以服务客户为基准，从 B2B2C 到 O2O，再到“电商 + 店商 + 专业服务商”，不断加快模式的创新，引领行业的发展。率先建成“垂直门户 + O2O 分享型网站”模式，一方面通过装修案例、居家生活、精彩家居用品分享，实现完成传统互联与移动互联的无缝连接。另一方面通过线下的智能体验展厅，为消费者提供亲身的感官体验，同时满足其在较短的时间内和集中的空间内选购到心仪产品的需求，建立了线上线下融合的一站式智能购物体验平台，满足了现代快节奏、个性化、体验化的消费需求。

案例 13　坚持用心经营，打造精品蛋糕电商品牌
——诺心食品（上海）有限公司

诺心食品（上海）有限公司（www.lecake.com）位于松江区新桥镇工业区，旗下诺心 LE CAKE 于 2011 年 4 月正式在上海上线，以蛋糕线上订购为主要业务，依托线上平台建设，有效融合生产、销售、物流等供应链环节，成功跻身蛋糕电商第一集团军阵营，已经发展成为中国最大的线上蛋糕品牌企业。先后荣获了第 52 届欧洲 Monde Selection 世界食品品质评鉴大会特别金奖、第一财经 2013 年度中国食品健康七星奖、年度食品制造业大奖和上海新闻晨报主办的“2013 年度最受欢迎线上蛋糕品牌”称号等。2013 年销售额达 1 亿元，现有员工 600 人。

诺心 LE CAKE 秉持用心经营的理念，以高品质蛋糕的生产销售为核心，创新发展线上订购模式，持续优化配套服务流程，实现快速成长与发展壮大，成为国内领先的烘焙品牌。

1. 坚持高品质产品生产

以向消费者提供最新鲜、品质最好的蛋糕为信念，诺心 LE CAKE 从原料选购、产品配方、烘焙工艺到产品销售等各个环节都坚持高标准、严要求以保证蛋糕品质。原料选购方面，诺心 LE CAKE 坚持严格甄选世界各地上乘的蛋糕食材，如意大利帕马森芝士与

比利时巧克力都无可复制,时令新鲜的水果也是品质的重要保证。产品配方方面,诺心LE CAKE认真研究并制定每一款蛋糕的原材料配搭及用量,形成独特的烘焙配方,也成就了蛋糕的醇正品味。烘焙工艺方面,诺心LE CAKE坚持安全的生产标准、规范的烘焙流程,专注于每一个烘焙的细节,保障了蛋糕的优质品味。

2. 坚持经营与服务模式创新

诺心LE CAKE通过创新运用"中央大厨房+呼叫中心+冷链配送"的模式,优化整合生产、销售、配送等生产与服务环节,提供优质高效的蛋糕在线订购及配送服务,形成功能完善的蛋糕电子商务产业链。一是自建自主工厂,通过精心甄选原料和严格的品控系统,实现对所有蛋糕生产过程的自主掌握,以保证产品品质。二是拥有一支自主物流配送团队,通过运用先进的全程冷链技术,确保客户能在最佳时间内品尝到最佳口感的蛋糕。三是建设自主呼叫中心,通过高效专业的客服人员为消费者提供高质量的订购服务。四是依托强大的技术团队优化网上购物平台。通过加大技术投入,完善网上订购平台服务功能,为用户提供流畅便捷的网上订购体验。

3. 坚持创意营销

诺心LE CAKE从蛋糕样式、产品包装乃至配送餐具,都注入了无限的创意灵感与时尚气息。简约时尚造型、独特口味搭配,不断提升诺心LE CAKE的品牌形象。诺心LE CAKE;立足消费者多元化的消费需求,在假日、节日、纪念日推出个性化时尚蛋糕产品,不断满足和创造消费需求,持续提升品牌知名度。诺心LE CAKE紧跟时代的潮流,充分运用微博和微信等网络营销方式,进一步拓展宣传渠道,提升品牌的知名度。

未来,诺心LE CAKE在松江区新桥镇人民政府的支持下,将通过存量资源调整建立更大、标准更高的生产厂房,为客户提供更优质的产品和配送服务。该项目预计于2015年正式投产,日产量将超过1万只蛋糕,预计实现年营业额7亿元,利润7 000万元,税收5 000万元。

案例14 服务品质生活,打造沪上有机蔬菜第一品牌
——上海壹亩田实业有限公司

上海壹亩田实业有限公司(以下简称"壹亩田")于2008年在崇明国家级生态岛创办。壹亩田作为全国首家数字化有机农场,以几百亩休耕两年的农田为基础,形成"公司、农场、专业合作社"三位一体的"壹亩田模式",为现代农业生态、高效可持续发展提供了有益的探索。

壹亩田立足日益升级的消费需求,依托有机蔬菜生产基地,搭建线上销售平台,创新

农产品生产销售模式，提供农场体验，为引导传统农业转型升级提供了示范，为引领健康生活新方式提供了模板。

1. 不断提高种植水平

壹亩田充分利用崇明生态岛清新的空气、清洁的水质和干净的土壤三大环境因素，按照有机蔬菜种植不用化肥、不用农药、不用除草剂、不用激素和不用转基因的五大原则来精耕细作安全、健康的有机蔬菜，引导传统农业生产从“高产高效”向“优质高效”转变和升级。壹亩田农场的面积从原有的 33.3 万平方米发展到 66.7 万平方米，生产近 150 种各类有机蔬菜，全年产能超过 800 万斤，可长期提供超过 80 个有机蔬菜品种，并有 100 多种有机蔬菜种植技术储备以供使用。

2. 创新线上销售模式

壹亩田创办之初通过公司创业者的人脉网络发展客户，初步积累了有机蔬菜消费客户，现已建立生鲜农产品电子商务交易平台——“壹亩田企业网站”（www.1mu tian.com），加快拓展市场空间。截至 2013 年底，沪上已有超 1 万户家庭成为了壹亩田的年度消费会员，超 20 万个家庭享受到壹亩田的贴心服务，“壹亩田”已经成为上海市民选择有机蔬菜的重要品牌，更成为上海和全国最有活力的有机农业企业。

3. 完善物流配送体系

为保障有机蔬菜从“田头到餐桌”的无中间环节配送，壹亩田建成了有机蔬菜生产追溯系统及覆盖全上海的配送体系，在生产、包装、销售、配送、服务、系统开发、品牌运作等方面形成稳定的管理团队，工作流程日趋完善、高效，并稳步提高，壹亩田的日配送能力已超过 2 000 单。

4. 优化提升客户体验

壹亩田为客户提供“一对一”的专享式服务，可根据客户的个性化需求安排生产种植计划，并满足客户灵活选择蔬菜产品品种、配送时间、套餐类型的需求。壹亩田开展形式多样的客户体验活动，为客户提供现实版“开心农场”。2013 年壹亩田生产基地累计接待游客超过 1.5 万人次。

5. 积极扩大宣传

壹亩田在沪上多个社区开展崇明岛生态宣传和有机蔬菜宣传，累计场次超过 450 次，最大的活动如浦东碧云社区活动，参与人数超过 1 500 人。壹亩田还接待了多个国家和地区的参观访问客人，进一步扩大了企业的影响力。到 2013 年底，壹亩田累计接待国内外农业企业间的技术交流近 120 批。通过壹亩田的宣传和带动，崇明蔬菜也在上海广大市民中树立了良好形象，为崇明绿色蔬菜大举进军上海乃至全国产生了积极的推动。

第四篇

服务业布局

第十六章　商业网点布局

第一节　商业网点规划修编

一、商业网点规划修编的背景

《上海市商业网点布局规划纲要(2009—2020 年)》(以下简称《规划纲要》)于 2009 年 9 月由市商务委、市规土局发布实施以来,在引导和规范全市商业网点建设、合理商业布局、扩大消费需求、促进全市社会经济协调可持续发展等方面发挥了积极作用。2012 年 8 月,国务院印发《关于深化流通体制改革加快流通产业发展的意见》,(国务院 39 号文件)明确要求各地进一步完善商业网点规划体系,将商业网点规划纳入城市总体规划中。

为了更好地规划指导上海商业发展,认真落实国务院 39 号文件精神,2012 年以来,市商务委、市规土局精心组织指导推进,由上海市商务发展研究中心和上海市城市规划设计研究院负责开展了《上海市商业网点布局规划(2014—2020 年)》编制工作。在分析商业网点发展现状基础上,结合 2009 年的《规划纲要》和上海城市未来发展总体目标和空间布局导向,通过编制商业网点布局规划,努力推进建立和完善与城市建设、经济发展和对外开放相适应,布局协调、结构合理、层次分明、功能健全、配套完善、经营有序、可持续发展的现代商业网点体系。2014 年 8 月 18 日经上海市政府批复同意,9 月 9 日市商务委、市规土局正式向社会公布《上海市商业网点布局规划(2014—2020 年)》。

二、商业网点规划修编的主要内容

本次规划范围为上海市域,重点关注中心城、新城、重点发展地区。规划对象包括各级商业中心、特色商业街、重点发展地区商业、各类产业园区配套商业以及商业流通基础设施。规划期限分为三个阶段:近期 2013—2015 年;中期为 2016—2020 年;远景为 2020 年以后。

本次规划目标为：按照上海市委、市政府"创新驱动、转型发展"和服务全国、发挥示范作用的总体要求，紧紧围绕上海"四个中心"和现代化国际大都市建设的战略，以建立统一开放、竞争有序、管理规范的现代化大都市商业流通体系为目标，以满足人民生活需求为出发点，以服务上海国际贸易中心市场体系建设为重点，统筹全市商业发展实际情况和未来需求，在市场机制作用下对商业网点建设进行调整、引导和规范，提升完善商业功能，促进商业模式和业态创新，满足多样化消费需求，引导城市建设和投资，建设布局协调、结构合理、层次分明、功能健全、配套完善、经营有序、可持续发展的现代商业网点体系。

本次规划的编制遵循以下原则：一是总量调控、统筹发展。实行商业设施规模总量调控，优化存量商业结构，提升能级，结合城市重点发展地区、综合交通枢纽和郊区新城等，统筹规划商业网点布局。二是空间引导、优化布局。从城市发展实际出发，以满足居民消费需求为前提，构建多层级商业网点布局体系。立足于国际大都市建设的目标要求，坚持高起点规划、高品质建设、高标准配套。立足于适应消费需求升级和国内外商业发展新趋势，积极引进各类新兴消费业态和国内外商业品牌。立足于塑造城市特色形象和功能，充分利用城市文化、历史建筑、旅游资源，传承城市发展脉络，建设商旅文融合发展的特色商业网点和特色街区。三是分类指导、提升功能。根据中心城、郊区新城、重点发展地区、大型社区、各类产业园区等不同的特点和条件，进行分类指导，合理布局商业网点。鼓励发展新业态、新模式、新技术。优化商业结构，完善商业功能，提升商业能级。四是环境优化、协调发展。充分发挥城市综合交通体系的支撑作用，引导大型商业网点停车等配套设施建设，合理安排商业网点空间布局和建设规模。注重环保、节能、低碳、智能，倡导商业生态平衡，发展绿色商业，促进商业商务与人口、土地、环境协调可持续发展。

与2009年的《规划纲要》相比，本次规划在全市商业网点布局体系、等级规模、数量结构、空间范围、环境指引等方面做了相应的调整和完善。

一是布局体系调整。立足上海商业发展现状和未来需求，结合上海城市区位交通、人口分布、消费水平、产业布局、基础设施等要素条件，重点完善规划架构。总体布局体系上形成"3+1"的商业网点体系，即"3"——市级商业中心、地区级商业中心、社区级商业中心；"1"——特色商业街。规划进一步明确了各层级商业中心的建设规模、功能定位、服务对象、主力业态、环境指引等。

二是数量结构调整。本次规划共形成15个市级商业中心（其中2个为远期）、56个地区级商业中心（包括外环线以内形成19个地区级商业中心，外环线以外主要新城形成37个地区级商业中心）。其中，规划新增10个地区级商业中心：长风地区、南外滩、唐镇、世博园区、徐汇滨江、杨浦滨江、北中环、前滩地区、虹桥吴中路和青浦赵巷。

三是空间布局优化。本次规划中对市级商业中心和地区级商业中心的空间布局进行了优化。市级商业中心中，对四川北路、淮海中路、南京东路、小陆家嘴—张杨路、五角场、中山公园、真如地区、中环等商业中心的空间引导范围进行了调整；地区级商业中心中，对打浦桥、南方商城、北外滩、外高桥、徐汇滨江、庙行地区等商业中心的空间引导范围和名称进行了微调。

四是聚焦重点区域。一方面对虹桥商务区、世博园区、迪士尼地区、临港地区、徐汇滨江地区等重点功能区域的商业设施进行统一规划、合理布局，依托新建的大型综合商业、旅游、文化、交通等项目，形成产业特色鲜明、规模中度集聚、配套设施完善、具备一定集聚和辐射能力的特色商业功能区，为上海商业新一轮发展增强动力。一方面引导郊区新城的发展途径和模式与中心城区相区别，结合当地区域特色、交通条件、人口规模、产业基础等条件，分别建设综合服务型、产业主导型、交通枢纽型、现代居住型等各具特色的郊区地区商业中心，与市中心城区商业形成错位和互补。尤其要重点推进与浙江、江苏省接壤，经济实力较强的长三角节点型新城商业发展，增强上海商业服务长三角的功能。

第二节　市级商业中心

市级商业中心是由历史形成或新近形成，以城市总体规划确定的市级公共活动中心和综合性商业街区为主要空间载体，主要面向全市、国内和国际的广域性、超广域性消费人群并提供综合消费服务，集购物、餐饮、休闲、文化、娱乐、旅游、商务、酒店、会展等城市功能于一体的综合性商业功能区。应当基本符合下列六个综合指标：

（1）集聚辐射范围广。服务人口为 50 万人以上，日客流量达到 20 万～30 万人次左右，其中外来消费者占 50% 以上。

（2）商业商务建筑规模大。商业设施集聚在不少于 25 公顷的空间范围内，规划商业设施建筑面积不低于 50 万平方米，商务建筑面积约 150 万平方米以上。

（3）商业经济效益良好，商业业态配比合理。大型商业网点集聚度高，百货店和购物中心等大型商业业态的建筑面积占全部建筑面积的 40% 以上。

（4）城市综合功能齐全。购物、餐饮、休闲、文化、娱乐、旅游、商务、酒店、会展等综合功能高度集聚。

（5）知名度高和社会声誉良好。拥有丰富的城市和商业历史文化积淀，拥有相当数量的著名商业服务企业和知名品牌，拥有一定数量的地标性商业建筑。

(6) 交通、市政等基础设施配套完善。停车设施配建完善,公共交通网络便捷,区域内及周边有多条轨道交通线路,并设立多个站点。

《上海市商业网点布局规划(2014—2020 年)》预计规划形成 15 个市级商业中心,其中近期规划形成 13 个市级商业中心,分别是南京东路商业中心、南京西路商业中心、淮海中路商业中心、四川北路商业中心、徐家汇商业中心、小陆家嘴—张杨路商业中心、豫园商城商业中心、五角场商业中心、中山公园商业中心、中环(真北)商业中心、新虹桥—天山商业中心、国际旅游度假区商业中心、虹桥商务区商业中心。远期规划 2 个市级商业中心,即大宁商业中心与真如商业中心。

一、南京东路市级商业中心

由中山东路—九江路—福州路—西藏中路—南京西路—黄陂北路—江阴路—成都北路—凤阳路—牛庄路—贵州路—天津路—四川中路—北京东路—虎丘路围合而成的区域,总用地面积约 72. 7 公顷。

南京东路是上海开埠后形成的第一条知名商业街,上海近现代商业的发祥地。早在 19 世纪五六十年代南京路已有"进口商品的橱窗"之称。20 世纪二三十年代,随着"四大环球百货"(先施公司、永安公司、新新公司、大新公司)的相继建成开业,南京东路更以其繁华而享誉中外,开创了亚洲百货业的诸多先河,被誉为"远东第一商街"。

南京东路步行街建成于 1999 年 9 月 20 日,东起河南中路,西至西藏中路,全长 1 033 米。步行街位于南京东路的精华路段,步行街中段建有占地 8 370 平方米的世纪广场,广场中心有一个直径 14 米的音乐旱喷泉池,西北侧则矗立着重达 4. 5 吨的东方宝鼎,象征着吉祥如意。广场上搭建的长 24 米、宽 14 米的固定舞台及两侧大型电子显示屏,使世纪广场成为展示群众文化及企业形象的最佳场所。每逢上海旅游节及上海国际艺术节期间,国内外各类文艺团体应邀天天在此演出丰富多彩的节目,吸引众多国内外游客纷纷驻足观看。新建成的南京东路步行街不仅集"购物、旅游、休闲、商务、展示"等五大功能于一体,还具有"万国商品博览会、繁荣繁华不夜城、购物天堂欢乐游、两个文明大窗口"的四大特点,并集聚了数十个中华老字号旗舰店,享有"中华商业第一街"的美誉。平时每天接待海内外游客约 80 万人次,双休日一般为 100 万人次,节日黄金周期间可达 150 万～200 万人次,最高的一天为 300 万人次。为迎接上海世博会举办,南京东路步行街按照《南京东路地区环境优化设计导则》要求加快实施三年行动计划,共计完成 32 幢楼宇建筑的外立面改造及灯光、广告整治,重现"四大公司"历史风貌,并使步行街整体形象得到全面提升。

跨入“十二五”之后,围绕打造“国际一流商业街”的战略目标,南京东路进一步加大开发建设、结构调整力度。步行街东段名人商厦揭开面纱,亚洲最大的苹果旗舰店登场亮相。南京东路外滩地区完成“益丰·外滩源”会所式购物中心、“百达翡丽源邸”体验型业态、南京大楼 F21 亚洲最大旗舰店等 4 个项目,商圈人气进一步集聚。

2013 年,以南京东路东段为重点,继续推进南京东路及外滩商区的结构调整,提升商业能级。食品一店、得强酒庄等相继调整开业,南京东路 558 号上海旅游品商厦引进西班牙 INDITEX 集团旗下品牌 bershka,全年南京东路完成重点项目结构调整 5 900 平方米。同时,外滩地区的洛克外滩源项目中女青年大楼相继引进了 TASAKI(塔思琦)珠宝、逸荟餐饮等;外滩源 33 号 5 号楼(原划船俱乐部)引进 ROSE club。由于组织开展系列特色营销活动,2013 年春节、国庆两大节庆假日,南京东路销售额分别同比增长 12.5%、8.5%。

未来,南京东路商业中心将重点推进商业街区的转型创新、结构调整,通过商业模式创新、优质项目落地和品牌结构优化,逐步建设成为具有示范引领作用、集国际知名品牌集聚、新兴业态和模式引领的世界级商业中心。规划形成以南京东路步行街为主轴,以西藏中路、河南中路、浙江中路等为辅轴的空间格局,形成四个商业功能区。外滩至河南中路突出经典优雅主题,充分依托外滩源等外滩地区历史建筑资源,打造具有独特品牌文化体验的标志性商业街区;河南中路至浙江中路段突出时尚体验主题,打造以年轻时尚品牌的旗舰店、体验店为核心的潮流风尚集聚地;浙江中路至西藏中路段突出百货荟萃主题,结合大型知名百货集中的优势,形成专业主题百货集聚地;西藏中路至成都路高架段以创意活力为主题,鼓励引进文化艺术与创意的专业专卖店,形成文化创意时尚商业集聚地。

二、南京西路市级商业中心

由成都北路—威海路—延安中路—乌鲁木齐北路—万航渡路—愚园路—南阳路—奉贤路—凤阳路围合而成的区域,总用地面积约 118.3 公顷。

南京西路聚集了大量顶级办公楼、品牌购物广场、高档酒店、会展中心、服务式公寓,是上海最重要的商务商业中心之一。作为静安产业发展的轴心,南京西路由东向西依次规划为信息传媒、时尚购物、宾馆会展、文化旅游和休闲娱乐五大功能区。经过长期发展,静安已经成为交通便捷、商业商务兴旺、人文景观丰富、文化气息浓郁、城区环境优美的现代化中心城区,南京西路不仅汇聚了二十多家跨国公司地区总部、一百多家来自世界 500 强企业,而且集聚了大量优秀的商贸流通业、专业服务业企业,“梅泰恒”金三角、静安寺“金五星”等商业载体深入人心，沿线汇集国际知名品牌935个，其中国际顶级及一线品牌90个，进入上海的世界顶级和一线品牌90%以上在此开设了旗舰店或专卖店，吴江路休闲街等专业特色街区对高端时尚消费构成了有效补充，逐渐形成了高端商业广场集聚品牌，中端专卖店铺吸引人流，休闲餐饮留住人气的多层次、立体式商业布局。

静安区政府始终把南京西路作为一个整体，与沿线的楼宇、商家互动，策划举办了一系列活动，不断提高南京西路的国际知名度和影响力。2007至今，与《福布斯》杂志联手，每年举办“福布斯·南京西路”论坛，邀请世界顶级品牌的高管和全球著名商业街区的代表参会，就商业街区的发展进行探讨，有效地提升了南京西路的整体品牌形象和知名度。国际一流的商业商务街区离不开良好的配套环境。通过建立联合打假机制，并率先在全街区推广实行公共信息图形统一标志等8项国际标准，引导建立南京路沿线商务楼宇业主为主要成员的“楼宇联盟”，进行整体形象宣传和营销策划，促进行业自律、共同发展。经过坚持不懈的发展，南京西路正逐步成为集现代时尚与传统经典于一身，集商业商务、观光旅游、购物、餐饮、娱乐休闲于一体的交通便利、配套齐全、风貌协调、功能完善的国际性商业商务街区。

未来，南京西路商业中心将按照“高起点、外向型、国际化”的发展思路，进一步提升高端商务商业的集聚度和影响力，建设成集国际商务活动、精品商业服务、时尚生活消费、繁荣城市景观于一体的综合商业功能区。规划形成以南京西路为主轴，吴江路、威海路、陕西北路、铜仁路等支马路为支撑，纵横条状发展的空间格局。东段石门路地区通过大中里等改造项目开发，加快沿街新兴零售店铺、大型餐饮、娱乐文化设施等集聚，成为特色商业娱乐街区。中段梅泰恒地区通过商务楼宇的调整提升、历史建筑更新置换，形成时尚购物区。展览中心地区进一步发展和强化会展、酒店、商务办公功能，增设商务展示、会议洽谈等设施，形成会展、商务办公、酒店服务区。静安寺及周边地区通过静安嘉里中心、越洋广场、会德丰广场等新建大型商业商务设施，引进新的都市购物中心和百货店，形成新的高端商业消费和公共活动中心。协和城将加快建设集主题化休闲娱乐、商务办公及居住公寓为一体的综合性区域。

三、淮海中路市级商业中心

由西藏南路—复兴中路—吉安路—湖滨路—黄陂南路—复兴中路—马当路—会稽路—重庆中路—南昌路—襄阳北路—淮海中路—陕西南路—长乐路—重庆中路—金陵中路围合而成的区域，总用地面积约117.1公顷。

淮海中路商业中心拥有商业商务面积100万平方米，其中商业面积近50万平方米，独立门店近200个。淮海中路自20世纪初辟筑之日起，历经百年巨变，始终保持高雅时尚的特质不变，成为上海最具代表性的商业街之一。

百年淮海路完成了历时三年的商业结构调整工作，淮海中路东段实现华丽转身，形成了百年经典（陕西南路至瑞金二路）、活力创新（瑞金二路至重庆南路）、高雅精美（重庆南路至西藏南路）和新天地时尚互动四个细分商圈。淮海中路商业街风格迥异的建筑街景、深厚悠远的历史文化、高雅时尚的商业气质，与国际高端商业潮流的相契合，吸引了众多国际知名品牌、零售巨头纷至沓来。

2013年，继续做好以淮海中路为主的商业结构调整工作。完成连卡佛百货、宝马中心、上海滩旗舰店、优衣库全球旗舰店、百盛等等重点商业结构调整项目，商业结构调整面积超过9万平方米，全面提升淮海路商业整体能级。由于组织开展系列特色营销活动，2013年春节、国庆两大节庆假日，淮海中路销售额分别同比增长16.2%、10.5%。

未来，淮海中路商业中心将依托历史文化底蕴，进一步调整商业结构，提升商业能级，建设成为上海体现中西文化交融，具有近代历史风情、欧陆建筑风格、经典时尚高雅特征的综合商业功能区。规划形成以淮海中路为核心，周边支马路为重要支撑，结合新天地区域的空间格局，建设三个各具特色的商业功能区。西藏南路至重庆南路段突出高雅精美主题，以精品百货和大型旗舰店为主力业态，形成国际知名品牌集聚地；重庆南路至瑞金二路段突出活力创新主题，以旗舰店和专卖店为主力业态，引导发展文化休闲娱乐新业态，鼓励发展线上线下结合的新兴商业模式；瑞金二路至陕西南路段突出百年经典主题，以专业专卖店为主力业态，打造高端文化品牌的聚集区。

四、四川北路市级商业中心

由长春北路—邢家桥南路—四川北路—衡水路—乍浦路—苏州路—河南北路—天潼路—江西北路—武进路—邢家桥南—宝源路—多伦路—海伦路—西江湾路—四川北路—甜爱支路—甜爱路—东江湾路围合而成以及虹口龙之梦所在街坊的区域，总用地面积约117.6公顷。

四川北路商业中心形成于20世纪初，历史文化底蕴深厚，距今已有百年历史。商业街区交通便捷，途经公交线路10余条，建成轨道交通站点6个。此外，良好的水系和绿色生态环境为现代商贸业的发展奠定良好的发展基础，街区绿地和公共休闲面积为全市各大商街、商圈之首。经过多年来的形态建设和业态升级，四川北路街区社会消费品零售总额已占虹口区社会消费品零售总额的一半，实现经济贡献度占全区商贸业的1/4。作为上海传统的市级商业中心，四川北路街区已经成为对外展示上海商业繁荣繁华的重要窗口。

近年来，四川北路围绕“国际化、时尚化、智能化、低碳化”的目标定位，一是启动以南区段为重点区域的国别中心项目建设；二是大幅引进知名连锁品牌，优化业态结构，四川北路已有各类商业连锁品牌2 000余个；三是全面建成覆盖街区公共区域的20万平方米的WiFi无线网络，实现全天候、全免费服务，初步建成四川北路O2O全程电子商务平台，建成智能停车诱导系统；四是发挥花园坊及周边区域低碳产业集聚优势，推进四川北路绿色街区的整体节能改造，鼓励商家开展节能管理和引入低碳产品认证，倡导都市“慢生活”的生活态度和生活方式。“上海酒节”、“食荟虹口”、“四川北路欢乐节”等品牌商旅文活动促进节日市场消费，形成街区的正面宣传亮点。

未来，四川北路商业中心将根据“三区段、五组团”布局要求，进一步围绕“国际化、时尚化、智能化、低碳化”商贸旅游文化休闲体验街区定位，依据“商旅文娱结合、商业商务联动”的建设理念，进一步优化布局、调整结构、提升能级、拓展功能，逐步由单一商业街向都市综合商圈转型，集商业商务、都市生活、时尚创意于一体，成为上海历史传统悠久、人文底蕴深厚、商业环境较好的著名中心街区之一，成为上海苏州河北岸主要的市级商业中心之一。规划布局形成北段、中段、南段三段五组团的空间格局，明确各路段功能定位，积极培育主题特色，与周边商业设施实现错位联动发展。四川北路北段以龙之梦为引领，山阴路、溧阳路、甜爱路和东体育会路为重要延伸，依托虹口足球场交通枢纽，建成运动休闲和文化游乐相结合的商业组团。中段以东宝兴路和武进路两个十字路口为节点，新建都市购物中心和大型专业店，更加注重模式、形式、业态的创新融合发展，形成百货购物和时尚体验相结合的组团。南段依托新建标志性的商务商业设施，重点引进都市购物中心、时尚百货店、品牌专卖店、专业店，有序推动部分历史保护建筑改造利用，建成高端商业商务组团。

五、徐家汇市级商业中心

由宛平路—辛耕路—天钥桥路—南丹东路—南丹路—文定路—虹桥路—宜山路—广元西路—天平路—肇嘉浜路围合而成的区域，总用地面积约83.6公顷。

徐家汇商业中心已有商业面积80万平方米，年社会零售额100亿元以上，并已形成连片发展格局，另有建设中的新鸿基地块45万平方米以上新增商业载体。

未来，徐家汇商业中心将以“体验型消费、文化型营销、智慧型商务”为引领，以“主题化、个性化、特色化”为导向，以“做美环境、做优服务”为支撑，着力打造成为集购物、餐饮、商务、文化、娱乐、休闲等功能为一体的综合性商业商务区。规划形成以徐家汇广场为中心,肇嘉浜路为主轴,华山路、漕溪路、衡山路为重要支撑的空间格局。加快推进徐家汇中心、上影集团电影博物馆、上海气象博物馆等项目的建设,提升徐家汇商业中心文化品位,结合西亚宾馆拆建、徐家汇天主教堂的改造等项目,调整结构,改善环境,拓宽综合服务功能,形成集商贸、商务、文化、旅游于一体的综合性功能区。

六、小陆家嘴—张杨路市级商业中心

由源深路—浦电路—东方路—潍坊路—崂山东路—张杨路—浦东路—东昌路—滨江大道—陆家嘴环路—世纪大道—栖霞路—崂山西路—乳山路—崂山东路—商城路—东方路—张杨路—福山路—潍坊路围合而成的区域,总用地面积约 219. 1 公顷。

张杨路商业中心的主体部分是新上海商业城和在建的世纪大都会。

新上海商业城坐落在浦东新区陆家嘴金融贸易区内它由张杨路—浦东南路—商城路—崂山东路区域内的 24 幢已使用、在建和拟建楼宇(除新大陆外都为 8 层以上)组成,建筑总面积约 112. 2 万平方米,规划商业用面积约 50 万平方米。自 1991 年底奠基,1992 年 6 月开工建设,1996 年建设大体结束。新上海商业城是集购物、办公、商务、金融、餐饮、娱乐于一体的大规模的现代化商业服务中心,第一八佰伴、中融国际商城、新梅双塔大厦、中融恒瑞广场、三鑫世界商厦、华诚商厦、福兴大厦、银峰商厦、新亚汤臣大酒店、鑫联广场、银河大厦、胜康斯米克大厦、乐凯大厦、良友大厦等风格各异的高层商厦环形布置,中央设有四层建筑环形步行街和中心花园,步行街与各商厦天桥相接。新上海商业城的发展目标是:以区内外中、高档消费群体为主,集购物、餐饮、娱乐、休闲、旅游观光和商务活动为一体,逐步建成环境优雅、服务一流,具有现代化、多元化、时尚性、综合性的上海著名的商业中心和浦东最有代表性的中心商业区之一,从而逐步成为未来上海的“购物天堂”之一。

世纪大都会位于竹园商贸区,是四条城市轨道交通的交会点。由上海陆家嘴金融贸易区联合发展公司和和记黄埔地产(上海)陆家嘴有限公司联合建设,总面积约 8. 9 万平方米,总建筑面积约 64. 6 万平方米,最高建筑约为 168 米,计划于 2015 年底竣工。建成后的世纪大都会将集合公交、文化设施、公共开放空间、商务办公和商业等高品质的现代服务配套功能,成为浦东重要的现代服务业集聚平台,从而进一步提升陆家嘴金融城的城市综合功能。

未来,小陆家嘴—张杨路商业中心将抓住浦东新区新一轮综合改革试点的契机,通过扩大商业规模、优化业态结构、增强综合功能,商业商务融合发展,发展成为浦东新区商业的地标,成为上海体量较大、集聚度较高、业态较全的综合商业功能区。规划以世纪大道为轴,重点集聚在小陆家嘴地区、张杨路沿线以及轨道交通枢纽周边地区。结合陆家嘴金融城建设,依托国金中心、正大广场、环球金融中心、金茂时尚生活中心、滨江休闲街、新上海商业城等大型商业设施,重点推动世纪大道、东方路等区域的上船地块、上海中心、世纪大都会等地标性项目建设,完善高端商务商业、餐饮娱乐、都市观光、文化休闲等城市综合功能,探索高端商业与高端商务集聚互动的发展模式。

七、豫园商城市级商业中心

由人民路—河南南路—方浜东路围合而成的区域,总用地面积约45.7公顷。

豫园商城位于上海老城厢的东北角,因袭上海700年的历史文脉,具有深厚的文化底蕴、浓郁的民俗风情、独特的商庙园格局,被称为“上海的根”和“全上海最具中国味的地方”,也是上海特有的人文标志和文化名片。它集黄金珠宝、餐饮、医药、工艺品、百货、食品行业门类为一体,拥有众多以中国驰名商标、中华老字号、上海市著名商标和百年老店等为核心的产业品牌资源,享有“中国黄金珠宝第一城”等殊荣。作为传承经典的上海城市名片而享誉海内外。

“撤二建一”后,新黄浦区确定了“一带、两街、五个功能区”的城区功能布局,将豫园商城定位为豫园商业文化旅游区。计划在“十二五”期间进一步推进内圈结构调整,加强中圈功能开发,深化商旅文联动,打造上海最具民俗特色的文化旅游区、国际黄金珠宝商贸功能区和创意产业区。

为突破世博后商业销售疲弱困局,豫园商城在内圈进一步深化商业布局结构调整,充分挖掘独具魅力的中华民俗文化,大力提升豫园商城品牌活动的知名度和美誉度。与此同时,以推进上海国际黄金珠宝商贸功能区建设为抓手,以委、区合作签约仪式为标志,豫园中圈的功能开发和业态调整开始全面启动。

2013年,豫园商城一方面继续以打造“上海第一旅游品牌”为目标,积极策划举办新春民俗灯会等商旅文系列活动,春节、国庆等主要节庆日则组织各商家推出形式多样的营销活动。从而确保在营销水平处于高位运行的情况下仍然获得新的增长。整个商圈春节销售收入2.07亿元,同比增长24.7%,国庆销售收入2.1亿元,同比增长39%。另一方面,及时把握黄金珠宝商贸功能区建设的有利契机,加快推进豫园中圈的结构调整和功能开发。正在积极推进7个项目建设,项目计划总投资已超过8亿元,已发生投资超过1.3亿元,计划推进项目的合计建筑面积超过10万平方米。其中黄金珠宝博物馆、黄金珠宝藏品交易中心、黄金珠宝推广中心及黄金珠宝专业商厦等4个项目已取得阶段性成果。商贸功能区建设有效体现了产业集聚的规模效应和经济效益,并已获得首批国家和市、区三级政府所设现代服务业综合试点专项资金的重点扶持。

未来,豫园商城商业中心将依托丰富的历史文化底蕴和特色旅游资源,合理布局旅游购物、餐饮、娱乐、休闲、住宿等功能,拓展发展空间,完善旅游要素,形成商旅文互动,体现上海历史文脉的国际国内旅游商业功能区。规划形成内圈、中圈、外圈 3 个的发展区域。内圈依托黄金珠宝时尚体验中心的建设,提升能级,重点发展黄金珠宝饰品、特色餐饮和特色商品,增强文化、娱乐、服务功能,形成文化旅游商业集聚区。中圈加快商业设施的建设,完善餐饮、休闲、娱乐、展示等多种功能,形成与"内圈"相呼应的集聚发展态势。外圈按照历史文化风貌区保护开发的要求,加快外围旧城区的改造步伐,完善交通、旅游和购物环境,补充特色居住功能,提升豫园地区的文化内涵和商业形象。

八、五角场市级商业中心

由国和路—国定路—政立路围合而成的区域,总用地面积约 181.1 公顷。

五角场市级商业中心位于五角场城市副中心的南部,于 20 世纪 90 年代末进行规划建设,2003 年进入大规模开发,2006 年年底万达广场、百联又一城购物中心的建成并投入使用,标志着五角场市级商业中心形成雏形,2009 年被认定为上海市名牌区域。

2013 年五角场商业中心创新发展,实现社会消费品零售总额 125.97 亿元,同比增长 11.53%。围绕 2013 上海购物节以及元旦、春节、五一、国庆等传统节日节庆,创新活动形式,开展整体营销;主力商家调整商场布局、提升品牌档次,更新单店(柜)累计超过 100 个;正式启动"时尚杨浦"APP 手机终端和"五角场智慧商圈"网站;推动合生国际广场项目建设;大学路创智生活休闲街获评首批区级特色商业街,开展国宾路西侧商铺业态整治,推动商圈周边支马路建设;深化商务诚信建设,开展商业优质服务竞赛评比表彰活动,重点发挥五角场主力商业企业的示范作用,打造市级诚信商圈;完成"五角场地区发展质量指标体系和三年行动计划"课题研究,通过对发展质量指数和三级指标的测算对五角场地区发展情况进行定量分析,推动五角场商圈进一步调整提升、稳步发展。

未来,五角场商业中心将围绕"科教创新"发展主线,构建"知识贸易"功能平台,建设成为上海东北部地区最大的公共活动中心和交通枢纽,上海中心城东北部最大的知识贸易商务区和综合性商业商务中心。规划形成一个都市商业商务区、五条特色商业街、两个轨道交通站点商业功能区的商业空间格局。以环岛为中心,南北互动、辐射周边。环岛商业区内,依托合生国际广场、NS-2 地块项目、313 街坊地块项目等新建商业设施,鼓励业态综合发展,以标志性大型商业设施为主。环岛商业区北侧,结合创智天地等商务区域,重点发展餐饮、文化休闲等商业业态;南侧依托现有设施基础,重点发展宾馆住宿、餐饮等业态。加快建设大学路文化休闲特色街、国定路科教文化特色街、黄兴路商务休闲特色街、国定东路餐饮娱乐特色街，注重商旅文联动，突出行业、业态、商品、服务等各方面的特色性。结合轨道交通 10 号线江湾体育场站地下空间开发工程，打造以时尚休闲为主题的地下商业步行街。

九、中山公园市级商业中心

由定西路—安化路—中山西路—长宁路—凯旋路围合而成的区域，总用地面积约 55.5 公顷。

中山公园地区是上海城市交通的重要枢纽之一。轨道交通 2 号线与 3 号、4 号线在此成“十”字交叉，29 条公交线路始发或途经，日人流量达到 40 余万人次。区域内已建成发达的地下构连网络，连通龙之梦购物中心、上海书城长宁店、玫瑰坊、兆丰广场、巴黎春天中山公园店等商业载体。

中山公园商业中心已初步形成了以龙之梦购物中心为“龙头”的交通枢纽型商业中心框架，凸现家电集聚的商业特色。聚集了龙之梦、巴黎春天、玫瑰坊、华宁弘基生活中心、爱室丽家居等重点企业和国美、苏宁、永乐等家电、电子巨头。在全市家电零售行业中具有较强的影响力，主要家电零售企业区外外来消费的比例达到 70% 左右。

2013 年，龙之梦购物中心继续对商户进行调整提升，先后引进了 NEW LOOK、One Republic、桂满陇、小辉哥火锅、俏江南等知名品牌，年销售额稳居全市重点购物中心前列。位于商圈西侧的凯德长宁来福士广场已开工建设，中山公园商业中心将再添吸引消费者的“亮点”。随着中山公园的改造，公园真正融入商圈，中山公园地区的商业休闲设施得到进一步完善，中山公园的生态效应与百姓的休闲需要将更好地融合在一起。同时，将结合中山公园改造，建设中山公园 1 号门地下空间，增加停车和商业。并拟规划建设跨越长宁路的二层空中步廊，使商圈内的人流、商流更顺畅地流动。

未来，中山公园商业中心将围绕“商业型、休闲式、数字化”主题，以时尚消费中心、数字主题消费中心、休闲主题消费中心、多元化商务中心为目标，优化布局、完善功能、提升能级、加强配套，建成以现代商业商务为主导，兼有休闲娱乐、文化和居住功能为一体的上海西部新兴综合商业功能区。规划依托中山公园轨道交通枢纽及周边现有大型综合商业设施，形成“一环三街、双三角”的商业空间布局。通过地上地下空间联动，拓展商业发展空间。调整提升龙之梦等现有商业设施的经营结构，增加文化休闲和体验类服务业态；丰富地下商业街特色内涵。重点增加文化体验服务业态，提升特色商业集聚效应。加快愚园路、定西路、凯旋路等周边特色街区建设，打造休闲文化娱乐特色消费圈。

十、中环(真北)市级商业中心

由真北路—梅川路—真光路—曹安路围合的范围以及由梅川路—真北路—金沙江路—丹巴路围合而成的范围共同组成,用地面积约为65.3公顷。

中环(真北)商业中心依托商业商务设施建成体量大、大型知名商贸企业集聚度高的独特优势,不断优化配套环境,提升商业能级,发展新兴业态,正逐步建设成为引领消费生活、凸显城市功能、辐射能级较高的上海新兴地标性都市商业中心之一,对外集聚力和辐射力明显增强。

2013年,商业中心完善组织机构,逐步理顺体制机制,在中环商贸区建设工作领导小组办公室下设置了招商服务、规划建设、宣传策划和综合事务等四个部门。积极推进中环商贸区"一轴两翼"发展规划和交通规划,中环商贸区的总体规划编制完成。推进天地科技谷规划调整,麦德龙、百安居地块规划调整,协调上海国际中小企业总部社区控详规划获批工作。重点建设项目方面,圣诺亚皇冠大酒店投入试运行,近铁城市广场北区基本建成,"金中环"功能区日益形成。绿洲中环中心6号楼、华大科技园竣工验收,投入招商。同时,加强营销策划,扩大中环品牌影响,开展了"魅力金中环,迎新购物欢"岁末迎新主题营销活动(百联中环购物广场在2013年春节黄金周期间荣登全市各大购物中心销售额总量第一名),"美车、美服、美秀、美居、美食五一大放送、大放价"主题营销活动,"爱,在夏日里牵手"初夏嘉年华主题营销活动,"春华秋实,缤纷惠利"主题营销活动;在2013上海市民文化节、旅游节、购物节普陀区系列活动中,中环商贸区定制的"欢乐金中环·普陀旅游"花车参展,举办了2013中环旅游集市活动。

2014年,商业中心将继续创新商贸模式,做大做强"金中环"品牌,大力发展电子商务,促进在线电商和在场实体商贸融合创新发展,进一步提升商贸功能。抓紧优化商圈道路交通、信息网络,亮化和绿化环境,推进近铁城市广场招商运营、中环生活广场开工建设。加快麦德龙、百安居地块改造,推进农工商118广场、天地科技谷、上海国际中小企业总部社区调整转型。

未来,中环(真北)商业中心将围绕新兴商贸、科技服务、文化创意等产业定位,加快调整结构、优化布局、集聚功能、提升能级,进一步推动向综合性、体验型、智能化商业网点发展,形成上海西部重要的市级商业中心。优化空间结构,依托在建新建重点商业项目,以中环真北路为主轴,曹安路、金沙江路等交通干道,梅川路、真光路、万镇路等支马路相支撑,加快形成南北两片的总体布局。北部片区,以加快百联中环购物广场调整提升、百联中环生活广场开业运营等为核心,推进麦德龙、百安居地块开发调整,以大型购物中心、百货店、大型超市、大型专业店为主要业态，打造高品质现代化综合商业和专业商务功能片区，形成中环市级商业中心的核心商业地标。南部片区，结合金沙江路真北路轨道交通建设，以近铁城市广场、农工商 118 广场为核心，形成主题商业、商务办公、酒店住宿等综合功能区。同时，通过中环文化广场二期、三期，完善文化休闲、公共活动等功能。加快梅川路特色商业街以及金沙江路沿线建设，实现商业的功能互补、错位发展和客流连接，提升城市品位。

十一、新虹桥—天山市级商业中心

由天山路—中山西路—安顺路—伊犁路—延安西路—古北路围合的范围组成，占地 133 公顷。

新虹桥—天山商业中心的崛起，是轨道交通 2 号线相继串起的陆家嘴、南京东路、人民广场、南京西路、静安寺和中山公园商圈这条商业黄金线的完美延伸。随着汇聚国际高端品牌的尚嘉中心启动试营业和上海首家日资独资百货高岛屋百货对外营业，一个集购物、餐饮、休闲、文化、娱乐等功能为一体的上海西部新兴商业中心，正蓄势待发。

2013 年，尚嘉中心全新开业，汇聚了 LVMH 集团旗下 LOUIS VUITTON、CELINE、LOEWE、Berluti、KENZO、FENDI、THOMAS PINK、Loro Piana 等众多品牌，还引进了 BURBERRY、Dior、PRADA、RALPH LAUREN、Salvatore Ferragamo、TOD'S、Ermenegildo Zegna 等其他世界一线时尚、名贵珠宝腕表、儿童服饰玩具及顶级家居礼品品牌。其中，HACKETT、TED BAKER 等品牌更是首次进入内地或上海。虹桥友谊商城对商场进行了整体改造提升，定位于国际一线品牌及其副牌，针对尚嘉中心进行错位调整，进一步做强一楼化妆品区域，引进海蓝之谜（LA MER）等国际一线品牌。一至三层新引进了 Coach、Allen Edmonds、MaxMara、Porsche Design 等美国、意大利、德国著名品牌。上海高岛屋百货 2012 年底开业以来，销售业绩稳步提升。2014 年，金虹桥国际中心、虹桥上海城等将力争实现部分试营业。

未来，新虹桥—天山商业中心将紧紧围绕"精品虹桥、国际商都、智慧高地、活力地区"发展战略，全面规划、完善交通、提升环境，构建形成两纵两横南北梯度、错位发展的"井"字形商业空间布局，其中娄山关路以商业文化娱乐功能为主，遵义路以高端商务商业功能为主，天山路以综合商业功能为主，仙霞路以商务酒店功能为主。南面依托虹桥友谊百货、万都商厦和尚嘉中心为核心载体，北面以天山路现有商业设施和在建虹桥上海城三期、金虹桥国际中心等新建项目为核心载体，形成南北呼应，功能错位、区域融合的新型商业中心。

十二、国际旅游度假区市级商业中心

国际旅游度假区以上海迪士尼项目为核心，与周边旅游资源联动发展，建成休闲、娱乐、购物功能突出的特色商业集聚区，服务对象覆盖上海全市以及长三角区域，商业中心定位为市级商业中心。总占地约24.7平方公里，商业设施主要集中在南一片区内，规划范围是由南六公路—周邓公路—S2公路—航程路围合而成的区域，占地约150公顷，规划总建筑面积控制在220万平方米以下，其中商业旅游综合体约125万平方米。

规划形成“一核、五片”的空间发展格局。其中：“一核”指核心区，即迪士尼项目园区。“五片”指围绕核心区周边，在发展功能区内形成五个发展片区。核心区商业主要为旅游区服务配套。“五片”发展功能区中，商业用地主要集中在近期开发的南一片区——综合娱乐商业区，该区域将重点打造大规模商业旅游综合体，服务对象为旅游度假人群。业态结构以零售、餐饮、娱乐、酒店住宿为主，重点发展具有主题特色的服饰、玩具、食品专业专卖店，鼓励发展休闲餐饮、特色餐饮等餐饮业态，鼓励发展主题酒店、度假村等住宿设施，引进奥特莱斯、超级秀场、科技展示馆等新兴业态，引进影院、剧场等休闲娱乐设施，以满足游客多样化需求。

十三、虹桥商务区市级商业中心

虹桥商务区总占地86.6平方公里，规划商业商务总建筑面积1 476万平方米；其中主功能区规划商业商务建筑面积约568万平方米，拓展区规划商业商务建筑面积约908万平方米。

规划商业功能主要集中在核心功能片区内，由建虹路—申虹路—申滨南路—通虹路围合而成的区域，分为核心区南片区及北片区两部分，为交通枢纽与商务办公提供配套服务。区域内商业业态以会展、零售、餐饮、休闲娱乐为主，根据不同的服务类型主要分为两类，一是为园区商务配套的商业功能，鼓励发展大型商务餐饮、休闲餐饮、特色餐饮等业态；适当引进运动健身会所、电影院、戏剧院等休闲娱乐设施；加快完善理发店、便利店、银行等配套服务设施。二是以虹桥交通枢纽为依托，服务旅游人群与高端商务人士的精品商业，鼓励发展具有市场潜力的高端服装专业店、化妆品、数码电子、运动、家居等专业店、进口食品超市等新兴连锁业态，鼓励特色明显、具有知名品牌的中华老字号和上海老字号零售企业发展特许经营和专业连锁。大型综合性商业宜集中设置在与交通站点结合紧密、可达性高的区域，配套商业宜与商务办公结合设置在组团内部或地下。区域内应限制发展会产生大量人流，以及与商务区能级不匹配的业态，例如大卖场等，避免对周边道路产生过大的交通压力。

十四、大宁市级商业中心(中远期)

以广中西路为界分为南北两块，其中南块由南北高架路—延长中路—大宁支路—广中西路围合而成的区域，用地面积33.8公顷；北块由南北高架路—灵石路—大宁支路—广中西路—万荣路—永和路围合而成，用地面积70.6公顷。

紧扣“生态、文化、体验、人性化”主题，以打造商业繁荣、商务繁盛、文化繁华为目标，进一步优化布局、完善功能、提升能级、强化配套，整合商圈及周边的文化、商业、旅游资源，成为以现代商业商务为主导、融合文化、娱乐、消费、居住功能为一体的现代生态及体验型都市商业中心。广中西路以北区域，以大宁中心广场(1－4期)、宝华国际及未来成片老厂房(园区)改造为核心，打造现代商务区，依托大宁中心广场和改造后的老厂房(园区)，积极引进时尚品牌专卖店、各类特色餐饮、文化休闲娱乐设施，满足地区商务人群和居民的消费需求。广中西路以南区域，以大宁国际商业广场、久光百货及广中公园地下商业空间等现代商业设施等为核心，积极引进国内外知名品牌、时尚潮流品牌、休闲及特色餐饮、娱乐品牌等，同时依托上海马戏城、大宁灵石公园的移动剧场等知名文化设施，形成文化演艺与休闲体验融合的消费新时尚地标。

十五、真如市级商业中心(远期)

由芝川路—固川路—铜川路—浦东路—北石路—南石四路—曹杨路—武宁路—真华路—铜川路—潮州支路围合而成，以及上海西站北侧由桃浦路—交通路—真金路—富平路围合而成的两片区域构成，用地面积93.12公顷。

依托城市副中心规划建设，坚持绿色生态、智能低碳的发展理念，加快载体建设和品牌引进，以商务办公为引领，以休闲娱乐为亮点，完善商业购物功能，融合文化体验功能，建设成为集城市综合商业中心、现代商务中心、交通枢纽中心于一体，功能复合、空间集聚、形态优美的市级商业中心。围绕“纵横双轴、南北两心”的整体开发格局，以北部综合交通枢纽、南部重点载体资源为重要依托，结合真如寺宗教文化元素发掘和真如老街的调整提升，提高土地利用效率、加快载体建设、集聚各类商业业态、汇聚知名品牌，推进地面、空中连廊及地下通道的立体贯通，促进商旅文娱融合发展，形成南北辉映、联动共进的商业发展格局。

第三节　地区级商业中心

地区级商业中心是与地区公共活动中心相结合，服务于本区域及周边区域的消费人群，依托交通枢纽、旅游景点、大型居住区和商务区，以满足区域内购物、餐饮、休闲、娱乐和商务活动等综合消费为主，形成规模中度集聚、服务功能完善、行业业态齐全、具备一定集聚和辐射能力、服务范围为广域性的综合商业功能区。商业设施总建筑面积不低于30万平方米，商业集聚在不少于8公顷的区域范围内，日均客流量在10万人次以上的综合性商业功能区。

《上海市商业网点布局规划（2014—2020年）》预计在外环线以内规划形成19个地区级商业中心，包括控江路商业中心、打浦桥商业中心、共康商业中心、长寿商业中心、曹家渡商业中心、外高桥商业中心、北外滩商业中心、南方商城商业中心、大场北中环商业中心、长风商业中心、南外滩商业中心、前滩地区商业中心、唐镇商业中心、世博园区、徐汇滨江地区、御桥地区、虹桥吴中路地区、杨浦滨江地区（远期）、苏河湾地区（远期）。外环线以外主要新城规划形成37个地区级商业中心。现将部分地区级商业中心介绍如下：

一、世博园区地区级商业中心

世博园区围绕国际交流这一核心功能，形成时尚购物、文化博览创意、总部商务、高端会展、旅游休闲和生态人居为一体的综合性商业中心。规划范围是由上南路—耀华路—周家渡路—黄浦江围合而成的区域，总用地面积19.9公顷，规划总建筑面积139.44万平方米。规划商业功能主要集中在世博轴，世博轴定位为集交通、公共活动、观景、商业等功能为一体的商业休闲街，部分分布在会展商务区（A、B片区）内，区域商业业态以配套服务的零售、餐饮、文化休闲为主。

世博园区主要由5个片区组成，包括会展商务区、政务办公社区、后滩拓展区、文化博览区、城市最佳实践区。规划商业功能主要集中在世博轴，部分分布在会展商务区（A、B片区）内。区域商业业态以零售、餐饮、文化休闲为主。其中，世博轴定位为集交通、公共活动、观景、商业等功能为一体的商业休闲街，世博大道北的一期启动区4.8万平方米，以餐饮、零售业为主，重点引进时尚品牌专业专卖店；南侧二期将以休闲娱乐业为主。浦东A、B片区与城市最佳实践区以商务办公为主导功能，区域内商业以满足商务配套需求，以特色餐饮休闲业、主题零售业为主，可发展咖啡馆、画廊、艺术中心、电影院、健身房、教育培训等文化休闲设施；同时完善为白领服务的餐饮、便利店、书报亭、自助银行等配套服务设施。

二、前滩地区级商业中心

前滩地区立足服务经济、总部经济、开放经济，建设成以总部商务、文化休闲、时尚购物为主要功能中央商务区的配套商业集聚区，其商业设施以服务周边区域为主。规划总建筑面积约350万平方米。规划以轨道交通站点为依托，形成两个组团。钱家滩路两侧重点发展商务区配套的商业设施，轨道交通站点周边规划设置大型综合商业设施，以国际社区和周边居民为主要服务对象，形成高品质的地区商业中心。

前滩地区结合以公交引导的用地布局，充分发挥滨江生态优势，规划形成六个城市组团，即文化传媒组团、企业办公组团、高端商务组团、专业服务组团。

商业主要包括两大商业综合体及社区配套商业，业态结构以零售、餐饮、休闲娱乐、文化旅游为主。钱家滩路两侧重点发展为商务服务的配套商业设施，鼓励发展国内外特色餐饮、休闲餐饮、咖啡馆、酒吧等餐饮业态，鼓励发展画廊、陶艺吧等文化休闲设施，适度发展美发店、美甲店、健身房、瑜伽馆等服务设施，完善银行、便利店等配套设施。轨道交通站点周边规划设置大型综合商业设施，服务范围覆盖周边地区，以国际社区和周边居民为主要服务对象，形成高品质、现代化的地区商业中心，重点引进时尚服装、家居生活、数码电子等大型专业专卖店，鼓励特色明显、具有知名品牌的中华老字号和上海老字号零售企业发展特许经营和专业连锁。

三、临港中心区地区级商业中心

临港中心区大型综合性商业旅游项目为引领，以商旅文联动发展为特色，商业商务融合发展，空间布局合理，商业服务功能完善的现代化地区级的新兴滨海地区级商业中心。

规划临港地区空间现状和发展导向，重点构建“一轴、两带、双核、四片”的功能布局，商业面积主要集中在一环内地区中心，其中，古棕路北侧的商业中心用地面积为11.94公顷，临港大道北侧的商业中心用地面积为22.55公顷，B4两侧的商业用地面积为8.88公顷；综合用地中的商业金融用地面积约为8.14公顷。鼓励发展融合最新科技及新兴业态的商业设施，鼓励发展国际知名连锁特色餐饮、休闲、服务品牌，完善重点商务楼宇商业设施配套建设,配置便利店、中西快餐店、咖啡馆、员工餐厅、自助银行等业态,重点发展文化旅游项目,新建音乐厅、美术馆、博物馆、天文馆等设施,营造地区文化氛围,促进文化产业发展。

四、徐汇滨江地区级商业中心

徐汇滨江地区综合功能、地块复合功能,发挥设施资源最大使用价值,区域内的商业设施以服务周边地区为主,可强化徐汇滨江使用空间的综合活力,激发滨水地区活力。规划在云锦路与丰溪路之间由石龙路分隔形成南北两个商业集中片区,北片区北至龙华机场路南至石龙路,依托轨道交通云锦路站,结合龙华机场改造地块,重点发展商务配套商业;南片区北至石龙路南至黄石路,依托轨交站点石龙路站,结合文化传媒金融城的建设,重点发展休闲餐饮、精品零售等,形成徐汇滨江地区商业中心。

规划形成"一带"、"三核"、"三区"的布局,即滨江功能发展带、云锦路—龙耀路、枫林路—龙华路、龙华历史文化风貌区三个核心功能区以及 B 单元、C 单元、D 单元三个功能片区。商业主要集中在滨江功能发展带及枫林路—龙华路、龙华历史文化风貌核心功能区。徐汇滨江地区商业为商务办公配套商业,业态以零售、餐饮、文化休闲为主,突出滨水特色,鼓励发展时尚品牌专业专卖店,鼓励发展休闲餐饮、特色餐饮、咖啡馆、酒吧等餐饮业态,着力引进美术馆、演艺中心、时尚秀场、艺术工作室等文化休闲设施。

五、普陀长寿地区级商业中心

长寿地区级商业中心位于内环内苏州河以南区域,是普陀区发展条件和基础最为成熟的地区之一,也是最能展示都市繁荣繁华的地区之一。围绕打造生产、生活、生态融合发展的示范实践区目标,长寿地区级商业中心着力发展都市商业,聚焦发展楼宇经济,大力发展水岸经济,集聚和辐射能级进一步提升。

功能定位:着力发展滨河现代服务业和文化娱乐创意产业,进一步拓展功能、完善服务、深化联动、提升形象,形成普陀区内独具都市滨河景观、文化休闲功能与科技创新产业汇集特色鲜明的地区商业商务中心。

重点发展业态:规划商业建筑面积约 45 万平方米。以时尚主题购物中心、时尚百货店等为核心,大力发展商务餐饮、休闲餐饮等餐饮业,鼓励发展艺术画廊、文化展览等文化休闲业态,完善各类配套生活服务业态。

2013 年,长寿地区级商业中心功能进一步提升,着力促进商业、旅游、科技、文化融合发展。亚新生活广场、巴黎春天等商业设施继续调整提升，推进曹家渡商圈综合改造，曹家渡商圈规划编制启动。大自鸣钟商业广场、天安阳光半岛、安国大酒店建设继续推进，宜昌路景观墙竣工，研究打造新会路特色风貌街区。

2014 年，要充分发挥区位特点，全面提升形象与功能。坚持整治、改造、新建并举，推进大自鸣钟广场、天安阳光半岛、安国大酒店等项目建设。促进“街与河”的融合，推动长寿滨河文商旅复合带规划研究。依法整治曹家渡花鸟市场，协调推进“三区联动”，提升曹家渡商圈能级。

未来，依托已建、新建地块及重点项目，围绕以大自鸣钟板块、苏州河沿岸为核心的发展格局，按照产业融合、商圈互动、楼宇联动、园区带动的发展原则，加快载体建设，调整提升商业业态，引入知名品牌。加快大自鸣钟板块建设，推进餐饮娱乐特色商业与现代商务的联动发展，形成具有较高集聚度、较大知名度和较强吸引力的商业商务区，成为体现普陀区都市功能和形象的重要区域之一。加快巴黎春天、亚新生活广场等商业设施的调整提升，引进餐饮娱乐、文化休闲等体验式业态及时尚消费品牌，注重错位互补。合理配置生活服务网点设施，完善商务交流、购物休闲、餐饮娱乐等配套功能。加快苏州河沿岸改造提升，重点打造莫干山路码头、梦清园、曹家渡三大节点，形成辐射沿河两岸的高品质商业商务集聚带。加快规划建设以苏州河游艇码头、苏州河景观步行街等为重点的基础设施，建设滨水船坊式酒店餐饮区，推进江南造纸厂地块转型升级，促进上海印钞博物馆早日对外开放，打造旅游集散区域。

六、普陀长风地区级商业中心

长风地区级商业中心依托长风生态商务区建设，形成了以跨国采购中心基地和跨国采购大会为引领的商贸会展服务板块、以长风景畔广场、“一园十馆”和苏州河国际水上旅游为引领的文化旅游板块，以“长风金融港”和股权投资、私募企业为引领的商贸金融服务板块、区域功能集聚效应进一步显现，对外辐射能力逐步增强。

功能定位：依托区位交通便利、生态环境优美、总部企业集聚等优势，突出生态、景观、公共活动、产业、居住、文化等特色，建成以现代化的都市购物中心、大型会展设施、总部商务楼宇为核心载体，成为集零售餐饮、文化娱乐、专业会展、都市旅游等多功能于一体，具有会商旅文融合特色的地区级商业中心。

重点发展业态：规划商业建筑面积约 35 万平方米。积极引进国际知名百货店、精品超市、品牌专业专卖店等零售业态，发展大型品牌餐饮、休闲餐饮等餐饮业态，鼓励引进影院、剧场等文化休闲业态，完善超市、便利店和其他生活服务业态。

2013 年，继续推进国盛中心一期调整，长风景畔广场举行了各类丰富多彩的活动，人气进一步集聚。跨国采购中心基地运营并成功举办全球零售自有品牌产品亚洲展，“长风金融港”品牌集聚效应日益显现。配套服务设施建设加快推进，地铁 13 号线真北路站点开通。

2014 年，继续推进长风景畔广场提升发展，精心组织 2014 年中国（上海）国际跨国采购大会，提升配套功能，营造宜商宜人的发展环境。

未来，依托现有产业功能，着重发展滨河、东部、南部、北部四大商业板块。东部板块着力发展都市时尚商业，滨河板块着力发展文化旅游商业，南部板块着力发展会展与总部办公配套商业，北部板块依托高端住宅建设配套商业。

七、虹口北外滩地区级商业中心

北外滩位于上海黄浦江与苏州河交汇处，东起大连路、秦皇岛路，南临黄浦江和苏州河，西抵河南北路，北至海宁路、周家嘴路的围合区域，地域面积约为 4.7 平方公里，拥有 2.5 公里黄金滨水岸线。

北外滩是上海黄浦江两岸开发的重点区域之一，是体现虹口区城市形象和功能的标志性区域。经过多年的开发建设，北外滩地区已取得显著成效。

商业商务空间充足。北外滩自沿江一线向东大名路以北层进式发展，截至 2013 年底，包括上海港国际客运中心、外滩茂悦大酒店等已建项目在内，商业商务设施总建筑面积约 182 万平方米，其中，商业设施建筑面积约 72 万平方米（含酒店建筑面积 43 万平方米），商务设施建筑面积约 110 万平方米。在建项目上海国际航运金融服务中心已基本落成，浦江国际金融广场预计 2015 年落成，白玉兰广场等重点项目也将在 3～5 年内陆续落成。

商业商务发展重点。依托北外滩地区独特的区位优势、产业资源及历史人文资源，以新建的综合性商业商务设施为主要载体，形成高端商业为引领，免税商业为特色的商业发展格局。大力推进旅游特色商业和时尚休闲商业、适度发展地下商业、合理配置社区商业，进一步完善北外滩地区的购物、餐饮、休闲、娱乐、旅游、文化等综合服务功能，着力提高业态丰富度，推动商业模式创新，放大边际效益，全面提升北外滩地区的城市功能、形象和品位，营造宜商宜游宜居的城市环境。

商业商务联动发展。2013 年，北外滩“沿江一线”商务、商业氛围初具规模。深化完善北外滩商务商业规划，推动促进航运、金融、贸易融合发展，商业与商务、旅游、文化集聚发展，商业与交通、生态相协调。充分考虑北外滩地区商业价值发现与商务功能提升的衔接,以打造邮轮港功能为中心,拓展国际客运中心的服务功能。完善邮轮经济服务配套,促进邮轮产业与商贸、文化、旅游等产业的联动发展。

一是沿江区域载体建设规模化效应明显,高星级酒店已形成集群。将继续优化百货、餐饮、休闲的结构,不断适应区域内整体布局和消费群体的特征,依托综合交通枢纽站点建设,规划建成集主题购物中心、轨道交通站点商业服务、公共客运中心于一体的航运主题商业集聚地。

二是依托新建商务楼宇,大力引进贸易服务业和专业服务业;依托新建大型综合性商业项目,重点发展都市购物中心、时尚品牌专业专卖店、商务餐饮、文化休闲设施、专业会展设施等,带动改造提升现有商业街区,将第二层面打造成集时尚购物、文化休闲、商务配套、酒店住宿于一体的时尚消费集中区域。

三是历史风貌区主要是远洋宾馆周边区域,包括霍山路附近区域、摩西会堂附近区域、下海庙附近区域、提篮桥特色风貌街区等重点区域。

加快推进保护建筑修缮改造,建设商旅文结合的旅游文化特色街区,逐步发展成为历史与现代融汇、建筑与商业融汇、休闲与文化融汇的北外滩地区最具特色的一张"名片"。

八、杨浦控江路地区级商业中心

控江路是杨浦区的传统商业街之一,于20世纪90年代基本成型,沿街商铺多为零售和餐饮网点,其中许昌路至江浦路是其核心地段。经过20多年的发展,控江路区级商业中心业态功能进一步齐全完善,目前商业结构以零售、餐饮、休闲娱乐为主,各类服务业均衡发展,主要商家包括假日百货、环球超市、上海书城、永乐电器、沈家花园、上海歌城等,中档消费基础深厚。

控江路商业中心范围为控江路沿线的江浦路至打虎山路路段,规划以轨道交通8号线江浦路站和鞍山新村站为依托,结合现有商业商务设施,按照"多节点、纵深式、条块结合"进行布局,以控江路沿街新建现代商业综合体为支点,形成相对集聚、各富特色、功能互补、联动发展的板块。

2013年,控江路商业中心沿街的紫荆广场、君欣时代广场和海际商业广场等三个大型商业项目的建设稳步推进;控江路沿线商业进一步调整提升,引进lily、圣迪奥等流行女装品牌、上海歌城等休闲娱乐品牌和品尊1号、金湘汇、仟真快餐等餐饮品牌,进一步满足周边人群的休闲娱乐需求和新华医院医患的就餐需求。

2014年,紫荆广场项目竣工,将打造中高端精品港式购物中心,计划引进卢米埃影城、舒适堡、精品超市等主力店，设置品牌专卖、休闲餐饮和大型餐饮、亲子游艺等业态；君欣时代广场、海际商业广场继续推进建设；假日百货、环球超市及控江路沿线其他商业加快调整提升，计划引入衣恋、plory 等人气服饰品牌和吃心 100 美食广场等各式餐饮品牌；做好市容、环境、交通等方面的整治工作，完善配套服务。

在中长期发展中，控江路商业中心将依托区位、交通、产业、环境等综合优势，以适应并扩大周边社区居民和商务群体的消费需求、完善城市综合功能为目标，重点商业载体的打造，进一步扩大商业规模、提升商业能级、调整商业结构、完善商业功能。主要发展中高档品牌专业专卖店、人气休闲餐饮、大中型商务餐饮和中高档文体娱乐设施，突出自身商业特色，增强与五角场市级商业中心的错位发展、南北互动，将控江路区级商业中心打造为业态丰富、功能完善、时尚宜居、环境优美、交通便利的轨道交通综合性商业商务区。

九、闵行新城地区级商业中心

闵行新城是立足于上海近郊区、具有综合辐射功能的组团型现代化新城。闵行新城规划形成 4 个新城级商业中心、13 个镇、街道和莘庄工业区各具特色的社区级商业中心。

闵行新城商业中心主要布局莘庄商业中心、七宝商业中心、梅陇南方商业中心和虹桥综合交通枢纽商业中心。莘庄商业中心位于莘庄轨道交通 1 号线和 5 号线换乘枢纽站点区域，依托莘庄综合交通枢纽，完善现有商业、商务和公共服务设施布局，新建大型综合性商业设施，大力发展高端商业，积极引进高端百货店、专卖店、综合性商业中心，加快集商业、休闲、娱乐、餐饮服务于一体的莘庄仲盛、龙之梦、莘庄地铁上盖等大型商圈建设，形成功能完善、业态齐全、交通便利的地区商业中心。七宝商业中心规划位于七莘路、漕宝路区域，包括周边已建的七宝商城、乐购大型超市、巴黎春天百货店、汇宝购物广场、嘉茂购物广场以及地铁枢纽商业大楼，形成四个大型商业组团，与七宝生态商务区建设联动，形成七宝地区综合性商业中心。梅陇南方商业中心位于梅陇镇的南方商务区区域，以消费性服务业为主，打造西南地区一流、销售规模最大、服务功能最全、具有影响力的现代化服务业集聚区，逐步调整、提升现有商业设施，形成集商务办公、主题式购物中心、金融服务、休闲娱乐、酒店和餐饮为一体的商圈。虹桥综合交通枢纽商业中心位于虹桥商务区，加快完善虹桥综合交通枢纽闵行华漕地区和新虹街道的商业服务网点布局，结合交通枢纽区域及周边地区规划，重点建设商务楼宇、综合商业设施、五星级酒店、酒店式公寓、公交枢纽站点等，形成上海西南地区交通枢纽型商业中心。

完善便民利民的居住区商业网络。不断完善社区商业配套，加快推进社区商业设施建设,形成13个镇、街道和莘庄工业区各具特色的社区商业中心。同时加快推进浦江镇和马桥镇等大型居住区的配套商业建设,考虑到浦江镇是世博动迁基地所在地,居住人口密集度较高,进一步完善世博动迁基地配套商业建设,结合轨道交通8号线浦江镇沿线五个站点区域规划设置轨道交通站点商业,重点开发大型商业零售、创意时尚、生活消费、娱乐休闲为主的城市综合体,加快建成商业中心。

十、闵行南方商城地区级商业中心

南方商业中心区域范围为由莲花路—沪闵路—合川路—古美西路围合的区域,总用地面积约71公顷。区域内汇集了众多运营成熟的商业项目,包括百联南方购物中心、友谊商城、莲花国际广场、南方休闲广场等,已建商业面积约21万平方米,另外,建筑面积近50万平方米的城开南方项目商业商务综合体将于近期开工建设,南方商城三期停车场项目也将为南方商业中心新增约20万平方米商业面积,未来南方商业中心商业面积将达到近100万平方米。南方商城商业中心充分发挥百联的带动和引领作用,以大型购物中心发展为核心,形成集商务办公、主题式购物中心、金融服务、休闲娱乐、酒店和餐饮为一体的综合商圈。

十一、闵行虹桥吴中路地区级商业中心

虹桥地区商业中心位于虹桥镇吴中路,是闵行区发展条件和基础最为成熟的地区之一,也是最能展示都市繁荣繁华的地区之一。以吴中路为主要发展轴线,东至虹梅路、西至外环高速。现已基本形成汽车销售、家居零售、酒店餐饮特色,以盛世莲花广场、金虹桥广场、吴中路万源路口、吴中路虹梅路口为重要节点的商业集聚发展区域。规划在建顶新国际商务中心、虹桥大成商务广场、虹桥万象城及待建成城购物广场和26号地块项目总建筑面积约为110万平方米,其中商业建筑面积约为40万平方米,商务建筑面积约为67万平方米,酒店约为3万平方米。

十二、嘉定新城地区级商业中心

根据上海城市规划的总体布局和发展重点,嘉定新城被列为上海城镇发展体系中的三大新城之一,是上海今后几年重点建设和发展的地区。嘉定新城由主城区、安亭和南翔三个组团组成,总规划面积224平方公里。主城区是嘉定新城城市核心功能的空间载

体,总规划面积122平方公里。新城中心区位于主城区南部,是主城区的核心区之一,东临市级都市工业园区、西接上海国际赛车场及其配套区,总规划面积17.234平方公里。

嘉定新城大型商业设施分布于两个地铁站和远香湖周边等区域,绝大部分尚处于建设过程中。

(1) 保利台北风情街已于2013年7月竣工,建筑面积12.7万平方米,是集购物中心、旅游观光为一体的购物中心。台湾品牌占商业总量的60%。保利聘请了专业招商团队,预计年内试营业。

(2) 永润星辰休闲广场占地2万平方米,商业面积3.2万平方米,总投资2.5亿元。目前,麦德龙、美亚影院、荷嘉歌城、梁记茶餐厅、KFC等已经相继开业,广场内招商情况良好,目标建成嘉定第一家工厂折扣购物中心。

(3) 中信泰富广场整体规划是一个70万平方米包含办公和商业的大型综合体。其中一期10万平方米的900套住宅已全部卖出,现有60%~70%的入住率。招商也在稳步推进中。商业部分于2012年12月开工建设,预计2015年底竣工。

(4) 西云楼2012年6月开工建设,预计2015年年底正式开业。

(5) 东云街大部分竣工,定位为中高档餐饮、娱乐、休闲街区,目前处在招商过程中。

(6) 位于宝安公路、裕民路口的新荟广场整体规划12万平方米,分为地下两层和地上五层,包含1 000个停车位。项目已完成招商,2013年4月正式开工,预计2015年第三季度试营业。

嘉定新城商业中心依托区位交通、生态环境、公共服务中心集聚等优势,规划形成集城市综合商业中心、文化休闲中心、现代商务中心、交通枢纽中心于一体的,上海西北地区引领性、地标性的综合枢纽型商业中心。

依据人口规模、产业特点、空间结构和功能布局,嘉定新城商业中心规划形成"一主一副、双心联动"的空间格局,即形成轨道交通11号线新城站和环远香湖两大板块。以新城站板块新建重大项目为主导,带动环远香湖板块现有存量资源的改造提升,推动新城商业中心载体、功能和产业"三位一体"同步发展。纵向以永盛路为商务和公共服务产业轴、横向以白银路为商业休闲产业轴,引导两大板块功能错位、业态互补、人流衔接,形成生态环境优美、交通便捷、配套完善、具有较强集聚和辐射力的商业中心。

十三、金山百联商业中心

百联商业中心位于金山新城中央商务区南侧,目前已集聚了百联金山购物中心、若干酒店、办公等服务设施。百联金山购物中心于2010年9月底建成开业,是新城中央商业商务区建成前现有的最大的集购物、餐饮、娱乐和社区服务为一体的商业综合体。周边另有大型专业店、宾馆、酒店、商务会所以及银行、证券等各类金融机构办公设施。

百联商业中心将以现有百联购物中心为依托,利用临近中央绿地、主要道路等综合优势进一步集中集聚建设高品质、现代化的商业设施,形成金山新城新兴商业中心。

十四、松江新城地区级商业中心

松江新城商业中心主要分为松江新城区和老城区两个部分,其中,新城区商业中心以开元地中海商业广场为中心,联动新松江路沿街商业,并与轨道交通站点有机衔接,大型购物中心、大型综合超市、大型专业店、大型餐饮娱乐设施等交相呼应,融综合购物、餐饮娱乐、商务服务、文化活动于一体,形成较强辐射力的商业商务区。老城区以中山中路、人民北路为发展轴线,建设成为集旅游、观光、购物、休闲、娱乐、餐饮为一体的城市商业文化中心,其中包括松江商城、第一百货松江店、平高世贸中心、鹿都国际商业广场以及松江沃尔玛大卖场等大型商业网点。

功能定位:新城区是松江发展都市商业的核心区域,体现"国际花园城市"特色形态和高雅氛围,形成不同建筑风格、不同功能配置、不同业态组合、组团状辐射、轴线发展的新城中心商务区。老城区体现历史老城风貌和旅游文化特色,强化分段设计,引导功能集聚。

2013 年,新城区开元地中海社区商业广场获评"上海市商业形象评选铜奖"、"松江区区长质量奖提名奖"等荣誉。广场全年累计举办各类商业营销活动 60 余次。同时坚持品牌提升,引进了 new balance、欧时力、five plus、望湘园、七叶和茶等知名品牌,开辟了转角美食林又一美食专区,全年共引进、调整商家 83 家,调整面积达到了 2. 3 万平方米,提升了近 30% 的百货品牌,初步形成具有一定规模体量、行业业态齐全、功能集聚度较高、中档时尚品牌集聚的现代化、一站式购物中心,2013 年广场全年营收 9. 43 亿元,同比增长 20. 5% 。老城区的松江商城、第一百货松江店、鹿都商业广场围绕五一、国庆、元旦、春节等节假日开展了各类营销活动,并积极进行品牌提升和调整,改善购物环境。2013 年,平高世贸中心成功引进上海第一食品商品,鹿都商业广场先后引进徽思叔叔、满记甜品等知名品牌、引发消费热潮,乐颂坊凭借避风塘、小杨生煎等众多知名的餐饮品牌成为老城区的消费时尚新地标。

2014 年,万达商业广场的开业将成为松江新城商业中心的一大亮点,新城区以开元地中海商业广场为中心,老城区以中山中路市百一店、松江商城、平高世贸中心、鹿都商业广场为中心,将通过调整改造,吸引知名品牌入驻,进一步提升商业品质。

松江新城商业中心的发展目标是结合新一轮城市空间拓展，完善商业空间布局，提升服务水平和辐射能级，形成新城商业中心新载体。重点建设新城区开元广场以及周边综合性商圈、国际生态商务区、老城区中山路人民路商圈 3 个新城级商业中心（未来布局新城南部区域核心区新兴交通枢纽型商业中心）。鼓励发展大型购物中心、连锁百货店、各类品牌专业专卖店和大型文化娱乐休闲设施，提高商业设施集聚程度，形成块状组团式商圈发展新模式。

老城区一是抓住轨交南延伸的契机，结合老城改造，推进体育中心站、醉白池站商业项目落实，加快招商，通过培育和引进新的商业业态和商业品牌，推动老城区商业结构优化、商业档次提升；二是加快中山路、人民路等中心街区结构调整，通过主要百货大厦的品牌调整、业态提升，扩大主力品牌、核心店铺的号召力；三是继续完善松东路、中山二路、华亭老街等初具规模的特色商业街区，加强街区综合环境配套，增加停车设施，商业与市容、工商等综合执法部门加强联合管理。

新城区主要建设三个板块：一是以开元地中海为核心区域，进一步整合周边商业资源，在整个空间形态上形成两轴七个节点（两轴：新松江路商业发展轴、文诚路商业发展轴；七个商业节点：新松江路开元广场、东明商城、文诚路嘉和广场、供销社商业地块、安信广场、松江商业广场和绿庭商业广场），集购物餐饮、休闲娱乐、商务服务于一体，多形态、多功能、多业态集聚，成为体现松江区综合城市功能和形象的标志性区域。二是泰晤士小镇板块，泰晤士小镇中心商业区以人文居住、商业文化、休闲旅游为主体功能，建成上海郊区独具英伦风貌的时尚创意消费体验中心。三是地铁大学城站板块，发挥交通优势，推动交通与商业联动，加快引进知名品牌，创新更新业态，引进主题商场，实现在业态、人流等方面功能配套集聚。四是以万达广场为核心的国际生态商务区，建设品牌商业集聚区的同时，通过政策引导和市场化手段努力引进一批先进现代服务业项目，将国际生态商务区打造成长三角地区的制造业研发中心、商业商务中心、上海西南的“都市花园”。

未来布局的新城南部区域核心区依托综合交通枢纽建设，一体化开发站前及周边地区，以新建大型商业设施为载体，集聚商务服务、现代商业、文化旅游等城市综合服务功能。布局形成客运中心配套服务区、站前商业商务区等功能板块。

十五、奉贤南桥新城地区级商业中心

南桥新城商业中心，目前基本形成了以百联重点商圈为核心，以两条特色商业街为纽带，以社区商业为支撑的商贸业发展格局。正在规划建设形成两个新城级商业中心，即新城区和老城区两大商业中心。新城区商业中心规划商业建筑面积约为40万～60万平方米,以满足本区居民为主,兼顾辐射周边产业园区及其他外来消费群,以百联南桥购物中心为引领,以苏宁广场、尚谷、中喔商业等新建商业设施为依托,重点引进国内外知名品牌专业专卖店、体验店、概念店、中高档餐饮、高星级酒店等,建设形成集商务、商业、旅游、文化娱乐等功能于一体的综合性新城商业中心,进一步放大南桥新城的规模效应和集聚效应。老城区商业中心依托人民路、解放路等主要商业街区,加快调整改造,提升服务功能、优化业态结构、完善综合配套,形成各具特色、功能互补的综合性商业街区。

十六、崇明新城地区级商业中心

崇明新城是崇明县城所在地,是崇明的政治、经济、文化中心,位于海岛中西部,规划人口为20万。崇明新城包括西部的老城区和东部的新城区两部分,现有商业布局主要集中在由北门路、西门路、东门路和长江围合而成的老城区。目前老城区有商业网点2 000多家,营业总面积约17万平方米,1 000平方米以上的商业服务业设施有30多家,商业设施比较齐全,交通十分便捷,是全岛商业的中心,岛上最负盛名的八一路步行街和八一商业广场位于该区域的中心地段,是海岛最繁华的消费场所。

业态布局方面,以中小型超市、专业专卖店、传统百货、便利店、小市场等满足本地居民日常生活消费的业态为主,商业用地分布较为集中,商住用地在各类用地中所占比例最大,体现崇明商业与居住关系密切的特点。

2013年,崇明新城前期开发工作扎实开展。道路交通、市政管网等基础设施不断完善,重点工程建设有序推进,商务中心、文化科技中心二期(崇明档案馆)、生态环境监测实验基地、百联崇明商业广场、绿地商务办公、绿地新都会等项目继续推进。老城区商业规模继续巩固扩大,商业业态进一步丰富,购物环境日益优化,服务水平和服务能级有较大幅度的提升。

2014年崇明新城将继续推进新城商务中心、县档案馆和生态环境监测实验基地等功能性项目,加快推进百联崇明商业广场、绿地集团31号地块和18号地块二期,以及亚通广场、电力公司办公楼等社会投资工程,逐步启动新城东区一批景观道路和河道疏拓等基础设施建设。继续推进西部旧城区的改造,完善提升旧城区商业业态布局。

中长期发展目标、规划方案。崇明新城商业中心定位为崇明三岛区域性商业商务中心,重点建设都市商业商务区,建成多功能、多业态、综合性服务业集聚区。2020年,基础商业网点总面积将达到40万平方米,人均商业建筑面积达到2.0平方米。

新城区以新建为主,体现田园水城风貌和中央商务区核心功能,以新城核心区为主要空间载体，沿老效港及其串联的滨水地带布局行政办公、商务金融、会展服务、商业中心、休闲娱乐、文化体育等都市中心功能；老城区以调整提升为主，体现历史老城风貌和商旅文特色，重点改造调整以八一路步行街为核心的"三纵三横"中心商业街区，建设成为集购物、休闲、旅游、观光、娱乐、餐饮为一体的城市商业文化中心，鼓励引进现代商业业态、上海老字号品牌和著名工业品牌，建设崇明特色商街。

第十七章　服务业功能区

第一节　六大重点功能区域

世博园区、虹桥商务区、国际旅游度假区、临港地区、前滩地区、黄浦江两岸等六大重点功能区域，是上海创新驱动、转型发展的重要载体。六大重点功能区域严格执行高起点规划、加快推进高品质开发，运营、建设和规划着一大批第三产业重大功能性项目建设，对上海加快形成以服务经济为主导的产业结构具有重要推动作用。

一、世博园区

上海世博会地区规划用地总面积约 6. 68 平方公里，其中世博会红线范围 5. 28 平方公里。结合上海城市发展对该地区的战略要求，并基于其独特的人文内涵、区位特征和资源优势，上海世博会地区后续功能定位为突出公共性特征，围绕顶级国际交流核心功能，形成文化博览创意、总部商务、高端会展、旅游休闲和生态人居为一体的上海 21 世纪标志性市级公共活动中心，成为功能多元、空间独特、环境宜人、交通便捷，体现低碳、创新，富有活力和吸引力的世界级新地标。根据结构规划，上海世博会地区将形成“五区一带”，包括文化博览区、城市最佳实践区、国际社区、会展及其商务区、后滩拓展区及滨江生态休闲景观带。

2013 年，世博园区的后续开发工作有序展开。一是央企总部项目加快建设。B 片区央企总部基地项目入驻央企均已完成项目报建及设计招标工作，其中大部分央企设计方案已完成审批；商飞、华电、国网、中信、中建材、黄金、华能、招商局、中化、中外运等多央企项目开工建设。二是招商工作进展顺利。继 B 片区成功招商后，A 片区招商正式启动，将建设成为国际知名企业总部集聚区和具有国际影响力的世界级商务社区，在功能上以高端商务、会展文化为核心功能，并发展商业、文化、休闲、酒店等配套功能。三是浦西片区开始全面改建。城市最佳实践区存量建筑面积的 80% 完成招商，一批著名城市规划设计、建筑设计、时尚设计、机械设计、低碳环保及创意商业企业已经进入实质性入驻方案实施阶段，主力展馆改建项目正在全面推进当中。四是世博源购物中心完成开业工作。经过上海建工七建集团、建工安装集团、建工机施集团和建工装饰集团等单位两年多的努力，由原世博轴改建的世博源购物中心将在 2014 上半年全面迎客；世博源总建筑面积达 33 万平方米，将成为购物休闲、旅游观光和城市文化展示的集聚地。

2014 年，世博园区的后续开发将持续推进。世博园区的后续开发将以低碳环保为原则，新建建筑节能率将达到 70%，清洁能源使用比例 65%，生活垃圾分类收集率 100%，致力于建成具有国际影响力的低碳生态示范园。2014 年，世博园区 A 片区地块将加快出让，B 片区央企总部基地将全面开工，商飞总部将基本建成。同时，世博园 A、B 片区地下空间将与"一轴四馆"完全打通，统一开发并建设 77 万平方米的地下超大型城市综合体。2014 年，浦西片区"最佳实践区"展馆改建将全面推进。世博园区的后续开发项目主要包括：央企总部集聚区、国际企业总部集聚区、世博酒店群、世博轴大型商业综合体、城市最佳实践区（文化创意街区）等。

二、虹桥商务区

虹桥商务区东起外环高速公路 S20，西至沈阳—海口高速公路 G15，北起北京—上海高速公路 G2，南至上海—重庆高速公路 G50，它位于上海中心城区西侧，紧邻江浙两省，地处长三角地区交通网络中心，是长三角城市群的核心。虹桥商务区总占地面积 86.6 平方公里，范围涉及闵行、长宁、青浦、嘉定四个区。其中，主功能区面积 27 平方公里。目前重点开发的为核心区 4.7 平方公里，其中包括 1 平方公里的国家会展中心项目，核心区开发规模为地上约 500 万平方米，地下约 280 万平方米。虹桥商务区是上海"十二五"期间重点发展区域，其开发建设是市委市政府立足全局、着眼长远的重大战略决策，目标是依托虹桥综合枢纽、中国博览会会展综合体等重大功能性项目，建设成为世界著名的商务区，带动上海经济发展方式转型，促进城市空间布局调整，助推上海国际贸易中心建设，更好地服务于国家长三角一体化发展战略。

2013 年，虹桥商务区建设提速，国际 CBD 雏形正在徐徐展开。一是全面完成土地出让。核心区 3.7 平方公里内的经营性开发用地已全部完成土地出让手续，总开发面积超过 555 万平方米，累计实现土地出让收入 433 亿元。二是顺利推进社会项目建设。核心区一期项目全面开工，已动工建设的项目超过 50%，实现结构封顶的建筑有 47 栋，部分建筑外立面已基本成形。三是协调推进公共配套项目。推进建设的 21 个项目总投资约 54 亿元，空中廊道、地下通道、迎宾绿地、能源管沟和变电站等项目已全部开工建设。四是中国博览会综合体项目进展较快。桩基施工已经结束，商业、办公和酒店等配套也逐步推开，中国博览会引商招展工作已提前启动。五是新虹桥国际医学中心一期项目完成招商。8 个重点医学项目已经完成签署合作框架协议，初步确定选址方案，医技中心项目正式开工建设。此外，核心区一期建筑全部达到绿色建筑二星级以上，其中三星级绿色建筑达 50%，已有十余栋建筑获国家"三星级绿色建筑设计"；配套建设的四个公园绿地总面积 56 公顷，总投资 15.9 亿元；被称为商务区"能源心脏"的能源中心一期工程已投入试运行，未来将为 7 平方公里内的 1 000 万平方米建筑供能，可达 80% 以上能源利用率，每年节煤 3 万吨；商务区已向国家有关部门申报"绿色生态城区"认证，核心区建成后有望成为国内最大的绿色建筑示范区。

根据虹桥商务区发展规划，虹桥商务区核心区预计将于 2015 年基本建成，2014 年是虹桥商务区建设的关键一年。一是首批企业即将入驻。核心区一期将于 2014—2016 年竣工的地上总建筑面积预计将达 170 万平方米，近 60% 为写字楼，其中瑞安虹桥天地将于 2014 年下半年迎来首批入驻企业。二是中国博览会会展综合体迎来首展。中国博览会会展综合体项目 A、B 两馆已顺利完成结构封顶，预计将在 2014 年 10 月份迎来"首展"，2015 年的上海车展也将移师于此。三是其他重大项目有序推动。东片区综合改造前期准备工作基本完成，将进入具体实施阶段；新虹桥国际医学中心首批项目预计 2015 年建成并投入使用；中国博览会会展综合体项目联合招商招展平台、西虹桥北斗产业基地等产业平台建设加快推进。四是推出新一批行政审批制度改革的措施。借鉴上海自贸试验区比较成熟的改革创新措施，包括商事登记制度改革、金融贸易行业的鼓励性和创新措施、促进现代服务业的总部机构入驻和运营的政策等，为企业提供最便捷、高效的投资贸易环境。五是政府配套项目协调推进。通过《虹桥商务区核心区公共交通专项规划》，下半年将开通第一条公交线路。

三、国际旅游度假区

上海国际旅游度假区位于浦东新区中部，以上海迪士尼乐园为中心。2013 年其规划范围在原有基础上向南拓展，共 24.7 平方公里。其中，核心区 7 平方公里，发展功能区 17.7 平方公里。

度假区功能定位立足于构筑上海城市休闲旅游功能核心，塑造具有示范意义的现代化旅游城、当代中国娱乐潮流体验中心，形成旅游产业发达、文化创意活跃、消费低碳环保、环境优美宜居的大都市新地标，最终发展成为世界级旅游目的地。在产业体系上，充分发挥迪士尼项目的产业带动优势，体现新兴业态导向、产业融合导向、低碳智慧导向、重大项目带动导向，构建度假区的产业发展体系。

度假区规划形成“一核、五片”的空间发展格局,总建筑规模约为700万平方米。其中,“一核”为核心区,包括迪士尼度假村(约3.9平方公里)、配套基础设施以及名品购物村、生态绿地公园、创意街区等,总建筑规模约为200万平方米。“五片”为发展功能区,包括南一片区、南二片区、北片区、西片区、和东片区,分别定位为综合商业娱乐区、远期低密度开发区、高端总部休闲区、生态保育旅游区和远期综合开发区,涵盖现代娱乐商业综合体、超级秀场集聚区、横沔古镇、大型主题婚庆基地、旅游创意产业园区、高端总部休闲基地、低碳智慧国际社区、国际旅游和文化艺术学院集聚区等9大功能性项目。发展功能区范围内,规划建设用地约9.4平方公里,非建设用地约8.3平方公里,总建筑规模约为500万平方米。

2013年,上海迪士尼乐园及配套设施全面启动建设,各片区桩基和地下结构施工基本完成,开始地上结构施工,部分片区启动地上钢结构吊装和游乐设施的轨道及内嵌件安装,配套酒店、零售餐饮娱乐区建设加快推进。2月,主题乐园宝藏湾等游乐片区完成初步设计审批,部分片区桩基及地下结构工程完成施工招标,为乐园全面启动建设和顺利推进奠定了基础。7—8月,宝藏湾等游乐片区、两个主题化酒店、零售餐饮娱乐区取得总包施工许可证,乐园及配套设施项目建设审批基本完成。10月,乐园桩基工程基本完成,建设重点转为下部结构施工。政府配套项目核心区围场河、中心湖、西入口大道、公交枢纽,外围道路六奉公路、周邓公路、南六公路、秀浦路两段、申江路高架专用道、S2高速公路改扩建等项目,以及轨道交通11号线迪士尼段工程全面推进建设。核心区二级市政项目一期雨污水泵站、给水泵站、市政管理用房、10kv开关站、公用事业管线等永久性公用事业项目基本建成,市政道路、环卫设施、湖泊边缘景观、综合水处理厂、分布式能源站等项目全面推进建设。

上海迪士尼乐园计划于2015年底开园,2014年是项目建设攻坚年、运营保障全面推动年、产业发展布局年和体制机制完善年,将按节点全力推进乐园项目及配套工程建设并加强监管和分析预警,全面推动运营准备和服务保障,加快推进重点片区征地动迁和高品质开发,进一步完善度假区行政管理体制,加强前瞻性研究,以改革开放的精神推进度假区制度创新、管理创新。积极做好开园准备工作,启动包括应对超大客流在内的运营准备。2014年底前将完成各运营保障方案编制,并在梳理工作任务基础上形成交通保障、安全保障、应急与大客流应对等专项实施方案。度假区指挥部会同各相关部门已重点开展交通保障、安全保障、应急与大客流应对研究工作,将形成轨道交通、公交、出租、旅游巴士、停车场等公交保障方案和交通引导方案。

四、临港地区

临港地区规划范围为,北至大治河,西至G1501高速公路—奉贤浦东新区界—浦东铁路四团站(平安站)预控制用地—三团港接规划两港大道接中港,东、南至规划海岸线围合区域。由主城区、重装备产业区和物流园区、主产业区、综合区以及临港奉贤园区组成。规划总面积315.6平方公里。

2013年,上海市政府发布《临港地区中长期发展规划》,提出临港地区发展的长期目标是打造成为智慧低碳、生态宜居、面向国际、面向未来的综合性节点城市。到2020年,临港地区要基本建成高端制造要素高度集聚、先进制造业与现代服务业高效联动的"智造城",宜业宜居、产城融合的现代化滨海新城,中国战略性新兴产业和先进海洋经济发展的示范基地,以及资源节约型、环境友好型的国家新型工业化示范基地。

在坚持临港新城总体规划和分区规划基本不变、坚持城市总体结构和形态结构基本不变的基础上,结合临港地区空间现状和发展导向,对原来"大产业区、大生活区"的布局进行细化,重点构建"一轴、两带、双核、四片"的功能布局,并聚焦部分基础相对较好、有条件在短期内快速集聚人气的区域进行重点开发。

(1) 一轴:城市发展主轴。沿临港大道和轨道交通16号线,重点展现城市建设风貌,聚集主要服务设施。

(2) 两带:产业发展带和文化生活发展带。其中,产业发展带连接重装备产业区中心区、泥城社区、主产业区核心区、书院社区和综合区,重点发展先进制造业和生产性服务业;文化生活发展带连接综合区、主城区、洋山保税港区陆域部分和芦潮港社区,重点为产业区提供完善的城市服务功能配套。

(3) 双核:围绕16号线临港北站和围绕滴水湖,重点发展会展、金融、采购、总部研发等生产性服务业,重点提升城市服务功能,展现城市宜居宜业的环境氛围。

(4) 四片:主城区、主产业区、综合区和重装备产业及物流园区(包括奉贤分区在内)四片分区。通过拓展各片区的复合功能,最终形成各片区特色鲜明、功能复合,整个区域产城深度融合的大格局。其中,主城区是为港、城、区、镇提供全方位、高品质城市服务功能的核心区,重点发展居住、教育、医疗、商业商贸、文化体育、休闲娱乐等生活性服务业,积极培育发展航运、金融、文化创意、旅游会展、软件信息以及相关生产性服务业;主产业区是上海高端装备制造业基地的重要组成部分,重点发展先进制造业和战略性新兴产业,积极培育研发、设计、维修等生产性服务产业,进一步增加餐饮、住宿、文化等基本城市配套服务功能;综合区是创新创业园区和主城区城市服务功能的延伸区,着重发挥高品质生态环境优势,加快新一代信息技术、轻型制造等产业发展,积极培育发展旅游度假、运动休闲、居住和创意研发等产业;重装备产业及物流园区是上海高端装备制造业基地的主体部分,着重依托先进制造业基础和港区、岸线资源,积极发展先进制造业、战略性新兴产业,以及现代物流等相关服务业。

2013年是临港“双特”政策启动实施的第一年,经济社会保持平稳有序。全年完成全社会固定资产投资207亿元,同比增长15%,是历年来的最高值。工业总产值继续保持两位数增长态势,完成100亿元产业投资目标。内外资引进和税收收入实现快速增长,分别同比增长79%和14%。地方财政收入同比增长11.2%,各项经济指标基本达到预期目标。产业结构进一步优化,第三产业比重持续增加,物流、商贸等现代服务业快速发展。

2014年,临港的开发建设要紧紧抓住“双特”政策、“东进南下”战略、自由贸易试验区试点建设三大战略机遇,根据“集聚高端产业、打造高水平新城”的总体要求,推动临港开发再上新台阶。2014年临港地区的经济社会发展目标初步定为:完成固定资产投资300亿元,同比增长46.3%;完成工业总产值700亿元,同比增长16%;招引内资注册资本90亿元,同比增长13%;完成税收收入45.8亿元,同比增长11%;落地项目总投资继续保持150亿元。

五、前滩地区

前滩地区北起川杨河,南至中环线(华夏路),东起济阳路,西至黄浦江,总用地面积283.17公顷,沿黄浦江岸线长度约为2.3公里。是以上海世博园区为核心的黄浦江南部滨江区域的重要组成部分,地区自然环境独特,生态条件较好,滨水资源丰富,拥有较佳的滨水景观资源和丰富的发展空间。前滩功能定位重点发展三大核心功能,即总部商务、文化传媒、运动休闲。同时,围绕核心功能发展居住、酒店、商业购物等辅助功能,以及社区服务、专业服务、教育培训、休闲娱乐等配套功能。

2013年,前滩地区建设步入“快车道”。一是主要路网格局构建完成。道路与配套管线一期工程全面贯通,涉及18条道路和3座桥梁,全长12.4公里,占前滩地区道路总长的75%;涉及配套四大管线近114公里。其余25%的路桥工程,将根据项目建设需求,随项目开发逐步推进,为前滩功能性项目的招商与建设打下坚实基础。二是两个重要功能性项目取得实质性进展。集聚中外现代服务业企业总部的重要办公基地——前滩企业天地一期开工建设,总建筑面积14万平方米,包含两栋高28层的办公楼及附属商业裙楼、七栋三层的餐饮配套、一栋单层商业用房等,投资额超过35亿元。除项目五期的功能尚在研究以外,二、三、四期工程的方案设计均已在积极推进。上海惠灵顿国际学校项目实现土建结构封顶,校舍总占地7万平方米,可容纳幼儿园至高中总计1 500名外籍学生同时就学,为居住在上海的国际家庭提供全球顶尖教育资源的文化配套设施。

2014年,前滩地区将全面启动土地的二级开发,实现核心区及功能性项目开工建设总量逾100万平方米;实现公共配套及景观工程开工总量逾100万平方米。2014年4

月，前滩企业天地二期开工建设，将成为中外现代服务业企业总部的重要办公基地。二期项目总建筑面积近13万平方米，包含2幢高100米的塔楼和四座裙楼，预计将在2017年竣工。三期工程也将在年内开工。至2014年底，前滩地区将累计完成超过50%以上的土地招商任务，全年力争实现固定资产投资超80亿元，吸引国内投资超60亿元，为“五年出功能”的目标打下坚实基础。

六、黄浦江两岸

黄浦江两岸地区规划范围为吴淞口到闵浦二桥之间的黄浦江两岸流域，两侧岸线长度约119公里，规划控制面积约144平方公里。发展目标是全面构筑以功能提升为引领、创新突破为动力、统筹协调为保障、民生共享为宗旨、低碳绿色为理念的现代化开放滨江地区，建设成为上海“四个中心”重要核心功能区，与上海“四个中心”和社会主义现代化国际大都市地位相适应的世界著名滨江发展带，大众公共活动的高品质体验地。

按照分工有序、整体发展的原则，以黄浦江为轴线，串联各功能性区域，优化资源配置，加速产业聚集，构建“一轴、两带、三区”的功能发展格局。

（1）形成一条生态景观轴。以黄浦江为轴线，凸显生态景观功能，体现现代城市设计理念，加强绿化景观开发，构建优美的滨水天际线，促进人文、建筑和空间的结构平衡，建设水绿相映的城市生态景观轴，成为面向社会大众、适宜旅游休憩的公共活动空间。

（2）打造两条集聚发展带。挖掘水上和岸上旅游资源，推进景观建设和旅游码头建设，加强水陆联动和资源整合，完善旅游服务设施，开发创新旅游产品，进一步凸显“三游”经济、观光休闲、文化展示、民俗风情、商务会展等功能，着力打造与世界著名旅游城市相匹配、体现国际大都市滨水特色的旅游休闲集聚带。依托现有产业集聚基础，重点发展金融、航运、会展、旅游、文化创意等现代服务业，加快建设外滩金融集聚带、陆家嘴金融城、北外滩航运和金融服务集聚区、徐汇滨江综合商务区等现代服务业集聚区，努力打造体现上海国际大都市形象的高端服务集聚带。

（3）优化三类发展导向区。根据沿江各区域的现状基础、开发进度和区位特点，划分南部地区、北部地区和中部地区，明确相应的发展导向。中部地区北至定海桥—金桥路、南至上中路—华夏西路（中环），以产业功能提升为发展导向，进一步集聚发展现代服务业，提升产业能级，完善综合配套服务，强化服务和辐射能力，成为高端要素集聚、服务功能突出、都市魅力凸显的现代服务集聚区。北部地区北至吴淞口、南至定海桥—金桥路，以产业功能调整为发展导向，加快推进功能转型和产业结构调整，向二、三产业融合发展转变，向战略性新兴产业、高新技术产业升级，成为加快产业结构调整的转型升级主导区。南部地区北至上中路—华夏西路（中环）、南至闵浦二桥，以规划控制引导为发展导向，加快完善规划编制、加强规划管理，合理引导、适度发展，为推进功能转型和结构调整预留空间，同时着力改善居住质量、加快提升环境品质，成为支撑城市转型发展的战略功能拓展区。

按照“高端化、特色化、集约化”的原则，集聚高端商务商业，提升旅游休闲产业能级，积极推进产业结构调整与升级，加快构建与“四个中心”建设相匹配的现代服务业体系，形成体现国际大都市能级的现代服务业集聚带。积极“打造贯通可达、交通便利、服务完备、环境宜人”的公共活动空间，进一步推进高标准的配套设施建设，全方位提高滨江区域的公共服务能力。深入挖掘历史文化资源，注重历史文脉保护和文化环境提升的有机结合，加强历史与现代的渗透与融合，着力打造集历史传承与时尚创新于一体的国际大都市文化品牌。合理把握开发节奏，有序推进基础设施建设，进一步确立以公共交通为主导的滨江交通体系，构建完善现代化的沿江基础设施体系。积极承载和延续世博效应，加快应用世博科技成果，推广世博先进理念，完善绿化市容管理，保护沿江生态环境，实现低碳发展，建设成为中心城区重要的生态廊道。

第二节　现代服务业集聚区

现代服务业集聚区为上海加快形成以服务经济为主的产业结构作出了积极的贡献。至 2013 年末，全市现代服务业集聚区的建成面积达 3 606 万平方米，完成投资总额 2 243 亿多元，吸引全球跨国公司地区总部 184 家（约占全市的 41%），研发中心 26 个，集聚服务业企业近 4 万家。全年完成税收 1 094 亿元，年度税收亿元以上楼宇约 124 栋。现代服务业集聚区呈现形态日益凸显，功能日臻完善，产业定位清晰，能级加快提升等特点。

一、2013 年主要推进措施

2013 年，上海市围绕《上海现代服务业集聚区“十二五”规划》的深入贯彻与实施，以错位发展和互动发展为原则，加强对不同类型集聚区的分类指导，重点推动郊区新城集聚区的建设，充分利用和整合各类资源，加大宣传招商工作力度，推动现代服务业集聚效应不断显现。

1. 分类指导，发挥区县优势

2013 年，结合对普陀长风生态商务区、苏河湾商务集聚区、陆家嘴金融贸易区、世博园区会展商务集聚区等典型集聚区调研，指导中心城区集聚区在拓展提升过程中，更加注重产业结构和商务环境优化;对郊区集聚区发展,注重结合新城建设,推进产城融合,注重结合自身特点和优势,实施错位发展战略。

2. 整合资源,加大推进力度

继续巩固和完善集聚区联席会议和区县联络员会议制度。加强联席会议成员单位之间的协调沟通,进一步发挥联席会议的作用。经与市发改委协调,在市服务业发展引导资金中设立集聚发展类项目,并细化了评审原则和办法,从资金支持等方面聚焦服务业集聚区发展。同时,确保联络员网络稳定有序开展工作。

3. 创新宣传,加强推介力度

集聚区宣传力度继续加大,形式不断创新,收到良好预期成效。一是协调"中国上海"门户网站开设"现代服务业集聚区"专栏;二是联合上海外资促进中心,借助上海投资促进机构联席会议(SIPP)平台,再次对集聚区进行整体宣传推介;三是首次组团参展第二届中国国际服务贸易交易会。《现代服务业集聚区投资指南》(中英文对照版)和《现代服务业集聚区巡礼》宣传片在展会上进行首发;四是组织静安、青浦、浦东等集聚区参展厦门投资贸易洽谈会,帮助集聚区宣传推介、招商引资。

4. 夯实基础,强化公共服务

进一步强化基础工作,探索建立集聚区统计和监测体系,加强分析和研究。一是启动2012年度数据统计分析工作。与上海市商务发展研究中心合作,开发集聚区数据信息采集和分析系统,健全完善统计信息指标体系。目前已进入试运行阶段。二是加强理论成果深化和转化。2013年着重对郊区集聚区的差别化发展开展了深入研究;开展了"现代服务业集聚区建设与上海城市转型研究"课题研究。三是加强服务指导,做好中央财政支持项目验收、资金落实等工作;指导集聚区做好下一年度服务业引导资金等项目申报,重点做好申报集聚发展类项目的指导工作;做好集聚区服务业综合改革试点等项目的跟踪服务工作。

二、2013年现代服务业集聚区建设取得新成就

1. 助推"四个中心"深化建设

现代服务业集聚区始终围绕上海"四个中心"建设的目标任务,为金融业、航运业、国际经贸、商务服务等服务业支柱产业和新兴产业的跨越式发展提供载体和平台,凸显了对服务产业的集聚能力和对产业、区域的辐射能力,加速了"四个中心"建设的形成。

一是推动国际金融中心服务功能进一步提升。截至2013年底,陆家嘴金融贸易区区域吸引了约3 600家各类服务型企业,其中近700家为国内外金融要素市场和银行、证券、保险

等中外金融机构，税收超过 1 亿元的楼宇达 31 幢，已经成为上海国际金融中心的核心区域。黄浦区西藏路环人民广场现代商务区 2013 年实现营业收入 708 亿元，税收达 41.4 亿元，比上年增长 17.6%。淮海中路国际时尚商务区集聚金融业、专业服务业等企业 3 000 多家，跨国公司地区总部 12 家，2013 年税收亿元楼数量达 13 栋，实现税收 66.8 亿元。

二是推动国际航运中心服务功能日益凸显。北外滩航运和金融服务集聚区集聚了 4 207 家航运及相关企业，“航运企业成群、航运要素成市、航运产业成链”的集聚效应日益显现。2013 年，北外滩航运和金融服务集聚区加快建设上海船员评估示范中心、中国船员发展与保障中心、中国船舶油污损害理赔事务中心等一批重点功能性项目，推进设立新华社上海国际航运中心研究院并发布了新华社国际航运中心指数。同时，北外滩作为中国大陆邮轮经济发展的发源地，吸引了全球排名前四的邮轮公司在虹口区设立了机构或代表处，积极推进游艇产业发展。

三是推动国际贸易中心集聚辐射效应进一步显现。虹桥涉外商务区 2013 年实现税收 127.22 亿元，比上年增长 9.2%，随着一批商贸设施进入集中建设期，虹桥涉外商务区的商贸服务能级得到提升：上海城三期、绿城广场（SOHO）、国际舞蹈中心、虹桥文化艺术中心在建项目稳步推进，总建筑面积 35.89 万平方米；中山公园来福仕广场、曹家渡地块（88 金庭商务楼）在建项目按计划推进，总建筑面积 49.10 万平方米；虹桥临空经济园区的远洲宾馆、索菲亚产业楼、建滔宾馆、2 号公园项目开工，总建筑面积 9.45 万平方米。同时跨国采购大会等贸易平台的搭建，为助推国际贸易中心建设和推动制造业的转型创新做出了积极贡献。宝山钢铁物流商务区以钢铁贸易以及钢铁物流商务为产业特色，集聚了包钢、首钢、中国冶金自动化研究院、上海舜业钢铁集团有限公司、钢之源等钢铁行业上下游企业 1 600 多家。赵巷商业商务集聚区 2013 年完成营销额 45.8 亿元，比上年增长 55.07%，上缴税金 1.63 亿元，比上年增长 15.46%，还引进 2 家千万元税收企业成功入驻园区，已成为市郊大型商业商贸集聚区。西虹桥商贸商务集聚区 2013 年实现税收 2.79 亿元，比上年增长了 158%。随着国家会展中心、北斗西虹桥基地、西虹桥总部商务园等项目的有序推进，中国（上海）国际贸易中心网的建设及相关运营主体和项目的落地，将进一步提升西虹桥商贸商务集聚区的贸易功能。

2. 加速总部经济集聚发展

现代服务业集聚区是区域服务业发展的载体和阵地，其高起点的规划、完善的配套、优越的环境，成为国内外各类总部型、功能型机构重要的集聚区域。静安区南京西路专业服务商务区在 1.8 平方公里的区域面积聚集了辉瑞投资有限公司、欧莱雅（中国）有限公司、摩根士丹利商贸（中国）有限公司、罗格朗（上海）管理有限公司等 21 个国际跨国公司地区总部。世博园区会展商务集聚区的央企总部集聚区规划用地面积 18.72 公顷，吸引招商局集团、宝钢集团、中国商用飞机公司、国家电网等13家中央企业入驻发展总部经济，至2013年底，部分央企大楼实现主体结构封顶。嘉定新城上市企业总部集聚商务区以上市总部集聚商务区规划落地为契机，加大招商工作力度，着力引进行业龙头、领军企业和知名企业总部，以绿地集团、中国黄金集团、中国传媒集团、保利集团为首的一批央企总部有意入驻园区。杨浦区大连路总部研发集聚区，主要发展以跨国公司和国内行业龙头企业地区总部、研发中心、营销中心等为主的总部经济，在西门子、大陆集团、安莉芳等跨国公司相继落户后，李尔公司、文通钾盐集团有限公司、中外建投资控股（上海）有限公司、金光创利办公纸品（上海）有限公司等一批国内外总部功能型或行业引领性企业也相继入驻。2013年集聚区实现营业收入约1 130亿元，实现区级税收4.48亿元，比上年增长5.4%。江湾—五角场科教商务区依托知识杨浦的高校、科研院所、技术企业的优势，聚集了EMC2、易保软件、IBM等在内的跨国企业研发总部，汇聚了中国工业设计研究院、南南技术交易所、硅谷银行、湾区委员会等国际国内专业服务机构。2013年集聚区实现营业收入约202亿元；实现区级税收15.78亿元，比上年增长38.8%。奉贤南桥中小企业总部商务区致力于打造成长三角地区中小企业融入上海、国内中小企业步入长三角、国际中小企业进入中国的桥头堡。在2013年度加大招商引资力度，入驻企业达到1 200多家，各项税收完成2.6亿元，比上年翻了一番。

3. 促进产业转型升级结构优化

现代服务业集聚区建设对全市加快经济发展方式转型，形成以服务经济为主的产业结构，促进产业升级转型起到了积极作用。2013年，长风生态商务区内亿元楼数量增至5幢，“长风金融港”累计入驻股权企业100家，募集资金140亿元，3D跨采中心建成并首次成功举办了“2013全球零售自有品牌亚洲展”。同时，随着市儿童医院、“智慧园区”等的相继建成，大大提升了商务区的品质和吸引力。漕河泾高新科技产业服务区聚焦“一部三中心”，加快地区总部、研发设计中心、运营结算中心和管理服务中心的引进，2013年服务业比重达到了51.2%，同时促进二三产业融合发展，不断优化制造业结构，使服务业有了更为广阔和长远的发展空间。枫泾国际商务区依托临港集团和漕河泾开发区的成功经验和专业优势，整合枫泾的区位、生态及土地资源优势，继续深化研究总体定位、产业定位和市场需求，首发地块以日本城市设计为核心的团队正在加快进行方案深化设计，建成后将在本市远郊形成服务业新高地，大大提升郊区服务业产业能级。

4. 努力打造生态协调的城市新地标

现代服务业集聚区秉持环保低碳理念积极营造和谐生态环境和文化氛围，形成一张张靓丽的城市文化名片。世博园区会展商务集聚区围绕低碳智慧实践区的目标，在发展高端会展商务等核心产业的同时，努力营建“标志性的市级公共活动中心”，原世博城市最佳实践区获美国绿色建筑委员会 LEED 绿色建筑认证，成为亚洲唯一白金级认证。南京西路专业服务商务区成为静安区都市商业、都市旅游、都市文化的新风貌、新形象的集中展示地。针对商务区内白领人士的文化需求，搭建"白领驿家"平台，推进中创大厦和中信泰富广场楼宇立体服务站建设，推出交友、缓压、文化和公益等服务项目。积极引进国际性的文化产业企业，2013 年引导全球排名第一的艺术品拍卖行佳士得在区域内设立了全国第一家外商独资拍卖企业——佳士得（上海）拍卖有限公司，并开展首次秋拍活动。举办 2013 福布斯 · 静安南京路论坛等各类论坛，成为提升静安城市形象的重要途径。苏河湾商业商务服务业集聚区通过深入挖掘、整理苏河湾总商会、铁路文化等"五种文化"的历史底蕴，借助传统媒体与网络新兴媒体，不断提升苏河湾影响力，提高招商引资品质。2013 年苏河湾地区共引进内资企业 307 家，引资 31.6 亿元；引进外资 36 家，合同外资 5 640 万美元，年度税收亿元楼数量达到 10 栋。张江高科技创意文化和信息服务业集聚区大力发展网络游戏、动漫影视、数字内容、新媒体等重点文化产业，先后被文化部、新闻出版总署、科技部、上海市委宣传部等授予国家级文化产业示范园区、国家数字出版基地（首个）、全国版权示范园区（基地）、上海市文化产业园区一系列称号。2013 年度税收亿元楼 2 栋，吸纳从业人员 14 万人。松江（欢乐谷）休闲旅游区是上海唯一以旅游为核心产业的特色化集聚区。2013 年，实现入园人数 285 万人次，营业收入 3.95 亿元，利润总额 6 123 万元。2013 年上海玛雅海滩水公园的盛大开业成为园区发展新的增长点。七宝生态商务区核心区域之一的文化公园正积极筹建法拉利文化中心、闵行博物馆、海派艺术馆、号上书院、上海百老汇音乐广场、赖声川国际戏剧中心等文化项目，加快建设集商务、文化、旅游、休闲等功能于一体的新型商务集聚区。陈家镇现代服务业集聚区高起点规划区域产业，力推生态环保理念和高附加值服务业项目，核心区是以信息科技产业为主的上海智慧岛数据产业园。松江新城国际生态商务区以生态为先，招商和基建工作稳步推进。截至 2013 年底，共出让地块 16 幅，有 11 个地块已开工建设，开工总面积 100.56 万平方米。

三、部分现代服务业集聚区概况

1. 徐汇区漕河泾高新科技产业服务区

漕河泾高新科技产业服务区位于漕河泾开发区中心位置，东起虹梅路中环线，南沿漕宝路，西至古美路，北临宜山路，总占地面积约 23 万平方米，总建筑面积约 80 万平方米，其中地下建筑面积约 20 万平方米。

该集聚区按照国际化、高科技、生态型的标准，定位于总部经济、研发设计、创新孵化、综合服务“四个平台”的功能目标，致力于形成以电子信息为支柱，以新材料、生物医药、航空航天和汽车研发配套、环保新能源为重点，以现代服务业为支撑的“一五一”产业集群体系，重点引进高附加值服务业企业，聚集跨国公司、地区总部、国际服务品牌的项目，不断提升开发区整体科技水平和综合服务功能，建设成为以高新技术产业为基础、高新技术研发和技术创新为主导、高附加值现代服务业为支撑的多功能综合性科技产业园区，满足企业对于技术服务、科技中介服务、商务配套服务等日益增长的需求，与高新技术产业形成互为融合发展的格局。

2013 年，推进工作主要从以下几个方面展开：一是现代服务业快速发展。2013 年集聚区实现现代服务业营业收入 502. 47 亿元，比上年增长 20. 2%，高于全区现代服务业增幅 5. 3 个百分点，漕开发现代服务业营业收入占产业总量的比重达到 36. 7%。其中，信息服务业、专业服务业和科技研发服务业等行业增长迅速。信息服务业受集成电路设计、信息技术服务等行业拉动，2013 年营业收入比上年增长 20%。专业服务业 2013 年营业收入比上年增长 20%，其中投资与资产管理、企业总部管理、广告业和专业咨询等主要行业发展均呈现两位数增长。科技研发服务业营业收入比上年增长 21. 3%，其中技术推广服务、科技中介服务等行业的增速均超过 30%。二是开发建设加快推进。至 2013 年底，集聚区二期（三）主体结构已封顶。集聚区二期（三）工程紧邻虹梅路田林路，总建筑面积约 9 万平方米，其中地上建筑面积 5. 9 万平方米，将建造三幢以“品”字形分布的单体高层建筑，预计于 2014 年底竣工，将进一步集聚国内外高端项目，推动漕河泾开发区产业结构调整，逐渐成为开发区经济发展新的增长极。集聚区商贸区已完成方案设计调整工作，目前正在办理各项方案报批手续，预计将于 2015 年上半年正式开工，2018 年竣工，建成后的商务楼将与地铁 12 号线漕宝路站实现无缝对接。三是招商引资深入展开。2013 年，集聚区吸引了现代汽车集团子公司、韩国最大的全系列数控机床生产商现代威亚数控机床有限公司，从事快餐连锁经营的汉堡王（上海）餐饮有限公司，国内领先的制药装备提供商楚天科技股份有限公司等企业入驻。此外，全球化学品行业领军企业瓦克化学新大中华区总部——瓦克上海中心落成启用，世界最大的私有化纺织品及化工集团——美国美利肯集团亚太区总部、研发中心成立并投入运营。

未来，集聚区将继续引进“一部三中心”（即地区总部、研发设计中心、运营结算中心和管理服务中心）项目入驻集聚区，大力发展体现国家发展战略、上海发展优势和国际竞争力的高新技术产业和现代服务业，推动开发区成为具有国际一流水准的多功能综合性科技产业园区。

2. 徐汇区徐家汇中心现代服务业集聚区

徐家汇中心现代服务业集聚区东至华山路、南至虹桥路、西至宜山路、北至广元西路。项目由 6 个地块组成,总占地面积 13.2 公顷,总建筑面积 62.9 万平方米,地块规划性质为综合用地,将建设成为集国际甲级写字楼、五星级酒店、国际化商业、公寓式酒店及文化娱乐设施为一体的国际级的现代服务业集聚区。

集聚区是以商务服务为核心功能,购物住宿、文化娱乐等配套服务功能完善的复合型现代服务业集聚区。其中,办公楼将占到总开发体量的 50% 以上,通过高标准的硬件和软件环境,吸引国际、国内的大型企业总部入驻。引入五星级酒店不仅可弥补区域高星级酒店的缺乏,也将与办公楼形成互动,提升区域的商务品质。发展适当规模的商业,导入体验型消费及时尚消费概念,提升区域的商业品味。文化娱乐设施的建设也将丰富徐家汇地区的业态并带动人气。

2013 年,“徐家汇中心”项目在土地成功出让的基础上,确保 2014 年年内开工,做好项目周边规划配套道路前期准备,力争同步启动建设。

3. 普陀区长风生态商务区

长风生态商务区位于普陀区南部,东至大渡河路,西至真北路中环线,南至苏州河,北至金沙江路。实际可规划开发的土地面积约 3 300 亩,规划总建筑面积 290 万平方米,其中高档商办楼宇 170 万平方米,商业娱乐设施 30 万平方米,高档住宅 70 万平方米,学校、医院等各种配套设施 20 万平方米。长风生态商务区是全市首批重点推进的九大现代服务业集聚区之一,列入《上海加速发展现代服务业实施纲要》和上海市“十一五”规划纲要,是未来上海浦西地区高级商务楼宇最为集聚的商务区之一。

该集聚区以金融服务、商贸会展、高新科技、文化旅游为主导产业,致力于在上海西苏州河北岸,建成一座“水、绿、建筑”完美组合,景观功能、经济功能、文化功能和谐统一的现代服务业集聚区,成为上海现代服务业的新高地和苏州河生态走廊新景观。

该集聚区已进入由项目建设为主向以招商运营为主转变的阶段,将按照“总部基地、绿色社区、文化标的”的总体发展方向,进一步增强文化旅游、商务休闲功能,加快推进三代产业板块建设,即以“长风金融港”和股权投资、私募企业为引领的商贸金融服务板块,以跨国采购中心基地和跨国采购大会为引领的商贸会展服务板块,以米高梅娱乐中心和“一园十馆”为引领的文化旅游板块,努力建设成为生态环境优美、文化特色鲜明、服务设施先进的现代服务业集聚区之一,成为苏州河生态走廊新景观和引领休闲生态商务的新地标。

2013 年,该集聚区要素平台不断集聚、经济效益不断提升。上海联合产权交易所入驻,跨国采购中心基地运营并成功举办全球零售自有品牌产品亚洲展,长风金融港募集资金 140 亿元。2013 年,集聚区实现总税收 24.43 亿元,税收亿元楼 5 幢。

2014 年,该集聚区将以深化服务业综合改革试点为契机,围绕建设开放服务型、总部集聚型、人文生态型商务区的目标，加快重点项目建设，促进要素市场集聚、服务功能提升。一是改革完善跨采中心运行机制，精心组织2014年中国(上海)国际跨国采购大会。二是运营并拓展上海联交所平台，激活长风私募股权投资板块潜能，探索创设并购金融集聚区，启动国浩地块金融休闲街项目，改革完善金融人才和项目落地政策，打造长风金融港升级版。三是加快市化工研究院板块功能转型。四是推进华大科技园、苏宁环球总部招商运营。五是启动煤气包搬迁“退二进三”项目，长风8号西地块公共租赁住房项目开工，提升商务区配套功能，营造宜企宜人的发展环境。

4. 闸北区苏河湾商业商务服务业集聚区

苏河湾商业商务服务业集聚区，东起罗浮路、武进路、河南北路，西至长寿路桥，南为苏州河，北至交通路—虬江路，总面积3.19平方公里，流经本区域的苏州河段长4.7公里。集聚区规划总建筑面积627万平方米，其中，商务楼宇规划面积362万平方米。

2013年，推进工作主要在以下几个方面展开：一是加快项目建设。集聚区成功吸引中粮集团、华侨城集团等大型央企参与苏河湾的开发建设，继中粮集团一期开发的“大悦城”购物中心于2010年12月建成以来，华侨城集团相继开发苏河湾1号、41、42号地块，总建筑面积约28万平方米。2013年，大悦城购物中心二期、华侨城、宝矿、隆宇406等大型综合商办项目相继启动，截至2013年，整个苏河湾地区(包括西区原不夜城和东区)完成已建建筑面积331万平方米，在建建筑面积54万平方米。二是完善功能建设。苏河湾东区(共和新路以东天目东路以南的北站街道范围)利用老仓库改建发展创意产业，引进宝格丽酒店等国际知名品牌，已形成一定的集聚效应。苏河湾西区(原不夜城地区)集聚国内外知名人力资源企业，被人保部认定为全国首个“人力资源服务产业园区”。洲际中心等一批智能型高端现代商务办公楼宇投入使用，恒丰路黄金商务大道已具规模。

5. 杨浦区大连路总部研发集聚区

大连路总部研发集聚区位于杨浦区西南角，与黄浦江核心区中段相邻，与浦东陆家嘴金融贸易区、虹口北外滩航运服务区错位呼应，与江湾—五角场现代服务业集聚区互补配套。四至边界为：控江路—打虎山路—周家嘴路—许昌路—茭白园路—怀德路—长阳路—通北路—平凉路—大连路，占地面积约1.46平方公里，规划商业与办公用地约32.0万平方米，可建面积102.6万平方米，至2013年底，集聚区已建成商务面积35.3万平方米，在建商务面积7.3万平方米。

该集聚区主要发展以跨国公司和国内行业龙头企业地区总部、研发中心、营销中心等为主的总部经济，从空间上可以分为北部、中部、南部三个地区：北部地区(周家嘴路以北)，区域面积约0.46平方公里；中部地区(周家嘴路以南，长阳路以北)，区域面积约0.54平方公里；南部地区(长阳路以南，平凉路以北)，区域面积约0.46平方公里。

该集聚区目前主要取得以下成果：一是载体建设加快推进，空间布局不断优化。北部已建成的商务楼宇有贵人大厦、五环大厦、众合金融大厦和海上海；中部已建成的商办载体有西门子华东地区总部、北美广场、宝地商贸广场（30 街坊）、鞋钉厂改造项目、摩卡大楼和瀚海明玉大酒店，另外还有在建的文通集团总部（31 街坊）；南部逐步启动建设，22、23、16 等街坊地块完成出让，其中保利绿地广场（22、23 街坊）开工建设，16 街坊商办项目规划设计方案已批复。二是企业主体加快集聚，产业结构不断完善。西门子、大陆集团、安莉芳等跨国公司相继落户，李尔公司、文通钾盐集团有限公司、中外建投资控股（上海）有限公司、金光创利办公纸品（上海）有限公司等国内外总部功能型或行业引领性企业也相继入驻。国内首家专注于服务科技型中小企业和风险投资机构的中外合资银行——浦发硅谷银行和专门为中小企业提供“股权投资、银行信贷以及融资担保”三位一体综合金融服务的上海国际集团创业投资有限公司相继入驻北美广场，进一步完善了该区域的产业结构，提升了产业能级，为大连路集聚区的发展注入了新的活力。

2013 年该集聚区重点推进的项目主要有：①宝地商贸广场。位于大连路、唐山路，总建筑面积约 15.6 万平方米，其中：办公面积 8 万平方米、商业面积 3.5 万平方米、住宅面积 4.1 万平方米，定位为集品质办公、社区商业中心于一体的项目。已入驻企业有李尔公司、迪尔希（上海）有限公司等，并引进了乐购超市、迪卡侬运动品超市、上海小南国、舒适堡、沃歌斯、星巴克、太平洋咖啡等商户。②文通集团总部。位于通北路、昆明路，规划总建筑面积约 7.3 万平方米，其中办公面积 4.5 万平方米、住宅面积 3.2 万平方米。目前，住宅部分已开盘，办公部分预计 2014 年竣工，拟入驻文通集团总部。③保利绿地广场。位于长阳路、通北路，由保利置业开发，规划总建筑面积约 28 万平方米，其中：办公面积 15.2 万平方米，商业面积 3.1 万平方米，住宅面积 3.86 平方米。整个项目预计于 2016 年竣工完成。

6. 杨浦区江湾—五角场科教商务区

江湾—五角场科教商务区，规划范围北至殷高路，东至民京路、国京路、政立路、国和路一线，西至国定路、政立路，南至国定路，占地面积 3.11 平方公里。规划开发总量约 500 万平方米，其中：地下空间为 100 万平方米，地面建筑 400 万平方米。至 2013 年底，该集聚区共建成项目总建筑面积 264.1 万平方米，在建面积 203.5 万平方米。

该集聚区以知识创新区公共活动为特色，规划形成融商业、金融、办公、文化体育、科技研发及居住等功能于一体的综合性市级公共活动中心、以科教为特色的现代服务业集聚区和以繁荣繁华为标志的市级商业中心，建设成为三区融合、联动发展的示范性区域。从空间上可以划分为三个部分：南部商业商务区规划面积 0.96 平方公里，中部创智天地规划面积 0.86 平方公里，北部知识商务中心规划面积 1.29 平方公里。

该集聚区目前主要取得以下成果:一是南部环岛地区商业商务基本成型。“十二五”中期已完成丰达一二期、财富商业广场二期等项目与已有的金岛大厦、凯迪金融大厦、沪东金融大厦等形成了环岛地区主要的高级商务办公空间;以万达广场、百联又一城、东方商厦、大西洋百货等为核心的商业餐饮、文娱休闲中心也已基本形成城市副中心级商业中心。2013 年,五角场商圈实现区级税收 11.71 亿元,同比增长 30.1%。二是中部创智天地商务区初具规模。依托知识杨浦的高校、科研院所、技术企业的优势,聚集了一批如EMC2、易保软件、IBM 等在内的跨国企业研发总部。中国工业设计研究院、南南技术交易所、硅谷银行、湾区委员会等在内的国际国内专业服务机构;游戏风云、冰动娱乐、龙域工业设计、天狐创意设计等在内的创新创意企业,并形成了以上海市云计算创新基地为核心的云计算相关企业 142 家入驻,极大地推动信息科技产业、文化创意产业的发展。2013 年,创智天地实现区级税收 4.07 亿元,同比增长 72.3%。三是北部新江湾城加快建设。新江湾城的商务、商业尚处在起步阶段,办公楼宇主要分布在与五角场功能区相连接的铁狮门、创智科技中心二期、中航天盛广场、君庭广场等地块,现基本处于在建状态,2013 年,引进了耐克公司零售中心,铁狮门 F3 地块耐克总部大楼已完成土建、安装工程和部分专业竣工验收,2014 年 2 季度可入驻办公。

2013 年该集聚区重点推进的项目主要有:①合生国际广场。位于翔殷路、黄兴路,由合生(集团)公司和中先国际控股公司投资建设。建筑面积约 37 万平方米,其中:地面19.7 万平方米,地下四层 16.8 万平方米。建成后,将是五角场商业中心规模最大的商业商务综合体,两幢塔楼将打造甲级办公楼和五星级酒店(凯悦大酒店),裙房将设置高档购物中心,预计 2015 年建成投入使用。②NS2 青年城。作为南政院上海校区综合服务保障工程与星月集团合作投资开发的项目,其建筑面积约 15.3 万平方米,其中:地面 7.7 万平方米,地下四层 7.5 万平方米,业态主题定位为具“体验、动感、活力、时尚”特征的多维空间,目标消费群体为追求时尚的年轻人。目前,项目的规划设计方案已基本成熟。③尚浦商务中心。位于淞沪路、闸殷路,由美国铁狮门公司开发,规划总建筑面积约 120 万平方米,定位为集高档商务、商业、五星级酒店、剧院于一体的知识商务中心。尚浦中心一期总建筑面积 19.5 万平方米,其中 6 幢超甲级办公楼将于 2014 年落成,另外 4 幢预计于 2015 年落成;尚浦中心二期总建筑面积 52.5 万平方米,其中的商业、办公、酒店和文化设施将于 2017—2018 年分期落成;尚浦名邸总建筑面积 18 万平方米,约 900 套高端公寓与配套商业设施预计于 2014 年 2 季度和 2015 年 1 季度分期竣工。

7. 闵行区七宝生态商务区

七宝生态商务区位于虹桥综合交通枢纽东南角,东至外环线,南至漕宝路,西至横沥港,北至航南路,总用地 126 公顷,包括中心商务区、闵行文化公园和动迁安置基地三个部分。其中,商务区为该集聚区的核心区域,四至范围为:东至规划新镇路,南至漕宝路,西至横沥港,北至吴中路,占地约 40 公顷(不含 100 米绿化防护带),规划建筑面积 102 万平方米。闵行文化公园位于新镇路东侧地带,四至范围为:东至外环线,南至漕宝路,西至规划新镇路,北至航南路,占地约 122 公顷。

七宝生态商务区将以文化创意、休闲娱乐、商业商务为主导功能,同时与新镇路东侧以生态绿化为主的"七宝文化公园"融为一体,规划方案将水系与绿化融合,打造集创意文化、休闲娱乐、生态绿化、商业商务为一体的现代商务区。

8. 嘉定区嘉定新城上市企业总部集聚商务区

嘉定新城上市企业总部集聚商务区位于嘉定新城中心区,南至双单路、东至横沥河、北至天祝路、西至合作路。商务区融汇国际环保低碳理念、采用个性鲜明的街区式规划,划分为三大功能组团:一是以金融、贸易等现代服务业为发展重点的上市企业总部商务区(规划面积 62.5 万平方米,建筑面积约 120 万平方米);二是以配套人才公寓、学校、邻里中心、餐饮场所、文体中心、会议中心、星级商务酒店等业态为主的上市企业总部配套区(规划面积 54.3 万平方米,建筑面积约 94 万平方米);三是专为优秀企业迅速成长、跨越升级而设的上市企业孵化区(规划面积 12.8 万平方米,建筑面积约 30 万平方米)。该集聚区将着力吸引年税收在 1 500 万元以上的上市企业总部入驻,进一步加快人流、物流、资金流和信息流的集中,推动相关银行、保险、评估、审计、基金等金融要素和证券、期货等机构集聚,在嘉定形成金融副中心,为上海建设"四个中心"提供有力支撑。

2013 年,该集聚区在又好又快推进各类项目建设的同时,着力做好产城融合这篇大文章,重点加快上市公司总部集聚商务区和上市公司孵化区建设。一是认真做好各项前期技术储备工作。科学编制园区规划,明确产业发展重心,合理定位产业空间布局。总部园区用地位于嘉定新城中部,建筑面积 75 万平方米。通过制定近期、中期、远期工作目标和相应的实施步骤,促进每年引进的上市公司总部数量稳步增长,力争用 10 年时间吸引 100～150 家上市公司总部入驻嘉定新城。加快上市公司总部办公大楼建设,目前,规划方案已经公示,建筑设计方案在论证中。预计 2013 年第一季度进行土地出让。二是加强招商服务。通过"请进来"和"走出去"等途径,吸引知名上市公司总部入驻新城。在东方财富网已经成功入驻的基础上,与上海联合产权交易所、青岛新地集团、大连万达集团、起凡数字、中踞置业(黄金集团)、保利佳(保利置业)、协通(集团)、复地(集团)、一兆韦德、鼎正置业(涵碧楼)、中国文化传媒集团等签订意向协议。三是构建金融副中心。加强与上海证交所、中金公司等有关证交所、期货交易所、银行、证券、投资银行、基金公司的联系,争取冠名园区或在总部园区开设办事机构,为上市公司和上市公司孵化区内的企业提供金融、咨询、审计、评估、法律等各项服务,加快人流、物流、资金流和信息流的集中,推动金融要素和金融机构集聚,形成区域金融副中心。

2014 年,该集聚区将以拓展招商渠道为重点,以科学有效的工作措施,深入推进集聚区建设。一是大力拓展招商渠道。借力招商与以企招商等方式相结合,同时加强与区级层面的沟通和协作,深化推进招商工作。二是积极做好服务工作。对于东方财富等已取得土地的总部开发商,主动跟进、掌握项目进程。对于开发商在项目推进中遇到的困难,帮助其协调解决,敦促其加快建设进度,早出形象。三是实时跟踪意向开发商。重点跟踪 10 余家已经签约的企业,紧密跟踪意向入驻开发商,针对不同层级标准的总部,分类采用"请过来,走出去"策略,有序跟进落实。四是加强年度招商活动。2014 年内策划并组织 3～4 次总部经济招商推介会,同步编制更新总部宣传册。并根据总部项目规划布局,结合多元化合作模式开展招商。五是建立总部项目例会机制。针对总部项目建立及时沟通和解决具体问题的平台,项目推进工作组的领导及成员定期汇报项目进展,分享信息。

9. 金山区枫泾国际商务区

枫泾国际商务区位于金山区枫泾镇,四至范围:东至朱枫公路,南至浙江边界,西至浙江边界,北至浦泽塘。规划面积 470 公顷,规划总建筑面积 500 万平方米,总投资额 150 亿元。将充分发挥枫泾镇现有工业基础,更好地利用现有土地资源和产业用地,以现代服务业为发展重点,服务生产经营主体,突出产业转型、产业升级以及产业链延伸,建设形成空间布局合理,产业特色明晰,配套功能完善的现代服务业集聚区。

枫泾国际商务区以总部经济为核心,以大型综合性项目为引领,以产业发展平台为抓手,结合高新技术的应用,加快现代管理方法、经营方式及组织形式的推广,吸引长三角乃至全国大中型民营企业的功能性总部及中小型跨国企业总部集聚,致力于建设成为集商务办公、现代商贸、休闲娱乐等多种功能为一体的现代化生态型综合商务园区,成为金山区乃至上海市商务交流的新空间载体,成为上海服务长三角、服务全国的重要功能节点之一。

枫泾国际商务区规划形成"三轴三心六片"的空间布局:三轴即:黄良府港生态轴、上南浜生态轴形成内部"十"字形生态轴,构筑商务区的总体生态框架,与外围生态水系成网络状联系,轴线布局公共绿地和文化、体育等公共设施,形成商务区的活动轴线。枫湾路发展轴是商务区主要功能轴线,与新镇区、风貌区以及东部的产业区形成联动。三心即:一个镇级公共活动中心,位于"十"字形生态轴交汇的地区,形成以文化、体育、商业等设施为主的公共活动中心。两个社区中心,分别位于居住北片区和南片区内,提供社区级的综合服务。六片即:六个功能片区,包括城市商务区、生态商务区、两城更新区和三个居住片区。其中城市商务区位于枫翠路和枫阳路之间,以小高层商务办公楼宇为主,成为区域生产性服务业功能区。生态商务区位于枫兰路北侧,以较低密度的多层和小高层商务办公楼宇为主,成为长三角区域内的企业总部经济集聚区,为对环境品质有较高需求的企业提供成长空间。两城更新区未来进行整体策划和开发,形成以零售商业、大型购物中心、居住为主的综合商住社区。

2013 年,该集聚区的工作紧紧围绕与临港集团的全面合作,加强各方协调与沟通,尽心尽职全面推进,努力完成政府和合作公司提出的各项工作任务,取得了阶段性成果。

(1) 注重机构建设,加快促进集聚区发展。金山区、枫泾镇、临港集团、漕河泾开发区四方全面合作开发建设枫泾商务区正式协议在枫泾签订,完成了工商登记、税务注册、开户许可等,各项工作均已公司化方式运作。至 2013 年 10 月底已基本完成岗位人员的招聘,机构的完善标志着枫泾现代服务业集聚区进入了正式的运转轨道。

(2) 注重产业定位,着力提升集聚区功能。在市社科院关于枫泾现代服务业集聚区发展战略研究报告的基础上,依托临港集团和漕河泾开发区的成功经验和专业优势,结合枫泾镇的实际情况,继续深化研究现代服务业集聚区的总体定位、产业定位和市场需求。进一步发挥枫泾的区位优势、生态优势、土地资源优势,整合优势资源,立足枫泾,对接上海、辐射长三角,合力打造一个"规划起点高、创新能力强、辐射功能大"的现代服务业集聚区。

(3) 注重规划编制,加快推进集聚区建设。首期开发地块高起点规划做好城市设计,体现国际化。目前园区控规编制成果已完成,经过专家评审,正在积极协调各方作修改。同时首发地块正在加快进行方案深化设计,争取近期完成深化方案。

(4) 注重优质客户发展,着力提升集聚区能级,进一步加大对意向企业的走访和有效沟通完成部分总部项目签约设立。

2014 年枫泾现代服务业集聚区将注重落实,全面推进招商项目落地等工作。在控规批复,首发地块启动,项目招商引资等方面重点推进。工作中将整合现有招商资源,用服务、政策和现代服务业集聚区高品质的办公场所及环境资源,吸纳一批企业导入园区,变注册型为总部型。

未来,枫泾集聚区按照规划目标,基于产业关联效应和社会网络效应而逐步形成"三轴三心六片"的布局结构,具有资源共享、服务网络系统和品牌效应的特征,为现代服务业的发展构筑起一个良好的产业生态环境。

三轴:黄良府港生态轴、上南浜生态轴形成内部"十"字形生态轴,构筑商务区的总体生态框架,与外围生态水系成网络状联系,轴线布局公共绿地和文化、体育等公共设施,形成商务区的活动轴线。枫湾路发展轴是商务区主要功能轴线,与新镇区、风貌区以及东部的产业区形成联动。

三心:一个镇级公共活动中心,位于“十”字形生态轴交汇的地区,形成以文化、体育、商业等设施为主的公共活动中心。两个社区中心,分别位于居住北片区和南片区内,提供社区级的综合服务。

六片:六个功能片区,包括城市商务区、生态商务区、两城更新区和三个居住片区。其中城市商务区位于枫翠路和枫阳路之间,以小高层商务办公楼宇为主,成为区域生产性服务业功能区。生态商务区位于枫兰路北侧,以较低密度的多层和小高层商务办公楼宇为主,成为长三角区域内的企业总部经济集聚区,为对环境品质有较高需求的企业提供成长空间。两城更新区未来进行整体策划和开发,形成以零售商业、大型购物中心、居住为主的综合商住社区。

10. 松江区松江(欢乐谷)休闲旅游区

松江(欢乐谷)休闲旅游区坐落在松江佘山旅游度假区,东临林绿路,南至林湖路,西面和北面由林荫新路环抱,全园区总占地面积 90 万平方米,是目前国内规模最大、项目最多、科技含量最高、最具魅力的现代都市娱乐主题公园。上海欢乐谷定位为上海最具吸引力的文化产业核心项目,长三角重要旅游基地和具有国际影响力的中国顶级原创型旅游胜地,是上海旅游业发展“十二五”规划总体思路中提出的全市重点建设的 12 个特色旅游产业园区之一。

2013 年,上海欢乐谷公园接待游客 285 万人次,实现营业收入 3.95 亿元,上缴税金 2 297 万元,现从业人数约 1 036 人。2013 年 7 月 5 日玛雅水公园正式运营,2 个月的时间取得喜人业绩,入园人数达 57.17 万人次,营业收入近 1 亿元。2013 年,欢乐谷围绕节假日开展了“上海欢乐谷国际魔术节”、“欢乐谷踏青节”等一系列特色大型活动,不断提升集聚区的品牌知名度。同时,集聚区推进智慧景区建设,上线网络营销系统,玛雅水公园利用微博、微信平台进行宣传推广,开展“大爱母亲节 转发赢好礼”、“砸金蛋 赢门票”等活动,销售渠道进一步拓宽。

目前,欢乐谷一期规划 78 000 平方米已基本建成,一期投资约 16.2 亿元。集聚区内共建有商铺面积 6 100 平方米,基本全部租出,入住率为 100%,包括上海华侨城投资发展有限公司、百胜餐饮有限公司、柯达(中国)投资发展有限公司、上海子敖潜水俱乐部有限公司等在内的 36 家合作企业入驻。同时集聚区配套便利度不断提高。集聚区内有演艺创作中心、办公楼、商业街、停车场等配套设施,并设有游客服务中心、松江旅游咨询中心、行李寄存处、免费的婴儿车和轮椅租借处、免费自行车租赁处等便民服务设施,还成立了上海欢乐谷门户网站,配套设施较齐全、配套功能较完善。但集聚区内商务功能配套尚不成熟,暂不具有融资功能和招商推广平台。

2014 年,集聚区将充分发挥主题节庆活动在品牌市场宣传及经营创收方面的突出作用,以上海欢乐谷开业五周年为契机,策划全年活动,如"我青春,欢乐绽放季"、"我激情,盛夏狂欢季"等主题活动,还计划打造"国际滑稽小丑节"、"环球狂欢嘉年华"等新型节庆活动,力争为游客带来更精彩的活动和更难忘的游玩体验。除此之外,欢乐谷还将加快新项目发展,推进欢乐海洋项目和大湖水秀项目的建设,加快玛雅水公园、飓风湾区域升级改造,启动魔幻乐园计划,迎接新一年的挑战。

11. 松江区松江新城国际生态商务区

松江新城国际生态商务区位于松江新城东部,东接工业园区,西临松江新城地铁9号线和大学城,规划占地面积4.14平方公里,其中东至茸惠路,南至梅家浜路,西至光星路,北至茸盛路为核心区,规划占地面积2.02平方公里。商务区计划总投资60亿元,规划总建筑面积为373万平方米,将开发建设各类商务办公、商业金融、文化娱乐等公共设施160万平方米,住宅120万平方米,规划容纳4.5万人的居住生活空间。

商务区依托新城优越的文化、交通、生态和第二产业资源,遵循生态与低碳的发展原则,重点发展商务商业和金融服务业,形成以生态商务为核心,集文化娱乐、商业服务、生活居住等功能于一体的高品质、高品位的复合型综合城区,打造成为长三角地区的制造业研发中心、商业商务中心和上海西南的"都市花园",为推动松江产业转型,促进新城由生产型向服务型、创新型和文化型发展做出积极贡献。

商务区供电、供水、通讯、交通、停车、节能、环保等配套设施完善,金融服务、餐饮宾馆、仓储会展、健身娱乐、教育服务等配套服务齐全,居住、娱乐、商务办公等多重功能,将在整个生态商务区内得到综合体现。

2013年,商务区经济效益不断提升,实现营业收入19.5亿元,上缴税金2.3亿元。同时,项目建设有序推进,共出让地块16幅,总面积40.46万平方米,总金额37.234亿元,其中,富悦大酒店、日播、上坤置业完成摘牌。2013年商务区共有11个地块开工建设,总土地面积32.7万平方米,开工总建筑面积100.56万平方米。其中,万达广场将于2014年5月30日开业,将引进万达百货、万达影城、大歌星、大玩家、丰收日餐饮、永辉超市等业态。2013年,商务区内加快完善公共配套设施建设,区内15条道路分22段推进。2013年共完成光星路、里陆街、外浜街西段、长水街东段、郭家娄街、淡家浜街等6段道路的施工建设。预计将在2014年内完成茸悦路、黄渡浜街等两段道路的施工,并于2014年底完成沥青摊铺。2014年新开工茸梅路(改建)工程,并将于2014年内完成雨、污水管道铺设、L型挡土墙浇筑及桥梁中孔钢结构梁板委托加工等。2014年即将开工茸凯路的施工建设,其余道路完成设计,正在抓紧办理报建手续。

2014年,商务区将进一步做好商务区的招商引资工作,完善各类配套服务,计划引进麦德龙、迪卡侬、东方园林等企业,商务区作为毗邻松江大学城和松江新城区的新建商业集聚区,规划在未来3～5年内将商务区全部建成,围绕电子信息、现代装备、生物医药、精细化工等行业,通过政策引导和市场化途径引进和集聚跨国公司、研发机构、区域性总部等一批经济效益好、带动能力强、产业关联度高的服务业项目。

12. 青浦区赵巷商业商务区

赵巷商业商务区位于青浦区东部赵巷镇,紧邻318国道和沪青平高速公路赵巷出口,毗邻虹桥综合交通枢纽,是虹桥商务区的重要拓展区域,也是上海连接江浙两省的重要门户区域。该集聚区于2003年11月开工建设,2005年被确定为首批启动的9个现代服务业集聚区之一,2007年3月,被认定为上海市20个现代服务业集聚区之一。2012年1月,被市政府批准为首批10个现代服务业综合改革试点区域之一。区域总规划用地面积为334.43公顷。

赵巷商业商务区以发展现代服务业为核心,完善现代商贸、专业会展、总部经济、文化娱乐、休闲旅游等主体功能,体现商业、商务、旅游的融合联动,集中集聚建设高品质、现代化的购物中心、商务楼宇、星级酒店和大型综合商贸设施。发展至今,已有三个有影响力的运营项目:上海奥特莱斯品牌直销广场、吉盛伟邦国际家具村和珠江创展——米格天地项目。

2013年,赵巷商业商务区共完成营销额45.80亿元,同比增长55.07%;上缴税金1.63亿元,同比增长15.46%。引进两家千万元税收企业成功入驻园区。

2014年,赵巷商业商务区将重点做好以下工作:

(1) 加快编制完善专项规划。完善《赵巷商业商务区综合功能和产业发展规划》、《赵巷商业商务区控制性详细规划》、《赵巷商业商务区道路交通专项规划》、《赵巷商业商务区环境景观专项规划》、《赵巷商业商务区智能信息化专项规划》。

(2) 加快推进重点项目建设。一是元祖梦世界项目。是一个规模较大、定位独特的食品体验场所为主题的广场及企业总部办公楼项目,投资约12亿元,目前项目方案由安藤忠雄深入优化中。二是珠江创展项目。西区“米格天地”自2013年5月正式营业以来,通过举办不同形式的购物促销活动和不断充实各消费层次品牌店铺,市场人气正逐渐集聚,总体呈现有序发展、健康运营的良好态势。中区一期“悦公馆”项目已陆续交房,二期凯悦·嘉轩酒店和悦公馆二期,项目已于10月底开工建设,目前桩基工程已完成,处于维护阶段。三是奥特莱斯改造提升项目。项目投资1亿元左右,主要内容是A区由原来一层改建至两层,改建面积约1万平方米,目前工程已开工建设。四是吉盛伟邦项目。建设设计师创意走廊项目,通过“筑巢引凤”,吸引以家具设计、软装服务为主导的设计师在家具村设立工作室,从而带动和完善由设计、产品、服务为一体的集合型、多功能的服务体系,项目已于11月底正式开工建设。

（3）扎实做好项目引进和土地储备。认真做好实地项目引进、储备工作，注重质量，严把项目准入关，对于规模大、效益好、具有良好发展潜力的意向企业，除了耐心细致地做好政策宣传，加强联络、及时跟进、优化服务外，要通过多方位、多层次的实地考察，对意向企业和项目进行客观、综合分析，确保项目“谈得下、引得进、早落地”。此外，及时启动 2014 年土地储备工作，确保有足够的土地资源来保证项目的落地。

13. 青浦区西虹桥商贸商务集聚区

西虹桥商贸商务集聚区位于 86 平方公里上海虹桥商务区范围内，地处长三角走廊中心地区，同时也是青浦“一城两翼”建设蓝图中的“两翼”之一（东翼），四至范围为东起规划小涞港、西至 G15 沈海高速公路、南起徐泾港、北至北青公路，整体规划面积约 822 公顷。其中核心区为商务部和上海市的部市合作项目中国博览中心及配套区地块。

西虹桥商贸商务集聚区以会展服务业、流通服务业、总部经济、现代金融服务业以及创意产业为五大主导产业，适当发展文化休闲商业、教育培训业、旅游服务业、现代物流业和房地产业，实现服务功能由经济功能向社会功能的拓展。西虹桥商务商贸集聚区总体产业布局定位于“一核，两区”，其中“一核”为国家会展中心以及配套产业集聚区，“两区”为西部总部基地与商贸金融服务集聚区和北部蟠龙文化休闲与创意产业集聚区。

2013 年，集聚区主要推进以下三方面工作：

（1）有序展开招商引资。2013 年集聚区完成全口径税收 2. 79 亿元，比上年增长 158%，超额完成翻一番的目标。积极接洽相关企业资源，举行 3 场专题招商会：上海国际导航产业与科技发展论坛暨展览会、外资企业专题招商会以及虹桥商务区开发企业推介会。与包括中国中钢集团、中国节能环保集团、力诺集团、中建八局、明发集团、五洲集团等在内的二十家企业达成了落地意向。

（2）加速推进地块出让。一是中国博览会南侧地块，由绿地地产集团有限公司和福建泰坤贸易有限公司联合拍得，竞价为 47. 21 亿元，该地块的成功推出，引起了市场对西虹桥商务区的广泛关注，并坚定了市场对西虹桥商务区投资的信心。二是中博会北站城市综合体地块，总规划面积约 11. 6 万平方米，总建筑面积约 29 万平方米，采取 5 幅土地整体招拍挂出让的方式。三是总部基地力诺（三威）地块，共涉及四幅土地，总面积约 168 亩，建筑面积约 25. 4 万平方米，已于年底前成功完成了地块动迁协议签订并正式公告，顺利完成指挥部下达的目标。

（3）有效推进重点项目。一是国家会展项目。计划于 2014 年会展主体钢结构完成封顶，同时西虹桥公司积极对接上博公司，组建企业服务中心，建立与上博公司定期联络机制和利益分享机制，为会展中心建设提供全方位配套服务。二是北斗西虹桥基地。2013 年 6 月 21 日，“中国北斗产业技术创新西虹桥基地”正式揭牌，同时青浦区也已被增补为上海市导航产业联席会议成员单位。长三角北斗示范工程九个子项目中的五个子项目已落户西虹桥,同时北斗产品检测认证中心、重点实验室、创新基地等共性技术平台,以及长三角北斗位置服务平台等也落户西虹桥。基地已引入上海华测、华力创通、博世汽车部件等企业,并与四川长虹电器、北斗星通、中科九度、普适导航等领军企业达成入驻园区意向。高泾路 599 号一期改建工程 1.3 万平方米全部完成并投入使用,2013 年 12 月 31 日,北斗西虹桥基地企业入驻仪式成功举行,基地正式启动运营。三是网上国际贸易功能区。2013 年 6 月 8 日,青浦区人民政府与商务委签订了《共同推进青浦商务工作全面发展的合作协议》,将该项目作为市商务委和青浦区委区合作协议的重要内容之一。目前正在进行办公用房落实等相关事宜,并已完成相关合作协议初步方案。四是金融服务业集聚区。在会同上海国际集团金融研究院完成西虹桥金融服务业集聚区发展规划的同时,引进商业保理试点落户青浦,成功与上海股权托管交易中心签订战略合作协议,引入天津融金汇银旗下四家金融服务公司,与上海聚创投资集团有限公司达成初步合作事宜,联合聚创投资共同推进西虹桥商务区"西虹桥总部商务园"项目建设。

14. 奉贤区南桥中小企业总部商务区

南桥中小企业总部商务区位于南桥新城的核心区域,东至金海公路,南至 G1501 高速公路,西至 S4 高速公路,北至南奉公路,规划面积 1.47 平方公里,规划建筑面积为 256 万平方米。其中,核心商务区域,东至望园路,西至 A4(莘奉金)高速公路,南至育秀路,北至南奉公路,规划用地 45 公顷,规划建筑面积 90 万平方米。

南桥中小企业总部商务区是上海市政府 2007 年首批确认的上海市 20 个现代服务业集聚区之一。将凭借上海国际化大都市在人才、信息、资金、管理、服务等方面的战略资源,紧紧抓住上海后世博发展机遇,打造成为杭州湾北岸商务集聚区,成为长三角特别是其南翼中小企业借力上海的新平台,成为吸引长三角地区以及国内外企业总部入驻的最佳商务发展空间。

目前,南桥中小企业总部商务区依托奉贤区优势制造业发展基础,着眼产业链高附加值环节,立足奉贤,面向长三角,推进现代化、高品质商务楼宇建设,吸引奉贤区及长三角中小企业总部、功能性机构及专业服务业企业,完善商务配套服务功能,致力于形成以中小企业总部经济为鲜明特色的商务功能区。

一是形成中小企业总部经济基地。围绕输配电气、光仪电、家具、化工、游艇等奉贤区优势制造业,吸引奉贤区制造企业总部或地区总部入驻,吸引制造企业营销中心、采购中心、研发设计中心、营运中心、结算中心等功能性总部机构入驻,辐射带动长三角地区各类制造业中小企业总部及功能性总部机构集聚发展。

二是形成"长三角"区域贸易中心。依托"南上海"电子商务基地、"长三角"加盟总部基地等载体建设，吸引长三角地区以及国内外批发商、代理商、经销商等贸易主体及贸易促进机构，搭建展示交易、物流配送、品牌培育、公共服务等平台，建设立足奉贤区、服务长三角的区域贸易中心。

三是形成专业服务集聚中心。聚焦法律、会计、审计、咨询、知识产权等专业服务行业，吸引国内外优秀专业服务企业在奉贤区设立分支机构，加快培育奉贤区本地专业服务机构，推动行业协会、检验检测、标准评估等专业机构发展，完善区域专业服务功能。

15. 崇明县陈家镇现代服务业集聚区

陈家镇现代服务业集聚区位于崇明县东滩·陈家镇内，规划占地面积 845 公顷，其四至范围为：东至团旺路、西至中滨路、南至东滩大道、北至裕鸿路。空间布局上分为论坛岛区、综合商务区两大区域。论坛岛区是集聚区的核心区域，用地面积 200 公顷，主要包括论坛岛和中央景观湖，其中中央景观湖面积为 150 公顷，论坛岛占地约 50 公顷。综合商务区用地面积约 645 公顷。除河道、道路、湖泊等市政配套外，集聚区可出让用地面积约 393 公顷。

2013 年，陈家镇现代服务业集聚区以上海智慧岛数据产业园开发建设为重点，全面推进配套基础设施和功能性项目的前期开发建设。目前已启动了实验生态社区控规调整，积极推进主题乐园区结构规划方案和国际论坛商务区控规细则以及城市设计初步方案编制；全面加快了道路和市政配套的建设速度，中滨路二期等 3 条城市主干道已完成竣工验收，石竹路一期等共 32 条计 29.7 公里的在建社区道路，正在加紧推进建设；安置房建设、动拆迁和土地收储出让等工作有序推进；进一步加快功能产业项目的落地建设和商业住宅用地的出让，滨江社区 4 个地块低密度高端别墅的建设、开盘全面展开，金茂凯悦酒店已结构封顶，预计年底对外营业，滨江凯撒酒店正在进行基础施工，北郊迎宾馆、体育训练基地，正在进行方案设计。

2014 年，陈家镇现代服务业集聚区将继续推进配套基础设施建设，重点建设共 4.4 公里的骨架道路和总长度约 10 公里的社区主干道；按节点稳步推进落地项目，加快推进滨江社区 4 个住宅地块、3 家五星级酒店、马球俱乐部和体育训练基地等落地项目的建设进度，积极推进东滩水世界、养老基地、葛洲坝项目、览海华山医疗中心、郊野公园组团项目等已签约项目的落地建设。

陈家镇现代服务业集聚区将充分利用土地、交通、生态优势，聚焦生态会议会展服务、总部商务和研发基地等产业，加大招商力度，完善招商引资模式，启动标志性项目，推动重大项目入驻，力争至 2015 年形成一定产业规模，并初步具备集聚效应。远期陈家镇现代服务业集聚区将进一步强化功能、增加效益，使外部形态更加成熟，配套设施更加完善，生态环境更加优美，实现各方面综合平衡发展，强化集聚区的集聚功能、联动功能、辐射功能，带动陈家镇地区整体功能协调发展。

第三节 电子商务园区

1. 唐镇电子商务创新港

上海唐镇电子商务创新港（以下简称为“创新港”）地处上海浦东新区腹地，与张江高科、川沙新市镇、金桥加工区、合庆仓储加工区、银行卡金融结算基地、集电港、浦东软件园相毗邻。四至范围为：东至顾唐路，南至龙东大道，北至张家浜，西至外环绿化带，共1.77平方公里，其中57.36公顷已被规划成为“上海唐镇生产性服务功能区”。创新港是以电子商务公共与集成服务平台为核心，推动模式、政策和技术创新的电子商务服务业集聚区，已经在金融服务、物流服务、技术服务等方面初步形成一定的产业体系。创新港重点引进和扶持创新性的电子商务企业，吸引电子商务产业链条上的龙头企业快速积聚。2010年9月，工业和信息化部正式批准唐镇为“国家电子商务创新试点镇”，同年10月9日上海市商务委授予电子商务创新港为“电子商务示范园区”。

为了营造良好的网上交易环境和健康的电子商务生态圈，创新港公共服务平台一期的“有你 www.uniec.cn”综合服务平台、浦东网购纠纷协调服务平台和电子商务展示中心都已投入运营，并在不断完善中。其中，“有你”综合服务平台，目前注册用户11 719个，认证企业用户3 529个，共发布任务和服务商品6 531个，微信公众号粉丝1 796个，访问总量超过80万次。电子商务展示中心运营四个多月，已接待了20多批400多人次的上海及其他省市的领导和企业代表，进一步提升了上海浦东、唐镇电子商务创新港的影响力。

2013年，创新港主要推进以下几方面工作：

（1）积极推进电子商务专业服务平台建设。一是引进TCL移动电子商务软件研发中心、新蛋软件研发中心、百胜软件等一批专业移动、供应链软件企业，提供电商技术支撑。二是引进火速网络营销和亚银通移动网络营销等专业网络推广企业，为传统企业开辟网络营销和一站式服务托管服务。三是引进EMS、大新华物联网、宅急便等物流企业和第三方物流企业，致力于电子商务企业必备的物流、仓储等解决方案。四是引进快钱、通联、开联通等第三方支付企业，优化线上支付解决方案。五是引进股权投资公司，入股张江小额贷，引进长江小额贷，为电子商务企业提供金融服务。六是在B2B贸易平台方面，引进上海有色金属网上交易中心平台、一号商城、中国（上海）进口水果电子商务平台等，着力打造大宗商品电子商务交易服务板块，同时还引进和培育1号店、易药网、“在上海”老字号平台、王朝东方、携程旅行、膜法世家、爱尚鲜花网、波奇宠物网等一些百亿元级的综合网购平台和几亿元级的垂直细分网购平台。

（2）创新公共与集成服务平台建设。在上海市、浦东新区商务委领导下，创新港发起成立了浦东电子商务行业协会。创新港通过与东方网等单位进行战略合作，共建上海市电子商务集成服务平台，为传统企业与中小企业应用电子商务提供一站式服务，为传统企业电商战略与咨询服务、传统企业网络品牌的孵化与打造、传统企业 B2C 供应链一体化的重组与再造，逐步发展“1 + N”模式。

（3）建设移动电子商务孵化器。随着近十多年电子商务产业的迅速发展和手机智能化程度的不断提升，移动电子商务逐渐渗透人们的日常生活。因此，创新港和浦东新区科委一起共同建设移动电子商务孵化器，通过科委的专业化服务资源和政策资源迅速引进和培养一批创新型的移动电子商务企业，争取一些孵化器政策的落地，充实创新港的服务功能。创新港于 2013 年已引进了 40 余家创新型的移动电商企业，并通过市级专业孵化器的认定。

（4）研究规划跨境和旅游服务电子商务的发展。随着电子信息技术和经济全球化的深入发展，电子商务在国际贸易中的地位和重要作用日益凸显，而跨境电子商务是推动外贸方式转变和转型升级的重要途径。浦东作为上海自由贸易试验区建设的主战场，正在依托浦东综合改革试点先行先试的优势，推动建设具有国际水准的投资贸易便利、监管高效便捷、法制环境规范的自由贸易试验区。随着迪士尼项目 2015 年的开园，浦东发展旅游服务电子商务潜力巨大、优势明显。针对自贸区和迪斯尼的建设，创新港先后请了行业专家和相关企业代表进行了多次专题的研讨，也形成了一些初步的方案，目前正在细化和完善中，试图紧握这次机遇，在跨境电子商务和旅游服务电子商务方面有所发展。

2. 嘉定电子商务产业园

上海嘉定电子商务产业园位于上海市嘉定区，成立于 2007 年。园区凭借优越的地理位置和产业发展基础，积极打造电子商务中心，并通过多项优惠政策大力支持电子商务发展，先后吸引近千家电子商务企业入驻，是一座名副其实的“电商之城”。园区先后获批为“嘉定电子商务产业园”和“上海市电子商务示范园”，并于 2012 年获商务部颁发的首批“国家电子商务示范基地”称号。

园区已吸引各类电子商务企业近千家，主营电子商务的企业近 300 家，形成一定的产业集聚效应。进驻园区的企业中，既有东商城华东总部、凡客诚品、百度在线、国美在线、新蛋中国等大型电子商务企业，也有聚美优品、中粮我买网、十月妈咪、珍品网、酒美网等大量中小型电商企业以及百度在线、爱奇艺、去哪儿、易传媒、随时传媒等知名网络企业,各类电子商务企业形成产业联动、资源共享的发展格局,共同构建共生共赢的商业生态圈。

2013 年,园区主要推进以下几方面工作:

(1)积极推进试点工作。2013 年,园区深入企业,以行业发展与市场需求为导向,积极推进各项创新试点,在互联网金融与电子发票方面均有突破。①园区内两家企业"百度在线"与"京东商城"成功获批设立"百度小额贷款公司"与"上海京汇小额贷款有限公司",两家公司注册资本在 2 亿~3 亿元,成为全市首批两个互联网金融项目。目前两个项目已取得外资项目批准证书,正在办理相关注册登记手续,有望于 2014 年投入运营。②园区深入企业调研,组织企业申请电子发票试点。园区内京东商城华东总部成为上海市首批四家电子发票试点企业之一,并于 2013 年 12 月 28 日正式上线,可面向华东地区个人消费者开具全品类电子发票。③园区联系各大跨境电商服务平台,初步制定了园区试点方案,明确将以嘉定工业区内的国家级出口加工区为平台,将京东商城与新蛋中国两家应用企业为应用试点企业,引进第三方服务平台,争取打造跨境电子商务的试点区与集聚区,目前方案已上报上级主管部门。

(2)大力推进园区建设。①推动重点项目扩容增能。积极推进电子商务重点项目建设工作。工业区 2013 年获批的 9 个点供项目中,电商企业项目占 5 个,包括了国美在线、阿里巴巴菜鸟网、苏宁易购、凡客诚品等龙头企业。此外,已批项目的建设也有序推进,百度二期、新蛋二期都在年内顺利开工,京东"亚洲一号"一期也已在上半年结构封顶,进入后期设备调整阶段。②加快电子商务孵化器建设。2013 年,园区加快电子商务孵化及公共服务平台建设。一方面,统筹规划物理空间,为企业孵化提供场地保障。园区孵化器一期工程(位于叶城路 925 号内,总建筑面积 8 000 平方米)主要引进中小电商企业及电子商务衍生服务企业;孵化器二期(位于叶城路、普惠路口,总占地面积 6.42 万平方米,总建筑面积 23.16 万平方米)已完成方案设计,未来将以培育平台型电商企业与配套服务型电商企业为主,预计将于 2014 年底前开工建设。另一方面,整合资源加强管理,为入孵企业提供专业孵化服务。2013 年,园区引进了亚马逊通技术服务有限公司(AWS),依托 AWS 的专业平台,共同建立联合孵化器,为本土新创企业提供云技术、市场和融资等全方位的孵化服务。

(3)完善园区服务工作。①成立工商、税务指导站。2013 年 1 月,园区与上海市工商嘉定分局共同成立了国内首家"国家电子商务示范基地工商指导站",12 月,"税博士"工作站在园区内正式揭牌成立。工商、税务指导站的工作主要包括:处理电商企业经营中业务问题,指导电商做好消保维权、税务申报与发票管理等工作以及开展电商企业法律法规、政策培训。指导站成立以来,以开展了多次电商培训,处理各类网络申诉案件

500余件,积极为园区企业排忧解难。②成立电商行业分会。2013年8月,园区通过企业自发创建嘉定工业区商会电子商务分会,将众多入驻的电商企业纳入一个“大平台”,统一管理、集中服务,并聘请上海市商务委、嘉定区经委、工商、税务、食药监等相关职能部门为企业顾问团,推动政府与企业之间、企业与企业之间的良好沟通。目前,协会已吸引有22家会员企业。③成立电子商务培训实践基地。2013年园区形成电子商务培训实践基地工作方案,并与多家专业培训机构接洽合作,与相关劳动保障和教育部门进行政策对接,筹建成立了电子商务培训实践基地,并推出《关于推进嘉定工业区电子商务培训与实践基地建设的实施意见(初稿)》,明确了整体工作目标与责任分工。2013年12月19日,园区与中国服务业贸易协会电商委员会共同合办的电子商务人才培训与实践基地在上海揭牌成立,提供各类岗前和在岗培训课程,年培训人次可达到3 000人。

(4)大力推进品牌建设。①完善园区基础体系建设。2013年,园区开始全面启用“e”标志的LOGO与VI视觉系统。2013年下半年,园区的网站(www.sjd-e.com)正式上线,嘉定电子商务产业园公众微信账号业已开通并投入使用。通过网络平台、微信平台的宣传与推广,有效提升了园区的品牌形象。②积极参加各类行业活动。2013年,园区与中国服务贸易协会电子商务委员会先后承办首届中国电子商务年会与第二届中国电子商务年会,吸引了千余名电子商务精英代表参加,在行业内形成一定知名度。园区组织企业参加由上海市商务委主办的“2013中国(上海)国际网络购物交易会”,提高了园区与企业品牌知名度。园区相继参加“2013传统企业升级电商高峰论坛”、“2013中国跨境电子商务研讨会”、“APEC”青创会等行业论坛,勇于“发声音、表观点”,提高了园区的关注度。③接待各地调研考察团队。2013年以来,园区先后接待来自安徽合肥、河南、青海、湖北鄂州、江苏无锡、嘉兴、上海浦东唐镇、虹桥临空港等相关部门、园区的考察调研,接待人数近200人,推广并展示了国家电子商务示范基地的创建经验,与兄弟省市园区形成了良好的互动与交流。

3. 3131电子商务创新园

3131电子商务创新园(以下简称为“e3131”)创建于2008年6月,位于上海市虹桥枢纽核心区,总建筑面积达32 000平方米。2009年3月,由电子商务、投融资领域、传媒等产业纵深领域的资深人士在嘉定区人民政府指导和支持下组成3131创意产业园运营团队,并根据未来产业发展趋势及园区建设优势、集聚优势,战略性地确立了“电子商务”为主题的文化信息产业定位。

e3131以电子商务行业及上下游产业链为核心,集孵化器、投融资平台与产学研一体化等功能于一身,通过吸引、支持、孵化一批相关产业项目和机构,打造且具有示范效应的功能性电子商务产业基地。截至2013年底,e3131已由2009年一个散租的园区扩展为集聚注册企业300家,入驻企业数68家的电子商务及上下游产业链集群。

2013年,e3131主要在以下几个方面实现发展和突破:

(1)企业加快集聚,凸显发展效益。2013年,e3131通过品牌形象的塑造和专业服务的完善,重点引进了若干行业明星企业,推动园区企业质量、数量、税收额等指标的大幅增长。截至2013年底,园区注册企业达300家,其中包括乐蜂网、驴妈妈、淘宝原创女装品牌裂帛等,比上年增长150%。2013年园区实现税收1.1亿元。

(2)打造公共服务平台,提升服务品质。针对电子商务行业个性,结合企业运营共性,e3131建设人才培训、政府服务、投融资、集约化经营、推广宣传、行业交流等六大公共服务平台,积极投资孵化优质项目、帮助企业进行宣传,不断升级服务质量,提升园区的专业服务水平。此外,e3131还通过搭建企业与政府沟通的桥梁,举办CEO沙龙等为企业提供行业交流机会。

(3)构筑电商联盟,突破空间局限。e3131依托集聚效应和资源优势,联合国内成长最迅速的、已具规模的一批b2c网商,携手创建3131电子商务创新联盟。为各类电子商务企业提供仓储、支付、技术运营、网络营销、公关、策展、调研、培训等多项专业服务,实现各成员单位资源共享、成本节省、多方共赢的目的。联盟线上电商点评平台益商网e3131.com、专业电商媒体益展传媒atezen.com已正式上线运营。

(4)深化品牌建设,提升品牌价值。2013年,e3131以现有品牌知名度为基础,提高与政府、社会、媒体资源的结合度,加大推广力度,努力实现品牌体系的完善和拓展。e3131以四大品牌活动为中心,合办参与了中国首届“321创业节”、统筹组织了针对国内外华人领军企业及文化界的盛会——第十一届华人企业领袖峰会、第五届电子商务产业(上海)峰会和第五届中国商业领袖论坛。2013年,四次品牌活动在规格和规模方面均有所升级。

(5)加大宣传力度,提高知名度。2013年是e3131的品牌活动升级年,积极加大宣传力度。通过东方卫视、第一财经、ICS、东方财经、新闻晨报、解放日报、东方早报、新民晚报、东方企业家、环球企业家、新浪、网易、腾讯等电视、电台、报纸、杂志、网络等多元化传播媒体进行广泛深入的宣传。其中,《东方早报》为首届“321”创业节刊登了整版财经专题,新浪微博给予第五届中国商业领袖论坛首页微话题推荐,并有近35家媒体进行了全程的参与和报道。同时e3131仍然保持着高频度的行业人士来访。2013年几乎每周均有2～3批政府部门、企业家考察团走访,随着市、区、外省市参观、考察、调研各条线领导,以及我国台湾、西班牙等企业家考察团的走访,e3131在国内外影响力日趋显著。

4. 上海智力产业园

上海智力产业园地处北上海,是一个集办公、展示、休闲等为一体的花园式生产性服务业聚集园区。该园区由宝山区人民政府整体规划、倡导，由上海纺织发展总公司和庙行镇人民政府联手打造。园区总占地面积为 52.2 万平方米，主要分三期推进建设，前期开发占面积为 20 万平方米，总投资为 9.5 亿元，

园区以智力为主题，以生态低碳为标准，强调动漫、游戏软件开发，完善和落实智力产业的类型和分布，通过行业间的联合、重组与创新形成核心竞争力，同时完善商业、休闲、娱乐等配套功能，力争建设成为超大规模、超低密度的新兴智力型现代服务业聚集区。

2013 年，园区主要从以下几方面加强服务：

（1）信息技术服务。2013 年，园区积极推动智云"爱就买溯源便民公共服务平台"项目、物流汇"上海物流资源交易中心"等和居民生活服务相关高端软件、生产型和专业信息服务项目的申报及实施。

（2）研发设计服务。针对园区内馥稷生物、豪宇网络、安畅网络、合驿物流、物流汇、景想广告等一批涉及图形设计、软件研发、产品研发、系统设计等业务，并且具有高技术性、管理集中性等特征的企业，园区通过引入第四方公共服务平台理念，与派代等电子商务领域专业公司合作，搭建专业合作平台，以协助这些企业解决研发设计上融资、技术、劳动等实际问题。

（3）电子商务服务。园区重点发展以易迅网为龙头的电子商务零售业，实施政策聚焦，持续做好龙头企业培育服务，持续做好中小型电商企业服务。2013 年，园区多喜爱、千卓、悦为、深科等多家中小电商企业在办公面积及员工数量上均实现规模扩张，其中千卓—瑞西屋、多喜爱在淘宝家纺类销售量列入前 5 名。

（4）生物技术服务。园区以国家公益性行业（农业）科研专项"生物源农药创制与技术集成及产业化开发"支持的项目落地为先导，以馥稷生物科技发展（上海）有限公司为核心企业，依托西北农林科技大学无公害农药研究服务中心雄厚的科研实力，聚集一批生物农药界专家学者，建设集成相关领域的咨询、管理、交易、展示等功能的综合性第四方服务平台，并提供与生物源农药、生物源化肥、有机农产品的新品种、新工艺、新技术、新标准相关的生产管理咨询服务、农技咨询服务、知识产权交易服务、项目孵化管理咨询等服务。

（5）检验检测服务。2013 年，园区重点推送馥稷生物"有机农业专业化公益产业检测平台"项目申报。从食品安全角度，该项目将实现对农业生产环境到终端食品中各项内容的物质成分检测，并为生态、农资和食品的安全程度提供依据，并在一定范围内免费对市民开发，实现功能扩展和公益化。

（6）知识产权服务。园区鼓励并支持企业对专利、著作权申请和专利授权，并提供

服务。馥稷生物拥有22项专利,4个授权商标,年内被宝山区科委列为专利试点单位。园内火花拓、安畅、合驿等6家企业获软件专利共计27项,商标授权2项,9项正在申请中。

(7) 人才服务。2013年上海首家淘宝大学落户园区,搭建网络供需方人才培训专业平台,打通了“人才培训”到“人才就业”的多个环节,提升了人才匹配度。此外,园区在2013年还开展了多场大型人才招聘会,促进就业人数百余人。园区重点培育企业骨干人才,园区4家企业高层获宝山区领军人才,加快推进镇人才公寓实现竣工。

5. 虹桥临空经济园区

上海虹桥临空经济园区位于长宁区西侧,毗邻世界最大的虹桥综合交通枢纽,规划总面积为5.14平方公里。园区坚持高起点的“园林式、高科技、总部型”的发展目标,凭借特有的虹桥涉外商务区的区位优势、世界最大的虹桥综合交通枢纽的交通优势、一流的服务与支持创新的环境优势、集聚众多著名企业总部的产业优势,已经成为上海发展现代服务业黄金走廊的西部核心,成为连接整个泛长三角地区、长江流域地区一个最具活力和辐射力的现代服务业集聚区。

园区共引进电子商务骨干30家左右,带动园区产业集聚效应不断增强。其中,亚洲最大的在线旅行网——携程成功整合了高科技产业与传统旅行业,向超过4 000万会员提供集酒店预订、机票预订、度假预订、商旅管理、特惠商户及旅游资讯在内的全方位旅行服务,被誉为互联网和传统旅游无缝结合的典范。大宗商领域的“阿里巴巴”——易贸网秉承“创新驱动”的发展理念,在2012年完成重大战略及业务调整,成为以大宗商品电子交易平台为核心基础的电子商务领先企业,提供涵盖线上线下综合的交易服务。国内较有影响力的报刊网络发行机构——蜘蛛网自营业以来,连续保持每年100%以上的增长速度,计划3年内上市,其目前的主营业务涵盖报刊、图书、演艺票务的网络发行,可为用户提供2 000多种报纸和8 000多种杂志的在线订阅服务。

园区主要从以下几方面开展推进工作:

(1) 完善服务体系,优化发展环境。①优化电子商务物流服务体系。园区运用电子商务手段促进物流外包,实现社会化、专业化的配套物流服务,发挥电子商务与现代物流的整合优势,支撑和拓宽电子商务的应用。②拓展电子商务企业融资服务。园区培育以电子商务支付为主要业务的第三方服务机构,进一步推进民生银行、交通银行等金融机构提供的中小企业贷款,为个人、企业的电子商务活动提供安全可靠的电子支付服务。③建设公共服务平台。针对战略新兴产业企业,园区除了进一步完善已有的常规服务和一门式服务中心工商、税务、劳动、财政等部门的现场受理、咨询服务等,更着重在专业服务平台搭建的特色上突出服务创新、突出高科技园区专业技术的公共服务功能、突出对战略新兴产业企业培育的金融服务功能，搭建了科技、金融、人才、商标、名牌、贸易等六大服务平台。④加大电子商务专业人才培养力度。为了多渠道培养适应现代电子商务行业发展的各类高级专业人才和复合型人才，园区构建了人才信息服务平台。园区自2011 年获批上海市高技能人才培养基地以来，为园区电子商务、物流、IT 研发等企业的各类技能人才提升提供了便利的条件，为园区集聚高端人才奠定了基础。2013 年已为携程网、麦考林等知名电子商务企业培养呼叫服务员、电子商务师等工种的等级人才 870 多人、岗位人才 1 100 多人。

（2）加强工作保障、提升规范发展水平。①积极落实电子商务专项扶持政策。2013 年园区积极宣传长宁区支持电子商务产业发展的政策，其中包括：对被认定为市、区电子商务示范企业的，分别给予 50 万元、30 万元资助；对区有关部门认定为电子商务企业的，其网络使用费，购买、托管或租赁服务器费用给予 10%，且不超过 20 万元的支持；对参加省部级及以上政府有关部门统一组织的电子商务行业性展览给予每年不超过 10 万元支持。在宣传这些政策的同时，积极帮助企业申报资助，将政策落实到位，使电子商务企业真正能够得到实惠。②加强组织保障。园区成立电子商务工作领导小组和工作小组，领导小组由临空园区分管副主任担任组长，招商服务中心总经理担任副组长；工作小组由企业服务部经理担任组长，招商服务中心各部门负责人担任副组长，企业服务部全体人员为工作人员。其中，领导小组负责部署电子商务示范园区总体工作，与市、区商委的工作沟通，而工作小组负责各级电子商务政策的落实、项目申报等具体工作的推进以及电子商务发展战略的研究和实施等。③强化人才保障。园区充分利用区人才办的各项政策（人才公寓、优秀青年人才租房补贴、高管奖励、创新团队等），进一步加大对科技创新人才的奖励力度，吸引更多优秀人才和创业团队来园区发展。园区积极利用现有招聘平台，通过制定电子商务专业人才引进措施，加强人才引进与培养力度。通过园区高技能人才培养基地，制定电子商务专业人才培养计划，开设电子商务课程，鼓励人才申报电子商务职业资格鉴定，重点培养既懂商务又熟悉信息技术的网络经济人才。充分利用区政府筹建“虹桥人才特区”的契机，积极配合区人才办建设“虹桥人才特区”临空试点区。

6. 天地软件园

天地软件园成立于 2004 年 5 月 21 日，位于上海市普陀区，占地面积近 6.6 万平方米，由 26 栋花园式标准厂房组成，建筑面积 11 万平方米，企业入驻率达 98% 以上。

园区是一个以软件产业为特色的主题园区，也是以文化创意产业、软件和信息服务业为主的高科技产业园区。主要面向广大软件企业，整合优质社会资源，搭建为企业提供一体化服务的中介服务平台，积极推动软件科技成果的产业化进程，培育一批具有自主知识产权的软件产品。

园区关注电子商务各级支撑体系的中小企业,重点吸引第三方支付、网络信息资讯服务以及为电子商务企业提供技术服务的产业链企业。形成了互联网支付、网络信息资讯服务、网络游戏币交易等电子商务产业特色,集聚了近百家相关企业。其中有以拉卡拉支付有限公司、汇潮信息技术有限公司为代表的第三方支付企业,有以昊钰信息、维鹏信息、易佰信息为代表的网络信息资讯交易及服务企业,有以捷鑫网络科技有限公司、帝联信息为代表的为电子商务企业提供后端支撑服务的企业,有以波克城市、方寸信息为代表的网络游戏企业。

园区主要从以下几方面开展推进工作:

(1) 优化产业发展环境,加强招商引资力度。园区信息化基础良好,已形成"千兆做主干,百兆到桌面"的网络结构,相继建设了一系列公共技术平台,为企业发展提供强大的技术支撑。园区服务功能完善,除工商、税务、物业等服务以外,还包括咨询、评估、专利、律师、会计、审计、投融资等专业服务。加大招商引资力度。园区推行网上招商、代理招商、专业化招商等多种形式,多渠道引进国内外电子商务企业和相关项目。

(2) 加大政策扶持力度,充分发挥政策效用。园区积极整合各方资源,加大对企业的政策扶持力度。园区对入驻的电子商务企业给予房屋租金优惠,对宽带使用费用给予部分补贴,此外企业还可享受财政奖励政策、税收扶持政策、人才政策、专项资金扶持政策、市区的产业发展引导资金等。同时,还组织企业参加上海市电子商务交易大会,积极宣传园区企业,推广他们的品牌。

(3) 完善技术服务体系,增强企业发展后劲。园区建设了人才培训平台、投融资平台、政策咨询平台等三大公共服务平台,支撑电子商务企业发展。①人才培训平台。园区打造了软件人才培训平台,并获得了上海市信息委的"上海市软件人才培训基地"授牌。同时,园区与华东师范大学等高校紧密合作,引入专业培训课程和考核体系,并建立了一支专业的教师队伍,使得培训学员有机会取得业界公认的权威证书,对于学员的就业有很大的帮助,并使得园区成为该领域人才培养的基地,为企业发展提供良好的人力保障。到目前为止,该平台已为园区内相关电子商务企业输送了数几十名合格员工。②投融资平台。进一步加大投融资平台建设力度,园区成立的信用担保体系用园区的有形资产为区域内部分优秀电子商务企业的短期流动贷款提供反担保。到目前为止,园区已成功为30多家企业贷款提供反担保,总担保额超1.5亿元。③政策咨询服务平台。园区打造了科技企业政策咨询平台,并在科委、经信委等相关部门的支持下多次组织政策咨询讲座和辅导,帮助了20多家电子商务成功申请成为上海市软件企业、上海市高新技术企业等资格,10多家电子商务企业获得政府各类专项资金的支持。

7. 汇力得电子商务产业园

汇力得电子商务产业园位于上海市闵行区莘庄工业区腹地，占地面积 50 亩，园区总面积 5 万多平方米，由 3 幢 5A 级标准的写字楼组建而成，是一个集办公、展示、休闲等为一体的、智力型、高能级、花园式、超大规模的生产性服务业聚集园区，于 2013 年 3 月开始正式运营。

园区由上海汇力得电子商务有限公司开发建设，并承担园区建成之后的运营及物业管理。园区内配备超星级俱乐部、豪华餐厅、高档茶室、咖啡吧、书吧、健身吧等，有公司管理层工作区及富有魅力与个性的会议室，可举办大型集体会议。培训中心完全以国际总部的标准打造，向员工提供最佳的职业训场所，理想恬静的学习环境，是孕育企业人才的沃土，展现企业发展的无限未来。

2013 年，园区主要推进以下几方面工作：

（1）制订各项扶持鼓励政策。①税收政策方面，一是入驻企业的年度纳税金额在 100 万元（含本数）以下的，可享受闵行区财政收入部分的 30%。二是入驻企业的年度纳税金额在 100 万元～500 万元（不含本数）的，可享受闵行区财政收入部分的 50%。三是入驻企业的年度纳税金额在 500 万元（含本数）以上的，可享受闵行区财政收入部分的 70%。四是涉及个人所得税部分的奖励措施应视企业具体的纳税情况而定。纳税金额在 1 000 万元（含本数）以上的，提交汇力得公司一事一议，由汇力得公司制定奖励标准，但原则上不超过个人所得税缴纳部分的 30%。②电子商务类企业注册孵化政策方面。一是为入孵的电子商务科技创业企业提供 200 平方米工作用房三年租金减半。二是对注册的电商企业，租赁面积为 500 平方米（含本数）以下的，给予一个月的免租期，租赁面积为 500 平方米不满 1 000 平方米的，给予两个月的免租期，租赁面积达 1 000 平方米（含本数）以上的，给予三个月的免租期。三是对注册的电子商务企业，注册资本在 500 万元（含本数）以下的，可享受 1 万元的工商、税务办证补贴，注册资本在 500 万～1 000 万元（不含本数）的，可享受 3 万元的办证补贴，注册资本在 1 000 万元（含本数）以上的，可享受 5 万元的办证补贴。四是对传统企业转型进行指导、培训。

（2）为企业提供完备的综合服务。①关注重点企业。定期走访、听取企业发展中的问题困难，积极予以协调解决。如针对几家重点企业反映的人才需求大，招聘难度大问题，园区积极与上海交通大学、华东师范大学、上海理工大学等高校及工业区社保等政府部门联系，组织园区内企业参加高校校园招聘会或专场招聘会。2013 年共组织参加专场招聘会 5 场，政府有关社保部门在园区内组织专场招聘会 3 场，均取得了很好的效果。②组织电商企业活动。定期举办电子商务论坛、沙龙、讲座、线下体验等活动，为企业间创造互通有无、交流经验的机会，丰富企业文化生活。定期开设政策专题培训会，宣讲政府扶持政策，帮助企业完成扶持政策的申报工作。2013 年共组织园区企业交流活动 8

次，邀请政府有关部门来园区举办政策宣讲会5次，这些活动都得到了园区企业的欢迎及好评。③完善生活设施配套建设。园区在2013年不但完成了基础运营服务设施，还配备建设了完善的生活休闲设施，包括人才公寓，园区超市，园区银行，园区餐厅，多功能会议室，演播厅，多媒体演示中心以及景观花园等。同时，还打造高端商务会所、酒水饮料吧、员工娱乐休闲吧等多种放松娱乐场所，为园区内所有员工提供舒适轻松的工作环境，推动员工全面发展。

（3）打造完善的公共服务平台。园区以“不断优化企业办公及服务流程，减少入驻企业相关投入”为主要管理理念，与上海市现代商务促进中心签订战略合作协议，特别邀请电子商务行业专家作为电子商务及公共服务平台资深顾问，共同研究并打造符合现代化电子商务园区所需求的公共服务体系，为企业提供全方位的运营服务。主要有以下六个平台：①经营外包服务平台。以服务中小型电商企业为主，解决企业经营管理中所面临的琐事杂事，提供包括政府服务窗口、人力资源外包、技术外包、培训外包、财务外包、办公用品综合采购租赁，广告媒体资源外包，法务外包等众多服务内容，实现“一个窗口，满足需求”的一站式服务理念，为企业提供快捷，方便，有效的各项服务流程。②企业融资指导平台。园区以自有基金公司为首，联合多家风投、银行、民间资本等基金，打造企业融资指导平台，优先为入驻企业提供融资咨询、融资方案以及融资资金，帮助企业在成长中或面临困境时获得多种方式的融资解决方案，包括天使轮、VC轮、PE轮以及短期信用借贷。同时园区已申请成为新三板上市及上海市股权交易试点园区，帮助企业在资本市场上获得成功、发展更快。③仓储物流整合平台。园区与多家国际级一站式仓储物流中心建立合作关系，为入驻企业提供电子商务重点的物流解决方案，并提供供销存整合接口，实现供应链接入，加速企业供销流程，减少仓储成本。同时，结合园区信息管理公共平台，整合物流中心，电商平台，实现一网化系统化操作体系，在实时监控，优化办公领域达到创新的高度，为入驻企业提供真实有效的便利环境。④运营战略研究平台。平台为电商企业或预备转型的传统企业提供多种战略指导，包括管理、营销、培训、电商平台实战等多种管理思路的建立和提供具体操作的方式方法，为企业在面临竞争及商业模式选择时能快速有效的执行和转型，在电子商务的战场上立于不败之地。⑤以商辅商供需平台。园区积极建立企业联盟，在供需层面与入驻企业探讨整合资源等工作内容，建立以商辅商商业模式，为入驻企业降低供需成本，加速供需流程，方便内部交流，实现商业共赢。⑥人才储备交流平台。平台依托于园区周边众多高等院校，同时建立大学实习基地、人才储备基地及员工培训教育中心等。目前已签约大学包括上海交通大学、华东师范大学、同济大学、上海理工大学、华东理工大学等优质大学。园区还与多家国内知名猎头企业合作，为企业高端人才需求提供解决方案。

第十八章　区(县)服务业发展

第一节　浦 东 新 区

(一) 2013年浦东新区服务业、商业发展基本数据

2013年浦东新区服务业、商业发展基本数据见表18.1。

表18.1　2013年浦东新区服务业、商业发展基本数据

指　标　名　称	2013年	比上年增长
生产总值	6 448.68亿元	9.7%
#第三产业增加值	4 155.01亿元	14.4%
#商业增加值	1 023.62亿元	12.3%
商品销售总额	16 408.67亿元	12.8%
社会消费品零售总额	1 504.95亿元	11.5%
地方税收总额	2 226.28亿元	7.6%
#第三产业税收	1 582.39亿元	15.3%
年末户籍人口数	283.79万人	1.0%
年末常住人口数	540.90万人	2.8%

(二) 2013年浦东新区服务业、商业发展概况

1. 服务业

会展方面,2013年浦东新区共举办展览208次,其中国际性展览173次,分别比去年同期增长13.04%和8.13%,占全市总量的26.23%和63.84%;全年展出总面积754.07万平方米,比上年同期增长6.43%,占全市总量的63.18%,超额完成全年展会面积720万平方米与展览数量109次的预计数,展会数量和展览面积增长迅速,会展

业能级不断提高。会议方面，随着中共中央改进工作作风，政府主导的会议明显减少，2013 年新区共举办会议 1. 13 万次，其中国际会议 2 091 次，与会人数约 130. 16 万人、19. 11 万人。

继续推进国际会展示范区建设。一是做好大型会展活动的协调和保障工作管理。二是加大招商力度，积极引进新的展会项目落户浦东，2013 年新引进的展会有 41 个。三是推进国际展会口岸签证便利化措施的落实。四是积极推进国际展会服务标准化示范试点工作。五是推进会展公共服务平台建设，加强会展企业之间的交流与合作的同时，建立会议、展览、旅游、商务等联动机制。六是做好会展基础统计分析工作。

服务外包方面，2013 年浦东新区企业共完成服务外包合同额达到 36 亿美元，合同执行额 23. 5 亿美元。同比增长 20% 和 10. 3%。2013 年积极推进国家服务外包交易促进中心平台建设及开展中国（上海）服务外包培训中心工作，并大力抓好服务外包业务统计工作。总体来看，服务外包总量仍在增长，但由于欧美日等经济形势疲软、人民币汇率持续上升、企业商务成本上升、竞争加剧等因素影响，未来一到两年外包产业都处在转型期。

2. 商业

2013 年，浦东商业以扩大消费为目标，围绕商业战略招商、重大项目、重点改革突破事项、重大活动等重点工作，打造高端消费中心、推进园区配套、培育商业新亮点，推进消费、贸易和投资持续增长。

（1）市场流通规模持续扩大，增速前低后高。全年实现商品销售总额 16 408. 67 亿元，同比增长 12. 8%，增速与全市持平。总体来看，上半年受国内外总体经济形势低迷影响批发贸易增长乏力，下半年逐步回升。具体行业看，增长主要源于汽车和化工原料类商品销售，全年分别实现销售额 3 845 亿元和1 785 亿元，占新区销售总额比重达 34. 3%，同比增长 38% 和 17. 7%。销售规模前十龙头企业中，通用汽车以 2 053. 46 亿元的销售额居于首位，占新区总量的 12. 5%，同比增长 9%，铜陵有色同比增长 34%，增幅领先，十强企业累计实现销售额 5 116. 31 亿元，同比增长 12. 5%。

（2）商业投资保持较快增长，商业发展后续增量充足。首先，外商投资商业保持增长。全年批发零售业预计吸收外商投资合同金额 19 亿美元，同比增长 7. 5%。其次，商业房地产投资仍然保持快速增长。全年商业营业用房投资超过 100 亿元，同比增长 18. 5%。全年推进祝桥奥特莱斯、前滩 15 号地块等 12 个项目新开工，世纪大都会等 32 个项目续建，在建商业面积近 400 万平方米，竣工商业面积约 45 万平方米，新开商业项目包括森兰商都、宝龙城市商业广场、金桥红星美凯龙等，新增商业面积约 15 万平方米。

（3）商业消费保持两位数增长，占全市比重进一步提高。全年实现社会消费品零售总额 1 510 亿元，同比增长 11.5%，高于全市 3 个百分点，占全市比重约为 18.8%（去年为 18.3%）。具体业态和商品类别看，网络零售、日上免税和黄金珠宝类消费增长较快，建材家电等家居消费持续回暖，汽车及相关消费增速放缓但因占比较大仍是增长重要支撑，传统百货、大卖场、餐饮消费保持个位数增长。

3. 跨境电子商务平台发展形成特色

2012 年 2 月，发改委、海关总署等八部委联合发布《关于促进电子商务健康快速发展有关工作的通知》，提出“组织利用各示范城市的地方电子口岸平台资源，推动地方电子口岸开展跨境贸易电子商务服务”。2012 年 12 月，发改委、海关总署共同开展的国家跨境贸易电子商务服务试点工作，在上海、重庆、杭州、宁波、郑州等 5 个城市启动。2013 年 9 月，国务院办公厅转发《关于实施支持跨境电子商务零售出口有关政策的意见》，在海关、检验检疫、税务以及收付汇等方面，提出具体的措施，海关、财政部、商务部等九部委协调开展相关工作。

上海作为首批试点城市之一，相关试点工作正在积极推进开展之中。“十二五”以来，浦东紧紧围绕上海国际贸易中心核心功能区建设，积极发展口岸贸易，不断提高贸易便利化水平，目前，已集聚包括在线交易、支付、网购及综合服务在内的一批电子商务企业。2012 年海关快件、邮件进出口量同比增长 17.5%，远高于外贸增速。根据商务部预测，到 2015 年，应用电子商务完成进出口贸易额占我国当年进出口贸易总额的 10% 以上。浦东 2015 年外贸进出口预计达 2 700 亿美元，按上述比例测算，跨境贸易电子商务规模将达到 270 亿美元。

近年来，新区已初步集聚了跨境贸易交易平台、跨境贸易交易综合服务平台、跨境贸易通关支付服务平台、跨境网购服务平台 4 类跨境贸易电子商务公司。

上海春宇供应链管理有限公司是以 B2B 在线交易、供应链服务为核心的跨境贸易电子商务平台的典型代表。2004 年 6 月成立，作为专业化工产品供应链服务提供商，以互联网数字商务交易平台为基础，整合整个交易业务流程，实行集成化管理，为国际及国内中下游化工企业提供线上供应链管理和线下增值服务。2008 年春宇供应链的数字商务平台正式上线运行，目前，数字商务平台提供的化工产品近 3 000 种，其中 1 405 种通过欧盟 REACH 注册，拥有全球 61 243 家客户信息、国内供应商 6 000 家，自营出口额达 1 亿美元，平台交易额近 10 亿美元。这种基于互联网和信息化技术的商业模式，打破了行业、区域、上下游之间的壁垒，降低了交易成本，提高了运行效率，推动了传统行业转型升级。

上海东方电子支付有限公司是以提供跨境贸易通关信息、税费支付等贸易便利化为核心的跨境贸易通关支付服务平台。2005 年,在市信息委支持下,在上海海关多年开发运行的海关税费支付系统基础上,上海亿通国际股份有限公司和上海海关联合开发了"上海电子口岸 EDI 支付系统",由上海东方电子支付有限公司运营。通过上海口岸税费电子支付系统与中国电子口岸网上支付系统所支付的关税占上海海关征税总量的81%。目前,电子支付平台实现了与 15 家中外银行的联网,注册用户逾 4 500 家。随着上海电子口岸建设的不断发展,检验检疫等其他口岸税费电子支付系统的开发应用也取得了进展,上海东方电子支付有限公司的第三方支付平台已经为实现口岸支付"一卡通"迈出了重要的一步。

(三) 2014 年浦东新区服务业、商业发展重点工作

2014 年经济形势依然严峻,国际市场外需可能略有好转,但内需方面居民可支配收入增长乏力,公务消费萎缩,股市低位震荡影响居民投资性收入,房价持续上涨压缩居民其他消费支出,总体形势不容乐观,但也存在一些机遇。

1. 服务业

会展方面,一是深化会展联席会议等工作推进机制,创建国家级会展示范区。加强与展馆、新区海关、检验检疫等各相关政府部门的联系,不断完善花木以及世博地区大型展会协调保障机制,创建国家级会展示范区,争取更多创新举措落地。二是加强品牌招商,创造国际会展品牌效应。加强国际知名会展企业的招商力度,争取会展企业及其相关服务企业落户浦东。三是规范行业标准,健全会展法规体系。探索建立规范的新区展馆服务标准,并争取使之成为上海市地方标准,树立全市会展行业的标准化管理领头羊地位。四是关注与推进临港地区、迪士尼地区的会展场馆建设项目。

服务外包方面,一是继续推进上海(国家)服务外包交易促进中心建设。在项目顺利由上海市商务委挂牌、网上平台正式上线的基础上,努力将交易中心各项功能做深做实,突出交易促进的核心功能。同时,积极争取各级政府部门对平台的支持,努力实现年内国家商务部对交易促进中心的挂牌。二是深入研究服务外包发展形势,促进企业的转型升级。三是充分利用自贸区建设的有利时机,推动相关行业的发展。四是积极研究在岸外包业务的统计和产业推进工作。五是大力开展服务外包总部类或区域总部类招商引资工作。

服务贸易方面,一是把握自贸区服务业扩大开放契机,推动服务贸易便利化。二是搭建服务贸易促进平台,推动服务贸易重点领域发展。三是形成服务贸易推进协调机制,加强服务贸易招商稳商。四是完善服务贸易统计体系,增强服务贸易领域运行跟踪

能力。五是加强市区两级联动发展,配合做好服务贸易推进工作。

创意产业方面,一是聚焦重点创意园区储备项目,打造浦东创意品牌。二是搭建功能性服务平台,完善软件设施建设。三是形成创意产业长效发展推进机制。四是积极培育和推荐市级创意产业集聚区。五是大力扶持工业设计类企业发展。

2. 商业

(1) 抓战略招商,提升能级。继续做好从商业地块、项目建设到项目运营的服务与指导,搭建地产商、运营商、品牌商沟通平台,强化未来浦东商业发展的引领性和可持续性,提高特色化和专业化程度。一是为重点商业地块引进优质开发商。二是推进重点商业项目的开业。三是集中政策优势引进 8～10 家奢侈品品牌总部。四是继续推进完善商业地块出让、商业项目推进的协调机制。

(2) 抓创新转型,优化功能。一是促进网络购物持续快速增长。协调 1 号店物流运营中心落地,助推 1 号店持续高速增长;推动菜鸟网络项目落地,打造一个集聚物流和运营功能于一体的电子商务园区,通过政策聚焦、服务聚焦,孵化一批拟开展网络购物的企业;研究探索传统零售企业应对电子商务冲击的对策,促进线上线下消费市场的融合。二是推进跨境通上线营业和中免、侨旅、日上星免税店的开设。三是协调推进迪士尼旗舰店的开工建设。四是结合自贸区政策积极推进商贸类营运中心企业集聚和发展。

(3) 抓商业整体营销,扩大消费。一是持续开展品牌节庆活动。利用桃花节、上海购物节、新年倒计时活动等三大节庆载体,持续开展“购 To 浦东乐游悠”主题系列活动,继续打造“浦东购物达人总冠赛”“国金中心时装秀”“舌尖上的浦东”等品牌节庆活动。二是要充分发挥产业联动优势。多元产业联动、商业展会联动、商业农业联动、商业金融联动、商旅文联动,发挥好商业的带动与辐射作用。三是推广新媒体做好营销宣传。继续利用好微信、微博、二维码等新媒体、新模式加大宣传力度,完善提升“玩购浦东”公众微信平台,推介浦东特色商业,以吸引扩大外来消费和时尚体验。

第二节 黄浦区

(一) 2013 年黄浦区服务业、商业发展基本数据

2013 年黄浦区服务业、商业发展基本数据见表 18.2。

表 18.2　2013 年黄浦区服务业、商业发展基本数据

指　标　名　称	2013 年	比上年增长
生产总值	1 505.68 亿元	7.2%
#第三产业增加值	1 437.43 亿元	8.0%
#商业*增加值	312.73 亿元	7.0%
商品销售总额	5 188.80 亿元	6.1%
社会消费品零售总额	693.60 亿元	1.1%
地方税收总额	144.80 亿元	5.2%
#第三产业税收	135.20 亿元	3.8%
#商业*税收	28.65 亿元(区级)	2.5%
年末户籍人口数	89.70 万人	-0.7%
年末常住人口数	69.16 万人	-1.9%

说明：*商业口径为批发零售业

(二) 2013 年黄浦区服务业、商业发展概况

2013 年，积极应对严峻复杂外部经济环境带来的巨大挑战，努力克服自身发展中的各种困难，咬定目标、迎难而上，经济总量稳步增大，经济结构持续优化，城区功能不断提升，经济发展主要指标完成情况良好。

1. 商贸流通业加快创新转型

面对宏观经济形势不确定、电子商务迅猛发展、郊区商圈快速崛起的严峻挑战，黄浦商业坚持迎难而上，持续深化结构调整，率先探索创新转型，聚焦重点、突破难点、抢占高点，基本完成年度各项目标任务。2013 年实现社会消费品零售总额总计完成 693.6 亿元，同比增长 1.4%。实现商品销售总额总计完成 5 188.8 亿元，同比增长 6.1%，全年完成商业结构调整 12 万平方米。完成商贸流通业税收 125.46 亿元，占比 30.5%。完成合同利用外资 11.2 亿美元，完成外贸进出口 97.1 亿美元。

2. 现代服务业不断优化提升

新金融发展态势良好，外滩金融创新试验区首创效应突显，金融企业加快集聚，金融环境不断优化。2013 年完成税收 52.06 亿元，占比 12.6%。专业服务业稳步发展。优质企业加速落地，存量企业加大投资。2013 年完成税收 51.33 亿元，占比 12.4%。文化创意业基础不断巩固，建成“上海市信息服务产业基地(移动互联网)”。2013 年完成税收 42.20 亿元，占比 10.2%。休闲旅游业平稳健康发展，全年旅游景点接待约 3 199 万人次，星级宾馆客房出租率 63.0%。2013 年完成税收 18.33 亿元，占比 4.4%。

3. 楼宇经济发展取得成效

制定实施楼宇经济工作新机制,完善组团式服务方式,全年累计引进内资145亿元、外资合同金额11.2亿美元,引进现代服务业企业673家,总部型企业10家;亿元楼达到59幢,其中区级税收亿元楼17幢;新增跨国公司地区总部4家,涉外企业完成税收202.77亿元,占税收总量的49%。

(三) 热点分析:2013中国首届商业品牌电商化发展论坛

商业是黄浦区的立区之本。黄浦区的商业规模占上海全市的十分之一。以"两街"为代表的黄浦商业,多年来持续坚守定位、坚持推进商业结构调整已取得成效。对照麦肯锡全球范围的高知名度、高客流量和高商业收入的世界级商业街区标准,"两街"已经初步具备了世界级商业街区的雏形。

但近年来,全球经济形势日趋复杂,宏观经济增长放缓,以传统百货为代表的传统商业销量严重下滑。而全国网络零售额占社会消费品零售总额比重却从2006年的0.3%发展到2012年的6.3%,呈爆发式增长;上海电子商务交易总额在过去五年内翻了一番,其中网络零售的平均增速达38.9%,对传统商业构成了严重挑战。

为顺应电子商务发展大趋势,通过调研美国等电子商务发达国家的发展历程,我们认为,电子商务作为一项新技术、新渠道,将来会渗透包括商业、金融服务业、制造业等在内的各个产业。未来能占领商业制高点的品牌,一定是线上线下协同发展的O2O模式。传统商业要顺应电子商务发展趋势,就必须善于利用电商技术、积极向"店商+电商+零售服务商"的商业品牌电商化新模式转型,实现线上线下协同发展。黄浦区作为传统商业大区、强区,面临电子商务时代的到来,理应主动寻找经济发展新动力、探索商业转型新模式、促进商业品牌电商化,率先打造商业中心"升级版"、形成品牌电商产业链,力争为上海乃至全国的商业品牌电商化提供有效案例。

在此背景下,依靠中国贸促会的关心支持及上海市商务委的指导帮助,中国贸促会上海分会黄浦支会(以下简称"黄浦支会")于2013年5月22日,在新天地安达仕酒店,发起举办了中国首届商业品牌电商化发展论坛,主题是"O2O——融合与分享"。

为确保论坛对传统商业品牌"触网"产生实实在在的推动和指导作用,黄浦支会邀请了瑞金麟、普华永道、临港普洛斯、搜狐、腾讯等5家国内商业品牌电商化领域的领军服务商共同举办,并成功邀请了中国贸促会秘书长徐沪滨,中国电商协会副理事长张宝泰,上海市商委副主任顾嘉禾,黄浦区有关政府领导,以及eBay、腾讯等电子商务平台商代表,中粮集团、壳牌等商业品牌代表,逾250人出席,围绕商业品牌电商化发展的政策环境、布局战略、发展策略与成功案例,进行了分享和互动交流。

论坛成为促进电子商务平台商、服务商、品牌商三方合作共赢的大平台。通过该平台,黄浦区成功引进了国内电子商务领军服务商——瑞金麟,该公司将扎根黄浦、开拓南方市场。瑞金麟、普华永道作为论坛的联合主办方,分别与2家、5家商业品牌达成了合作意向,从后续跟踪情况来看,最终签约率达100%,取得了良好的经济效益。

论坛的举办,引发了国内主流媒体的报道热潮。经济日报、新华网、解放日报等12家媒体对本次论坛作了报道,其中,解放日报、东方早报、北京商报、上海商报、东方网等5家媒体对论坛作了深度报道,取得了良好的社会效应。

(四) 2014年黄浦区服务业、商业发展趋势

2014年,黄浦区将围绕建设世界最具影响力国际大都市中心城区的总体目标,学习借力自贸区,以改革创新为主线,以"稳增长、调结构,拓功能、增后劲、抓改革、求创新为重点,努力开创区域经济发展新局面。

1. 加快推进结构调整

坚持将稳增长、调结构作为全年经济工作的主要任务,一要大力发展楼宇经济和总部经济。加快重点企业集聚,提高重点楼宇产出。引进一批符合区域产业导向、具有行业带动效应的领先企业,经济贡献度高、占用资源少的总部型企业,以及发展速度快、成长空间大的战略性创新型企业。全年引进内资100亿元、合同外资11.5亿美元,引进现代服务业企业600家,总部型企业10家。二要推进商业结构调整。充分发挥黄浦商旅文结合的优势,大力推进"两街"结构调整,确保"两街"商业销售增长速度不低于中心城区平均水平。坚持"错位、联动"发展思路,积极引入新业态、新模式,吸引电商到线下开展示店、体验店,促进实体店通过网络扩大销售。三要促进中小企业发展。加大中小企业金融扶持力度,支持中小企业改制上市。鼓励企业开展高新技术研发,促进"专精特新"企业加快发展。提高创意园区对城区经济发展的贡献度。保持重点产业、重点楼宇、重点街区、重点企业的带动拉动作用,推动区域经济平稳健康发展。

2. 深入推进改革创新

紧紧围绕"争做上海改革创新排头兵、先行者"的目标,充分借力自贸区,以金融创新、政府职能转变和国资国企改革等方面为突破口和着力点,全面推进改革创新各项工作。一要持续推进金融创新,积极打造外滩金融创新试验区。坚持与陆家嘴"错位互补、协同发展"的原则,以民营金融和互联网金融为重点,引进一批新型金融机构。不断推出金融创新举措,积极争取自贸区、浦东新区金融创新政策在外滩金融创新试验区同步先行先试。二要深入推进行政审批制度改革,努力提高服务企业水平。按照"可复制、可推广"的要求,探索推行负面清单管理模式。进一步减少行政审批事项,深入推进行政服务

中心建设,做到企业设立注册登记“实施零收费、扩大零首付、实现零距离”,尽早实现“一门、一表、一窗、一岗”目标。三要深化国资国企改革,着力提高区属企业的活力和贡献度。优化国资布局结构,制定实施国企发展战略,支持企业做强主业和品牌。推行企业领导人员任期制,推进经营性国有资产证券化,增强区属企业可持续发展能力。

3. 加快推进重点功能区建设

坚持将重点功能区建设作为优化城区功能布局、拓展城区发展空间的重要抓手,以南外滩滨水区、新天地国际高端商务区和南京路、淮海路“两区、两街”为重点,细化完善规划设计,加快推进重大市政工程建设和重点功能性项目建设。进一步增强城区发展后劲。一要全力推进南外滩滨水区开发。加快实施南外滩滨水区“两大工程”建设,进一步完善波浪形岸线和重要断点连通方案,积极争取市相关部门支持,启动波浪形岸线试验段建设;配合推进中山南路地下通道建设。加强协调服务,积极推进“三大组团”重点功能项目建设。二要深入实施其他功能区重点项目建设。进一步落实责任,明确分工,加强土地征收、规划、出让、建设和招商引资等环节的有效衔接,积极推进重点功能性项目开发建设,保持功能区发展的良好势头和良性循环。

第三节 徐 汇 区

(一) 2013 年徐汇区服务业、商业发展基本数据

2013 年徐汇区服务业、商业发展基本数据见表 18.3。

表 18.3 2013 年徐汇区服务业、商业发展基本数据

指 标 名 称	2013 年	比上年增长
生产总值	1 093.95 亿元	8.3%
#第三产业增加值	911.60 亿元	7.7%
#商业增加值	243.35 亿元	10.7%
商品销售总额	2 811.86 亿元	13.8%
社会消费品零售总额	468.33 亿元	7.6%
地方税收总额	309.95 亿元	8.4%
#第三产业税收	264.38 亿元	11.2%
#商业税收	60.97 亿元	7.7%
年末户籍人口数	91.70 万人	持平
年末常住人口数	112.51 万人	1.3%

（二）2013年徐汇区服务业、商业发展概况

1. 服务业

2013年是全面贯彻落实十八大精神的开局之年，是实施“十二五”规划承前启后的关键一年。区现代服务业、商业积极面对复杂多变的国内外经济环境，坚持以科学发展观为指导，围绕创新转型发展工作主线，加快转变经济发展方式，着力推进产业结构调整升级，坚持稳中求进，推动区域经济又好又快发展。全年各项主要经济指标和重点工作取得良好成效。

2013年，通过加大招商引资，强化政策聚焦，完善服务体系，区现代服务业继续保持良好的发展态势，对区域经济的贡献度进一步提高，全年实现营业收入1 370亿元，比上年增长14.92%；实现税收127.74亿元，比上年增长15.68%，占全区税收总额的41.2%。

一是五大重点行业主导产业发展。2013年，按照深化专业服务业内涵，扩大产业规模的产业发展要求，以加快载体建设，推进楼宇经济发展，加大招商引资力度为抓手，专业服务业保持良好的发展态势，其中，企业管理服务、法律服务、咨询与调查、广告业、人力资源服务等行业是推动专业服务业发展的主要因素。年内，专业服务业增加值占整个现代服务业的总量的29.12%，占全区第三产业增加值比重13.82%；增速达到15.1%；实现营业收入610.52亿元，比上年增长16.93%，对现代服务业增长的贡献率达49.7%；上缴税收68亿元，比上年增长20.43%，专业服务业营收和税收占现代服务业的比重均达到40%以上，位居现代服务业各行业首位，发挥了推动区域服务经济发展的重要作用。信息服务业实现较快增长，全年实现营业收入257.51亿元，比上年增长18.06%。金融服务业、文化和旅游会展服务业保持两位数平稳增长，全年分别实现营业收入211.47亿元、100.26亿元，比上年分别增长12.45%、13.06%。另外，科技研发服务业全年实现营业收入169.65亿元，比上年增长8.87%。

二是总部经济发展势头良好。作为现代服务业的重要组成部分，总部经济继续保持良好的发展势头，年内新增外资总部经济机构10家。外资总部经济机构新批和增加合同外资6.26亿美元，占引资总额的59.62%。目前，徐汇区总部经济数量累计达到100家，在中心城区中位居第一。其中投资性公司43家，地区总部57家（含国家级地区总部7家），合计实现税收46.8亿元，比上年增长24.9%，占到全区现代服务业税收的36.6%。

三是商务楼宇贡献度稳定提升。2013年，徐汇区列入统计的116幢楼宇内户数属地率为38.18%，共产生税收102.31亿元。楼宇单位面积产出3 204.15元/m^2，楼宇属地率比上年同期减少0.70个百分点，总税收比去年同期增长26.18%。税收超亿元楼宇达到

29 幢，比 2012 年增加 8 幢。

四是项目载体建设有序推进，园区产业能级不断提升。年内组织完成展唐通讯科技（上海）有限公司“基于移动通讯技术的新一代位置服务系统的研发及产业化”等 20 个项目建设。对在建中的 45 个扶持项目，做好项目跟踪管理工作。2013 年，徐汇区已建成运营园区共 21 家，其中创意产业园 12 家，都市型工业园区 7 家，现代服务业特色园区 2 家。入驻企业 1 565 家，年上缴税金 10.64 亿元。年内，SVA 越界获得“上海市著名商标”称号；文定生活在 2012 长三角文化创意产业金鼎奖评选活动中荣获“优秀创意园区”奖。

2. 商业

2013 年，围绕推进徐家汇商圈能级提升和加快推进社区商业建设开展各项工作，推动商业全面、和谐、转型发展。全年实现商品销售总额 2 811.86 亿元，比上年增长 13.81%；实现社会消费品零售总额 468.33 亿元，比上年增长 7.56%；实现税收 60.97 亿元，比上年增长 7.68%，占全区税收总额的 19.7%。

一是继续推动徐家汇商圈功能业态调整和品牌结构优化。商圈转型升级重点项目取得实质性进展。太平洋数码二期改造、T20（西亚宾馆重建）、衡山坊、航空大厦、智慧商圈等重点项目稳步推进。6 月拆除上海六百广场的“可乐亭”，并完成广场整修；7 月完成华山路西侧的沿街环境整治；同时，经过逐步整治，商圈非机动车停放治理取得成果。徐家汇商圈品牌业态调整提升展现新面貌。2013 年徐家汇商圈完成品牌调整和引进 418 个。港汇广场引进 39 家国际品牌，二楼新翼区完成重新装修；美罗城引进好时巧克力旗舰店，肯德基、必胜客新概念餐厅，11 月 4 楼欧风街开业，引进欧美潮流品牌；太平洋百货强化化妆品、女鞋、新潮女装等优势品类；上海六百完成对四大类商品的 5 个品牌进行调整；汇金百货配合整体外立面整修计划，对商场内部分区域进行移位调整；东方商厦完成 3 楼男装中岛区的品牌提升。汇联商厦淘汰一批能级落后品牌。百联徐汇商业广场引进韩国快销时尚品牌，并完成对餐饮区的调整。继续推进徐汇区旅游标准化和服务标准化建设工作，将新增百联徐汇、宜家家居和好饰家建材园艺等三家旅游标准化示范店创建。继续推进徐家汇商圈创建上海市服务标准化示范区工作。2013 年徐家汇商圈在营造节日气氛、拉动消费的同时注重进一步提升商圈影响力。年初主办“欢乐徐家汇，喜迎宝马车”徐家汇商圈迎新商业主题营销活动。元旦假日（4 天）期间 12 家参与企业共实现销售额 2.56 亿元，同比增长 10.20%。上海购物节期间主办以“欢乐徐家汇，喜迎荣威车”主题整体营销活动。中秋节（3 天）期间共完成销售额 8 337.64 万元，同比上升 18.54%；国庆节（7 天）期间共完成销售额 24 545 万元，同比上升 5.27%。

二是以点带面推进社区商业提升发展。年内一批新兴商业载体开业，2013 年 1 月，由华泾镇和徐家汇商城集团股份有限公司共同建设开发的华泾广场一期正式开幕；2013

年5月，位于徐汇滨江的正大乐城开业，是上海首家以花园为中心、首个以女性消费为主题的购物中心；2013年8月，位于淮海中路商业街徐汇段的环贸iapm商场开业，填补了上海高端零售夜行消费的空白。此外，对枫林东安路段、大木桥路段、虹梅田林路段、天平路嘉善路段等重点街区改造项目给予支持，鼓励街道和企业投入商业街提升改造，打造更多商业街区亮点。

三是市场管理、民生工作稳步推进。2013年完成54家标准化菜场的粮油追溯系统建设，新增22家标准化菜场的淡水鱼追溯系统，共安装追溯设备（电子秤）198台，实现了全区标准化菜场粮油、淡水鱼追溯的全覆盖。全年完成嘉陵、大龙华、漕河泾、乐山、梅陇、康缨、光华等7个老标准化菜场的二次改造实事项目。31家菜场被评为2012—2013年度上海市"星级标准化菜场"。整理编辑完成《徐汇区菜市场管理工作手册》，抓好菜场长效管理。积极探索菜场业态转型升级，在菜场试点超市式经营农副产品。年内完成8家早餐网点建设。并与嘉陵、龙华、复兴和田林十三村4家菜场合作，开出首批标准化菜场"品牌连锁早餐工程"供应点。

四是开展各类市场秩序规范整顿工作。2013年1月，上海市单用途商业预付卡规模发卡企业备案启动暨授牌仪式在徐汇区举行，区内10家发卡企业成为上海市首批规模发卡备案企业并被授牌。全年共有18家规模发卡企业进行了备案，有力地规范了发卡企业的发卡行为。2013年，区"双打"工作领导小组牵头各成员单位在全区开展了一系列专项整治行动：如现代电子市场整治和业态调整、光大"农展会"乱象专项执法行动、有效"著名商标"专项检查活动、区隐形眼镜市场专项整治、清理整顿区域大型零售企业向供应商违规收费专项检查等，通过全面开展整治行动，取得了良好成效，侵权、制假售假行为得到根本遏制。

五是开展诚信体系建设，深化"商务诚信试点"工作。联合市商务委成功举办了上海"商务诚信网"开通暨徐家汇商圈创建全国"商务诚信示范圈"揭牌仪式。通过诚信指数发布活动，引导企业诚信经营，在徐汇区营造了浓厚的商务诚信氛围。9月底，由区商务委承办的上海市"诚信活动月"活动首日式在徐汇"光启城"拉开帷幕，该活动以"筑牢诚信基石、共建诚信上海"为主题，在为期一个月的时间里，徐汇区先后组织了"快乐购物节，诚信徐家汇"活动、徐汇建材家居主题诚信活动等一系列活动，全面展现了徐汇区社会信用体系建设的成果。

（三）2014年徐汇区服务业、商业发展趋势和热点分析

2014年是贯彻落实党的十八大和十八届三中全会精神的重要一年，也是上海深化改革推进自贸区建设的关键一年。徐汇区现代服务业、商业将坚持以科学发展观为指导，

认真贯彻落实党的十八届三中全会、中央经济工作会议和市、区各项重要会议精神，牢牢把握稳中求进的工作总基调，坚持创新驱动、转型发展的总方针，加快经济发展方式转变，更加注重结构调整和转型升级，更加注重质量和效益。

2014 年，区现代服务业将继续强化主导作用，预计实现营业收入 1 560 亿元，比上年增长 14%。

专业服务业：重点发展总部管理、投资与资产管理、广告传媒、设计服务、鉴证咨询、人力资源服务等。做好关于加快推进专业服务业转型升级课题的深化研究与推进工作。

信息服务业：重点发展数字内容服务、互联网信息服务、信息技术服务、软件开发、信息系统集成服务、行业信息服务、数据处理和存储服务、互联网金融资讯服务业、电子商务。

金融服务业：积极培育股权投资、融资租赁、黄金交易、网络金融（含第三方支付、网络信贷服务业）、金融后台数据服务、产业投资基金和创业投资基金、小额贷款等各类新兴金融机构发展，集聚发展文化金融产业以及资产管理类功能性金融机构。

科研服务业：重点发展研发设计服务、工程勘察设计、工程管理服务、检验检测服务、节能环保服务、总集成总承包服务、科技中介服务。

2014 年，区商业将保持平稳增长，预计实现社会消费品零售总额 500 亿元，比上年增长 6.8%。

（四）2014 年徐汇区服务业、商业发展重点工作

1. 服务业

2014 年，区现代服务业将紧紧围绕“扩大规模、提升能级、融合创新、塑造亮点、培育品牌”的服务经济发展目标，通过政策引导、产业扶持、招商引资、服务企业等举措，更加注重产业增长的质量和效益，推动现代服务业的集群发展、融合发展和创新发展。将做好四方面工作：

一是重点推进专业服务业优势行业。引导鼓励产业向国际化、规模化、高端化、特色化升级发展。重点支持投资与资产管理、广告传媒、创意设计、鉴证咨询、人力资源服务等重点领域企业创新业务、打造品牌、整合资源、拓展国内外市场、提升服务能力。

二是做强做大存量资源中的优质企业。大力发展区域专业检测服务、高端专业设计服务等领域的一批掌握核心技术、拥有原创品牌、自主创新能力强的优势企业、成长性企业。继续重点发展 SGS、谱尼、质检院、建科院、公安三所、捷瑞生物等具有一定行业引领性优势企业，跟踪一批创新成长性新增量企业，做大做强平台经济。

三是积极培育新兴服务业。依托互联网信息技术，积极扶持车联网、第三方支付及

移动互联网在金融、文化消费领域的创新发展，打造产业经济新的战略增长极。同时，积极探索龙华航空服务业建设和发展，配合建设龙华航空产业基地，推进适航审定中心等项目，以航空产业导入带动滨江现代服务业集聚区发展，进一步引导推进徐汇滨江区域的产业功能整体开发建设。

四是充分发挥产业政策引导激励作用。完成《徐汇区关于加快推进现代服务业发展的扶持意见》的修订颁布，开展形式多样的政策宣讲、辅导，扩大新的产业政策知晓率与覆盖面，在项目落地、政策兑现等方面给予企业全方位跟踪服务。鼓励并组织企业申报国家和市级服务业专项、市高技术服务业专项等，重点聚焦运用新技术、新模式、新业态的项目，扶持一批新的产业化建设或升级、公共服务平台项目，促进企业创新转型升级，助力区域服务经济发展壮大。

2. 商业

2014 年，徐汇区将加快现代商贸业创新发展，增强市场后续竞争力，主要做好五方面工作：

一是以重点项目为依托增强商贸业发展后劲。重点跟踪徐家汇商圈形态业态的调整提升、绿地集团斜土 1960 地块、华泾商业中心(二期)、汇阳广场等重点商业项目，做好项目实施的开发、建设、招商与运营等跟踪服务，对接新建商业体的入驻商户属地工作，挖掘存量、做大增量，提高商业对区域经济的贡献度。

二是以商业规划布局为引导推进重点街区业态功能的调整完善。进一步规范康健、田林、凌云、长桥、虹梅等街道五条示范性社区级商业街，打造衡复地区慢生活街区，关注衡山路休闲娱乐市级特色街、天钥桥路休闲娱乐市级特色街、宜山路建材家居市级特色街和吴中路汽销、汽修、汽配特色街的规划、建设和业态调整，全面提升区域商业发展能级。

三是以节造市、以文兴商，营造繁荣的商业消费环境。创新思路，整体策划，融合区域有效资源，筹划徐汇区节假日主题营销活动，更加注重商旅文的融合与创新，积聚人气，扩大影响，拉动消费，营造繁荣繁华的商业环境。

四是加强民生保障工程建设，确保“放心满意”消费市场。安排 10 个标准化菜场实施二次改造提升；巩固完善“菜肉鱼”安全信息全覆盖追溯系统；提升传统菜市场业态，推进有条件菜场试行“农改超”，通过规划布点及与专业公司合作引进生鲜超市、净菜社等新业态。加强与品牌餐饮公司合作，在更多的标准化菜市场及沿街门面开设“品牌连锁早餐工程”供应点，方便社区居民用餐。

五是强化市场秩序监管，营造健康有序市场环境。积极推进全国“商务诚信示范圈”创建工作，以“诚信徐家汇商圈”建设为抓手，开展商业诚经营大型宣传咨询、商务诚信大讲堂等活动。以推进徐家汇数码电子市场专项整治为切入点，做好市场整规、双打工作。强化食品、酒类市场监管与执法，打击不法违规行为，确保安全有序的区域市场环境。以商业预付卡"三项制度"建设为突破口，对徐汇区发卡企业实施有效跟踪管理。对不诚信企业强化失信查处，加大失信企业的违法违规成本。

第四节　长　宁　区

（一）2013 年长宁区服务业、商业发展基本数据

2013 年长宁区服务业、商业发展基本数据见表 18.4。

表 18.4　2013 年长宁区服务业、商业发展基本数据

指　标　名　称	2013 年	比上年增长
生产总值	846.32 亿元	7.8%
#第三产业增加值	800.60 亿元	8.6%
#商业增加值	190.12 亿元	10.8%
商品销售总额	4 332.69 亿元	18.0%
社会消费品零售总额	272.96 亿元	7.3%
地方税收总额	268.99 亿元	10.5%
#第三产业税收	217.00 亿元	12.7%
#商业税收*	16.16 亿元	6.1%
年末户籍人口数	62.50 万人	-0.2%
年末常住人口数	70.54 万人	1.2%

* 商业税收口径仅指零售、餐饮、社区商业

（二）2013 年长宁区商业发展概况

2013 年以来，面对复杂多变的宏观经济形势，长宁区商贸业以提高经济发展质量为中心，加快结构调整，重点企业保持增长、商贸业投资稳步增加，新建商业载体逐步增收，全区商业总体呈"走稳"态势。

1. 社会消费品零售额

2013 年全区实现社会消费品零售额 236.3 亿元，同比增长 7.3%，比中心城区平均增幅高 1.9 个百分点，增幅居中心城区第 4 位。其中，限额以上社会消费品零售额累计达

182.6 亿,同比增长 8.2%,略高于总额增幅。

主要特点:一是市场消费总体增速走稳。二是四类用途商品消费增速差异大。三是不同业态展现差异化发展趋势。

2. 商品销售总额

2013 年 1—11 月,全区实现商品销售总额 3 935.6 亿元,同比增长 18.4%,占中心城区 2 万亿元的 19.68%,超过区内预定的"三个城区"18% 的预定目标,且增速为中心城区第一位,高于中心城区平均增幅近 9 个百分点;规模排名仅次于黄浦,位居第二,显示了稳固的发展基础和良好向上的发展态势。目前长宁区限额以上商品销售总额占总数的 95%。

主要特点:一是商品销售总额的区域性分布差异明显。从长宁区限额以上商品销售总额的分布看,虹桥街道、新华街道、新泾镇和天山街道四地占总量的 84.9%,是商品销售总额产出的主要地源。而增幅最快的地区则是北新泾、周家桥和虹桥街道,增速超过 30%,是后发潜力区域。二是与其他区相比具有独特的区域特质。长宁区发展在十二五期间已统一到以贸易为引领的发展模式上,具有出口退税高承载力和强烈的贸易功能性发展导向,商贸类批发贸易以区域为基点的业务拓展相对活跃。

3. 商业税收

2013 年,长宁区共实现商业税收(区口径,不包括批发和住宿)16.16 亿元,占全区税收总量的 6.1%,企业数达到 5 856 户。批发业税收累计实现 52.3 亿元,同比增长 11.14%,占全区税收的 19.45%,是所有行业中税量最大的行业,超过了房地产 0.28 个百分点,企业数达到 3 905 户。商业加批发税收占全区的四分之一,企业数占 48.8%。2013 年商业税收中,零售税收实现略增外,餐饮下滑 7.33%,社区服务业下滑 2.33%。2013 年,在长宁区税收新增的百万元企业名单中,商贸业占 27%。

4. 商贸业投资

2013 年全年长宁区新批的外商投资中,现代商贸业投资总额达 1.1 亿美元,累计同比增长 5.55%,商贸业增资项目占总数的三分之二。

(三) 2014 年长宁区商业发展面临的形势分析

1. 商业发展环境更趋复杂

资金面偏紧,生活和经营成本持续上升。就居民消费看,水价和电价、物业管理费等逐步上升,借贷融资成本也随利率上浮。同时,2014 年又面临政府地方债的集中偿还期,预计有 30% 的财政收入用于偿还周期性债务,政府的投资预计会有所控制。从 2013 年年底店铺经营形势看,空铺及到期待租情况逐步显现,小店铺的经营进一步有同质化倾向,经营风险增大。各商业业态将出现不同的增长极,商业企业的并购将随本新一轮国企改革而大量增加,混合所有制的挑战在加大。

多元发展格局下的转型仍具有“树袋熊般”的缓滞气息。一方面是建成区的商业布局和配置腾挪的余地有限,商业多在现有相近的模式下进行调整以规避风险,先创性不足;一方面是各类商业消费卡随着网商店商的市场拓展将迅速趋少,移动和网银对消费的支持将继续增加,而区域内走向商业智能化和双线融合发展的领衔试创企业不多,新兴业态储备能力有限、跟进速缓。从一些上市企业对2014年的展望看,和2013年相比的递进性并不十分明显。商业发展要有一个爆发式的提升恐怕要在多个短期求稳的基础上才能到达。因此,目前理性的商业发展思路更偏向于谨慎和风险控制,先稳后增,调整调适,谋定而后动。

2. 2014～2015年新机遇

从商品看,4G产品和各类进口商品会给商业带来一定增量。如苹果和中国移动在1月17日推出支持4G的TD-LTE和支持3G即TD-SCDMA网络的iphone手机,其他4G产品将在2014年下半年逐步推出,给各类移动终端和多屏产品带来获利商机,有望给家电布局密集的中山商圈带来增量曙光。而进口商品的增加和丰富度的提升,则为虹桥商圈带来新亮点,进口商品超市、进出口商品常年展示、国别商品中心建设都有一定获益。从载体产出看,2015年下半年或年底,长宁区的部分新商业载体将有一定产出,如金虹桥;而前期调整好的商业载体也将有新的增量,如虹桥上海城。从政策支持看,为扩大内需,国家鼓励银行开展消费信贷创新,以进一步激发消费潜能。

(四) 2014年长宁区商业发展思路

2014年是长宁商业“十二五”发展深入推进的关键之年。为贯彻区委、区政府“精品虹桥,国际商都”的发展方针,把握发展的历史机遇,优化打造新虹桥商业中心,调整提升中山公园商业中心,规划建设临空商业,特提出加快长宁商业发展的思路如下:

1. 创新驱动,凸显特色

长宁商业应坚持贯彻“创新驱动,转型发展”的要求,不断推陈出新,通过创新凸显特色、营造错位,以特色吸引消费,提升长宁商业的竞争力。

(1) 创新方式,推动新增项目招商开业。2014年应继续全力推进金虹桥国际中心等开业筹备,跟踪推动虹桥城等的招商进度。在招商和开业过程中,应充分创造条件,通过政策引导和贴身服务等手段,努力引进具有较强知名度和引领性的、首次进入中国或上海的主力商户和著名品牌,推动企业注册落地,为长宁商业的发展注入新的增量与活力。

（2）创新调整，推动业态结构优化。应继续鼓励、引导商业企业结合自身发展，对现有的商业载体进行新的创新调整和改造，支持企业细分目标市场，调整经营结构、商品结构、品牌结构，优化购物、餐饮、服务比重，推动企业形成和强化各自的经营特色。通过面向目标客户的鲜明特色，吸引人流转化为消费流，实现商场的差异化发展。

（3）创新模式，推动消费升级。为适应最新的消费发展趋势，应大力支持发展智能消费、体验式消费、无店铺消费、定制消费等新型消费模式，尝试增加电子商务、线上与线下联动、智能科技的应用、购物、休闲、娱乐功能的融合等内容，鼓励开设体验中心、创意中心、定制中心、DIY 店铺等。通过消费模式的创新，营造新的消费热点。

2. 营销推广，集聚人气

目前长宁商业受项目分批建设、陆续开业的影响，新虹桥商业中心等部分商圈人气仍显不足。应积极通过开展营销活动和做强宣传推介的方式，集聚消费人气。

（1）开展整体营销，吸引消费客流。2014 年应继续通过“无节造节，有节造市”，以商业整体营销带动人气和销售。一方面抓好围绕重点节庆的整体营销，放大节庆效应。另一方面引导企业增加活动频次，力争每月营造不同的活动亮点。在营销策划中，应进一步拓展商旅文结合的方式和方法，鼓励企业拓宽营销思路、创新营销思维。围绕锁定的目标客户群，有针对性地设计活动内容，在形式上激励消费者的体验与互动。同时，通过广场主题景观和商场内外布置配合营造商业氛围，吸引消费客流的增长。

（2）开展宣传推介，扩大商圈影响。应进一步加强新虹桥商业中心等商圈整体的宣传、推介和整体营销活动的推广，在继续做好报纸、广播、电视等传统媒体的同时，更多地利用网络、手机、微博、微信等现代化手段，营造全方位、立体化的宣传网络。在营销活动推介中，针对不同的消费者，通过不同的渠道、凸显不同的重点，开展有针对性的宣传。并继续发挥长宁商业导购地图等的作用，为消费者提供更丰富、更有针对性的消费信息，吸引市民更多参与，进而扩大商圈的影响力。

3. 多方合力，优化环境

随着尚嘉中心、高岛屋百货和金虹桥国际中心陆续开业，对商圈环境和商业的发展环境提出了更高的要求，需要各相关部门形成合力，共同推动优化与提升。

（1）合力提升商圈环境品质。应进一步凝聚各方的合力，完善、提升商圈环境。在建设、完善连通新虹桥、中山公园商圈各主要商业载体勾连网络的同时，继续大力完善商圈的交通组织，优化人行、车行动线和停车安排，尽力使商圈畅达、交通便捷。并通过道板、灯光、绿化等的优化，提升商圈的层次与品位。

（2）合力优化企业发展环境。应进一步集聚各相关部门的力量，为企业提供更优质的服务，包括更便捷、高效地办理注册、开业、政策兑现等相关手续，为商业企业的发展

"保驾护航"。尤其是在营销活动的筹备、申报中,各部门应按照"支持商业发展、集聚消费人气"的原则,给予积极支持,确保活动的顺利开展和取得成功。

第五节 静 安 区

(一) 2013 年静安区服务业、商业发展基本数据

2013 年静安区服务业、商业发展基本数据见表 18.5。

表 18.5 2013 年静安区服务业、商业发展基本数据

指 标 名 称	2013 年	比上年增长
生产总值	665.27 亿元	8.0%
#第三产业增加值	649.24 亿元	7.7%
商品销售总额	1 621.26 亿元	5.3%
社会消费品零售总额	278.84 亿元	6.2%
地方税收总额	80.76 亿元	7.3%
#第三产业税收	77.75 亿元	7.2%
#商业税收	20.03 亿元	5.7%
年末户籍人口数	29.62 万人	-0.5%
年末常住人口数	24.99 万人	-0.6%

(二) 2013 年静安区商业发展概况

全区实现社会消费品零售总额 278.84 亿元,同比增长 6.17%,完成商品销售总额 1 621.26 亿元,同比增长 5.26%。

1. 积极推进静安南京路新建载体及沿线商铺调整

2013 年,静安南京路嘉里中心二期等一些新载体陆续亮相,沿线也新开了一些体验性较强的品牌店。嘉里中心二期商铺基本全部出租,北区已有 80 家左右商铺开业,南区已有部分商铺开业。芮欧百货大部分商铺已经开业。1788 美食广场餐饮店陆续开业。铜仁路 92 号项目"敬华艺术空间"9 月初营业。静安南京路沿线调整引进品牌 22 家,包括丝芙兰全球旗舰店、中国首家 10 Corso Como、上海首家 ZARA HOME、同属 INDITEX 集团的内衣居家品牌 OYSHO(奥依修)上海首家门店等品牌专卖店。

2. 推进区域电子商务发展

积极动员区内相关电子商务企业申报上海市战略性新兴产业发展专项资金——电子商务与新型贸易现代化专项工程项目，上海领秀电子商务有限公司的“高端品牌电子商务交易平台”和上海鸿洋电子商务有限公司的“电子商务智能体验展厅”共获得790万元市级财政专项资金扶持。上海领秀电子商务有限公司打造的高端品牌电子商务交易平台——爱奢汇（www. iluxday. com）于6月17日上线试运行。引进“1健康网”。完善细化“网上南京路”项目方案，加强沿线商家和楼宇的沟通，扩大网上南京路的知晓度。

3. 举办或协办若干场品牌活动

举办2013中欧顶级品牌高峰论坛。举办上海时装周秋冬发布会，并推进时装周活动与南京路商圈联动，在静安寺聚集地商场增加设计师展售体验馆活动内容。开展2013春秋季静安国际购物嘉年华等主题营销活动，“悦静安，优生活——2013秋季静安国际购物嘉年华”系列活动荣获“银联杯”2013上海购物节营销策划大赛的优秀组织奖。协助佳士得做好在香格里拉大酒店举办的首场拍卖活动。组织区域老字号及部分自主品牌企业参加“2013中华老字号博览会”。举办主题为“大数据时代下的服务业创新”2013福布斯·静安南京路论坛，海协会会长、商务部原部长陈德铭应邀出席并做主题演讲。

4. 深入推进菜场建设等市区政府实事项目

完成镇宁菜场标准化建设。在五个社区街道的服务、受理、文化等中心，完成15处菜价信息设施设备安装和网络贯通等建设，实时播放菜价信息。完成巨鹿、大沽、昌化、武定等重点菜场二次改造建设。明确兴泰菜场为区规划定点活禽销售点，完成标准化改建，通过市商务委和区相关部门验收，于8月初恢复销售。完成6家菜场垃圾分类设置工作。协调浦东新区金桥再生资源公司，引进电子垃圾智能回收系统。组织开展夏季高温天、中秋国庆节假日蔬菜惠民销售活动，使广大居民群众能买到平价大众蔬菜。做好菜价监测工作。新增白领午餐网点30家（其中静安寺地区新增24家），形成基本覆盖全区商务楼宇的近180家“白领午餐”网点。由第三方沪港国际咨询集团有限公司对2013年静安区白领午餐项目的近180家餐饮企业进行白领满意度测评，与2012年调查结果相比，满意度整体呈上升趋势。与杉德公司、中国移动、中国银行于12月12日在1788广场举办静安南京路创建移动支付示范街区暨静安白领卡项目启动仪式，该项目通过在餐厅布放POS终端受理“静安白领卡”及其他各种支付方式，提升白领午餐服务能级。

5. 不断优化区域商业商务软环境

落实市相关要求，认真做好酒类、粮油、动物卫生监督、商业预付卡、打击侵权假冒等市场监管工作。以商务诚信建设试点活动为契机,着力推进系统诚信体系建设,开展静安南京路商圈服务质量测评,认真组织实施全国文明城区迎检工作,保持静安商业服务业的优质窗口形象。加强行业指导,协调监管部门,开展安全生产和消防安全宣传教育,做好系统安全生产的检查和督促,确保行业安全生产局面可控。做好防控禽流感相关工作。发挥行业职工的主力军作用,开展 2013 年静安区商务系统“六比”劳动竞赛活动。

(三) 2014 年静安区商业发展重点工作

1. 创新商业模式,提升发展能级

优先推荐国际知名品牌或企业入驻新建楼宇载体,引导企业在静安设立相关机构。提高区域贸易企业便利化水平,支持外贸品牌企业发展壮大。充分利用先发优势,加强相关子行业企业的集聚。推动区域电子商务发展,拓展应用领域、鼓励模式创新。推动近场远程支付,提升支付、信用等配套服务能力。培育 O2O(线上到线下)等新型商业模式,引进有品牌、有知名度、有发展潜力、有规模的新业态和新模式企业。继续推进“品牌消费集聚区”建设。

2. 优化品牌结构,促进商圈繁荣繁华

协助静安南京路沿线商厦和商铺调整升级,不断完善静安南京路品牌生态结构。搭建商旅文资源整合平台,精心筹备春秋季静安国际购物嘉年华、福布斯 · 静安南京路论坛、静安 · 中欧中国顶级品牌高峰论坛等活动。协助推进曹家渡地区和静安寺地区商务楼宇连廊建设。完善区域商业发展规划,制定支马路特色商业街发展规划。

3. 围绕便民利民,提升社区商业发展质量

深化“菜篮子”体系建设,做好保供稳价工作,完善菜场规划布局,推进以菜场为依托的社区商业服务中心建设,做好大众早餐工作。做好菜价信息进社区的运行维护工作。优化白领午餐网点布局,提升信息化水平,延伸午餐功能。

4. 完善政策引导机制,优化区域发展环境

落实《静安区加强品牌建设实施意见(试行)》、《静安区品牌建设专项资金试行办法》和《静安区促进文化创意产业发展专项资金实施办法》,积极指导企业开展申报。积极关注非公有制经济健康发展,重点加强中小企业服务体系建设,构建中小企业融资平台,营造良好的政策环境。关注各产业高端人才发展,与专业部门共同研究制定与产业发展相关的人才培育政策。大力推进商务信用建设,开展“诚信经营”创建活动,推进静安南京路诚信体系建设。认真做好酒类、粮油、动物卫生监督、商业预付卡、整规、两法衔接、打假等市场监管工作。

第六节 普 陀 区

（一）2013 年普陀区服务业、商业发展基本数据

2013 年普陀区服务业、商业发展基本数据见表 18.6。

表 18.6 2013 年普陀区服务业、商业发展基本数据

指 标 名 称	2013 年	比上年增长
生产总值	721.92 亿元	8.5%
#第三产业增加值	613.14 亿元	10.0%
#商业增加值	197.59 亿元	12.5%
商品销售总额	3 479.54 亿元	14.5%
社会消费品零售总额	496.68 亿元	3.0%
地方税收总额	68.50 亿元	9.6%
#第三产业税收	58.55 亿元	11.6%
#商业税收	11.93 亿元	7.4%
年末户籍人口数	88.58 万人	-0.2%
年末常住人口数	129.56 万人	0.3%

（二）2013 年普陀区商业发展概况

1. 深入挖掘节庆经济

商业节庆经济得到显著发展，活动形式日趋丰富，元旦、春节、五一、十一四大节日，普陀区重点商业企业销售均同比上升 10% 左右。儿童节、购物节、中秋节、圣诞节、周年庆等非常规节日也受到重视，企业通过增加具有互动性、趣味性、娱乐性的个性化活动，吸引消费者热情。2013 上海购物节期间，普陀区内 30 多家重点商业企业共同发起“走进商贸普陀，体验购物乐趣”系列活动，销售同比增长 28%。

2. 中环商圈整体营销逐步成熟

2013 年，中环商圈在区委、区政府以及中环商贸区建设工作领导小组的大力支持下，主题营销活动成效显著，扩大了影响力和辐射力，增强了市场对中环商圈的认知度、关注度。市商业信息中心的重点商圈消费监测显示，中环商圈全年销售同比增幅在各市级商

圈中名列第二。

3. 环球港塑造商业新地标

上海环球港 7 月 5 日试营业,9 月 15 日正式营业。其超大的规模、华丽的风格、艺术的气质,引起媒体和消费者的广泛关注,在业界也得到认可和肯定,成功实现轰动效应。试营业前三天吸引客流 50 万人次,迅速成为上海西部商业的新地标。

4. 调整业态发展电子商务

区内各大商业企业积极探索业态与品牌调整,优化经营结构和商品结构,提高了餐饮、休闲、娱乐等互动板块的比重。各大商业企业纷纷“触网”,推动了传统零售企业向电子商务发展。区商务委整合中环商圈各企业的线上线下资源,购物节期间推出了“一体式消费体验”活动,上线了“掌上中环”网上商城,宣传“智慧消费”、“智慧生活”,让消费者在消费的“全过程”中体验到信息生活带来的“全方位”的便利体验。

5. 制作景观塑造企业形象

随着竞争日益激烈,各大商圈、购物中心除了对商品大力度促销外,更为注重商场的个性化和特色化建设,通过搭台布景,营造购物氛围,激发消费者购物欲望。长风景畔广场围绕“儿童和家庭”的元素,设计和打造了长风小镇、加菲猫“菲·长”圣诞节等系列活动,同时推出针对性营销活动。圣诞期间,上海环球港在南广场设计了典雅气派的欧式拱门,在内厅搭建了四层楼高的大型圣诞树,营造了浓郁的圣诞氛围。

6. 餐饮转型面对大众

上半年,受到各方面客观影响,集团消费明显减少,部分高端餐馆酒楼订单下滑。同时,黄浦江死猪漂流、H7N9 禽流感、查处假冒羊肉等突发事件,更是对餐饮企业造成持续打击。面对市场的不景气,越来越多企业积极采取措施,改变营销策略,中高端餐饮推出平价菜、特价菜、团购套餐等来吸引大众顾客,性价比高、方便快捷、创新意识强的大众餐饮和特色餐饮日益红火起来,小店、店中店生意火爆。

7. 金价下降黄金热销

国际金价从 4 月中旬开始剧烈波动,金价持续出现大幅下跌,引发了一波波购买热潮。各大百货中挑选黄金饰品的顾客明显增多,投资金条、黄金饰品供不应求,黄金珠宝销售额一度占据百货销售近半份额。

8. 异常因素影响市民消费

一些突发事件的发生,对市民消费产生了较大影响。极端高温引发了防暑商品销售火爆,延中盐汽水大面积脱销,节能空调、电扇销售良好,人丹、风油精等价廉实用的夏季常备药品销量剧增。雾霾天气使得高级防护口罩、空气净化器等商品热销。禽流感、假冒羊肉等事件对餐饮行业造成了很大冲击,也引发了防病、防护用品的热销。

（三）2014 年普陀区商业发展趋势和热点分析

1. 零售业电子商务加快发展，探索线上线下结合

2014 年，传统企业将更为积极地采取电子商务等新技术，探索线上线下的全方位营销。随着消费者习惯的变化，商业领域网络技术、移动技术的应用将更为广泛。同时，电商也将尝试线下营销，进一步丰富消费者消费体验。

2. 大型购物中心突出体验经济，寻找定位形成特色

最近几年大型商业购物中心数量的增加，导致同质化严重，难以保持对消费者的持续吸引力。2014 年，大型购物中心将继续探索并塑造自身特点，强化体验经济，加入独具特色的文化、艺术、展览等元素，从众多的商业设施中脱颖而出，吸引消费者光顾。

3. 社区商业加快调整提升，便民利民成为主旋律

随着居民生活水平的提高，对生活品质的要求日益加大，社区商业智能化、高效化发展势在必行，传统社区商业面临着提升与改造。新兴的社区服务行业和业态将进一步发展，相互融合，加快形成现代化、高品质生活需求的社区商业综合服务体系，提升居民生活品质。

（四）2014 年普陀区商业发展重点工作

1. 加快中环商圈宣传打造

突出中环商圈整体营销概念，按照“一轴两翼”布局，重点营造“金中环”商贸大环境，创新商贸发展模式，大力推进电子商务。以跨年迎新大型活动、上海购物节普陀区活动为契机，组织中环商圈开展整体营销、中环商贸主题研讨，扩大“金中环”影响及在上海商业中的地位。

2. 加快推进商贸平台提升

推进上海有色金属交易中心、新华上海贵金属交易中心、华通铂银交易市场、中山化工等商贸平台的提升发展，提高对区域经济的贡献，力争使平台经济成为区域经济新的增长点。

3. 突出整合营销，拉动消费内需

落实市商务委促进和扩大消费工作要求，结合上海购物节、假日黄金周、玉佛素斋节及跨年节庆营销等商机，将大型商业企业特色活动、商业广场营销活动纳入商业整体之中，组织开展、策划丰富多彩的主题营销活动，加强宣传，提升普陀商业形象和辐射能力。

4. 打造特色商业,发挥品牌效应

推进《普陀区(2013—2020)商业发展规划》实施,完善商业中心、社区商业、商业特色街区和全方位、多层次商业体系建设。依托街镇协调推进,打造以商业特色街为支撑、以"老字号""名特优"为重点的特色商业格局。开展特色商业街申报、认定和命名,推动创建一批特色商业街;发挥老字号和商业品牌影响,加强品牌商圈、智慧商圈建设。

5. 推进产业联动,实现资源整合

重视商旅文联动发展,提高普陀商业能级,凸显叠加效应,发挥在促进消费中的积极作用;推动商贸与互联网的结合,发展电子商务在双十一等节点的网络购物消费;推动体验式、休闲式商业综合体建设,探索商业新业态和营销新模式,突出线上与线下的资源对接及整合。

6. 大力发展会展经济

发挥上海跨国采购中心平台作用,主动服务 2014 年中国(上海)国际跨国采购大会,支持国际性会展和国内外专业性展览等商贸会展,推动跨采中心在信息交流、项目对接、跨国交易的优势,吸引符合区域产业的国内外企业、大型采购商及服务机构入驻。

7. 强化社区服务功能

完善社区商业中心和加快社区商业配套建设,提高社区商业品牌化、连锁化,构建功能完善的社区商业生活服务网络。加快以产业园区和商务楼宇为重点,组织白领午餐课题研究,提升商贸服务的商务环境。

8. 加快市场功能调整提升

推进市场调整"三个一批"实施方案,提高市场管理能级和规范服务能力。完成部分低端、初级市场调整方案。年内启动关闭和调整经营到期及部分市场 5 家;提升标准化菜市场建设规范和管理能级,制定普陀区标准化菜市场质量标准体系,启动、完成 15 家标准化菜市场二次改造。

第七节 闸 北 区

(一) 2013 年闸北区服务业、商业发展基本数据

2013 年闸北区服务业、商业发展基本数据见表 18.7。

表 18.7　2013 年闸北区服务业、商业发展基本数据

指　标　名　称	2013 年	比上年增长
生产总值	542.67 亿元	7.0%
#第三产业增加值	458.35 亿元	6.6%
#商业增加值	106.73 亿元	3.8%
商品销售总额	1 472.45 亿元	-2.3%
社会消费品零售总额	264.34 亿元	10.0%
地方税收总额	169.51 亿元	4.9%
#第三产业税收	129.38 亿元	5.7%
#批发、零售业税收	34.35 亿元	2.5%
#住宿、餐饮业税收	2.01 亿元	-5.7%
年末户籍人口数	68.42 万人	-0.4%
年末常住人口数	84.73 万人	0.2%

（二）2013 年闸北区服务业、商业发展概况

2013 年，闸北区商务部门按照市商务委和区委、区政府的要求，以“南高中繁北产业”发展战略为引领，以“创新驱动、转型发展”为主线，聚焦“总部经济、涉外经济、楼宇经济”发展，着力开展内外贸易与保障民生两手抓，促进区服务业、商贸流通服务业发展上台阶。

1. 服务业贡献增加

一是服务业增加值增加。2013 年，闸北区服务业（第三产业）实现增加值 458.35 亿元，比上年增长 6.6%。二是服务业税收增加。全年区服务业（第三产业）实现三级总税收 129.38 亿元，比上年增长 5.7%。三是重点产业税收增加。生产性服务业、商业商贸服务业、交通物流服务业、房产建筑业四个重点产业实现区级税收 57.31 亿元，比上年 55.33 亿元增长 3.5%，占区级财政收入比重 81.27%，比重比上年提高 2.47 个百分点。其中，生产性服务业全部税收全区占比达到 29.5%，比上年提高 3.8 个百分点；分别比商业、交通物流、房产建筑业高出 8.8、25.2、1.8 个百分点。四是外资服务业比重增加。全年引进的 125 个外资项目中，124 个为非生产性的服务业项目。年引进外商投资总额 89 371.83 万美元，其中非生产性项目占 98%。

2. 商业贡献增加

全年完成商品销售总额 1 472.5 亿元，比上年虽下降 2.3%，但社会消费品零售总额

实现264.3亿元,比上年增长10%。全区商业(批发零售业、住宿餐饮业)实现年三级总税收36.13亿元,占全区比重23.54%(比上年增加1.6个百分点);区级税收实现10.1亿元,占全区比重17.83%(比上年增加2.1个百分点)。

3.“南中北”重点区域企业贡献增加

“南中北”重点区域企业三级税收合计达119.77亿元。其中苏河湾地区高端商业商务服务业集聚区企业三级税收51.25亿元,比上年增长1.5%;中部大宁地区商业文化休闲服务集聚区企业三级税收31.03亿元,比上年增长4.3%;北部上海市高新技术和战略性新兴产业示范基地、生产性服务业产业园区企业三级税收37.50亿元,比上年增长8.9%。

(二)2013年闸北区服务业、商业发展趋势和热点分析

1. 闸北区国家服务业综合改革试点积极推进

建立协调例会制度,健全试点专项资金运作机制,出台相关扶持政策,完成国家服务业综合改革试点中期评估。

2. 涉外经济再创新高

2013年,全区新引进外资企业121家,累计引进合同外资8.82亿美元,100万美元以上大项目51个。全年外资企业累计缴纳税收64.56亿元人民币,比上年增长11%,占全区总税收的38.10%;区级税收累计缴纳17.85亿元人民币,占全区区级税收的27.21%。

3. 总部经济、楼宇经济加快发展

全年新引进跨国公司地区总部4家(全市2013年新批总部36家,闸北占比11.1%)。经市认定的全区跨国公司地区总部达到22家,比2012年增加4家。地区总部共缴纳总税34.31亿元,占全区总税20.24%;其中区级税收7.52亿元,占区级税收比达11.46%。全区税收超亿元的楼宇达到21幢,比2012年增加5幢。

4. 检测认证、交通物流、金融类产业成为特色发展产业

引进全市第一家检测认证类跨国公司地区总部——德凯达等国内外著名检测认证企业;引进全球排名第三的货运代理公司——德迅(中国)货运代理有限公司、全球第六大集装箱班轮运输公司——美国总统轮船有限公司等物流行业领军企业;引进香港融海和澳门丰和等金融融资租赁企业。

5. 电子商务形成产业新高地

大润发依托其内地200家门店网络规模效应和供应链支撑,旗下“飞牛网”年末试运行,注册会员达18万人,自营商品突破10万种(超过卖场2万~3万种)。推动乐购网购平台、“钻石小鸟”、“宝尊网”、“丁丁网”、“禾健网”、“M9M10(食全酒美)”等5家大中型

电子商务企业拓宽消费空间。“易园·大宁”创意园区成为中国首个电商服务产业园。

6. 商业布局规划调研

参与完成区委重点课题“打造环大宁商圈,促进中部地区商旅文联动发展”课题研究,得到区委充分肯定。修编完成市现代服务业集聚区投资指南简缩版闸北区内容编制。环大宁商圈由上海市商业网点布局规划纲要审定升级为市级商业中心。苏河湾商圈成为地区级商业中心。社区商业中心由原6个调整为9个。

7. 重大项目建设加快

南部地区:苏河湾大悦城购物中心二期、华侨城、宝矿、隆宇406等大型综合商办项目建设启动;盛源生活广场、五月花生活广场两大社区商业中心开门营业。中部地区:大宁商业中心核心项目久光百货大宁店、大宁中心广场等一批重点等项目正抓紧推进,大宁灵石公园宝贝当家项目建设临近尾声,彭浦镇白遗桥地块大型项目建设启动。北部地区:市北佳城广场、协信广场、财富广场等综合体有序推进。

8. 著名品牌引进形成突破

引进法国玛瑞拉时装公司、香港雅得盛时装公司以及欧美设计师品牌等多家知名度和市场价值较高的外资品牌商贸公司。全区已集聚全球第四家宝格丽酒店、全市第二家久光百货、世界定制时装三巨头之一的皮尔巴尔曼集团全资下属公司皮尔巴尔曼时装(上海)有限公司、世界快时尚品牌三巨头之一的芒果服饰等一批国际知名品牌企业。

9. 商业营销活动取得实效

大悦城、大宁国际等五大主力店春节长假期间累计实现销售额逾4 000万元,同比增长13%,占节日销售总额比重达33.8%。“五一”长假27家抽样企业,销售额超5 000万元,比上年同比增长11.9%;全区8家大卖场实现营业额超2 000万元,同比增长8.1%。“上海购物节”推出闸北18项主题活动,重点百货、购物中心合计销售达22.7亿元,比上年增长1.2%。购物节期间,聚集闸北的5家大中型电子商务企业整体参与购物节,线上活动精彩。

10. “保供稳价”“菜篮子”建设进一步落实

新建1家大宁社区菜市场。兆基、天星、芷江、平顺、严家阁等6家菜市场进行二次改造。全区标准化菜市场达到28个。全力以赴抓好“创卫”工作,菜市场环境进一步改善。探索“保供稳价”新模式,努力实现菜价“平日较低,节日最低”:设立每日平价菜销售摊位,共有平价菜摊位约70个;重大节日、重要时间节点实行政府定点补贴,以低于市场20%的价格销售蔬菜;发挥协会作用,开展“特价销售”活动;与光明集团“都市菜园”联手在设立蔬菜直供点,解决居民买菜难。

11. 市场管理探索形成长效机制

制定《菜市场建设与管理工作实施意见》,形成菜市场条包块管、部门联动、街镇属地化管理的工作机制。筹建菜市场行业协会,加强对菜市场管理服务。实施活禽布点销售监管。联合区公安、区工商及行业协会对区内 25 家废品回收站进行专项检查,推进废品回收站的合法、安全经营。出动 249 人次执法检查 83 家酒类行业企业,清理、取缔无照经营及假冒伪劣行为,查处违法案件 11 起。持续开展打击侵犯知识产权和制售假冒伪劣商品工作。开展单用途预付卡备案工作。

(四) 2014 年闸北区服务业、商业发展重点工作

1. 着力推进"三个经济"内涵提质

围绕"外在功能集聚、内在结构优化",进一步推进涉外经济"叫好叫座"和总部经济"发光发热",提高利用外资质量。以区"5 + X"重点产业为主攻方向,积极引进金融、软件与信息服务、现代商贸、现代物流、检测认证和人力资源等专业服务业以及文化创意等新兴产业。进一步集聚总部型、功能型、结算型、投资型企业,提升外资质量和水平。

2. 着力推进商业升级提质

坚持商业繁荣繁华与便民利民相结合。一是抓商圈升级。重点推进大宁久光百货、大宁中心广场、华侨城、中粮大悦城等综合商办项目建设。二是抓业态升级。积极促进传统零售商业与电子商务相互结合。三是抓品牌建设升级。继续加大知名商贸企业、著名连锁品牌的引进力度。

3. 着力推进"新业态、新模式"培育提速

一是重点发展现代物流和检测认证服务业。积极发展以高端物流、第三方物流及平台型物流为主的现代物流业发展。二是大力发展平台经济。在全区"5 + 1"功能平台的基础上,积极发展飞牛集达的基于 O2O 商贸平台和上海国际茶业交易平台。三是加快发展电子商务。依托大宁易园搭建的电子商务产业服务功能平台,积极引进各类电子商务企业尤其是龙头企业集聚发展。

4. 着力推进生活性服务发展提速

一是开展全区社区商业拾遗补缺调查。二是研究拟定区生活性服务业推进计划。三是扎实做好民生工程。

5. 着力推进民生保障建设提速

加快推进市场秩序规范,切实做好"保供稳价"工作。一是标准化菜市场建设。二是继续开展农超对接、农商对接。三是充分发挥区三级稳价体系作用。四是进一步完善追溯系统建设。五是加强市场秩序监管。

第八节 虹口区

(一) 2013 年虹口区服务业、商业发展基本数据

2013 年虹口区服务业、商业发展基本数据见表 18.8。

表 18.8 2013 年虹口区服务业、商业发展基本数据

指标名称	2013 年	比上年增长
生产总值	633.16 亿元	6.4%
#第三产业增加值	548.12 亿元	6.9%
#商业*增加值	110.60 亿元	3.9%
商品销售总额	1 293.14 亿元	4.4%
社会消费品零售总额	260.24 亿元	3.2%
地方税收总额	54.16 亿元	0.0%
#第三产业税收	40.48 亿元	0.0%
#商业*税收	9.18 亿元	-5.3%
年末户籍人口数	78.77 万人	-0.4%
年末常住人口数	83.96 万人	-0.7%

说明：* 商业口径为批发零售业

(二) 2013 年虹口区商业发展概况

2013 年是全面贯彻落实十八大精神的开局之年，也是实施"十二五"规划承前启后的关键一年。面对复杂、严峻的国内外经济形势和各种不利因素影响，虹口区商贸业积极采取措施，以商业结构调整和能级提升为重点，以推进载体建设和功能招商为抓手，创新商业模式，发展特色餐饮、电子商务等新型业态，完善社区商业保障民生、不断夯实商业经济发展基础，保持全区现代商贸业经济稳定的发展势头。

2013 年虹口区社会消费品零售总额达 260.24 亿元，同比增长 3.22%。其中"吃的"占比 38.6%、"用"的占比 13.5%、"穿"的占比 43.1%、"烧"的占比 4.8%。

2013 年虹口区商业发展特点：

1. 引导传统企业加快转型，大力发展电子商务

2013 年全年，虹口区电子商业发展迅速。2013 年底，虹口区电商企业共 304 家，同比

上升 28.27%；完成三级税收 1.75 亿元，同比上升 10.06%；完成销售收入 102.4 亿元，同比上升 17.4%。近年来，区内涌现了一批优质电子商务企业。如 B to B（企业间交易）的有西本新干线、明凯照明；B to C（在线零售）的有苏宁易购、家化、百丽电子、818 医药网；OTA（在线旅游预订）的有号百商旅、途牛网；电子支付有翼支付；第三方平台有上外网络；酒类大宗交易有上海国际酒业、上海红酒交易中心；电商应用服务提供商有珍岛信息技术、凯长信息科技，均在业内占有重要地位。2013 年，虹口区上海大宗钢铁电子交易中心有限公司、号百商旅电子商务有限公司、上海国际酒业交易中心有限公司等企业成功荣获"2013 年上海市电子商务示范企业"，上海上外网络教育发展有限公司入选"双推"平台企业。

2. 创建智慧商街，营造良好发展环境

积极打造四川北路全程电子商务平台，在四川北路商业街全程铺设 WiFi 热点设备 65 个，在全市率先实现市级商业街户外"全覆盖、全免费、全天候"的无线网络环境，将四川北路打造成为智慧商业街区和时尚消费体验新地标，仅 2013 年全年"hongkoufree"登录 50 万余人次，累计产生流量 53 万 GB。改版升级虹口商街 APP，发布公共服务信息，网罗沿线商业信息，通过欢乐购物、食荟虹口、停车诱导、商场信息、福卡专享、网友小报、购物拼图、与原有的每日 E 餐、白领特惠午餐等共同打造极具交互性的网络时代购物体验。目前，累计装机量达 6 万人次。与中国银行联手发行了首张以地域命名的信用卡——虹口福卡，为促进商贸业消费打下良好基础。7 月，牵头成立领客电子商务联盟，在政府层面形成电商发展的组织保障和工作机制，搭建虹口区电商企业间交流平台，"互联互通""共建共享""引才引资"。

3. 组织节庆营销，繁荣消费市场

组织开展"食荟虹口"、"第七届上海购物节（虹口）系列活动"、"第九届上海酒节"、"欢乐转翻天　福气马上到"岁末迎新等系列活动，繁荣市场经济。其中第九届（2013）上海酒节为历届规模最大、参展商最多、产业链最长，吸引了 5 大酒种、50 个国家地区，5 000 种展品参加展会。

据抽样统计，2013 年虹口区四大节日销售收入合计达 4.9 亿元，元旦、春节、五一和国庆同期分别增长 46.7%、17.8%、10.7% 和 10.52%。

（三）2013 年虹口区商业发展趋势和热点分析

1. 提升四川北路能级，重大项目盛大开业

注重载体建设，在四川北路引进多个商业项目。2013 年 9 月，位于中信泰富申虹广场内的"阳光小镇"欧陆风情美食广场正式对外营业。美食广场汇集了来自泰国、日本等

国,及中国大陆各地和台湾地区的美食,吸引了众多消费者尤其是年轻消费者前来品尝。12 月,位于四川北路 859 号的中信广场盛大开业,其为沪上首家以海洋环保人文概念为特色的广场。商场主要以体验类消费为主,引进了 ZOO COFFEE、"元世祖"火锅、"3D 魔幻画展厅"、运动德普等特色休闲娱乐知名品牌企业。

2. 加强商务诚信建设,倡导信用消费

以"商务诚信,从我做起"为主题,组织开展了一系列商务诚信创建活动,制定"五项制度",推行"四项标准",组织商务诚信知识竞赛,开展"虹口区商务诚信建设倡议"活动。注重将商务诚信理念贯穿到商业活动全过程,得到了区内商家的积极响应,营造了"以诚促商,以信兴业"的诚信商业良好氛围。经企业自荐、协会推荐和商务委和相关部门审核,评选出"虹口区 2012—2013 年商务诚信建设示范企业"10 家,上报市商务委商务诚信建设先进单位 10 家。

(四) 2014 年虹口区商业发展重点工作

1. 进一步促进平台经济蓬勃发展

探索和研究虹口区平台经济发展方向,推动虹口经济转型发展。重点发展大宗商品交易、第三方公共服务、消费品交易与生活服务、专业配套服务、绿色低碳产业等平台企业,通过这些集聚力大、影响力强、辐射力广的平台企业,带动整体市场经济发展。加快推进电子商务三年行动计划,全面推广线上线下联动的 O2O 模式,重点引进移动电子商务配套服务企业,增加与传统商圈黏性。进一步扩大全区 WiFi 热点铺设范围,发挥微信微博平台和 APP 的信息宣传和发布功能,结合虹口福卡信用卡的支付功能,积极打造商务电子化。

2. 进一步提升四川北路功能区发展能级

加快商旅文体对于四川北路发展的"四轮驱动"作用,完善四川北路区域整体规划。继续调整业态,大力发展体验式消费,完善四川北路全程电子商务平台,促进电子商务与实体商业联动发展。完善电子商务企业统计监测系统,努力实现多数电子商务企业登入统计监测系统。

3. 进一步推进北外滩商业配套建设

积极推进北外滩商业配套建设,探索打造新类体验业态。下阶段将基本完成对东大名路、高阳路商业休闲街空间立面设计方案。在如何合理置换和利用现有载体,保持区域建筑风貌上下文章,布局新类商业业态,配以商、旅、文、体相结合的商业配套功能。继续推进区域内在建、拟建项目的商业业态指导,与招商协调。基本完成"一滴水"商业项目,争取 2014 年底开业。

第九节 杨 浦 区

（一）2013 年杨浦区服务业、商业发展基本数据

2013 年杨浦区服务业、商业发展基本数据见表 18.9。

表 18.9 2013 年杨浦区服务业、商业发展基本数据

指 标 名 称	2013 年	比上年增长
生产总值	1 381.74 亿元	9.6%
#第三产业增加值	498.92 亿元	8.4%
#商业*增加值	127.59 亿元	3.1%
社会消费品零售总额	345.47 亿元	11.0%
地方税收总额	77.01 亿元	8.5%
#第三产业税收	31.53 亿元	11.3%
#商业*税收	11.13 亿元	0.3%
年末户籍人口数	108.94 万人	-0.4%
年末常住人口数	132.43 万人	0.3%

说明：*商业口径为批发零售业

（二）2013 年杨浦区商业发展概况

2013 年，在中共杨浦区委、杨浦区政府的坚强领导下，在各相关委办局和街道（镇）的大力支持下，杨浦区商务委以党的十八大精神为引领，紧紧围绕全区中心工作和改革创新的发展大局，始终坚持“两个优先、两个提升”的产业方针，把握稳中求进，注重产业经济与民生实事同步推进，较好地完成了各项指标任务。从主要指标完成情况来看，全区商业经济运行“稳中有进，进中有忧”，五角场商圈继续保持良好增长势头的情况下，商业销售继续领先全市平均水平，商业运行主要特点如下：

1. 主要经济指标完成情况

2013 年杨浦区社会消费品零售总额累计为 345.47 亿元，同比增长 11.02%，全区商业限额以上销售额 285.46 亿元，同比增长 6.02%。

2. 规模以上重点商业企业销售情况

2013 年杨浦区规模以上重点企业实现销售额 285.46 亿元，同比增长 6.02%。全年

商业销售呈现中间月份高,年初和年底两头低的态势,全年一季度累计同比增长11.54%,二季度累计增长12.04%,三季度累计增长11.02%,全年保持同比增长11.02%。

3. 商业行业分类销售情况

经对限额以上销售统计分析,全区批发销售同比增长11.94%,高于社零额0.92个百分点,无店铺销售增长较快,无店铺销售77.27亿元,同比增长11.70%;综合零售(百货、超级市场、其他)销售额66.56亿元,同比增长6.79%;穿着类销售13.16亿元,同比上升10.68%;家电销售3.49亿元,同比增长92.53%;文化体育用品销售3.23亿元,同比增长28.03%;医药销售4.57亿元,同比增长4.72;汽车销售57.14亿元,同比增长2.47%。国家八项规定出台后,公费消费明显减少,高档食品、餐饮和住宿有下滑趋势,如全区食品销售13.75亿元,同比下降7.94%;餐饮和住宿营业额18.52亿元,同比下降1.07%。

4. 五角场商圈重点企业销售情况

据统计,五角场商圈重点商业企业累计实现销售125.97亿元,累计同比11.53%,五角场商圈16家重点企业销售同比增长的有11家,其中增长15%以上的有4家,五角场地区销售继续高于全区平均增长,继续领跑杨浦商业发展。

5. 节日效应带动消费明显

2013年,由于元旦、春节、情人节、妇女节、劳动节、端午节及购物节、中秋节和国庆节等众多节日,均组织开展节庆营销活动,有效拉动了商品销售。据对重点企业调查显示,2012年12月31日至2013年1月3日四天,实现销售3.06亿元,同比增长15.12%,实现了元旦销售开门红。2月9日除夕至2月15日年初六共七天,实现营业额2.96亿元,同比增长32.3%。国庆黄金周七天累计销售4.72亿元,同比上升14.03%,超全市增幅近3个百分点,节假日效应明显;尚街LOFT上海婚纱艺术产业园国庆期间在五角场环岛举办婚纱秀活动,七天实现营业额达到567万元,较同期翻番;2014年元旦区商务委对全区13家重点商业企业抽样统计,2013年12月31日至2014年1月1日两天累计实现销售1.34亿元,同比上升14.6%。

6. 汽车消费趋于平缓

2013年上半年起杨浦汽车销售受上海汽车牌照限额的影响,销售增长明显减缓,据对全区23家重点汽车销售企业实现汽车销售额57.14亿元,同比增长2.47%,二手车交易明显缩水,1至3月期间,二手车交易活跃,4月后受牌照拍卖规则的影响,交易同比增长有所回落,但1至5月累计销售达8.82亿元,同比上升19.67%,六月份起交易逐月萎缩,全年交易累计达19.67亿元,同比累计下降2.93%。

（二）2013 年杨浦区商业发展趋势和热点分析

1. 拓展提升五角场市级商业中心功能

加强市场调研，重点骨干商业企业不断创新，腾笼换鸟，突出个性，提升品牌档次。加强经营模式创新，引导企业探索商业和文化、体验等融合的模式，逐步实现企业间错位、错业和错态经营，形成布局合理、层次分明、主体多元、功能集成的商业发展新格局，提升消费档次和水平。扩大商圈的对外辐射力、影响力。鼓励企业打造线上线下一体化的高端网络购物中心。

2. 继续做好市场营销和购物节活动

按照“稳增长，促销费，扩内需，防通胀，惠民生”的要求，以商、旅、文相结合，尽早谋划全年营销活动，突出营销主题，放大节庆效应，创新活动形式，丰富活动内容，加强企业间的互动，在总结历年市场营销和购物节举办经验的基础上，挖掘探索新亮点，充分调动行业协会和企业的积极性，以五角场商圈为重点，带动区域内的卖场、超市、百货和社区各商家以及特色商业街的沿街商铺踊跃参与元旦、春节和五一、国庆等节日营销和购物节活动，提振杨浦消费信心，推动区域经济发展。

3. 打造特色街，进一步扩大商圈辐射影响力

坚持以渔人码头一期项目、海上硕和、控江路商圈项目陆续建成为抓手，加快社区商业建设，不断优化、提升社区商业中心能级水平。

4. 积极推动电子商务平台建设

结合申报建设市电子商务示范园区，打造电子商务产业园和电子商务交易市场平台及服务平台，集聚电子商务经营企业和运营服务机构，推进电子商务人才培训和服务外包，培育特色示范企业，逐步形成电子商务市场环境。

（三）2014 年杨浦区商贸业发展重点工作

1. 突出亮点，创新发展，强化本区商业发展的引导力

聚焦五角场市级商业中心的深入打造，重点推进“三个结合”。一是将主力商家的业态调整与后街改造结合起来。2014 年，区商务委将继续加强与企业沟通，一方面推动企业调整提升现有业态和品牌，实现企业间错位、错业和错态经营，提升消费档次和水平。另一方面在后街改造中积极借鉴主力商家的专业理念、参考其对后街业态配置的诉求，启动百联又一城后面的国济路改造工作，使后街改造既实现形象提升，又与主力店联动发展。二是将现代信息科技与便利消费、促进消费结合起来。将重点发挥移动终端促进消费的作用，推进“时尚杨浦”APP 充实功能，融合支付结算、生活服务和购物、营销信息

等功能于一体，利用科技带来的便利来刺激市民消费。同时利用在下沉式广场设立的导购触摸屏，加强对“时尚杨浦”APP 宣传，扩大知晓度和使用率。在上一年跨年营销活动中在百联又一城、东方商厦、巴黎春天、食品一店等试点用微信参与叠加营销的基础上，总结经验，争取在全区有条件的商家推广。三是将整体营销与空间的有效利用结合起来。坚持“以节兴市”，2014 年围绕各类节庆假期及购物节等，开展联动营销。在此基础上，充分利用下沉式广场，引进特色化、品牌化、高端化的展示营销活动，指导展销方精心设计展示方案，在不影响人流动线的前提下，务求陈列美观精致、高档优雅，提升下沉式广场的空间价值和商业价值，进一步集聚五角场人气。与区商联会、五角场商会共同开展杨浦商业淡季联合营销活动。

2. 推动区级商业中心整体发展

积极打造本区中部区域的黄金商业带，以控江路区级商业中心的功能性项目在建为契机，建立假日百货与 3 个新建项目新老载体的交流平台，形成各具特色、错位经营、互补互动的发展格局，为大连路总部研发集聚区和周边居民提供更为丰富的商业配套。伴随着几大商业载体的相继建成，将进一步优化区内商业发展环境。其中，“十二五”内新建成的紫荆广场、君欣广场和海际广场，将与假日百货一起为控江路区级商业中心的新一轮发展带来巨大潜力，区商务委将指导帮助企业错位经营，突出个性，实现商业品牌、商业业态的层次性、多样性和选择性，为该地区带来新的繁荣，吸引更多的人气。百联滨江购物中心计划 2014 年第四季度改建开业，新江湾城 C5－7 地块社区商业中心项目竣工，对两个新建社区商业中心项目，将根据新的发展形势和要求，结合周边商业配套和实际需求，加强全面性、整体性的研究和分析，对两个项目做好业态指导和跟踪服务，保障功能落地。

3. 围绕控江路区级商业中心新一轮的发展

重点是“3＋1”项目，即从控江路商业整体发展谋划，做好君欣、紫荆广场开业准备，推进假日百货与三个新建项目形成各具特色、错位经营、互补互动的发展格局，实现控江路提升商业能级、完善商业功能，并带动周边现有的商业商务载体“腾笼换鸟”、业态调整、品质提升。

4. 着力打造高品质社区商业和特色商业

引导社区商业和商业街的品质化发展，以中原城市广场、宝地广场争创国家和市社区商业示范社区，大学路创建市级特色商业街的契机，引导本区商业形成特色，进一步丰富本区商业的层次。将在 2013 年启动特色商业街评选的基础上，继续开展区级社区商业中心和特色商业街评选工作，通过制定标准、严格评选、达标授牌奖励等方式，引导和推动已建成的社区商业中心调整业态、优化环境、规范管理、诚信服务、特色经营。

5. 继续抓好民生实事工作

与功能性示范项目、示范社区商业中心建设相结合，进行推进早餐示范工程，优化便民理发点、大众浴室等服务网点布局,满足社区居民生活需求。

6. 推进商务领域信用体系建设

通过开展商务诚信建设活动,推进区域商务诚信融入以现代信息技术为支撑的信用信息系统和互联共享的社会诚信体系。以举办各类节庆和市场营销活动为抓手,引导广大商贸服务企业和从业人员以"诚信兴商、依法经营、规范管理"为核心,大力提升经营管理水平,全面提高商品和服务质量。加强培训工作,培育一批诚信经营好、守法意识强、社会信誉高、示范效应大的先进单位和个人。进行开展企业信用等级评定工作,扩大覆盖面。探索建立行之有效的"商务诚信建设"工作机制。

7. 探索创新政府管理模式

将部分行政事项外包,进一步发挥行业协会、骨干企业在行业自律、诚信建设、日常事务、项目推进、业态调整中的主导、引领作用。加强企业间的交流互动,继续开展重点企业、重点园区负责人的对接交流活动,进一步加强商业、商务资源整合;开展与兄弟区县以及外省市商贸企业的合作交流。

第十节　闵　行　区

(一) 2013年闵行区服务业、商业发展基本数据

2013年闵行区服务业、商业发展基本数据见表18.10。

表18.10　2013年闵行区服务业、商业发展基本数据

指　标　名　称	2013年	比上年增长
生产总值	1 722.10亿元	8.0%
#第三产业增加值	714.40亿元	15.5%
商品销售总额	2 393.40亿元	7.5%
社会消费品零售总额	600.80亿元	6.0%
地方税收总额	512.00亿元	8.6%
#第三产业税收	252.00亿元	18.4%
#商业*税收	68.80亿元	4.8%
年末户籍人口数	100.10万人	1.7%
年末常住人口数	253.20万人	1.0%

说明:*商业口径为批发零售业

（二）2013年闵行区服务业、商业发展概况

2013年，闵行区委、区政府积极贯彻十八大精神，牢牢把握稳中求进的总基调，紧紧围绕“促转型、稳增长，强服务、惠民生”的年度发展主线，全力以赴促进闵行区经济社会全面、协调、可持续发展，全区经济总体保持平稳健康发展。

1. 经济运行平稳有序，三产比重进一步提升

2013年，闵行区实现生产总值1 722.11亿元，比上年增长8.0%，其中第一、二、三产业的比例关系为0.1∶58.4∶41.5，第三产业占生产总值的比重比上年提高2.7个百分点，全年第三产业增加值完成714.37亿元，比上年增长15.5%，增速快于GDP增速7.5个百分点，其对经济增长的贡献率达74.9%，超出第二产业贡献率49.8个百分点，已成为闵行区经济发展的主要推动力量。全年实现社会消费品零售总额600.78亿元。实现批发零售业增加值155.06亿元，比上年增长7.7%。二、三产业共同支撑区域经济发展的格局加快形成。

2. 财政收入增长稳定，第三产业税收增长较快

2013年，全区完成财政总收入529.46亿元，同比增长8.7%。其中区级财政收入171.19亿元，同比增长15.1%。从主要产业税收来看，2013年，第二产业实现税收259.92亿元，同比增长0.6%；其中工业实现税收243.77亿元，比上年增长1.2%；第三产业实现税收251.97亿元，同比增长18.4%，其中税收保持两位数增长的行业主要有房地产业和租赁业，税收分别比上年增长34.7%和15.6%。从主要税种来看，营业税、内资企业所得税、个人所得税和土地增值税均保持两位数增长，分别比上年增长20.2%、10.5%、10.5%和19.6%。

3. 服务业比重提高，生产性服务业占主导地位

现代服务业全年发展良好。2013年，全区现代服务业预计完成增加值276.1亿元，同比增长9.7%，占全区生产总值的比重为15.3%，比重比上年提高0.4个百分点，从其构成来看，生产性服务业仍然占据主导地位，占比75.2%，其次是基础服务业。文化创意产业发展较快，2013年，文化创意产业预计完成增加值126.2亿元，同比增长14.1%，增速高于全区生产总值增速6.1个百分点。另外，民生领域的服务行业增长较快，如卫生和社会工作、教育行业增加值分别同比增长32.6%和22.5%。

4. 商业发展总体平稳，消费品市场增速放缓

全区2009—2013年社会消费品零售额总量呈现平稳增长的态势。五年内，社会消费品零售额持续增长，至2013年底，社零总额首次突破600亿元，社零总额创历史新高。增幅来看，由于电子商务网购分流等因素的影响，增幅走低（图18.1，图18.2）。

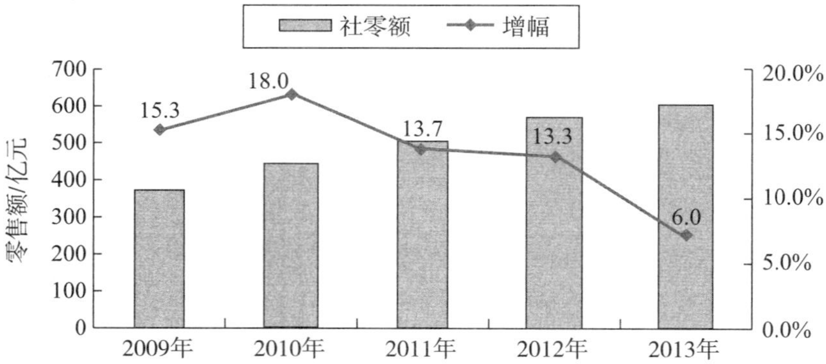

图 18.1　2009—2013 年闵行区社会消费品零售额趋势图

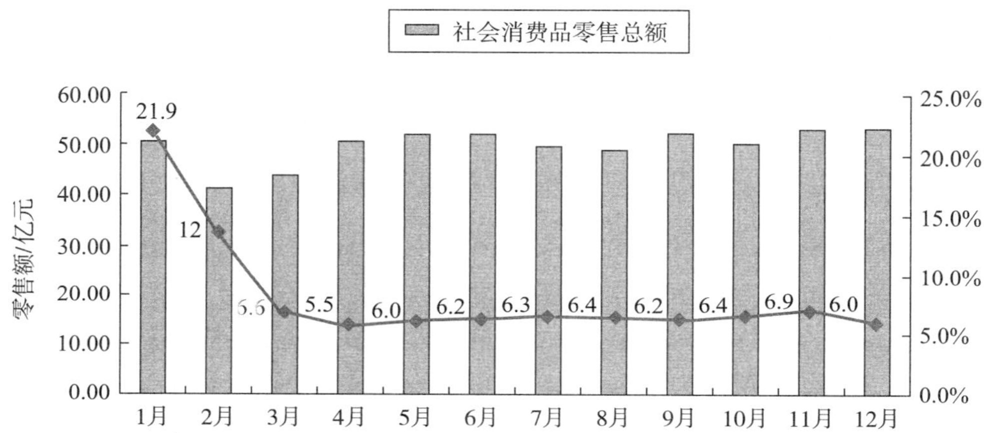

图 18.2　2013 年各月社会消费品零售总额走势情况

从 2013 年消费市场整体情况看，商业保持了“年初增幅较高，二季度开始回落最终趋于平稳”的态势。从累计增幅看，2012 年 1 月恰逢春节，基数小，使得 2013 年 1 月增幅较高。进入 2 月份，除连锁超市外，多数销售企业春节放假时间长，累计增幅出现下滑，再加上网购分流，连锁超市业绩平平等影响，全年增幅放缓。从零售额总量来看，全年除 2 月、3 月份当月较低外，其余月份零售额基本保持在 50 亿元以上的水平。进入年底的 11 月、12 月，由于部分汽车企业年底冲量等因素，当月零售额均达到了 53 亿元以上。

（三）2013 年闵行区服务业、商业发展热点

1. 统筹楼宇经济发展，完善楼宇扶持政策

2013 年是闵行区全面推进楼宇经济发展的第一年，根据年初确定的楼宇经济“双十增长”（即总税收和企业税收落地率分别增长 10%）目标，从机制建设、政策制定、信息完

善、宣传推介等方面狠抓落实,顺利完成年度目标。至2013年底,闵行区纳入统计的重点楼宇(建筑面积超过1万平方米)总税收将达到25亿元左右,同比增长约23.6%;在楼宇内注册并税收落地的企业户数达2 940多家,同比增长约13%。同时,“亿元楼”建设也取得较大突破,全年新增“亿元楼”4幢,使闵行区的“亿元楼”总量达到7幢,圆满完成了年初确定的“保六争七”目标。分别是虹桥镇的利丰大厦、合川大厦、华富亭;莘庄镇的解放报业大厦、绿地蓝海;梅陇镇的百联南方商城;七宝镇的明谷科技大厦。研究制定《关于促进闵行区楼宇经济发展财政资金扶持办法》,从提高楼宇经济贡献度、鼓励专业招商团队、提升楼宇品质等方面入手,提高楼宇管理企业和入驻企业的积极性,引导楼宇向集约化、专业化、特色化发展。

2. 建立文化大区指标体系,完善文化创意产业政策

配合区宣传部开展《闵行文化大区建设指标体系》研究,将文化创意产业作为其中一个重要内容。目前,《闵行文化大区建设指标体系(征求意见稿)》共包括3个一级指标(公共文化服务水平、文化创意产业能级、文化影响力)、10个二级指标和65个三级指标,并在此基础上创设若干探索性附加指标。下一步区委宣传部将就指标体系召开专家论证会,适时提交区委决策。为配合文化大区建设指标体系的研制,区政府研究室、上海西区文化公司开展了“闵行区文化消费市场培育与建设”课题研究,初步形成了相关成果。研究制订促进文化创意产业发展的相关政策,经区政府批准同意,已正式印发《闵行区促进文化创意产业发展财政扶持资金实施办法》。本政策主要与市文创办政策挂钩,进行配套使用。

3. 生产性服务业工作加快推进

2013年,全区现代服务业预计完成增加值276.1亿元,同比增长9.7%,占全区生产总值的比重为15.3%,比重比上年提高0.4个百分点,从其构成来看,生产性服务业仍然占据主导地位,占比75.2%。积极开展市生产性服务业统计调查工作,顺利完成闵行区59家样本企业的培训和统计工作,上报率达到100%,受到市有关部门的好评和表彰,获得“上海市生产性服务业统计工作先进集体最佳组织奖”和“生产性服务业专项统计先进个人”称号。开展市总集成总承包扶持资金的申报及评审工作,闵行区共申报了8个项目,其中仙人洞风电厂等2个项目通过市级评审,获得100万元的扶持资金。加强对漕开发浦江生产性功能区、莲花生产性功能区、南上海生产性服务业功能区等建设指导工作。会同区政府研究室完成“上海市闵行区生产性服务业发展现状与对策研究”课题报告。

4. 商业多种业态增势放缓,消费市场步入调整期

汽车销售额占全区社会消费品零售总额的三分之一以上,具有举足轻重的影响。

2013 年,汽车行业销售总量可观,达到 219.58 亿元,与上年同期相比,保持了两位数增长,增长的主要原因是 15 家汽车企业新纳入统计。但从全区 76 家汽车企业销售数据看汽车行业的情况,下降数量过半,反映了闵行区汽车行业的疲软和不景气。扣除新增企业因素,汽车销售额同比下降 5.3%,形势不容乐观。此外,在家庭汽车保有量较高、市场需求增长有限、区域竞争日趋激烈的情况下,2014 年全区汽车销售企业新进驻的趋势有所放缓,以往依靠"增量"保持行业增长的局面难以为继,维持行业销售额快速增长难度较大。

2013 年,闵行区连锁超市销售业绩平稳向前,全年零售额为 94.87 亿元,同比增长 4.6%,扣除新增企业因素,同比增长 1.3%,连锁超市低迷主要原因有三:一是网购对传统商业模式形成较大冲击,电子商务新型业态由于销售成本低,购物便捷,更能满足消费者个性化的需求,对传统商业模式的冲击已日趋显现;二是公务消费大大缩减,节日效应有限;三是全区人口增长已进入低速期,消费能力增长有限。

2013 年,餐饮行业基本处于负增长状态。进入年末,住宿和餐饮业增幅由负转正,实现零售额 44.08 亿元,同比增长 1.1%。其中,114 家限上餐饮法人企业中有 77 家呈负增长,占限上餐饮企业零售额五成以上。而餐饮行业中,连锁品牌独树一帜,增幅达到 11.6%,占限上餐饮零售额比重为 35.4%。连锁餐饮中增幅较大的有必胜客、永和大王、星巴克、呷哺呷哺、唐宫海鲜舫、品鲜坊餐饮、棒约翰等海鲜、火锅、咖啡类。

据区经委五一黄金周(4 月 29 日至 5 月 1 日)对区内 20 家商业企业的调查情况分析,五一期间闵行商业市场销售情况受节日驱动不大,未出现大幅上涨态势。国庆长假期间,全区超市和卖场节货物供应充足,销售稳定。7 家抽样的连锁超市营业额基本维持平稳,增幅略有下降。

(四) 2014 年闵行区服务业、商业发展重点工作

1. 统筹推进各大商务区建设

加强上海国际贸易中心平台载体建设,主动承接国家会展中心等重大项目辐射,按各商务区的功能定位吸引相关行业的高端企业和项目入驻,打造上海国际贸易中心主要承载区。虹桥商务区核心区一期各项目按时间节点推进,加速针对跨国公司总部、国内企业总部和贸易型公司的招商工作。七宝生态商务区要推进基础配套工程建设,确保文新传媒谷等已落地项目开工。莘庄商务区要加快市政基础设施建设,继续推进丰树、精工等重点项目。莘庄综合交通枢纽要加快确定整体建设方案,实现实质性开工。南方商务区要着力提升品牌效应,抓紧推进二层连廊开工。闵行国际智慧城要积极推进产业规划和城市设计落地,基本完成土地收储。剑川路商务区要争取启动

建设。

2. 聚焦服务业重点领域发展

一是聚焦发展总部经济,以各大商务区为载体,集聚国内外总部型机构。探索以自建办公楼吸引跨国公司总部型机构入驻,为闵行新一轮发展再造新优势、再拓新空间。二是发展楼宇经济。探索建立“租税联动”机制,促进重点商务楼宇内的企业转化,提高税收落地率。加快构建全区楼宇经济的信息平台,运用先进的信息技术手段,梳理全区楼宇资源,明确重点区域,分类推进闵行区楼宇经济发展:坚持高品质建设新的商务楼宇,积极促进存量楼宇“腾笼换鸟”和提升属地化比例。三是大力推进旧厂房(厂区)改造发展生产性服务业和文化创意产业。推进网络视听、数字出版、新兴媒体等文化创意新业态快速发展。四是探索高端公共服务的产业化途径,加快推进国际医疗和国际教育园区建设。五是改善贸易模式和贸易结构,增加服务贸易比重,逐步降低加工贸易、机电类商品的出口比重。推进漕河泾出口加工区升级为综合保税区。

3. 深入实施服务业扶持政策

发挥现代服务业扶持政策的杠杆作用,确保政策效应充分发挥,贯彻落实好《闵行区加快现代服务业发展扶持政策实施细则》,加大对总部经济、楼宇经济、金融服务、商贸旅游、电子商务、服务外包等重点领域的政策聚焦,充分发挥出产业政策的引领作用。制定各商务区的差异化政策,确保商务区错位发展的产业定位得以贯彻落实。

4. 优化商业布局规划,积极打造闵行购物节品牌

编制《闵行区商业发展规划(2013—2020)年》,将重点商业设施纳入全市商业布局规划,进一步优化闵行商业布局和结构,加快培育新业态和新模式,更好地推动闵行商业发展。组织2014上海购物节闵行区活动,举办澳洲文化节(仲盛世界商城)、“九星杯”蟋蟀文化主题月、九星市场节(九星集团)、购物到七宝(七宝老街)、上海风情(凯德七宝购物广场)、娄门四杰精品画展(虹桥古玩城)、老外街啤酒节(上海老外街商业投资管理有限公司)、团圆“惠”宝情、豪礼欢乐送(汇宝购物广场)等重点活动。整合商业资源,营造节庆营销气氛,宣传和推动闵行区商业发展。

第十一节 宝 山 区

一、2013年宝山区服务业、商业发展基本数据

2013年宝山区服务业、商业发展基本数据见表18.11。

表 18.11　2013 年宝山区服务业、商业发展基本数据

指　标　名　称	2013 年	比上年增长
生产总值	1 057.50 亿元	2.2%
#第三产业增加值	513.90 亿元	7.6%
#商业*增加值	113.90 亿元	7.9%
商品销售总额	2 626.80 亿元	1.1%
社会消费品零售总额	519.30 亿元	12.8%
地方税收总额	94.10 亿元	8.2%
#第三产业税收	69.10 亿元	9.7%
#商业*税收	7.10 亿元	0.5%
年末户籍人口数	92.00 万人	1.5%
年末常住人口数	200.90 万人	1.9%

说明：*商业口径为批发零售业

二、2013 年宝山区服务业、商业发展概况

（一）服务业发展概况

1. 总体经济规模情况

2013 年，宝山区服务业保持平稳健康增长，经济结构进一步优化。全区服务业实现增加值 513.9 亿元，比上年增长 7.6%。服务业占经济总量的比重为 57.3%。全区服务业完成固定资产投资 300.4 亿元，占全区固定资产投资总额的 92.3%。

2. 服务业营收情况

2013 年是实施“十二五”规划的第三年，全区服务业继续保持良好发展态势。以商业为例，实现社会消费品零售总额 519.29 亿元，增长 12.8%，超额完成增长 12% 的年度目标；实现商品销售总额 2 626.75 亿元，增长 1.1%。

从服务业增加值的行业看，批发和零售业、房地产业和金融业的增加值依次位居前三位。批发和零售业是宝山的优势产业，完成增加值 113.90 亿元，增长 7.9%；房地产业平稳增长，完成增加值 76.34 亿元，增长 7.5%；金融业实现增加值 73.93 亿元，增长 10.1%。

从服务业增加值的行业增幅来看。增长较快的是信息传输软件和信息技术服务业

和金融业，增幅均超过10%，在服务业中的比重不同程度的提升。交运、仓储和邮政业增幅较慢，低于2%。

3. 服务业总体投资情况

2013年，面对国内外严峻多变的经济发展形势以及宝山区加快经济发展方式转变的内在要求，全区固定资产投资总额完成325.3亿元，同比增长5.0%，其中现代服务业项目扎实推进，投资实现小幅增长，重点是以现代服务业集聚区、特色产业园和重点商务楼宇为抓手，大力推进商业服务业、商务服务业、专业服务业和旅游服务业等一批现代服务业项目建设。2013年，现代服务业投资66.1亿元，同比增长7.4%。现代服务业投资项目稳步推进，依赖于一批现代服务业大项目，如顾村的绿地顾村公园商务广场、高境的城市新汇、大场的宝山宜家家居商场等，这些项目的建设，为后续投资量的释放提供一定的保障。

4. 服务业总体税收情况

2013年，全区服务业实现税收收入147亿元，增长8%，占全区地方税收总额的比重达到49.94%。其中区级税收收入69.1亿元，增长9.7%，占全区区级税收收入的比重达到73.42%。服务业对地方税收收入贡献明显，成为推动全区经济发展的重要动力。

（二）服务业重点领域发展情况

1. 商业服务业

2013年全区商业服务业健康发展，产业结构不断优化，市场活跃，消费稳步提高，社会消费品零售额增幅达到12.8%。钢领、宝莲城等一批商务楼宇趋向成熟，电子商务行业应势发展，为宝山区商贸市场的持续较快发展提供了强有力的后劲支撑，特别是万达广场、宜家家居等商业项目的建成与发展等利好因素有力地推动了2013年全区商业的发展，同时也为2014年全区商业的平稳增长打下坚实基础。全区商业发展的主要亮点突出：

（1）各街镇依托自身特点构建特色商业。大场、友谊这几年依托原有商业项目及优越的地理位置，不断发展新型服务业，进一步提高城市化水平，由此拉动了消费品市场的发展，2013年，大场镇和友谊街道分别实现社会消费品零售额102亿元和67.6亿元，占全区零售额的30.5%，其中大场镇完成了年初12%的增幅目标，2013年实现社会消费品累计增幅为12.1%。高境镇、淞南镇依托自己的地理优势，在江杨南路、长江西路几家大型4S店的带动下，汽车业发展较快，淞南镇实现47.8亿元，高境镇实现汽车零售额20亿元，两者占全区汽车零售额的比为63%，其中高境镇还凭借万达商业广场的发展，实现了年初12%的增幅目标。庙行镇凭借自身地域与政策优势，合理布局，大力发展扶持以网络为载体的电子商务企业或无店铺零售企业，形成了颇具规模化的智力产业园，2013 年全镇实现零售额 103.3 亿元，同比增幅 30.7%，为全区最高，其中电子商务企业共实现零售额 69.6 亿元，占庙行镇全部零售额的 67.4%。罗店、顾村、月浦这三镇近年来随着美兰湖、顾村公园、轨交沿线等住宅项目的开发热销，带动了消费人气，2013 年这三镇分别实现零售额累计增幅为 19.7%、15.2%和 13.2%，均超额实现年初制定的目标。

（2）大型餐饮企业积极求变，探索平民化发展。在倡导"厉行勤俭节约、抵制铺张浪费"的大背景下，各大企事业、机关单位纷纷取消不必要的公务消费，使全区限额以上餐饮企业在传统旺季遭遇营业额的降温，高档酒店尤其明显，一季度宝山区限上餐饮企业共实现零售额 3 亿元，同比降幅高达 30.3%。尽管公务消费遭到冷遇，但这是转折也是机遇，餐饮企业改变经营思路、调整经营结构，除主动提醒客人适量点菜、餐后打包、减少浪费之外，他们还细分目标客户，研发大众化新菜品，重点拓展商务、家庭、婚宴等餐饮市场。2013 年全年虽然商务宴请、公务消费明显减少，但面向百姓的餐饮市场依然红火，以婚庆喜宴、家庭聚会，朋友、同学、战友宴请等为主的亲情饭约占餐饮总收入的 80% 以上，至 2013 年底，宝山区限上餐饮企业共实现零售额 15.1 亿元，同比增幅为 0.3%。

（3）新型流通型业态快速发展。2013 年宝山区互联网零售企业发展态势良好，呈现快速增长的势头，共实现消费品零售额 73.2 亿元，比去年同期增长 45.7%。限额以上汽车零售企业相比去年同期增加 6 家，在居民改善型消费观念推动之下，全区共实现汽车零售额 107.7 亿元，同比增长 14.7%。这两大行业实现的增幅分别高于全区增幅 32.9 个百分点与 1.9 个百分点，对全区消费品市场发展的支撑与带动作用十分明显。

（4）供需两旺、市场繁荣，推动居民消费。2013 年全区 120 家市场（去除钢材市场）累计实现成交额 270.3 亿元，同比增长 20.2%，共有摊位 18 936 个，实际使用摊位 17 914 个，摊位出租率达 94.6%，其中摊位出租率 90%～100% 的有 98 家，出租率达 100% 的有 79 家，占总数的 65.3%。全区 66 家集贸市场拥有摊位 9 033 个，实际使用摊位 8 412 个，摊位出租率为 93.1%；累计实现成交额 167.7 亿元，占全部市场成交额的 62%，同比增长 21.1%。宝山区居民消费购买力的不断上升，带来了市场的不断繁荣，也推动了全区零售额的快速增长。

2. 平台经济

"平台经济"是基于现代信息技术，以市场需求为核心，通过电子商务形式，全面整合纵向产业链、融合横向价值链的一种现代网络经济，对于宝山区建设全市加快经济发展方式转变的示范区、推动城市转型发展的最佳实践区具有重要的战略意义。目前已经形成和正在建设上海钢铁交易中心、上海大宗商品信息中心、上海婚礼中心等一系列具有市场资源综合配置功能的平台经济项目。平台经济已经成为宝山区实现调结构、促转型的有效途径以及发展现代服务经济的重要载体和抓手。

（1）上海钢铁交易中心。上海钢铁交易中心位于上海钢铁金融产业园双城路803弄9号楼30层，由宝钢集团、宝山区共同建设，总投资3亿元。上海钢铁交易中心自2013年5月31日正式揭牌以来，经过半年运行，注册客户数达到2.65万家（企业），大型供应商达到500家（有高炉的大型钢厂9家、中型钢厂13家），日均交易量约1.5万吨。中心目标2018年达到年现货交易量5 000万吨、客户规模7万家的业务规模。中心通过创新的商业模式带动制造业与服务业的结合，在钢材现货电子交易中，为钢铁行业上下游企业提供全流程、一站式解决方案，携手上海交运集团建立上海物流网，构建物流资源信息交易中心，打造专属物流管理平台和标准运营体系，促进钢铁物流行业的规范运作，与东方付通、支付宝、银联在线合作推进第三方支付，确保交易的安全、高效，推动了钢贸企业从生产厂、贸易商到服务商的转变，形成以大生产、大物流、大市场为特点的现代化钢铁供应链服务体系，成为宝钢集团“一体两翼”未来发展战略核心，打造“钢铁版亚马逊”，商务部和市领导都给予高度评价。

（2）上海大宗商品信息中心。上海大宗商品信息中心位于宝山区园丰路68号，占地面积55.5亩，总建筑面积8.7万平方米，总投资4亿元，由上海钢联电子商务股份有限公司投资建设。该公司于2011年6月在深圳证券交易所创业板上市（300226），员工1 300人，其中信息采集人员1 000人，在全国有31家分支机构，现有有效注册会员100万、收费会员5万家。2015年末，信息服务人员将达到3 000人以上，届时将成为全球规模最大的大宗商品资讯平台和研究平台。

上海大宗商品信息中心是在“我的钢铁”基础上发展起来的，现有员工1 300人，在全国有32家分支机构，有效注册会员100万，2013年12月21日正式揭牌并向国内外发布中国大宗商品市场分析及预测报告。上海大宗商品信息中心数据云终端涵盖9大类大宗商品、98个品种、115个规格指数。中心编制的“我的钢铁价格指数”、“我的钢铁中国铁矿石价格指数”代表中国价格指数获得世界顶级商品交易所的认可。2012年美国芝加哥商品交易所集团旗下的交易平台正式挂牌交易“中国螺纹钢HRB400（Mysteel）掉期期货”合约，标志中国价格指数第一次获得世界顶级商品交易所的认可，改写了1804年以来高盛公司把控了200年的大宗商品价格指数历史，在世界大宗商品的价格指数上发出了中国声音。

（3）上海婚礼中心。上海婚礼中心由上海市商务委员会2013年月4月正式命名，项目位于纪蕴路458号，占地面积30亩，总建筑面积3.6万平方米，总投资2.8亿元，是通过对上海丝绸仓库等老仓库改造而成的集特色婚礼仪式活动，大、中型婚宴举办等内容于一体的一站式综合婚庆文化服务中心，目前，已成为全国规模最大、功能最全、产业链最长的以婚礼为主题、集东西方婚庆文化于一体的一站式婚庆服务平台。

3. 邮轮服务业

（1）发展概况。2013 年，宝山区邮轮经济发展取得突破性进展。共接靠国际邮轮 127 艘次，其中母港邮轮 121 艘次，访问港邮轮 6 艘次，接待出入境旅客 62.8 万人次，占全市邮轮出入境旅客总数的 83%。歌诗达邮轮公司旗下“大西洋号”和皇家加勒比游轮公司旗下“海洋水手号”以吴淞口国际邮轮港为母港首次运营亚洲航线。

（2）主要推进举措和成效。举办上海邮轮旅游节。2013 年 5 月 23 日至 6 月 18 日，吴淞口国际邮轮港发展有限公司、吴淞口开发公司、歌诗达邮轮公司、皇家加勒比游轮公司等企业共同参与，以“邮轮生活·精彩无限”为主题，活动分为“魅力宝山、邮轮文化、市场平台”三大板块，包括中国“邮轮旅游与区域发展”圆桌会议、“湿地公园邮轮主题日”、“游宝山·乘邮轮”摄影大赛、海洋水手号启航等系列活动。

举办第八届中国邮轮产业大会。2013 年 11 月 15 日至 17 日在美兰湖国际会议中心，上海市副市长赵雯宣布大会开幕，以“邮轮旅游·邮轮经济”为主题，由国家旅游局、上海市人民政府和中国交通运输协会共同主办，汇聚了来自中国（大陆、香港特区、台湾地区）、美国、意大利、英国、新加坡、马来西亚、日本、韩国等百余位邮轮界精英高管和专家学者，国际邮轮博览会同期举办。期间，评选和颁发“中国国际邮轮产业（邮轮公司、码头）年度大奖”，正式启动《中国海洋邮轮旅游总体规划》项目，发布《中国邮轮发展吴淞口宣言》，成立“中国邮轮发展专家委员会”、“中国高端邮轮旅游协作联盟”、“中国邮轮建造及投融资联盟”，部分嘉宾参观“歌诗达·大西洋号”邮轮体验生活。

4. 旅游服务业

（1）发展概况。2013 年，宝山旅行社组团人数 54.4 万人次，增长 82%，接待人数 49.1 万人次，增长 169%。主要饭店营业收入 5.8 亿元，同比减少 1%；接待游客 77.4 万人次，减少 3.5%；客房出租率 57%，增长 1 个百分点。主要旅游景点接待游客 723.1 万人次，增长 18%，门票等收入 1.4 亿元，增长 84%。

（2）主要推进举措和成效。旅游标准化示范区创建成功。完成宝山旅游标准化发展规划、宝山区旅游标准体系表、宝山区旅游标准化工作管理办法的编制，建立长效发展机制；全区旅游企业实施国标、行标、地标共计 34 项；共确定旅游标准化试点企业 71 家，其中，金罗店美兰湖景区获评国家 4A 级旅游景区；衡山金仓永华大酒店和衡山北郊宾馆获评四星级旅游饭店；宝山宾馆和衡山北郊宾馆获评银叶级绿色饭店；31 家餐馆施行《旅游餐馆设施与服务等级划分》标准，11 家被评为金盘级旅游餐馆、9 家餐馆被评为银盘级旅游餐馆，6 家商场/街施行《旅游购物场所服务质量要求》，3 家被评为旅游购物示范店，3 家被评为旅游购物推荐店；委托上海市质协用户评价中心作为第三方对宝山区旅游服务质量进行游客满意度测评，总体结果为90.63，游客处于满意至比较满意的范围。

商旅文联动进一步强化。注重企业主体市场化运作。促进旅游纪念品开发，玻璃博物馆选送的玻璃灯工作品《黄包车与车夫》荣获"2013 中国旅游商品大赛铜奖"；通过政策引导，培育形成凯福国际旅行社（注册在宝山区）1 家主营宝山旅游产品的旅游地接社，对接客源市场；注重节庆活动商旅文联动。春季主打上海樱花节，夏季主打上海邮轮旅游节，秋季主打上海旅游节宝山文化旅游活动；冬季主打宝山寺迎新撞钟活动。着力做好形象宣传营销。举办"我喜爱的宝山文化旅游景点"网络推荐活动；发布各类新闻报道 300 余次；组织旅游及相关企业参加国内旅游交易会、中国邮轮产业大会、迈阿密邮轮大会等专业展会；制作《看樱花 · 游宝山》、《乘邮轮度假，游滨江宝山》、《观国际体育赛事，游精彩文化宝山》、《乐游宝山》等系列宣传折页和《玩转宝山》旅游攻略，录制《漫游宝山》宣传短片，编印《上海旅游节宝山文化旅游活动专刊》，通过全市三百个旅游宣传窗口及各类会议、论坛、展会、活动，发放近 20 万册。

5. 金融服务业

2013 年，宝山区金融业实现增加值 73.93 亿元，占增加值 8.24%，占服务业增加值 14.3%，增长 10.1%。全区银行存款余额为 2 378.32 亿元，增长 7.6%，其中居民储蓄存款 1 347.37 亿元，企业存款 982.08 亿元；银行贷款余额 1 131.31 亿元，增长 5.4%，其中，企业贷款 774.79 亿元，个人贷款 353.12 亿元。

（三）服务业发展布局

2013 年，在"一带三线"总体发展格局的基础上，优化服务业的布局，提升功能定位，形成以服务业为主的产城融合发展体系。

滨江带：借助"中国邮轮旅游发展实验区"、"上海国际邮轮产业发展综合改革试点区"的品牌优势，功能定位为建成东亚地区一流国际邮轮母港，成为上海国际航运中心功能的重要载体以及北上海旅游休闲集聚区，重点发展邮轮服务、邮轮旅游、邮轮商业以及文化创意等相关延伸服务业。

轨道交通 1 号线：借助"上海国家高技术服务重点培育园区（上海智力产业园）"的品牌优势，由"庙行智力园"、"高境智高园"、"顾村智华园"、"杨行智信园"和"张庙智慧园"等五个园组成的高技术服务产业带，重点发展电子商务服务和信息技术服务、国际国内企业服务外包基地、社区公共服务设施配套、综合商贸集聚区。

轨道交通 3 号线：借助"复旦高新技术产业基地"的品牌优势，打造以轨道交通 3 号线为主轴，由"淞南园"、"高境园"、"吴淞园"三个园组成的复旦高新技术产业带。重点发展产学研基地、新兴产业基地、创新孵化基地、人才集聚基地和创新服务基地，重点发展软件信息、电子商务、研发设计、文化创意等。

轨道交通 7 号线：借助“国家文化创意产业示范基地（上海动漫衍生产业园）”的品牌优势，重点发展以动漫衍生产业与移动互联网产业为引领的文化创意产业，以生态休闲、工业旅游、乡村旅游体验、宗教文化旅游等为主要内容的旅游休闲产业。

2013 年，“一带三线”共有 29 个载体项目已纳入统计范围，全年 1 号、3 号、7 号线服务业载体入驻企业 5 580 户，增长 31.7%，实现税收收入 13.5 亿元，其中区级税收 4.6 亿元。从集聚区税收规模看，宝山钢铁物流商务区和上海动漫衍生产业园税收超过 2 亿元，创邑 · 幸福湾、骏利财富大厦和复旦软件园高新技术产业基地均超过 1 亿元；从集聚区税收增幅看，长三角服务外包基地上海共富园（一期）、星月国际商务广场、上海北外环信息产业园等税收增幅超过 2 倍。

三、2014 年宝山区服务业、商业发展重点

在区委、区政府的正确领导下，在市商务委的大力支持下，认真贯彻落实十八届三中全会和中央经济工作会议精神，发挥市场配置资源的决定性作用，紧紧抓住上海国际贸易中心和自贸区建设的契机，进一步解放思想，破解难题，聚焦重点，狠抓落实。重点工作及举措如下：

1. 抓产业

（1） 推进平台经济项目建设。继续深入推进中国邮轮旅游发展实验区、上海钢铁现代服务业综合试点区建设，推进上海钢铁交易中心、上海大宗商品信息中心等平台经济项目融合发展。依托规划，加快推进上海邮轮物资配送中心、上海国际酒类贸易中心和上海木材交易中心建设。

（2） 加大新兴产业发展力度。一是信息服务业。配合相关部门推进移动互联网产业的发展，结合重点平台项目和电子商务企业技术创新，推动移动互联网信息技术的实际运用，加快大数据产业发展。二是专业服务业发展。在现代物流方面，依托宝钢、普洛斯等国内外大集团、大企业，整合现代物流、大宗商品等专业服务业资源配置，构建具有辐射华东乃至全国大空间布局的物流专业服务公共信息平台，大力发展现代物流产业。在汽车服务方面，发挥宝山 53 家汽车整车销售 4S 店的集聚优势，使汽车销售额保持在 100 亿元以上。推进售后市场汽车零配件综合服务平台项目，推进二手车市场综合服务项目建设，促进汽车租赁、汽车融资等进一步发展，拓展和延伸汽车服务产业链。三是旅游及邮轮服务业发展。依托宝山区产业转型和结构调整，创新旅游业态，实现由单一观光旅游到体验旅游转变，努力构建“以邮轮为特色的北上海旅游目的地”。充分争取自贸

区的政策辐射,致力于国家邮轮旅游发展实验区配套建设,大力发展邮轮服务业。

2. 抓项目

(1) 加快推进服务业载体建设。继续协调推进"一带三线"服务业载体和项目的滚动开发和投资建设,做到"四个一批",即前期储备一批、推动建设一批、招商开业一批、调整优化一批。牵头会同规土局、发改委等区相关部门和街镇积极开展五个城市综合体地块和滨江圈围地块项目信息交流和招商引资活动,推动早日开工建设。

(2) 继续保持外资平稳发展。拓展引进外资领域,引进地区总部、研发中心,以及商贸服务、汽车服务、邮轮服务、融资租赁、股权投资项目等。通过引进优质外商投资企业,引导鼓励外资参与国内企业改组改造和兼并重组,做好已入驻外商投资企业的增资等服务工作,促进产业结构调整和产业能级提升,提升经济效益,创造更多就业岗位。

3. 抓消费

(1) 大力促进信息消费。大力发展互联网平台经济,大力发展电子商务,促进钢铁、化工、煤炭、建材、木材等大宗商品交易,继续做大做强宝山区电子商务产业的 B2B 交易特色。大力发展网上购物,促进消费领域电子商务发展,挖掘 B2C 领域的新型消费业态项目,继续鼓励电子商务企业创新发展,重点抓跨境贸易、药品流通等领域的项目落地工作。做好为易讯网、为为网、海尔日日顺家居广场、波司登电子商务有限公司等电子商务企业的有关服务工作,解决发展瓶颈问题。大力促进互联网娱乐发展,促进移动游戏、数字娱乐、动漫及电子竞技产业的发展。

(2) 大力促进传统消费。继续做好商业规划,促进社区消费增长,重点发展城市综合体等区域性商业消费。同时,促进社区商业和便民利民商业的发展,提升商业能级,提高商业对区域经济发展的贡献率。

4. 抓服务

(1) 优化产业发展环境。一是认真研学中国(上海)自由贸易试验区政策,积极做好承接"开放红利"带来的辐射效应,修改完善有利于服务业发展的促进政策,推动宝山区利用外资发展,力争外商投资行政审批制度的先行先试。二是深化经贸交流合作,有效开展招商引资工作,积极引入有开发经验和运行资源的投资主体参与宝山区重点开发建设区域中规划拟出让地块竞标、建设和经营。三是筹备成立上海宝山服务业园区产业发展联盟,加强园区的交流与合作。

(2) 建立健全服务企业的工作机制。一是完善重大项目协调推进机制,协同解决影响企业发展的瓶颈和难点问题。二是充分发挥外商投资企业信息管理系统、进出口企业统计信息系统、现代服务业楼宇信息管理系统、标准化菜市场信息管理系统、酒类溯源追溯系统的作用,加强经济发展的统计、分析和监管机制建设。

第十二节　嘉　定　区

（一）2013 年嘉定区服务业、商业发展基本数据

2013 年嘉定区服务业、商业发展基本数据见表 18.12。

表 18.12　2013 年嘉定区服务业、商业发展基本数据

指　标　名　称	2013 年	比上年增长
生产总值	1 460.60 亿元	8.9%
#第三产业增加值	405.70 亿元	9.6%
#商业* 增加值	406.40 亿元	19.0%
商品销售总额	1 515.60 亿元	37.8%
社会消费品零售总额	564.40 亿元	31.3%
地方税收总额	465.50 亿元	23.6%
#第三产业税收	267.50 亿元	35.2%
#商业* 税收	110.80 亿元	78.9%
年末户籍人口数	57.60 万人	1.6%
年末常住人口数	156.50 万人	2.4%

说明：* 商业口径为批发零售业

（二）2013 年嘉定区商业发展概况

2013 年，全区商业经济发展迈入快速增长期，消费品市场规模进一步扩大，新型商业模式快速发展，居民购买力不断增强，消费结构升级明显加快，全区消费品市场呈现平稳较快发展，两大指标均超额完成年度计划。

1. 指标完成情况

商品销售总额：2013 年，全区共实现商品销售总额 1 515.6 亿元（含上汽大众则为 3 802.3 亿元），同比增长 37.8%，完成年度计划的 125.3%。

社会消费品零售总额：2013 年，全区共实现社会消费品零售总额 564.4 亿元，同比增长 31.3%，完成年度计划的 112.9%。

商业税收：2013 年，全区共上缴商业税收 112.4 亿元，同比增长 77.6%。

商业增加值：2013 年，全区共实现商业增加值 116.2 亿元，可比增长 18.3%，占全区

三产增加值的28.6%。

2. 全区商业经济运行的主要特点

（1）全区商业平稳较快发展，规模、增速创新高。2013年，嘉定区商业在电子商务、商业综合体的大力助推下，规模和增速再创历史新高。从全市情况来看，嘉定区商品销售额、社零额分别占全市总量的6.3%和7.0%，增速大幅高于市平均水平（全市商品销售额和社零额增幅分别为12.5%和8.6%）；从各街镇情况来看，工业区增幅最为明显，商品销售额和社零额增幅均高于全区平均水平，分别增长103.3%和55.8%，带动全区商品销售额和社零额增长40和22.5个百分点。安亭、江桥、马陆、真新对全区商业的拉动作用分别在1到6个百分点左右，其余街镇的带动作用相对较弱。

（2）主要行业和商品销售情况总体良好。从行业类别上看，2013年，批发零售贸易业共实现社零额540亿元，同比增长34.8%；公务消费的减少持续影响嘉定区住宿餐饮业，全年共实现社零额24亿元，同比下降18.5%。

从商品类别上看，今年除用类烧品仍保持5成以上的高速增长外，吃、穿、烧类商品均呈现下滑态势，分别实现社零额431.8亿元、89.0亿元、18.9亿元和24.8亿元。

从经济类别上看，内资、港澳台及外商投资分别实现社零额530亿元和34.6亿元，分别比上年同期增长了33.6%和3.5%。

从消费大类看，黄金珠宝、汽车、家电等销售情况良好。在换季家电需求增加、黄金珠宝热销等因素推动下，2013年金银珠宝、通讯器材、家电和音像器材类零售额分别同比增长70.7%、51.8%和90.1%。

（3）限上商业企业支撑作用显著，"千百十亿"工程稳步推进。2013年，全区限上商业企业共实现商品销售额1 137.3亿元，同比增长61.4%，高出全区平均数23.6个百分点，占全区商品销售总额的75.0%，占比较去年同期提升10.9个百分点；共实现社会消费品零售总额414亿元，同比增65.9%，高出全区平均数34.6个百分点，占全区社零总额的73.3%，占比较去年同期提升15.3个百分点。2013年，"千百十亿"工程稳步推进，24家商业企业共实现商品销售额3 184.1亿元，同比增长21.2%，占全区销售总额的83.8%。

（4）新型业态发展势头良好，电商、综合体集中发力。随着嘉定区城市化进程的不断推进，电子商务、商业综合体等新型的商业业态得到快速发展，成为撬动城市新一轮发展的有力杠杆。据统计，2013年全区仅限额以上电子商务企业就实现了299.4亿元的销售额，同比增长78.7%，拉动全区商品销售额和社零额增长12和31个百分点。嘉定区现有的三大商业综合体依托轨交站点的优势，发展势头良好，2013年江桥万达、嘉亭荟、中冶祥腾共实现销售收入20亿元。

（5）传统商业销售呈回暖迹象，黄金成为消费热点。相比新型业态良好的发展势头，2013年嘉定区传统商业积极应对电商、综合体等带来的冲击，创新经营模式，加大促销力度，较之去年，有明显的回暖迹象。据统计，区内东方商厦、嘉定商城2家主要百货商店同比增长3.0%；乐购、大润发、欧尚、麦德龙等8家大卖场共实现销售额27.8亿元，同比增长8.6%；苏宁、国美、永乐3家电器专卖店共实现销售额9.7亿元，同比增长8.5%。国际金价跌宕起伏，消费者的消费热情却丝毫未减，2013年区内亚一、老庙、老凤祥三大品牌的4家专卖店同比增长84.6%。

（6）区政府实施项目进展情况。2013年区政府实事工程推进顺利，截至年底，已累计建设新农村商业网点169家；新建固定式早餐门店10家，早餐亭50个。

（三）2013年嘉定区服务业发展概况

1. 电子商务产业再上新台阶

电子商务领先发展，全年实现交易额730亿元，同比增长80%，全市占比约38%，电子商务已成为了嘉定产业发展的一张闪亮名片。京东商城、国美在线、新蛋、凡客等7家电子商务类纳统企业累计实现销售额299.4亿元，同比增长78.7%以上，继续保持强势增长态势。新蛋网二期扩建、京东商城“亚洲一号”一期等项目基本建成，江桥万达、嘉亭荟、中冶祥腾、罗宾森等四大商业综合体共计实现营业收入23.5亿元，同比增长52.1%。文化创意和信息服务产业实现进一步提升，全年共实现营业收入730亿元，同比增长25%，其中营业收入超亿元的大企业数量显著增加，达到72户，比上年同期增加19户。

2. 汽车研发产业显现集聚效应

依托区内汽车制造业基础雄厚优势，加快发展汽车研发设计、技术检测认证、零部件网上交易、汽车媒体等高技术服务产业，不断延伸汽车产业链。斯凯孚全球技术中心、沃尔沃研发中心等项目加快建设，汽车研发港、同济科技产业园等产业载体平台建设有力跟进，德尔福派克全球管理型总部落户安亭，机动车检测中心新能源汽车检测认证服务投入运营，全区汽车研发设计实力不断增强。汽车电子商务、文化媒体等产业不断壮大，汽车财经杂志落户安亭，上海国际汽车零部件采购中心售后配件电子商务平台、车易安、盖世汽车网电子交易等产业化项目开工建设，汽车全产业链发展日臻完善。

3. 新型金融产业加快发展

按照《建设嘉定“金融硅谷”行动方案》工作要求，嘉定区加大新型金融产业培育力度。年内，京汇、百度等2家全国性电子商务小贷公司顺利获批设立，累计达12家，数量规模仅次于浦东。商业保理创新发展，成为除浦东之外全市第一批扩大试点区县之一，通华、宝煜等2家企业过会设立。积极培育互联网金融新兴行业，先后引入91金融超市、北京金电联行等业界知名企业。股权投资及管理类企业较快增长，累计引入相关企业达850家，注册资本量逾360亿元，管理资金超700亿元。股权托管初步形成"嘉定板块"，上海股权托管交易中心在"东方慧谷"设立嘉定服务中心，一片天、南翔小笼等20家企业在股份转让系统（E板）挂牌，瑞姿包装、隽唐文化等31家企业在股权报价系统（Q版）挂牌，全区挂牌企业已获得股权融资2.959亿元。金融产业园区建设加快推进，安亭国际汽车城成立"上海汽车金融港"，嘉定工业区与深圳联合金融服务集团合作开发建设"上海金融谷"。

4. 高技术服务业加速集聚

依托国家级科研院所集聚优势，着力发展科学技术研发、技术咨询等高技术服务业。新兴产业载体进一步丰富，上海物联网中心一期投入运营，中电科软件与信息服务产业园项目、技物所等项目结构封顶，联影医疗、钠硫电池等一批具有产业引领作用的重点项目建设有序推进。企业技术研发能力再获提升，年内新增企业技术中心28家，其中市级6家、区级22家。物联网产业率先发展，依托上海物联网中心建设，加快集聚物联网产业，物联网芯天地等项目成功入驻。孵化器建设取得新的突破，制定出台了《关于加快科技企业孵化器建设与发展的若干意见》等一系列政策文件，并成立6亿元区创业投资大孵化器发展专项资金，在资金、人才服务等方面给予科技创业企业有力支持，目前全区8个孵化器总孵化面积接近10万平方米，在孵企业超过400多家，有力地支持了区域经济较快发展。

5. 旅游产业平稳发展

2013年努力加大旅游资源整合力度、促进产业融合互进。全年接待游客1 080万人次，实现旅游直接收入20.3亿元，同比下降2.8%。全区星级宾馆8家，客房数1 126间，出租率60%。旅行社62家，全年接待游客74万人次。全区共有A级旅游景点7家，其中4A级景点5家，3A级景点2家。举办各种旅游节庆活动，加速产业融合发展。以"经典上海·风雅嘉定"为主题，全年成功举办了汽车文化节、马陆葡萄节、孔子文化节、南翔小笼文化展四大品牌活动。同时举办了安亭汽车嘉年华、曹安购物旅游节、华亭乡村垂钓节、江桥文化旅游节、工业区沥江田园文化旅游节和菊园新区樱桃采摘节等特色项目，丰富多彩的节庆活动，带动了嘉定商旅文联动发展。

6. 产业园区品牌发展效应显露

2013年内，各园区紧密结合产业发展导向，以转型升级为立足点，积极有效依托各类平台，持续深化园内企业集群集聚发展。金沙3131、东方慧谷、中广国际、南翔智地等十大重点服务业集聚园区实现营业收入超200亿元，上缴税收达10.5亿元，占文化与信息产业税收总额的41.3%。产业园区品牌和发展质量进一步提升，中广国际被认定为9家国家级广告基地之一，并成功成为第二十届中国国际广告节白金级战略合作伙伴；南翔智地加快文化创意、科技创新类项目集聚发展，大力引进亚太设计师联盟、香港朵云轩等产业项目，获得市"优秀生产性服务业功能区"称号；金沙3131则继续加强与飞马旅、清科、亚杰商会等合作伙伴的合作，全面推动创新创业在真新地区的发展壮大。

7. 产业发展环境持续优化

努力营造环境，构筑平台，在政策配套方面，先后制定出台了《促进现代服务业发展扶持意见》、《促进文化与信息产业发展若干意见》、《嘉定区产学研合作创新联盟管理办法》等一系列政策文件，给予企业开办扶持等各种扶持和奖励，为服务经济发展提供了良好的外部环境。在平台服务方面，整合各部门行政服务资源，按需定制企业服务，并建立电子商务、汽车研发等培训实践基地，缓解服务业企业专业人才紧缺问题。此外，在年内还举办了多层次的创新创业活动，包括"创新中国2013春季总决赛"、"中国创业节"等特色活动，营造了浓郁的创新创业氛围，进一步营造嘉定服务业创新发展软环境。

（四）2014年嘉定区服务业、商业发展重点工作

有鉴于目前嘉定区商业经济的运行情况和对未来发展的趋势初步判断，要保持嘉定区商业经济继续保持平稳快速发展的势头，应关注以下几个方面：

1. 住餐业如何摆脱公款消费锐减的阴霾，需寻求自身转型

2013年中央到地方遏制公款吃喝及公款消费，大幅减少了公款消费和公务支出，使得餐饮、娱乐、百货等服务行业受到不同程度影响，尤其是高端住宿餐饮市场销售额跌幅最大。经统计，2013年全区住宿餐饮业销售额较上年减少5.4亿元，同比下跌近两成。全区高端住宿餐饮企业需积极谋划，一方面从调整自身的营销策略出发，转变经营思路，开拓更多的餐饮服务；另一方面，顺应市场的变化，放低身价，调整目标消费层并转换经营思路，如承接同学会、寿宴、婚宴等项目，并细化服务求发展。

2. 新增限上企业拉动作用明显，需避免过度依赖

2013年，新增限额以上企业对全区商业经济稳定发展作出了巨大贡献。新增的6家大型限额以上企业（沃尔沃销售、科世达、中升之星、东方风行、国美在线、聚美优品）全年共实现商品销售总额330.5亿元，占全区商品销售总额21.8%。因上年基数中未包含新增企业同期数，很大程度上拉高了全区商业经济的增长，一旦失去新增企业的支撑，嘉定区商业经济将难以实现快速稳定增长。

3. 加大新城商业业态的关注度,需进一步集聚人气

嘉定新城作为上海重点建设的三大新城之一,通过几年的建设,城区形态初步显现。但随着居民入驻率的不断提高,暴露出商业配套不足的短板。现有的商业绝大多数均为能级相对较低的业态,而商业综合体、特色商业街、社区邻里中心等大型商业设施建设进度缓慢,商业与居民目前处于两相观望的态势。建议市、区、镇三级政府加大对新城商业的关注度,强化业态的主导权,加大对必备性业态的扶持力度,借鉴国内外城市建设先进经验,进一步集聚新城人气。

第十三节 金 山 区

(一) 2013 年金山区服务业、商业发展基本数据

2013 年金山区服务业、商业发展基本数据见表 18.13。

表 18.13 2013 年金山区服务业、商业发展基本数据

指 标 名 称	2013 年	比上年增长
生产总值	525.3 亿元	12.4%
#第三产业增加值	199.1 亿元	13.9%
社会消费品零售总额	325.26 亿元	12.8%
第三产业税收	71.8 亿元	8.5%
#商业税收	37.6 亿元	0.2%
年末户籍人口数	51.70 万人	持平
年末常住人口数	78.03 万人	2.5%

(二) 2013 年金山区服务业、商业发展概况

1. 经济运行总体情况

2013 年,金山区社会消费品零售额完成 325.6 亿元,同比增长 12.8%;第三产业增加值完成 199.1 亿元,同比增长 13.9%,比重为 37.9%,提升 0.5 个百分点。抽样商业企业实现销售额 30.4 亿元,同比上升 13.6%。

2. 服务业重点项目有序推进

2013 年金山区服务业重点项目共计 20 个,全年计划到位资金 15 亿~20 亿元,实际到位资金约 22.1 亿元,较好完成了全年目标。20 个重点项目中,多数项目基本完成建设

或处于有序推进阶段,个别项目推进困难较大。

3. 消费市场充满活力

2013 年元旦、春节、五一、国庆四个节日,金山区 8 家抽样商业企业共实现销售约 2.3 亿元,同比增长 4.5%,节日供应稳定有序,消费市场继续保持较快增长势头,增长点从生活必需品上转移到改善性消费和投资性消费上,消费弹性继续提高。

(三) 2014 年金山区服务业、商业发展趋势

1. 引导传统商贸业向新业态、新模式转变

在重点地区发展为常住居民及游客提供多层次零售、餐饮、休闲娱乐等特色服务商业综合体的同时,在各类住宅社区形成满足居民日常生活需要的社区商业及街坊商业。此外,进一步优化消费环境、提升消费能级,带动消费增长,使传统商贸业逐步转型。

2. 引导生产性服务业向集中、集聚发展转变

依托区内石油化工、精细化工等重点产业,集聚发展园区型生产性服务业、重点发展现代物流服务业、加快发展专业服务业。进一步明确金山卫镇、山阳镇、金山工业区及枫泾镇等重点区域的生产性服务业发展规划,发展围绕工业产业上、下游所需要的研发、物流、金融、采购、营销等生产性服务业。

(四) 2014 年金山区服务业、商业发展重点

1. 完善重点产业规划,明晰商贸业结构

根据区域基础条件、发展重点,进一步完善重点区域服务业发展规划,根据区委、区政府要求,做好枫泾镇、朱泾镇、亭林等重点区域的专项规划,突出规划引导作用,促进发展良性循环。此外,要以金山区商贸服务业规划为基准,进一步明晰"新城、新市镇(社区)、中心村"三级商业网络体系。以现代商业和农村商业并举为特色,以层次丰富、形态业态多样为体系,以标准化管理为手段,不断巩固商业诚信建设,满足城镇居民及各类外来消费群的消费需求的同时,刺激顾客的外延消费。

2. 聚焦生产性服务业发展,培育服务业发展基地

针对金山区生产性服务业发展中存在的规模不集聚、结构不合理、人才不充沛、政策不明显等问题,制定发展规划和思路。借助服务业综合改革试点的东风,为化工、制造产业提供多种形式的外包服务,为工业园区与专业市场配套的国际采购、电子交易等专业企业服务,为推进金山精细化工产业基地的研发企业服务。

3. 提升传统服务业能级,扩大内需型消费增长

传统的商业模式已与现代商贸业综合服务功能及城市形象严重不符,迫切需要进行

有效整合，做到规划一体化、建设一体化、运营一体化的良性发展机制。明确商业发展思路，控制商业体量和业态，在重点地区发展为常住居民及游客提供多层次零售、餐饮、休闲娱乐等特色服务商业综合体的同时，在各类住宅社区形成满足居民日常生活需要的社区商业及街坊商业。此外，督促各商业企业根据节日市场需求和地区消费特点，做好落实货源、保障供应、诚信经营、依法营销等工作。积极举办金山购物节、跨年营销等活动，优化消费环境、提升消费能级，进一步带动消费增长。

4. 推动服务业重点项目建设，完善推动和保障机制

准确把握金山区发展的阶段性特征，充分利用推动服务业发展的良好机遇，以抓目标为指引，带动各项工作创新开展；以健机制为保障，强化部门合作和资源统筹；以储后劲为着力点，更加注重制度完善和政策突破，推动服务业发展。根据各街镇、工业区、金山新城实际情况，并综合全区目标，初步排定 2014 年金山区服务业重点项目到位资金约 20 亿元。

第十四节 松 江 区

（一）2013 年松江区服务业、商业发展基本数据

2013 年松江区服务业、商业发展基本数据见表 18.14。

表 18.14 2013 年松江区服务业、商业发展基本数据

指 标 名 称	2013 年	比上年增长
生产总值	917.50 亿元	3.5%
#第三产业增加值	364.80 亿元	6.0%
#商业增加值	132.10 亿元	9.4%
商品销售总额	1 255.20 亿元	12.0%
社会消费品零售总额	426.30 亿元	11.1%
地方税收总额	290.70 亿元	9.2%
#第三产业税收	136.80 亿元	19.4%
#商业税收	39.60 亿元	0.2%
年末户籍人口数	59.50 万人	1.1%
年末常住人口数	173.70 万人	2.2%

（二）2013 年松江区商业、旅游业发展概况

2013 年，面对国内外经济环境和松江自身经济转型发展压力，松江区商贸服务业积极应对市场变化，着力扩内需、促消费，加快转型升级，服务保障民生，商业各项指标平稳增长，为全区经济社会发展作出积极贡献。

1. 主要经济指标稳步较快增长

全区实现社会商品销售总额 1 255. 23 亿元，同比增长 12%；社会消费品零售总额 426. 27 亿元，同比增长 11. 1%。实现商业增加值 132. 12 亿元，同比增长 9. 42%，占全区 GDP 及第三产业增加值比重分别为 14. 40% 和 36. 22%。实现商业税收 39. 58 亿元，同比增长 0. 23%，占全区税收总收入的 13. 62%，占第三产业税收的 28. 94%。

2. 产业配套政策持续完善

编制完成松江区菜市场布点中长期规划（2013—2020），以此满足居民便捷生活需求，完善城市生活服务配套。开展松江区城市经济（商贸服务业）发展中期评估工作，在中期评估的基础上，根据松江发展实际，认真开展松江区城市经济（商贸服务业）"十二五"发展规划修编，进一步完善商贸服务业发展布局，提升城市综合服务功能。

3. 重点商业项目建设持续推进

世茂新体验商业中心施工进展顺利，商业小镇 20 万平方米已结构封顶，深坑酒店进入全面施工。分别与英特宜家、立天唐人、麦德龙、迪卡侬、丽丰控股、九龙仓、铁狮门、宝龙集团等投资商接洽。亚繁商业广场、横山粮库、浦南生猪屠宰场等项目建成投产，乐天玛特新桥店、物美大型超市等项目完成联席评估，阳光新生活购物广场、上海第一食品店、家乐福荣乐路店成功入驻。沪松公路沿线改造提升初见成效，沿线动迁拆违、环境整治等顺利推进，来伊份青年大厦等一批功能性项目落地，鼓励沿线市场转型升级，"退二进三"工作有较大进展。

4. 商旅设施持续扩增

2013 年，松江商业网点总数达 23 418 个，同比增长 8. 67%；商业业态分布日趋多元，其中零售业网点 11 900 个，餐饮业网点 3 851 个，分别同比增长 12. 01% 和 6. 62%。商旅设施总建筑面积 959. 45 万平方米，同比增长 10. 88%，上海世茂新体验洲际酒店及世茂新体验中心、综合体项目松江万达广场及万科、信达等住宅配套商业等一些重点商旅项目正在积极建设中。

5. 民生配套服务进一步完善

全年新建 2 家菜场，完成 6 家菜场标准化二次改造；推进标准化农贸市场内追溯系统建设，其中肉类产品追溯系统建设覆盖率达到 100%，水产类、蔬菜类覆盖率达到 80%；

继续推进早餐工程建设等工作,完成4家固定早餐门店的建设,全区累计建成132个标准化早餐供应网点。

(三)2014年松江区商业、旅游业发展趋势

2013年松江区商业通过加快社区商业发展、稳步推进重大项目建设、积极开展节庆活动等举措,有效拉动消费市场。注重重点培育新型业态发展,引导区内企业搭建电商平台,鼓励引进电商企业,着力发展电子商务。

一是加快社区商业和特色街建设,按照社区商业服务内容和建设标准,对区内重点商业企业加强分类指导,深入推进社区商业的连锁化、品牌化,引导企业根据市场需要主动进行品牌优化、布局调整,不断集聚人气,形成了多个消费热点。

二是持续跟进重点商旅项目的建设,以支持2014年即将开业的万达广场为主,落实麦德龙、迪卡侬、希尔顿、富悦等品牌项目的建设,协调推进世贸新体验商业中心和深坑酒店建设,对商旅设施的功能布局提前进行优化设置,为推出适合市场的新亮点做好前期准备。

三是深入挖掘商旅资源,引导产业要素整合,以节庆活动为平台,商旅企业互动合作,有效释放消费需求,拉动经济增长。鼓励商旅企业整合线上线下资源,串联松江商旅产业实体资源,整体提升松江商旅品牌的曝光率和推送力度,努力实现商旅产业合力发展。

四是关注电子商务等新兴业态的发展,鼓励区内企业利用专业的第三方网购平台,开展网络营销,打造实体店+网店双渠道经营模式,形成新的商业增长点。

(四)2014年松江区商业、旅游业发展重点

2014年是全面深化改革、打造松江经济升级版的关键一年,面对依然复杂的外部经济环境和自身转型发展的压力,要坚持稳中求进的总基调,紧扣转型发展的总目标,围绕"巩固、提升、发展"的主线,密切关注商业发展的新动态、新趋势,聚焦商业在产业结构优化升级中的重要作用,创新思路举措,把握消费热点,推进产业优化升级,引导市场规范调整,积极发挥商业消费的经济拉动和民生服务作用,努力开拓松江现代服务业发展的新局面。

1. 夯实基础,保障产业持续健康发展

一是优化产业发展环境。完善流通领域的顶层设计,实施促进松江现代服务业发展的意见,加快推进流通产业发展方式转变,全面提升流通现代化水平。全面实施松江菜市场布点中长期规划,有效执行松江城市经济(商贸服务业)"十二五"规划修编。加强

商业发展规划评估,以及规划执行跟踪与服务,启动十三五产业规划实施基础分析,规范和引导重点业态、重点行业布局,努力实现区内有限商业资源的优化配置,有效增强产业规划的权威性和操作性。

二是积极强化行业建设。结合城市服务文明指数测评和质量强区战略实施,以提升顾客满意度为目标,加强商业企业行风监督员队伍建设,强化社会监督,健全企业诚信评价及信誉公示机制,开展服务主题活动,提升行业服务水平和形象。推动社区商业示范社区、特色商业街等品牌创建。巩固商业诚信体系建设成果,提升行业形象,营造良性竞争氛围。

2. 创新转型,推进松江商业转型升级

围绕发挥市场在资源配置中的决定性作用,进一步优化商业功能布局,多层次、分步骤、有重点地推进松江商业发展转型升级,积极完善扩内需、促消费的功能配套体系。

一是推进商旅服务业集聚区(带)的转型升级。支持国际生态商务区以万达广场为主的一批重点品牌项目的推进,进一步形成品牌集聚效应,服务推进完成月星家居广场等 8 个项目 100 多万平方米的土建。对接虹桥商务区开发,加快推进沪松公路沿线改造提升,制定三年行动计划,强化目标管理,细化任务分工,明确推进节点,力争取得新的突破和成果。推进洞泾贸易城综合整治,适时淘汰部分低端市场,搬迁沪淮交易市场,支持钢材城等有条件的市场改造提升,推进茸北建材市场调整转型。

二是推进社区型商圈和品牌旅游产品的转型升级。发挥开元地中海全国社区商业示范社区的作用,加快东明、鹿都、平高等业态调整和品牌升级。支持三湘财富广场、贝尚坊等创建市级社区商业示范社区。推进新理想商业中心、阳光新生活广场、永航商业中心、亚繁商业广场等新网点建设,争取在销售、税收上有较大突破,在服务品质、品牌上有较大提升。

三是推进生活服务配套的转型升级。围绕"菜篮子"的热点,推进菜场向标准化、信息化建设。完成 6 家菜场的标准化新建和二次改造。建设农副产品市场交易价格和供应情况实时监控信息平台。实现三星以上菜场农药残留检测全覆盖。引导农副产品产销对接,确保食品安全,鼓励生鲜超市等便民商业网点发展。

3. 谋求突破,开拓新的消费增长点

立足长远发展,聚焦招商引资、新业态培育和营销推介等重点,力争突破瓶颈,推动产业实现扩张型、跨越式发展。

一是着力推进招商引资。积极吸引和培育知名品牌产品、品牌企业和品牌服务,引进先进的经营业态、管理理念和管理队伍,努力推动松江商业品质能级跨越式提升。聚焦广富林路—辰花路—人民路沿线等有潜力的区域,推进大型商业项目落地,打造新城商业中心和城市形象地标。

二是培育引进新型业态。关注上海自贸区的外溢效应和O2O等电商发展趋势，引导发展新兴产业和新型业态。鼓励传统商企业加快流通领域电子商务探索，引导和支持实体企业创新经营理念，开拓新的消费增长点。

第十五节 青 浦 区

（一）2013年青浦区服务业、商业发展基本数据

2013年青浦区服务业、商业发展基本数据见表18.15。

表18.15 2013年青浦区服务业、商业发展基本数据

指 标 名 称	2013年	比上年增长
生产总值	771.90亿元	7.5%
#第三产业增加值	333.90亿元	13.3%
#商业增加值	123.20亿元	11.2%
商品销售总额	447.40亿元	12.8%
社会消费品零售总额	416.10亿元	16.3%
地方税收总额	259.30亿元	11.9%
#第三产业税收	150.00亿元	22.0%
#商业税收	58.40亿元	8.8%
年末户籍人口数	46.70万人	0.5%
年末常住人口数	119.80万人	2.4%

（二）2013年青浦区服务业、商业发展概况

2013年青浦区继续坚持以科学发展观为指导，坚持“创新驱动、转型发展”，大力发展青浦区现代服务业，全区第三产业经济保持了良好的发展态势。

1. 现代服务业加快发展

2013年，全区实现地区生产总值771.9亿元，比上年增长7.5%，综合实力进一步增强。实现服务业增加值333.8亿元，比上年增长13.3%，对经济增长的贡献率达到72.6%，占地区生产总值的比重提高2.1个百分点，2013年末青浦三次产业结构比例

1.3∶55.5∶43.2。青浦区梳理并出台现代服务业政策，10 月由区府办正式下发了《青浦区加快发展现代服务业实施细则》，重点推进“7 朵金花”现代服务业产业，经过初审、复审、审批，共通过 71 个项目，总计扶持金额 1 535.16 万元。

2. 商业贡献比重逐年攀升

2013 年商业增加值完成 123.2 亿元，占全区生产总值和第三产业增加值比重分别为 15.96%、36.9%，对全区生产总值和第三产业增加值增长的贡献率分别为 23.1%、31.83%，其中：批发和零售业增加值完成 107.9 亿元，同比增长 12.1%；住宿和餐饮业增加值完成 15.3 亿元，同比增长 5.5%。2013 年商业税收完成 58.5 亿元，同比增长 8.9%，增速高于第二产业增速 8.5 个百分点，高于上年同期商业税收增速(8.7%)0.2 个百分点，占全区和第三产业税收收入比重分别为 22.5%、39%，对全区和第三产业税收增长的贡献率分别达到 17.3%、17.6%，在第三产业税收来源中规模位居第 1 位。

3. 商贸业投资快速增长

据统计，青浦区商贸业完成投资 69.6 亿元(含房地产企业投资的商业项目)，完成年度任务的 116%。其中，中国博览会项目全年完成投资额 27 亿元，占比 39%。随着该项目加快建设，周边配套商业设施项目也纷纷加快投资建设。投资力度的不断加大，既成为扩大需求、带动经济增长的重要因素，也为青浦区商贸服务业进一步发展夯实了基础，积蓄了后劲。

4. 月度零售额呈波浪形增长

全年四个季度全区分别实现社会消费品零售总额 96.6 亿元、108.8 亿元、103.6 亿元、107.1 亿元。从第二季度开始，每季消费品零售总额突破 100 亿元，呈现良好平稳增长态势。但从月度走势看，社零额累计增幅逐步趋缓，分别为 19.2%、18%、17.7%、17.7%、17.8%、16.8% 和 16%、15.2%、15.4%、15.7%、16%、16.3%，呈小幅回落之势。从每个月的情况来看，前两个月受到元旦、春节等假日和外来人口返乡的影响，波动起伏较大。而后清明、端午和中秋等传统假日接踵而至，二季度各月都保持着较高的完成额，7 月、8 月受高温天气影响，月度零售额有所回落，9 月后随着国庆节假日、购物节活动、岁末迎新促销等因素再现增幅回升，总体全年青浦区消费市场增长趋于稳定(图 18.3)。

5. 节日市场消费活跃

全区各商业企业紧抓元旦、春节、妇女节、五一节、国庆节等商机开展了形式多样的促销活动，推动销售，取得了较好的经济效益。据统计，2013 年元旦、春节、五一、国庆四大节日抽样监测企业分别实现销售额 1.86 亿元、1.46 亿元、1.6 亿元、2.97 亿元，同比分

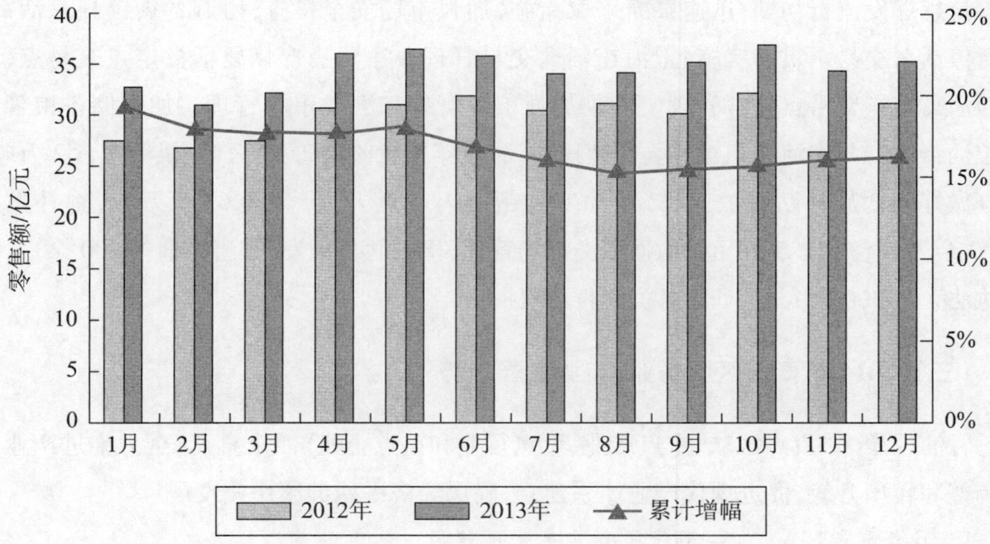

图 18.3 2013 年青浦区社会消费品零售总额完成情况

别增长 13.3%、19% 和 19.9%、18.9%，均保持两位数增长。

6. 各商业业态表现不一

百货商厦销售保持增势，区两大主力百货店东方商厦、成泰百货全年共实现销售 5.5 亿元，同比增长 18.8%，其中成泰百货因经营品类调整，增加黄金珠宝品牌入驻，全年销售增幅高达 87%；超市卖场销售保持平稳，超市卖场消费今年以来一直相对保持平稳，由于受经济大环境和网络消费分流影响，区内农工商、世纪联华、联家超市全年共实现销售额 9 亿元，同比增长 1.1%；建材家具、家电业持续回暖，建材家具、家电业受房产市场交易量及各类促销活动影响使得人气逐步攀升，市场整体逐步回暖。据对苏宁电器、吉盛伟邦等企业统计，全年共实现销售 3.3 亿元、4.1 亿元，同比增幅达 6.5%、7.2%；餐饮消费增速放缓，限上住宿餐饮业全年实现营业收入 6.6 亿元，同比增幅 10%；其中限上餐饮业实现收入 4.6 亿元，同比增幅 5.1%，低于全区社零额增幅 (16.3%) 11.2 个百分点。

7. 继续加强民生服务保障

一是加强市场监管。开展标准化菜市场改建和二次改造工作，开展星级菜市场评选活动；开展商贸服务业文明指数测评，提高企业服务能力和水平；开展 2013 年市政府实事项目食品流通安全信息追溯体系建设工作，提前全面完成区实事项目——12 家标准化菜市场内配置农药残留测试仪工作。制定《青浦区单用途商业预付卡专项整治工作方案》，开展单用途预付卡专项整治，落实街镇属地化管理。二是全力抗击 H7N9 禽流感。

在禽流感爆发流行初期，迅速果断采取措施，加强市场安全检查，协调各街镇扑杀活禽，并暂停活禽交易。贯彻实施《上海市活禽交易管理办法》，有序恢复活禽定点交易点，并加强活禽定点交易点日常管理。三是加强粮食管理和酒类市场管理。加强储备粮管理和粮油帮困。与先河公司续签委托存储协议，全年粮食收购 2.27 万吨，烘干粮食 2 万吨。认真做好副食品补贴发放工作，粮油实物帮困人数近万人、金额 61.5 万元，副补发放 4 000 余人，金额 41.5 万元。加强酒类市场管理，检查酒类批发、零售企业等 300 余户，出动执法人员 300 余人次，处理各类案件 35 件。

（三）2014 年青浦区服务业、商业发展趋势

青浦区聚焦"重点区域、重点产业、重点行业和重点企业"四个重点，全力推进产业结构调整和转型升级，促进现代产业体系建立，确保经济平稳健康快速发展。

1. 围绕重点区域，加快现代服务业集聚区建设

结合赵巷商业商务区服务业综合改革试点工作，加快推进赵巷和西虹桥集聚区建设。以提升产业园区能级作为重要抓手，加快打造现代产业体系；根据《淀山湖地区中长期发展规划》，做好任务分解和工作计划，为青西地区探索一条生态、生活、生产融合发展和可持续性发展的新路；推进重点企业和项目建设，促进项目早建成、早投产、早见效；同时，积极探索郊区服务业理念创新、运营模式创新，提升多层次服务功能。

2. 优化产业结构，推进快递转型示范区建设

青浦区目前已有 62 家取得快递业务经营许可证的企业，包括"四通一达"快递企业全国总部（申通快递、圆通速递、韵达快运、中通速递和百世汇通）。物流企业在青浦区集聚，包括"四通一达"在内的 6 家物流快递企业 2013 年纳税增幅十分明显，全年纳税 7.7 亿元，同比增长近两成。现代物流业所占产业比重越来不容小觑，青浦区也在不断探索新政策，给企业创建良好的发展环境。3 月青浦区正式申请建立全国快递行业先行先试区以及跨境电子商务贸易示范区；6 月，国家邮政局与上海市人民政府签订《关于加快推进上海快递总部经济建设与发展合作协议》，支持青浦区创建——"全国快递行业转型发展示范区"；青浦邮政管理局按照"部市合作协议"文件积极沟通协调相关落实工作，制定"部市合作协议青浦实施方案（初稿）"，从加强政策指导和管理服务、加强产业扶持总部经济发展、加强行业人才队伍建设、提高快递企业能力建设、完善综合交通管理等五个方面，着力优化产业结构，推进青浦快递总部经济建设与发展。

3. 紧抓产业崛起，加强会展产业配套及联动效应

由商务部和上海市政府合作共建的中国博览会会展综合体坐落在青浦徐泾，是目前

世界上面积最大的建筑单体和会展综合体。该项目于2011年12月奠基开工,目前主体工程已结构封顶,北片展区预计于2014年9月投入试运营,2015年6月将全部投入正式运营。随着"中国博览会"项目的落地运营,青浦区也迎来了会展业发展的巨大机遇,仅2013年就有近100家会展服务业企业在青浦区注册落户。会展服务业将成为青浦经济发展的新动力,并带动现代商贸、旅游、文化创意等相关服务领域行业共同发展,实现"会商旅文产业联动大发展"。

(四) 2014年青浦区服务业、商业发展重点

1. 推进现代服务业发展

一是抓集聚区和功能区建设。继续推进赵巷商务集聚区、西虹桥商务集聚区服务业建设提升能级,支持和指导符合产业导向企业项目的引进和落地。二是抓重大项目落地建设。加快推进国家会展中心、会展南侧城市综合体、新城吾悦广场、工业园区卓越世纪中心等一批重点商贸业项目建设,提升已开业项目的运营水平。三是抓创新转型发展。做好青浦195区块转型和楼宇经济发展两个课题,做好实地调研及现状梳理工作,进一步推动青浦区创新转型发展。四是抓商业规划修编。加速推进第二产业和第三产业、产业和城市融合发展,在城市空间拓展、城市形态建设、城市品质提升、城市功能完善等方面提出新的要求。五是抓产业政策宣贯。从2013年《青浦区加快发展现代服务业实施细则》的执行情况来看,由于时间紧,企业的知晓度不够,暴露诸多问题。2014年将在政策宣传和贯彻上下工夫,通过组织培训,提高企业的知晓度,增强对政策条款的理解,使政策发挥最好效应。

2. 加强民生服务日常管理

加强菜市场建设,开展标准化菜市场改建和二次改造工作,做好星级菜市场评选,优化菜市场软、硬件环境,提升服务质量;做好帮困粮油供应、"副补"发放工作;加强活禽交易定点日常监督管理;做好标准化菜市场、酒类市场等专业市场的日常监管工作,促进市场规范经营。

3. 创新机制导入新经济动力

强化闭环管理有助于优化商业投资结构和布局的初衷,进一步加强商业业态控制和引导,以促进青浦商业有序、健康、可持续发展。同时,在优化存量的前提下,推动楼宇经济开发的管理机制,促进楼宇经济发展,通过对现状楼宇的充分调研和分类管理,加强研发型、规模型和科技型总部项目的引进。以楼宇为载体推动经济小区二次招商,充分发挥经济小区的招商信息资源,实施楼宇和小区招商联动。

第十六节　奉　贤　区

（一）2013 年奉贤区服务业、商业发展基本数据

2013 年奉贤区服务业、商业发展基本数据见表 18.16。

表 18.16　2013 年奉贤区服务业、商业发展基本数据

指　标　名　称	2013 年	比上年增长
生产总值	644.80 亿元	3.5%
#第三产业增加值	231.20 亿元	11.8%
#商业增加值	69.50 亿元	10.7%
商品销售总额	1 098.80 亿元	15.1%
社会消费品零售总额	375.80 亿元	12.1%
地方税收总额	200.80 亿元	11.0%
#第三产业税收	85.90 亿元	16.5%
#商业税收	27.80 亿元	3.3%
年末户籍人口数	52.50 万人	持平
年末常住人口数	115.40 万人	2.2%

（二）2013 年奉贤区商业发展概况

1. 总体运行分析

商业对全区经济增长贡献率大幅提升。商业对全区经济增长的贡献率达 30.9%，较去年（13.9%）大幅提升了 17 个百分点，拉动全区生产总值增长 1.0 个百分点。

商业流通规模、消费规模继续扩大、增速放缓。在拉动经济增长的三驾马车“消费、投资、出口”中，消费依旧占据了规模及增速的第一名，消费增速分别超过投资和出口 15.1、6.8 个百分点。

商业税收规模扩大、增速略增。商业税收共计 27.8 亿元，同比增长 3.3%，与上年同期（3.4%）基本持平。

2. 主要业态发展特点

购物中心百货类延续高速增长：百联南桥购物中心 2013 全年销售共计 14.5 亿元，同

比增长48.56%,在上海市同体量的购物中心中增长速度排第一。东方商厦奉贤店和百联南桥购物中心均已跻身上海市20家重点百货店和20家重点购物中心排行榜。结构方面,购物中心功能性租户的贡献率提高,销售额占比达到53%,较年初提升了5个百分点;功能性租户的同比增长高达79.74%,高出东方商厦奉贤店55个百分点。

卖场超市类基本平稳:受团购减少、零售消费分流的影响,大型超市销售业绩略有回落,而中小型超市略有上升。

专业专卖店类整体增长,具体情况如下:

黄金销售增长最快。黄金市场是2013年消费市场的一个重要支撑点。尤其是在元旦、春节、三八妇女节、五一国际劳动节、国庆节等重要节假日,黄金市场非常红火。但从10月份开始购买力出现萎缩,主要是由于下半年来国际金价急剧下跌,造成黄金市场的不稳定,投资者与消费者观望、等待的心理不断累积。

家电市场稳定增长。尽管受到了家电节能补政策退出和电子商务的强大冲击,但是由于近期南桥周边拆迁房、新房陆续交房,家电需求量增加,家电市场增长良好,实现了线上线下家电市场的共同升温。

汽车市场下半年增长加速。上半年低迷的汽车市场,从7月份开始进入汽车市场加速增长,尤其到年末,消费者需求得到释放。

家装市场下半年快速回暖。下半年受需求增长影响,家具、建材、装潢市场出现了快速回暖。

医药市场基本平稳。禽流感和雾霾天期间有些预防类用品如板蓝根颗粒、VC泡腾片、防护性口罩等销量大幅增长;冬令进补药材价格继续上扬,高档保健品略有回升。

宾馆餐饮类下降明显。公务消费减少、病死猪事件、H7N9禽流感、假羊肉等负面事件的连续冲击下,宾馆餐饮业遭受重创,特别是以团队、公务、会务消费为主的高档酒店下滑较快,餐饮企业加快了转型的步伐,如加大了对婚宴的主动服务、推出了熟食外卖、推出了百姓休闲餐饮等等。以顺风大酒店为代表的平价百姓餐饮、由庄行伏羊节掀起的农家乐餐饮的增长速度比较突出。

农副产品批发类保持平稳。上半年受禽流感影响,禽蛋类滞销、价格下降,夏季罕见连续高温天气使得蔬菜价格上涨较快,9月份以后蔬菜价格迅速回落;肉类基本稳定;禽蛋类有所回升。

3. 总体商业布局发展特点

近两年来奉贤区内商业布局稳中提升,整体布局向社区化、规范化、无店铺新型电商化方向发展。

社区商业综合体发展迅速:奉贤区内近两年来开张的较大规模社区商业综合体有两

个,一个是2012年底开张的连城商业广场,位于奉贤西渡地区,总建筑面积10万平方米,由轨道交通有限公司和江海置业联合开发,上海百马商业资产经营管理有限公司招商运营。目前运营已经渐渐步入平稳。一个是2013年9月底开始试运营的"新都汇"位于奉贤奉浦地区,总建筑面积约5万平方米,由三栋风格时尚的大型商业楼宇组成,是奉浦社区对"奉浦餐饮一条街"的提升项目,委托瀚立商业管理(上海)有限公司专业团队打造。

奉贤区内诞生首家市级社区商业示范社区:奉贤区南桥镇正阳社区被评为"2013年度上海市社区商业示范社区",该社区地处南桥,商业建筑面积6.65万平方米、常住户数1万多、户籍人口3.57万人、流动人口1.56万人、辖区内居委会有4个,社区内现已有大卖场、便利店、标准化菜市场以及大众餐饮、大众理发、大众沐浴、维修、废品回收、药店、日用百货、钟表眼镜、音像、休闲、文化娱乐等业态,相应的社区卫生中心、汽车站等公共服务配套设施,中小学、幼儿园、银行等一应俱全。市级示范社区商业的诞生,将会较好地指引区内社区商业健康发展的方向,带动奉贤区社区商业快速发展。

商业新业态中电子商务崭露头角:电子商务企业形势良好,2013年双十一当天水星家纺销售8 600万元,泰昌足浴销售4 000万元,志远电子商务公司销售达1 200万元。水星电子商务公司2013年全年销售额达2.6亿元,同比增长108%,展现了奉贤电子商务发展的巨大潜力。2013年1月18日,奉贤区电子商务协会正式成立,会员数已达52家,将会带领区内电子商务企业的组团式发展。

(三) 2014年奉贤区商业发展趋势

1. 确立奉贤区5大服务业重点产业

"现代商贸"、"电子商务与平台经济",2013年均被确立为奉贤区5大服务业重点产业之一,其他三个分别为金融服务、专业服务和文创休闲。

2013年《奉贤区人民政府关于加快发展现代服务业的若干意见》已经出台,明确了奉贤区加快发展现代服务业的发展目标和原则,从聚焦服务业重点领域发展、加快构建服务业政策支持体系、优化现代服务业发展环境三个角度提出了19条指导意见。《奉贤区加快发展现代服务业实施细则》也拟定完成近期将出台,针对区内的重点服务业出台相关实质性的扶持政策。"现代商贸"、"电子商务与平台经济"作为服务业重点产业,将优先享受扶持政策,在区内形成资源聚焦、政策聚焦和人才聚焦。

2. 购物节品牌打造有突破,区内整合营销成果突出

上海购物节奉贤欢乐购物活动历经七年打造日益成熟:2013年联合专业传媒策划公司,围绕"游、购、吃、娱"四大版块,策划了时尚家居家装展示促销、厨艺大赛、农副产品大联展、试乘试驾、少儿环保购物袋绘画大赛、购物消费指南等多项主题活动,并通过平面

(报纸)、立体(道旗、户外广告牌)、互联网(奉贤部落)、微信平台等各种载体多角度、全方位地开展活动前期、中期、后期不同阶段的宣传。购物节期间参与主题活动的各商家销售额达到 4.2 亿元,比同期增长 14.97%。其中百联南桥购物中心 2013 年购物节(9.13—10.7)共计规模销售为 11 606.44 万元,同比上升 40.85%,东方商厦销售为 5 458.90 万元,同比上升 15.20%。

3. 假日效应凸显,增长不断加速

节日期间销售额增长速度明显高于平时,且高于上海市;且从年初开始,增长速度不断加快(表 18.17)。

表 18.17 专项节日数据比较

专项节日数据	同比增长	上海市数据
元旦 4 天	11.61%	8.1%
春节 7 天	13.62%	10.2%
五一 3 天	18.80%	18.8%
十一 7 天	26.86%	11.8%

(四) 2014 年奉贤区商业发展重点

(1) 重点提升南桥以外各中心镇社区商业发展质量,密切关注西渡连城 1 号、奉浦新都汇这两个区内新型商业综合体运营情况并总结发展模式,2—3 年内在其他各中心镇政府所在地探索建设小型商业综合体,形成区内几个社区商业分中心共同繁荣、协调发展的局面。

(2) 推广上海市社区商业示范社区"正阳社区"经验,在全区范围内发展一批规划合理、业态齐全、环境优美、服务健全的社区商业,提升全区社区商业发展水平。

(3) 认真落实《奉贤区人民政府关于加快发展现代服务业的若干意见》、《奉贤区加快发展现代服务业实施细则》文件精神,扎实推进以平台经济为重点的现代服务业的发展。

第十七节 崇 明 县

(一) 2013 年崇明县服务业、商业发展基本数据

2013 年崇明县服务业、商业发展基本数据见表 18.18。

表 18.18　2013 年崇明县服务业、商业发展基本数据

指　标　名　称	2013 年	比上年增长
生产总值	252.30 亿元	6.8%
#第三产业增加值	104.90 亿元	18.3%
#商业增加值	18.60 亿元	17.1%
商品销售总额	230.70 亿元	16.4%
社会消费品零售总额	75.40 亿元	16.5%
地方税收总额	90.70 亿元	4.5%
#第三产业税收	59.90 亿元	23.0%
#商业税收	8.90 亿元	1.2%
年末户籍人口数	68.20 万人	-0.5%
年末常住人口数	69.70 万人	-0.5%

（二）2013 年崇明县服务业、商业发展概况

1. 服务业

近年来，崇明县服务业呈现总量稳步增长，对地区经济贡献率不断提高；行业结构逐步优化，领域不断拓宽；分布格局逐渐明晰，区域分工逐渐强化；市场准入不断开放，发展环境有所优化的局面。

（1）从规模上看，服务业经济规模不断扩大。近年来，随着崇明生态岛建设的加快推进，崇明服务业规模不断扩大。2011 年、2012 年、2013 年服务业增加值分别达到 77 亿元、88.6 亿元和 104.5 亿元，分别同比增长 14.7%、15.5% 和 17.9%，占经济总量的比重分别为 34.4%、37.5% 和 41.4%。

（2）从核心产业上看，生态休闲旅游业发展取得较大成效。生态休闲旅游业发展加快推进。以东滩湿地公园和东滩鸟类国家级自然保护区为基础，全力推进东滩科旅一体化。东平国家森林公园通过 4A 景区复审，并按照国家 5A 级旅游景区标准，顺利推进二期改造。成功创建西沙湿地国家生态旅游示范区，完善明珠湖地区功能性配套设施，明珠湖文化活动中心土建工程竣工验收，西沙明珠湖综合改造项目方案编制正在展开。2013 年全县游客接待量 420 万人次，比上年增长 15%，实现营业收入 6.4 亿元，比上年增长 2%。

（3）从发展趋势上看，新兴服务业加快培育。推进现代化生态岛建设，发展现代服务业是重要抓手。目前，区别于传统服务业，一些新兴的服务业开始萌芽，如信息数据产

业、中高端养老产业等。上海智慧岛数据产业园稳步推进,园区完成5条支路工可报告、环评及用地预审工作,基本完成总部大楼概念性方案和模型设计,人才公寓设计方案正在研究,园区招商工作稳步开展。培育发展中高端养老产业。依托"长寿之乡"效应,东滩长者社区、陈家镇养老产业基地前期工作正在展开。

2. 商业

2013年,崇明县商业经济运行工作,一手抓促进消费扩大销售,一手抓行业规范保障供应,基本实现年初确定的目标任务。

(1)商业市场繁荣稳定,销售活跃。社会消费品零售总额75.38亿元,同比增长16.5%,比年度计划提高1.6个百分点。其中,零售、批发、住宿、餐饮行业分别实现销售额64.88亿元、3.38亿元、2.85亿元和4.27亿元,同比分别增长16.6%、17.0%、15.2%和15.3%。商业增加值完成18.61亿元,同比增长17.1%。税收总额90.74亿元,同比增长4.5%,其中:三产税收59.90亿元,占全县税收总额的66.0%,同比增长23.0%;商业税收8.86亿元,占三产税收的14.8%,同比增长1.2%。商品销售总额203.70亿元,同比增长16.4%。

(2)传统节日对消费市场影响显著。元旦、春节、五一、国庆四大节假日是城乡居民消费的高峰期,各大商家广泛开展节日营销系列活动,满足了广大居民和来崇游客的消费需求。据对15家主要商业企业抽样统计,元旦实现营业额1 864万元,同比增长19.7%;春节实现营业额3 104万元,同比增长5.1%;五一实现营业额1 510万元,同比增长7.0%;国庆实现营业额3 167万元,同比增长13.0%。

(三)2014年崇明县服务业、商业发展重点

2014年是深入贯彻落实党的十八大、十八届三中全会精神的重要之年,也是实施"十二五"规划后半期任务的关键一年。随着崇明生态岛建设的逐步推进以及南北陆路交通大动脉的逐步形成,崇明融入到以上海为中心的长三角一体化发展格局之中,成为国家沿海大通道上的重要地区。但是崇明在把握机遇和促进服务业发展上面临着很多瓶颈和制约,新兴服务业发展仍处于培育阶段,而且由于缺乏大项目支撑和带动,短期内还难以形成产业集聚效应。预计2014年全县社会消费品零售总额86.7亿元,同比增长15%。

1. 加快现代服务业发展

全面推进陈家镇现代服务业集聚区建设发展,着力引进和发展生态会务服务、总部商务、研发服务、户外休闲服务、健康服务等现代服务业。加快智慧岛数据产业园建设,发挥其作为崇明产业转型发展及能级提升重要平台的作用,聚集发展设计产业、软件产

业、数据保税产业等相关企业总部及研发中心，推进总部大楼、人才公寓等基础设施建设。继续发展旅游业，完善全县旅游发展总体规划和崇东、崇中、崇西以及长兴、横沙五个区域旅游发展规划。积极引入社会化投资主体，推进东平国家森林公园二期改造、西沙—明珠湖旅游综合体等建设。统筹整合区域资源，深化东滩科旅一体化管理，做好东滩地区土地规划利用调整工作，编制东滩科旅项目整体规划，加快建设东滩南路、长江路。继续推动明珠湖公园、东平国家森林公园和西沙湿地等景区特色商业项目建设和举办第三届中国上海·崇明岛自行车嘉年活动，增强生态旅游特色优势，促进商旅文有机联动。加强养老产业规划布局，有序发展中高端养老产业，推动中信、泰康、太保等项目落地。积极探索发展文化创意产业。

2. 大力发展高效生态农业

以创建国家现代农业示范区和国家生态农业标准化综合示范县为契机，以市场需求为导向，重点加强农产品营销与流通体系建设，努力形成产销一体化发展格局，加快农业结构调整步伐，促进农业转型发展，提升农业效益，增加农民收入。发挥集农产品生产组织、仓储加工、物流配送、市场营销于一体的生态农业公司作用，通过农业龙头企业运作，推进农产品配送中心建设，优化物流配送流程，着力解决农产品产前、产中、产后各环节衔接问题，延伸农业产业链。整合拓展现有市区销售终端资源，大力建设标识统一、服务规范的综合性门店。2014 年力争在市区开设崇明农产品专卖店（柜）增加到 300 家。进一步发挥“绿联会”作用，加强对生产和营销主体的管理、监督、协调和服务。同时，加快推进市、县级蔬菜标准园、高标准菜田和高标准粮田建设，建成 30 个规模化生产基地，确保全面完成市下达的粮食生产和蔬菜上市供应任务。

3. 推进商业经济平稳运行

加强招商引资力度，进一步完善招商扶持政策，吸引优质税源，鼓励总部经济、楼宇经济、产业招商和品牌招商等发展模式。加强生猪定点屠宰监管，做好关闭长兴、横沙屠宰场后的后续管理和生猪收购、市场供应等工作。落实白山羊定点屠宰规划设置事宜。加大农贸市场日常管理力度，指导 6 家标准化菜场完善猪肉、蔬菜和牛羊肉追溯系统。加强单用途商业预付卡管理，规范发卡、售卡、用卡企业经营行为。进一步规范废弃农药包装物、生产性废旧金属回收处置。开展城市文明指数测评，提升商业窗口服务质量。加强酒类安全监管，保障酒类消费安全。加强节日消费品市场运行监测，保障市场供应和消费安全。

【附　录】

附录1 2013年上海服务业大事记

1月

27日 上海市市长杨雄在上海市十四届人大一次会议上作政府工作报告时披露，上海已向国家相关管理部门提交了在上海综合保税区设立自由贸易园区的申请。

29日 浦东新区商务委与市公安局出入境管理局签订合作备忘录，共同推进浦东国际展会口岸签证便利化工作。市公安局出入境管理局将给予浦东新区商务委会展办口岸签证备案资格，为在浦东举办国际展会的主办方提供口岸签证便利服务。

2月

9—15日 据市商务委统计，全市466家大中型商业企业，春节7天实现营业额55.49亿元，同比增长10.2%，增速回落3.8个百分点。

27日 上海市商务工作会议召开，会议部署了2013年全市商务工作的总体要求和主要任务。一是以贯彻实施《上海市推进国际贸易中心建设条例》为重点，着力推进国际贸易中心建设；二是以优化结构、拓展深度、提高效益为重点，着力培育开放型经济新优势；三是以扩内需促消费惠民生为重点，着力增强消费对经济增长的基础作用；四是以深入推进国家现代服务业综合试点为重点，着力推动服务业加快发展；五是以优化政府管理和服务为重点，着力营造更具竞争力的商务发展环境。

3月

1日 《上海市餐厨废弃油脂处理管理办法》正式施行。该《办法》对“地沟油”回流餐桌处罚金额上限提高到10万元；明确以政府招投标方式来合理确定并控制收运单位、处置单位的数量，确保收运、处置单位依法、合规经营。

10日 上海钢联电子商务股份有限公司与安徽淮北矿业股份有限公司正式签订协议，在上海共建煤炭电子商务平台。该平台建立初期将主推煤炭产品，后续计划构建煤化、盐化产品交易平台、矿用产品招标采购平台。

上旬 据上海市财政局公布的信息，截至2012年底，上海共有15.9万户企业纳入“营改增”试点范围，九成企业税负减轻；上海区域内的试点企业和原增值税一般纳税人因“营改增”减税就达166亿元,若再加上产业链跨省市的增值税延伸抵扣因素,减税规模超过270亿元。

26日 亚马逊中国宣布与全家便利(FamilyMart)合作,在上海推出包裹自提服务。此项自提业务中首批启动的近百个自提点将覆盖上海市区大部分区域,并支持现金、刷卡两种支付方式,但暂不提供任何形式的退换货服务。

3月29日 国务院总理李克强在上海调研,在考察位于浦东的外高桥保税区时积极探索,鼓励支持上海在现有综合保税区基础上,研究如何试点先行,在28平方公里内建立一个自由贸易区试验园区,进一步扩大开放,推动完善开放型经济体制机制。

4月

8日 上海市食药监局宣布,依法处理餐厨废弃油脂将成为沪上餐饮服务单位的准入条件。自2013年3月1日起,申请新发《餐饮服务许可证》的废油产生单位,若未按照要求安装油水分离器的,食品药品监督部门将不予核发餐饮服务许可申请,环保部门将不予批准发放环境影响评价报告。

28日 上海虹桥国际机场公司、上海瑞桥房地产发展有限公司和虹桥商务区管委会在虹桥商务区共同签署了《虹桥商务区虹桥天地远程值机项目合作框架协议》。项目旨在打造远程“候机楼”,可办理值机、收运行李、行李寄存等手续,并提供班车直送机场等便利服务。

5月

6日 “2013中国(上海)长三角物流发展合作论坛”举行。会议以“聚焦最后一公里”为主题,共同探讨破解城市配送物流的难题。

14日 上海宣布将推广餐厨垃圾减量化资源化处理机。这是一种集油水分离、固渣烘干、废油储存、废水净化于一体的综合化处理系统,处理后的固态废物将用于宠物饲料中间体生产。这既可以让餐厨垃圾产生单位通过正规废物回收渠道创收,又可以减少固体废弃物的总量。

16日 上海电子商务“双推工程”启动。2013年将安排1 000万元专项资金,助推大批中小企业与第三方电子商务平台企业对接,让更多中小企业实现线上销售。

26日 上海市食品安全办宣布,上海2013年将进一步完善食品安全的追溯体系。除已经覆盖的蔬菜、猪肉产品,还将进一步扩大到乳制品、食用油、禽肉类,肉制品将扩大到羊肉、牛肉。

6 月

20 日　由市政府制定的《上海市活禽交易管理办法》正式施行，管理办法规定上海活禽批发市场、活禽零售交易点实行规划定点交易，交易点数量和分布的方案由市商务主管部门提出，报市政府批准后实施。根据禽流感疫情发生的时间规律，上海将在每年农历大年初一到公历 4 月底的时段内，实行季节性暂停活禽交易。

27 日　上海市食品安全地方标准审评委员会主任会议审议通过了《餐饮服务单位食品安全管理指导原则》、《调理肉制品与调理水产品》、《发酵肉制品生产卫生规范》、《冰点心生产卫生规范》、《食品生产加工小作坊卫生规范》、《食用干制肉皮》、《味精中硫化钠的测定》等 7 项地方标准。

28 日　上海 K11 购物艺术中心全面开业。该购物中心由香港新世界集团旗下 K11 Concepts 开发运营，总面积约 40 000 平方米，是国内首家集购物、艺术展览、演出、工作坊、休闲、餐饮和娱乐等众多元素于一体的购物中心。

同日　国家邮政局与上海市政府签署了《关于加快推进上海快递总部经济建设与发展合作协议》，提出建立促进快递业发展的合作机制，加快建设上海快递业总部经济。

7 月

3 日　国务院总理李克强主持召开国务院常务会议，原则通过了《中国(上海)自由贸易试验区总体方案》。会议强调，在上海外高桥保税区等 4 个海关特殊监管区域内建设中国(上海)自由贸易试验区，是顺应全球经贸发展新趋势，更加积极主动对外开放的重大举措。

同日　由月星集团开发建设的"上海环球港"开业运营。该购物中心商业面积达 32 万平方米，以欧式风情为设计主题，是当时上海最大的都市购物中心，并拥有沪上最大的屋顶花园(3 万平方米)和最多停车位(2 200 个)。

18 日　市民防办公布，在上海世博园区的后续开发利用中，地下空间的开发同样延续低碳、绿色、生态的发展理念，A、B、C 三个片区的地下商业动线将全部贯通连接，形成上海 CBD 地区中规模最大、最综合高效的地下空间体系，规划总面积达 100 多万平方米。

8 月

21 日　上海市政府召开现代服务业综合试点推进大会。会议提出，上海将抓住自由贸易试验区建设契机，培育一批线上线下结合、二三产业融合、期货现货联动、国内国外连接的千亿元级大宗商品交易平台；发展特色商贸功能区，强化交易、物流、金融、资讯等服务功能集聚，创新流通模式，形成贸易倍增效应。

22日 商务部表示，国务院已正式批准设立中国（上海）自由贸易试验区，范围涵盖上海市外高桥保税区、外高桥保税物流园区、洋山保税港区和上海浦东机场综合保税区等4个海关特殊监管区域，总面积为28.78平方公里。

25日 闵行区发布上海首个区养老产业发展规划，明确将在三年内打造一批养老社区、新增5～8个养老产业项目、形成8 000～10 000个养老床位。

26日 十二届全国人大常委会第四次会议审议了《关于授权国务院在中国（上海）自由贸易试验区等国务院决定的试验区内暂时停止实施有关法律规定的决定（草案）》。根据该决定，在试验区内，对负面清单之外的外商投资暂时停止实施外资企业法、中外合资经营企业法、中外合作经营企业法等3部法律的有关规定，暂时停止实施文物保护法的有关规定。国务院建议，暂停实施上述法律有关规定的时间为3年。

28日 《上海市食用农产品批发和零售市场发展规划（2013—2020年）》公布。上海将用5至7年时间，规划建设1 500个标准化菜市场，15个食用农产品批发市场，其中包括2个中心批发市场、1个粮食专业批发市场、2个水产专业批发市场、10个区域批发市场。

9月

2日 《国务院办公厅转发商务部等部门关于实施支持跨境电子商务零售出口有关政策意见的通知》公布。作为先期已开展跨境贸易电子商务通关服务试点的5个城市之一，上海将率先试行相关政策。

5日 上海首个“社区老年人日间照护中心”在浦东新区南码头街道对外开放。该照护中心占地面积近千平方米，包括晨检区、康复室、康乐活动室、午休室、阅览室、心理咨询室等多个服务空间，主要的服务对象为社区内生活半自理的老人，为他们提供生活照料、康复康乐、精神慰藉等服务。

13日 由市商务委、市经信委、市旅游局和市文广局主办的2013上海购物节正式开幕。本次购物节于9月13日至10月7日举行，突出购物活动的线上线下互动，由店商与电商结合、虚拟网络平台与实体零售门店联动，拓宽消费空间。

24日 上海市工商行政管理局发布《网络交易平台经营管理暂行办法》并征求社会意见。该办法突出对网络交易平台促销活动的监管，规定进行抽奖式有奖销售的，最高奖的金额不得超过5 000元。

26日 国家工商总局印发《国家工商行政管理总局关于支持中国（上海）自由贸易试验区建设的若干意见》，明确在自贸区内试点工商登记制度改革，包括试行注册资本认缴登记制、试行“先照后证”登记制度等。

25 日—27 日 第七届中国(上海)国际时尚家居用品展览会在上海新国际博览中心举行。展会共吸引了 19 个国家和地区的 282 家企业参展,累计观展人数达 1.7 万人次。

27 日 国务院正式印发《中国(上海)自由贸易试验区总体方案》,明确 5 方面任务和 90 余项政策措施,包括加快政府职能转变、扩大投资领域的开放、推进贸易发展方式转变、深化金融领域的开放创新、营造良好的监管和税收制度环境。

29 日 中国(上海)自由贸易试验区正式挂牌成立,中共中央政治局委员、上海市委书记韩正为“中国(上海)自由贸易试验区”揭牌。商务部部长高虎城与上海市市长杨雄共同为“中国(上海)试验区管理委员会”揭牌。

同日 银监会、保监会、证监会分别发布支持中国(上海)自由贸易试验区建设的相关规定和意见。

同日 为配合《中国(上海)自由贸易试验区总体方案》的实施,市政府颁布了首批六项管理办法和措施,分别是《中国(上海)自由贸易试验区管理办法》、《中国(上海)自由贸易试验区外商投资项目备案管理办法》、《中国(上海)自由贸易试验区境外投资项目备案管理办法》、《中国(上海)自由贸易试验区外商投资企业备案管理办法》、《中国(上海)自由贸易试验区境外投资开办企业备案管理办法》、《中国(上海)自由贸易试验区外商投资准入特别管理措施(负面清单)(2013 年)》,于 2013 年 10 月 1 日起执行。

29 日 上海市创建示范性家政服务站工作推进会召开。会议宣布,自 2013 年 3 月启动的市政府实事项目“支持有条件的街镇建立 80 个示范性家政服务站”的前期创建工作基本完成,10 月下旬,符合条件的示范性家政服务站将正式挂牌。

10 月

7 日 第七届上海购物节圆满落幕。据上海市商业信息中心统计,本次购物节期间(9 月 13 日至 10 月 7 日),全市抽样调查 489 家大中型商业企业 6 280 个商业网点,实现营业收入 272.67 亿元,同比增长 10.2%。

9 日 全球首个石油沥青期货在上海期货交易所挂牌上市。首批上市合约共 8 个,挂盘基准价为 4 458 元/吨。

11 日 市商务委公布,前三季度本市完成早餐网点建设 78 个,完成本年度建设任务的 98%。截至 9 月底,上海已累计建成早餐工程项目 1 243 个,基本覆盖了中心城区和郊区主要城镇。

29 日 国内首个艺术品保税仓储交易中心在中国(上海)自由贸易试验区投入使用,并为佳士得中国内地首拍提供了服务。

11 月

1 日　由上海市商务委员会、上海市商业联合会主办,上海市商务发展研究中心、上海市商业信息中心承办的“2013 上海零售商大会暨购物节总结会议”召开。

1—3 日　2013 中国(上海)国际网络购物交易会在上海世贸商城举行。本次展会作为国内最大的电商线下体验活动中心,吸引了众多电商品牌参展,覆盖网络购物、旅游、商务等领域。

6 日　上海国际能源交易中心股份有限公司落户中国(上海)自由贸易试验区。该公司注册资本为 50 亿元,主要从事原油、天然气、石化产品等能源类衍生品的上市交易、结算和交割业务,是目前进驻区内规模最大的金融类企业。

7 日　外高桥集团宣布在“森兰商都”打造高端进口商品保税展示交易平台。该平台面积超过 30 万平方米,将依托自贸区现有的 250 万平方米保税仓库,采取“前店后库”联动运作,主要展示销售酒类、化妆品、进口食品和手表等商品。

18 日　宝山区人民政府与上海希游网络技术有限公司(西游列国)签订战略合作协议,双方将共同在宝山区打造专注进口业务的跨境电商平台——“上海跨境网购平台”。

19 日　上海钢联与国家统计局签署大数据战略合作框架协议。双方将在大数据的开发、利用等方面建立长期、紧密、务实的战略合作关系,上海钢联将按国家统计局分类汇总的要求,向其提供相关汇总数据和技术支持。双方还将共同研究探讨建立大数据应用的统计标准。

20 日　首批入驻自贸区的国家跨境贸易电子交易试点项目——“跨境通”电子商务平台正式启动试运行。

21 日　市食安办宣布《上海市食品安全追溯管理办法》将在网上公开征求意见,与此配套的信息系统平台建设计划也正在审批之中。

12 月

2 日　中国人民银行出台《关于金融支持中国(上海)自由贸易试验区建设的意见》。具体内容包括四个方面:一是探索投融资汇兑便利化。二是扩大人民币跨境使用。三是稳步推进利率市场化。四是深化外汇管理改革,进一步减少行政审批。

2 日　财政部、国家税务总局发布通知,明确凡在上海自贸区注册的企业,因非货币性资产对外投资等资产重组行为产生资产评估增值,应按规定计算缴纳企业所得税。

3 日　由市商务委员会、市政协经济委员会、商务部驻上海特派员办事处、长宁区政府、解放日报共同主办的 2013 虹桥贸易论坛在上海世贸商城举行。论坛以“上海自由贸易试验区背景下,平台经济引领贸易创新”为主题,探讨大宗商品交易、消费服务、金融物流专业服务等贸易领域平台企业的创新发展。

10 日　1 号店宣布,已正式入驻中国(上海)自由贸易试验区。根据工商注册信息显示,纽海电子商务(上海)有限公司于 11 月 14 日在自贸区成立,注册资本为 1 000 万元,经营范围包括增值电信等业务。

11—13 日　“全球零售自有品牌产品亚洲展”在上海跨国采购会展中心开幕。本届展览的规模和专业性较往年有所提升,展览面积达 12 000 平方米,共吸引 290 多家企业设展。

18 日　市国税局、市商务委、市发展改革委、市工商局联合发布《关于上海市电子发票应用试点的公告》,宣布将于 12 月 28 日起开展电子发票应用试点,首批试点企业包括京东商城华东总部、1 号店、易迅网和东方购物。

28 日　中国(上海)自由贸易试验区启动全国首个跨境贸易电子商务试点平台,标志着借助自贸区平台的跨境电子商务在上海迈出实质性步伐。

15 日　上海各级商业主管部门、商业企业、商业行业协会组织开展“上海商业欢乐消费迎新年”主题营销活动。从 2013 年 12 月 15 日开始至 2014 年 1 月 15 日结束的这项跨年营销活动,包含 200 多项具体活动,形成诸多亮点,活跃了市场氛围。

附录2 2013年服务业主要政策法规一览表

分类	制定单位	政策法规	发布时间
上海自贸试验区	国务院	中国(上海)自由贸易试验区总体方案	2013/9/18
	国家工商行政管理总局	关于印发《国家工商行政管理总局关于支持中国(上海)自由贸易试验区建设的若干意见》的通知	2013/9/26
	国家工商行政管理总局	关于同意中国(上海)自由贸易试验区试行新的营业执照方案的批复	2013/9/26
	上海市人大常委会	关于在中国(上海)自由贸易试验区暂时调整实施本市有关地方性法规规定的决定	2013/9/26
	上海市城乡建设和交通委员会	关于在中国(上海)自由贸易试验区设立外商投资建设工程企业有关事项的通知	2013/9/27
	中国银行业监督管理委员会	关于中国(上海)自由贸易试验区银行业监管有关问题的通知	2013/9/28
	上海市人民政府	中国(上海)自由贸易试验区管理办法	2013/9/29
	上海市人民政府	中国(上海)自由贸易试验区外商投资项目备案管理办法	2013/9/29
	上海市人民政府	中国(上海)自由贸易试验区境外投资项目备案管理办法	2013/9/29
	上海市人民政府	中国(上海)自由贸易试验区外商投资企业备案管理办法	2013/9/29
	上海市人民政府	中国(上海)自由贸易试验区境外投资开办企业备案管理办法	2013/9/29
	上海市人民政府	中国(上海)自由贸易试验区外商投资准入特别管理措施(负面清单)(2013年)	2013/9/29
	文化部	关于实施中国(上海)自由贸易试验区文化市场管理政策的通知	2013/9/29
	财政部、海关总署、国家税务总局	关于中国(上海)自由贸易试验区有关进口税收政策的通知	2013/10/15

（续表）

分类	制定单位	政策法规	发布时间
上海自贸试验区	上海市商务委员会	关于印发在中国（上海）自由贸易试验区开展全球维修业务实施意见的通知	2013/10/31
	财政部	关于中国（上海）自由贸易试验区内企业以非货币性资产对外投资等资产重组行为有关企业所得税政策问题的通知	2013/11/15
	中国人民银行	关于金融支持中国（上海）自由贸易试验区建设的意见	2013/12/2
	国务院	关于在中国（上海）自由贸易试验区内暂时调整有关行政法规和国务院文件规定的行政审批或者准入特别管理措施的决定	2012/12/21
	上海市质量技术监督局	关于印发上海市质量技术监督局自由贸易试验区质量技监工作改革措施的通知	2013/12/24
营业税改增值税	上海市财政局、上海市国家税务局、上海市地方税务局	关于转发《财政部、国家税务总局关于交通运输业和部分现代服务业营业税改征增值税试点应税服务范围等若干税收政策的补充通知》的通知	2013/1/15
	财政部	关于在全国开展交通运输业和部分现代服务业营业税改征增值税试点税收政策的通知	2013/5/24
	上海市国家税务局	关于将广播影视服务纳入营业税改征增值税试点的通知	2013/6/17
	国家税务总局	关于营业税改征增值税试点有关文化事业建设费登记与申报事项的公告	2013/11/11
	国家税务总局	关于出口货物劳务增值税和消费税有关问题的公告	2013/11/13
	财政部、国家税务总局	关于动漫产业增值税和营业税政策的通知	2013/11/28
	财政部、国家税务总局	关于将铁路运输和邮政业纳入营业税改征增值税试点的通知	2013/12/13
	国家税务总局	关于营业税改征增值税试点增值税一般纳税人资格认定有关事项的公告	2013/12/16
	国家税务总局	关于铁路运输和邮政业营业税改征增值税发票及税控系统使用问题的公告	2013/12/18
	上海市国家税务局	关于做好铁路运输、邮政业纳入营业税改征增值税试点工作的通知	2013/12/19

（续表）

分类	制定单位	政策法规	发布时间
营业税改增值税	财政部	关于印发《关于小微企业免征增值税和营业税的会计处理规定》的通知	2013/12/24
	财政部、国家税务总局	关于延续宣传文化增值税和营业税优惠政策的通知	2013/12/25
	财政部、国家税务总局、中国人民银行	关于铁路运输和邮政业纳入营业税改征增值税试点有关预算管理问题的通知	2013/12/25
	财政部、国家税务总局	关于铁路运输和邮政业营业税改征增值税试点有关政策的补充通知	2013/12/30
商品流通	国家工商行政管理总局	流通环节食品抽样检验管理办法（征求意见稿）	2013/1/6
	国务院办公厅	关于印发降低流通费用提高流通效率综合工作方案的通知	2013/1/11
	商务部	关于进一步做好扩大消费工作的通知	2013/1/22
	商务部流通业发展司	寄卖店服务规范	2013/3/11
	商务部	旧电器电子产品流通管理办法	2013/3/15
	上海市人民政府	关于深化流通体制改革加快流通产业发展的实施意见	2013/4/8
	商务部	酒类行业流通服务规范	2013/4/16
	商务部	关于加强集散地农产品批发市场建设的通知	2013/4/28
	国家发展改革委办公厅	关于进一步降低农产品生产流通环节电价有关问题的通知	2013/5/2
	国务院办公厅	深化流通体制改革加快流通产业发展重点工作部门分工方案	2013/5/30
	商务部	库存积压商品市场规范	2013/6/1
	商务部	商品折扣规范	2013/6/1
	上海市人民政府	上海市活禽交易管理办法	2013/6/19
	国家工商总局	关于加快促进流通产业发展的若干意见	2013/7/23
	上海市人民政府办公厅	上海市食用农产品批发和零售市场发展规划（2013—2020 年）	2013/8/16
	商务部	关于进一步加强内贸规划工作的实施意见	2013/10/17
	商务部办公厅	关于开展中小商贸流通企业公共服务平台建设督查工作的通知	2013/12/30

（续表）

分类	制定单位	政策法规	发布时间
餐饮业	上海市人民政府	上海市餐厨废弃油脂处理管理办法	2012/12/26
	商务部、国家旅游局	关于在餐饮业厉行勤俭节约反对铺张浪费的指导意见	2013/1/29
	国务院安全生产委员会	关于深入开展餐饮场所燃气安全专项治理的通知	2013/1/30
	上海市城乡建设和交通委员会	关于印发《上海市餐饮场所燃气安全管理指导意见》的通知	2013/6/3
旅游业	国务院	国民旅游休闲纲要	2013/2/2
	全国人民代表大会常务委员会	中华人民共和国旅游法	2013/4/25
	上海市旅游局	关于印发《2013 年上海市旅游饭店节能减排重点工作安排》的通知	2013/5/23
	国家旅游局办公室	关于印发《旅行社责任保险投保信息报送和检查暂行办法》的通知	2013/10/30
	国家税务总局	关于旅店业和饮食业纳税人销售食品有关税收问题的公告	2011/11/24
	上海市人民政府	关于同意《上海国际旅游度假区结构规划》的批复	2013/12/6
其他生活性服务业	商务部	家用电子电器维修业服务经营规范	2013/7/18
	商务部	家政应急快速反应规范	2013/7/18
	商务部	搬家服务规范	2013/7/18
	国务院	关于加快发展养老服务业的若干意见	2013/9/6
	国务院	关于促进健康服务业发展的若干意见	2013/9/28
	民政部、全国老龄办	关于学习贯彻《国务院关于加快发展养老服务业的若干意见》的通知	2013/9/29
电子商务	国家税务总局	网络发票管理办法	2013/2/25
	国家发展改革委	关于进一步促进电子商务健康快速发展有关工作的通知	2013/4/15
	国务院办公厅	关于转发商务部等部门关于实施支持跨境电子商务零售出口有关政策意见的通知	2013/8/21
	国务院法制办	网络商品交易及有关服务管理办法(征求意见)	2013/9/11
	国家发展改革委	关于启动第二批国家电子商务示范城市创建工作有关事项的通知	2013/9/13

（续表）

分类	制定单位	政策法规	发布时间
电子商务	上海市工商行政管理局	上海市工商行政管理局网络交易平台经营管理暂行办法(征求意见通知)	2013/9/17
	商务部	网络零售第三方平台交易规则管理办法(征求意见稿)	2013/9/26
	国家食品药品监督管理总局	关于加强互联网药品销售管理的通知	2013/10/29
	商务部	关于促进电子商务应用的实施意见	2013/10/31
	国家食品药品监督管理总局	关于试点开展互联网第三方平台药品网上零售有关工作的批复	2013/11/12
	上海市食品药品监督管理局	关于转发《关于加强互联网药品销售管理的通知》的通知	2013/11/15
	财政部、国家税务总局	关于跨境电子商务零售出口税收政策的通知	2013/12/30
物流业	交通运输部	快递市场管理办法	2013/1/11
	商务部	关于加快国际货运代理物流业健康发展的指导意见	2013/1/17
	国家税务总局	关于铁路货运组织改革后两端物流服务有关营业税和增值税问题的公告	2013/9/24
	上海食品药品管理局	关于进一步明确本市医疗器械第三方物流监管事项的通知	2013/9/30
	国家发展和改革委员会、国土资源部、住房和城乡建设部等	关于印发全国物流园区发展规划的通知	2013/9/30
	财政部、国家税务总局	关于邮政企业代办金融和速递物流业务继续免征营业税的通知	2013/10/23
	交通运输部办公厅	关于印发交通运输物流公共信息平台标准化建设方案(2013—2015年)的通知	2013/11/8
	国家发展改革委	关于印发煤炭物流发展规划的通知	2013/12/30
物联网	国务院	关于推进物联网有序健康发展的指导意见	2013/2/5
	上海市农业委员会、上海市经济和信息化委员会	关于上海农业物联网发展的实施意见	2013/3/13
	国家发展改革委办公厅	关于组织开展2014—2016年国家物联网重大应用示范工程区域试点工作的通知	2013/10/31

（续表）

分类	制定单位	政策法规	发布时间
物联网	上海市农业委员会	关于印发农业物联网区域试验工程建设(上海)实施方案的通知	2013/12/9
典当	商务部流通业发展司	关于简化典当行备案工作流程的通知	2013/9/30
租赁	上海市财政局、上海市经济和信息化委员会、上海市商务委员会	关于本市开展中小微企业融资租赁担保试点工作的通知	2013/3/1
	商务部流通业发展司	关于《融资租赁企业监督管理办法(征求意见稿)》公开征求意见	2013/6/3
	商务部	融资租赁企业监督管理办法	2013/8/15
	交通运输部	关于实施融资租赁船舶运力认定政策的公告	2013/12/18
拍卖	国家工商行政管理总局	拍卖监督管理办法	2013/1/5
	上海市人民政府	关于印发《上海市非营业性客车额度拍卖管理规定》的通知	2013/12/24
食品安全	上海市食药监局	餐饮服务单位食品安全管理指导原则	2013/6/27
	上海市食药监局	食品安全地方标准　调理肉制品与调理水产品	2013/6/27
	上海市食药监局	发酵肉制品生产卫生规范	2013/6/27
	上海市食药监局	冰点心生产卫生规范	2013/6/27
	上海市食药监局	食品生产加工小作坊卫生规范	2013/6/27
	上海市食药监局	食品安全地方标准　食用干制肉皮	2013/6/27
	上海市食药监局	味精中硫化钠的测定	2013/6/27
	国家质量监督检验检疫总局	关于废止涉及食品安全监管职能相关文件的公告	2013/11/5
	国务院办公厅	关于加强农产品质量安全监管工作的通知	2013/12/2
	上海市食品药品监督管理局、上海市质量技术监督局、上海市工商行政管理局	关于本市食品、化妆品安全监管职能调整相关事项的公告	2013/12/30
	国家食品药品监管总局办公厅	关于指定并公布食品添加剂酸式焦磷酸钙等产品生产许可检验机构的通知	2013/12/31
服务外包	国务院办公厅	关于进一步促进服务外包产业发展的复函	2013/2/5
	财政部、国务院	关于做好2013年度承接国际服务外包业务发展资金申报管理工作的通知	2013/4/9

（续表）

分类	制定单位	政策法规	发布时间
服务外包	上海市商务委员会	关于做好2013年度服务外包产业发展专项资金申报工作的通知	2013/8/7
	上海市商务委员会等部门	关于发布《上海市服务外包示范区综合评价管理办法》的通知	2013/10/20
其他	上海市人民政府	关于印发修订后的上海市服务业发展引导资金使用和管理办法的通知	2013/1/8
	财政部、商务部	中央财政促进服务业发展专项资金管理办法	2013/1/17

附录 3　2013 年上海服务业发展主要数据

附表 1　2013 年上海市生产总值及各大产业增加值

指　标　名　称	2013 年/亿元	比上年增长
上海市生产总值	21 602.12	7.7%
其中:第一产业	129.28	-2.9%
第二产业	8 027.77	6.1%
第三产业	13 445.07	8.8%

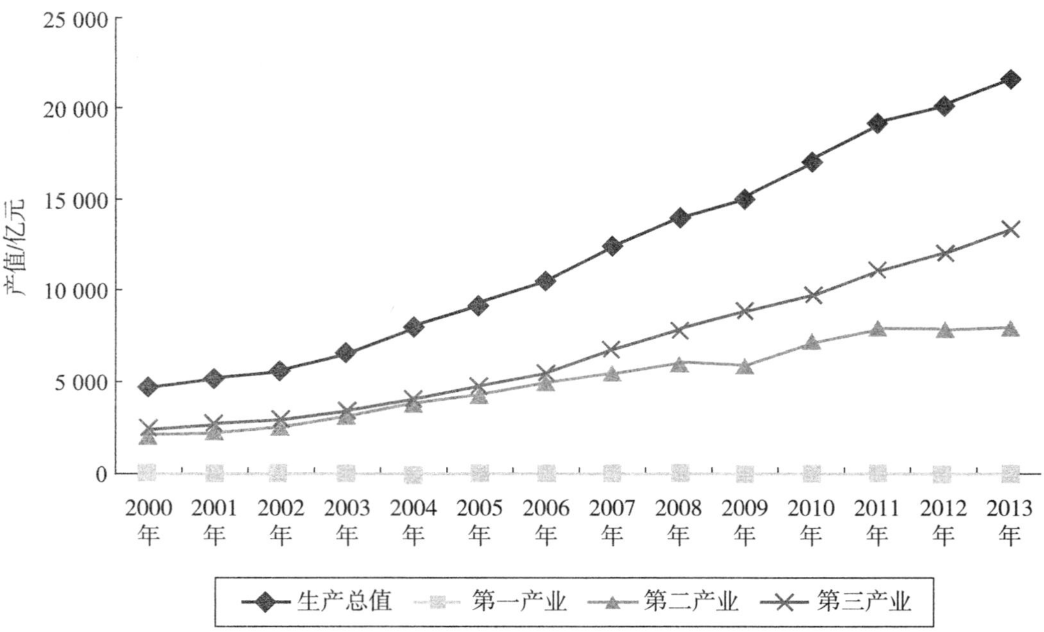

附图 1　上海市生产总值及各大产业增加值变化趋势

附表2　2013年三次产业增加值对经济增长贡献率

指　标　名　称	2012年	2013年
生产总值贡献率	100%	100%
第一产业		-0.2%
第二产业	17.3%	31.8%
第三产业	82.7%	68.4%
#交通仓储和邮政业	3.2%	0.6%
信息传输、计算机服务和软件业	9.5%	7.8%
批发零售业	24.3%	15.1%
住宿餐饮业	0.5%	0.4%
金融业	19.5%	21.6%
房地产业	3.3%	7.6%

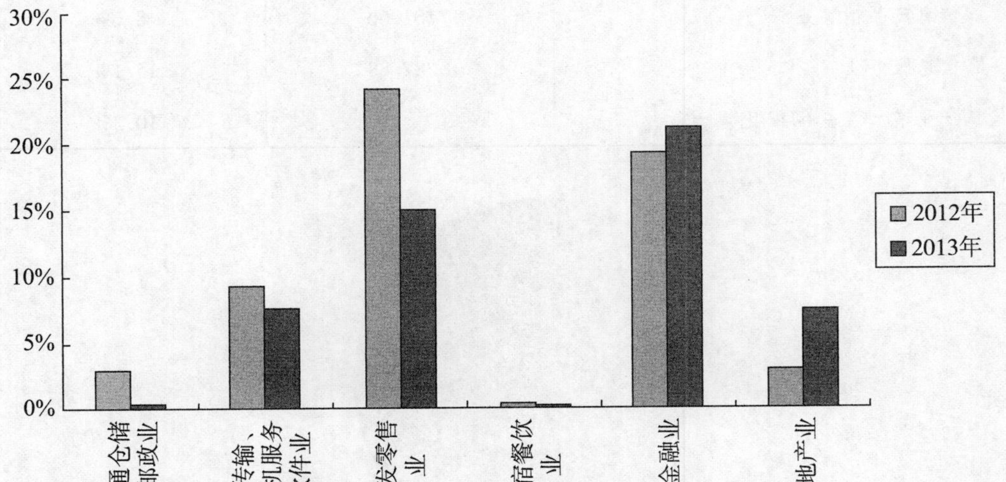

附图2　第三产业增加值对经济增长贡献率

附表 3　2013 年旅游产业增加值

指　标　名　称	2013 年/亿元	比上年增长
旅游产业增加值	1 400.80	-7.3%
旅行住宿	161.07	-7.0%
旅游运输	155.85	-8.4%
旅游商业	546.59	-8.8%
景区游览	134.09	-8.7%
旅游产业增加值占 GDP 比重		6.5%

附表 4　2013 年信息产业增加值

指　标　名　称	2013 年/亿元	比上年增长
信息产业增加值	2 216.09	10.8%
信息产品制造业	726.55	3.3%
信息产品销售业	101.66	8.6%
信息服务业	1 387.88	15.1%
信息产业增加值占 GDP 比重		10.3%

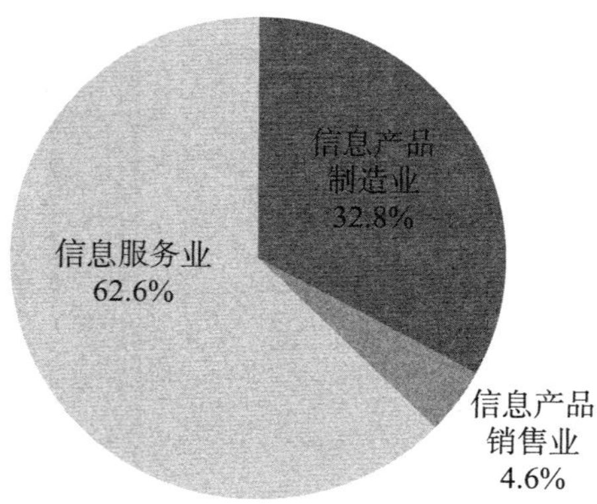

附图 3　信息产业增加值构成

附表5 2013年上海进出口情况

指标名称	2013年/亿美元	比上年增长
上海关区进出口总额	8 121.37	1.4%
进口	3 130.08	0.9%
出口	4 991.29	1.6%
上海市进出口总额	4 413.98	1.1%
进口	2 371.54	3.1%
#国有企业	412.02	-9.6%
外商投资企业	1 518.81	0.4%
私营企业	350.93	16.8%
出口	2 042.44	-1.2%
#国有企业	296.98	-8.6%
外商投资企业	1 367.75	-1.4%
私营企业	361.31	6.4%

附表6 2013年上海市外商直接投资情况

指标名称	单位	2013年	比上年增长
外商直接投资合同项目	个	3 740	-7.5%
#第三产业	个	3 591	-5.9%
#批发和零售业	个	1 861	2.6%
外商直接投资合同金额	亿美元	246.30	10.3%
#第三产业	亿美元	222.02	18.6%
#批发和零售业	亿美元	42.50	-8.9%
外商直接投资实际到位金额	亿美元	167.80	10.5%
#第三产业	亿美元	135.67	7.0%
#批发和零售业	亿美元	31.08	29.3%

附表 7　上海市社会消费品零售总额

类　　别	2013 年/亿元	比上年增长
社会消费品零售总额	8 052.00	8.6%
#限额以上消费品零售额	5 885.89	6.4%
1. 按商品类别分		
吃	1 320.68	3.6%
穿	764.10	4.5%
用	3 334.41	8.3%
烧	466.70	3.7%
2. 按经济类型分		
国有	377.92	-0.5%
集体	31.64	-15.5%
私营	1 168.68	-4.1%
股份制	528.19	5.9%
港澳台	851.93	5.5%
外商	1 017.16	10.6%
其他	1 910.37	13.9%
3. 按行业分		
批发和零售	5 401.29	6.9%
住宿和餐饮	484.60	1.0%

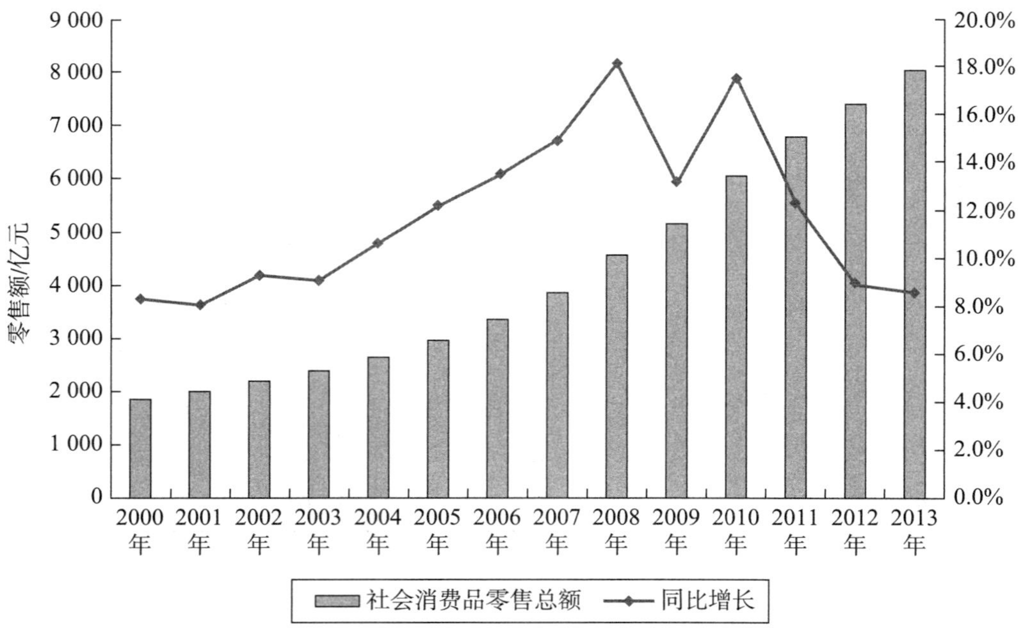

附图 4　上海市社会消费品零售总额及增长

附表 8　上海市社会消费品零售总额的用途结构

年　份	吃	穿	用	烧
1990 年	42.6%	15.7%	41.1%	0.6%
1995 年	38.8%	14.6%	45.9%	0.7%
2000 年	39.8%	13.3%	46.0%	0.8%
2001 年	39.8%	13.2%	46.2%	0.8%
2002 年	39.7%	13.1%	46.4%	0.8%
2003 年	39.1%	12.9%	47.2%	0.8%
2004 年	39.3%	12.8%	46.9%	0.9%
2005 年	34.5%	11.3%	52.5%	1.8%
2006 年	33.2%	11.3%	52.5%	3.1%
2007 年	31.1%	11.3%	52.5%	5.2%
2008 年	30.2%	11.3%	52.5%	6.1%
2009 年	31.1%	11.3%	52.5%	5.2%
2010 年	30.2%	11.3%	52.7%	5.9%
2011 年	29.9%	11.2%	52.7%	6.3%
2012 年	28.4%	11.6%	53.8%	6.1%
2013 年	27.8%	11.6%	54.8%	5.8%

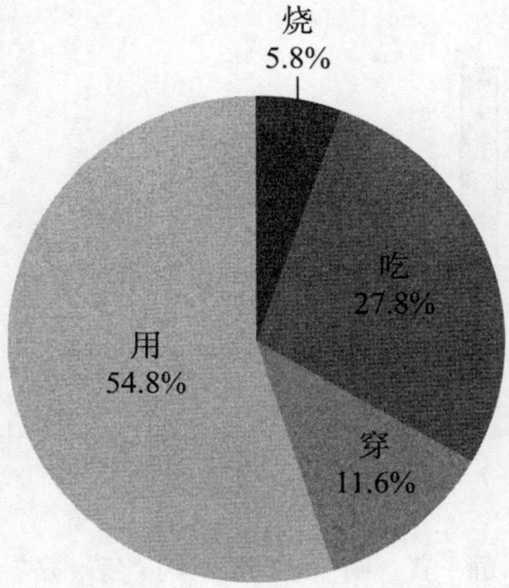

附图 5　2013 年上海市社会消费品零售总额的用途结构

附表 9　2013 年各区县社会消费品零售总额及吸引购买力指数

地　区	社会消费品零售总额 /亿元	购买力指数 (按 2013 年末常住人口计算)
浦　东	1 504.95	0.91
黄　浦	693.62	3.28
徐　汇	468.33	1.36
长　宁	272.96	1.26
静　安	240.79	3.15
普　陀	496.68	1.25
闸　北	258.34	1.00
虹　口	260.24	1.01
杨　浦	331.60	0.82
闵　行	600.78	0.77
宝　山	519.29	0.84
嘉　定	564.44	1.18
金　山	325.26	1.36
松　江	426.27	0.80
青　浦	416.10	1.13
奉　贤	375.91	1.06
崇　明	75.38	0.35
平　均	435.05	1.00

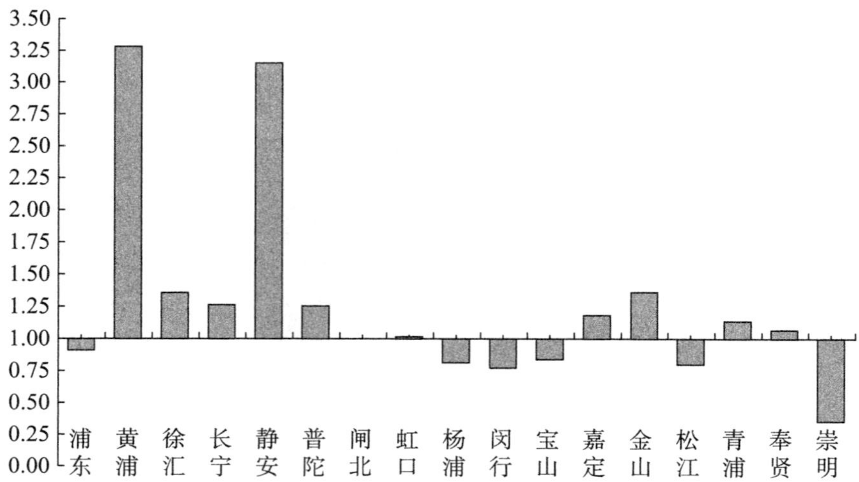

附图 6　2013 年各区县购买力指数(按 2013 年末常住人口计算)

附表 10 2013 年上海居民消费价格指数

类　别	价格指数(以上年为 100)
居民消费价格指数	102.3
#服务项目价格指数	103.7
食品	104.4
烟酒及用品	100.1
衣着	100.0
家庭设备用品及维修	101.3
医疗保健和个人用品	100.0
交通和通信	100.4
娱乐教育文化用品及服务	100.1
居住	103.9

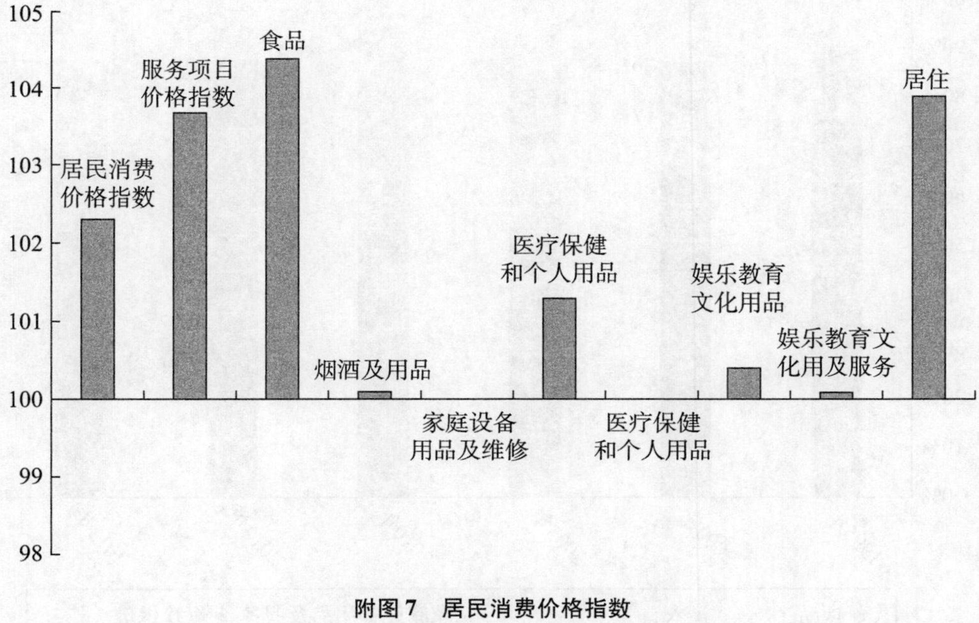

附图 7 居民消费价格指数

附表 11　上海市区居民家庭年人均收支变化　　元

类　别	1995 年	2000 年	2005 年	2010 年	2012 年	2013 年
可支配收入	7 172	11 718	18 645	31 838	40 188	43 851
消费性支出	5 868	8 868	13 773	23 200	26 253	28 155
1. 食品	3 131	3 947	4 940	7 777	9 656	9 823
2. 衣着	561	567	940	1 794	2 111	2 032
3. 家庭设备用品及服务	637	683	800	1 800	1 906	1 706
4. 医疗保健	113	501	797	1 006	1 017	1 350
5. 交通和通信	321	759	1 984	4 076	4 564	4 736
6. 教育文化娱乐服务	508	1 287	2 273	3 363	3 724	4 122
7. 居住	401	794	1 412	2 166	1 790	2 848
8. 杂项商品和服务	196	330	627	1 218	1 485	1 538
消费倾向	82.0%	75.7%	73.9%	72.9%	65.3%	64.2%

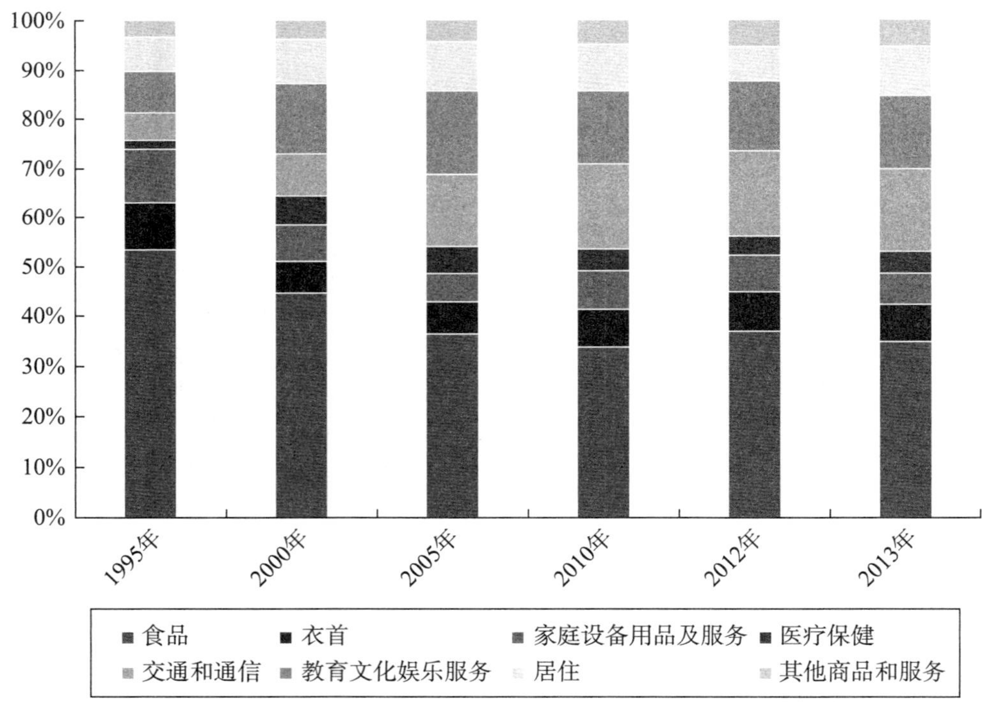

附图 8　上海市区居民家庭消费支出构成

附表 12　2013 年全国主要城市社会消费品零售总额及增幅

序号	城市	2013 年社会消费品零售总额/亿元	比上年增长	序号	城市	2013 年社会消费品零售总额/亿元	比上年增长
1	北京	8 375.10	8.7%	16	哈尔滨	2 728.30	13.9%
2	上海	8 019.05	8.6%	17	宁波	2 635.70	13.3%
3	广州	6 882.85	15.2%	18	济南	2 633.90	13.4%
4	重庆	4 511.77	14.0%	19	郑州	2 586.40	13.0%
5	天津	4 470.43	14.0%	20	西安	2 548.02	14.0%
6	深圳	4 433.59	10.6%	21	大连	2 526.50	13.6%
7	武汉	3 878.60	13.0%	22	石家庄	2 154.50	13.8%
8	成都	3 752.90	13.1%	23	太原	1 281.46	13.5%
9	苏州	3 627.60	12.9%	24	南昌	1 270.01	13.7%
10	杭州	3 531.17	13.0%	25	厦门	974.97	10.5%
11	南京	3 504.17	13.8%	26	兰州	843.87	14.7%
12	沈阳	3 186.10	13.7%	27	贵阳	785.66	15.0%
13	青岛	2 904.30	13.3%	28	西宁	365.10	15.0%
14	长沙	2 801.97	14.1%	29	银川	348.00	12.2%
15	无锡	2 740.92	12.9%				

附录4　案例索引

案例1　上海首家艺术主题购物中心——K11 …… 76
案例2　上海首家时尚设计概念商店——10 Corso Como …… 78
案例3　专注生鲜的零售业界新秀——永辉超市 …… 80
案例4　网订店取，连锁店变身全天候邮局——农工商城市共同配送 …… 82
案例5　以互联网信息技术再造传统家政服务业——云家政 …… 84
案例6　科技引领传统商圈蝶变新生——四川北路智慧商圈建设 …… 86
案例7　会商旅文联动，探索服务业融合创新——上海玻璃博物馆 …… 88
案例8　瞄准终端需求，打造钢铁交易网上 CBD——上海钢铁交易中心 …… 122
案例9　服务小微企业，零散需求汇聚成大订单——“快贸通”进出口代理服务平台 …… 123
案例10　绿色技术，打造大型智能会展平台——国家会展中心（上海）新技术应用项目 …… 124
案例11　集成新技术，建设智能化汽车物流指挥中心——安吉汽车物流有限公司 …… 126
案例12　整合价值链资源，构筑家装行业门户网站——我爱我家网 …… 127
案例13　坚持用心经营，打造精品蛋糕电商品牌——诺心食品（上海）有限公司 …… 128
案例14　服务品质生活，打造沪上有机蔬菜第一品牌——上海壹亩田实业有限公司 …… 129